2023年受験用 鹿児島県

高校入試問題集

公立編

2023

公立高校入試 3年分
実 戦 問 題 2 回 分

解答用紙集

目次

※国語・理科・英語・社会の解答用紙はＢ４に，数学の解答用紙はＡ３に拡大コピーしていただきますと，実物大になります。

※「令和４年度　鹿児島県公立高校入試　英語」と「令和５年度　公立高校入試実戦問題第１・２回　英語」の語数指定のある問題については，次の指示に従って解答してください。

※　一つの下線に１語書くこと。
※　短縮形（I'm や don't など）は１語として数え，符号（，や？など）は語数に含めない。

（例１）　No,　I'm　not.　【３語】
（例２）　It's　June　30　today.　【４語】

令和４年度　鹿児島県公立高校入試

令和四年度　鹿児島県公立高校入試問題

国語解答用紙

1

1 (1)　(2)　く　(3)　(4)　(5)　(6)　る

2　画

2

1

2 Ⅰ　Ⅱ

3

4 自分がどう生きるのかを問わなければ、

5

3

1

2

3

4 Ⅰ　Ⅱ　Ⅲ

4

1

2

3 Ⅰ　Ⅱ

4

5

5

1
2
3
4
5
6
7
8

受検番号	

合計得点	

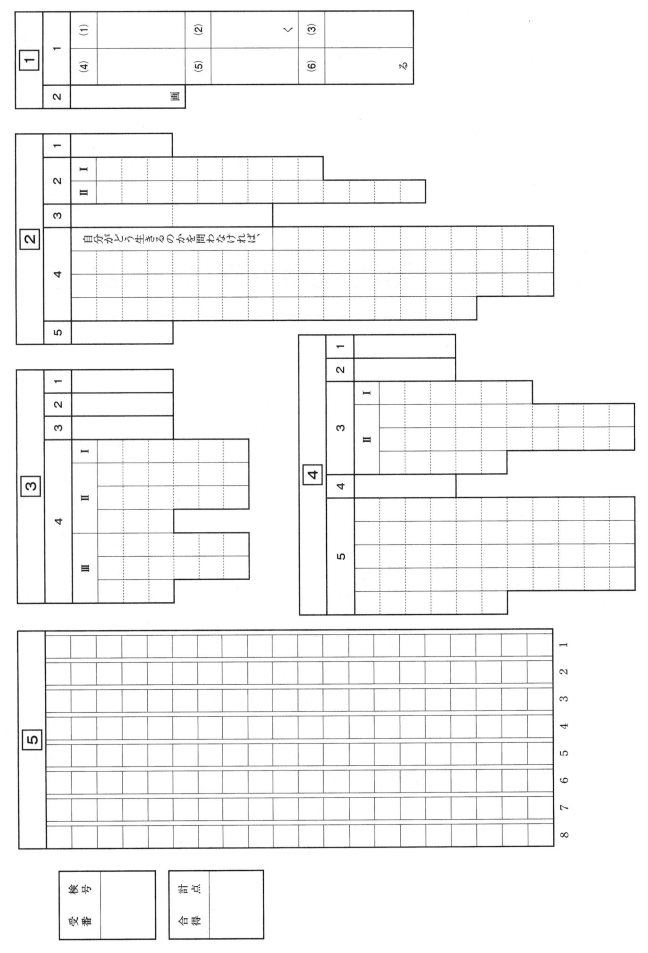

令和４年度　鹿児島県公立高校入試問題

理　科　解　答　用　紙

1	1	①		②	
	2				
	3				
	4	①		②	
	5	(1)			
		(2)			
		(3)			
		(4)	Ω		

2	Ⅰ	2についてはⅡのみ掲載。	
	Ⅱ	1	
		2	
		3	
		4	

3	Ⅰ	1	(1)				
			(2)	a		b	
		2	(1)	ア	本	イ	本
				ウ	本		
			(2)				
	Ⅱ	1	a		b		
		2	記号		名称		
		3	(1)				
			(2)	試験管（　　　）と比べることで，			

4	Ⅰ	1		
		2	(1)	
			(2)	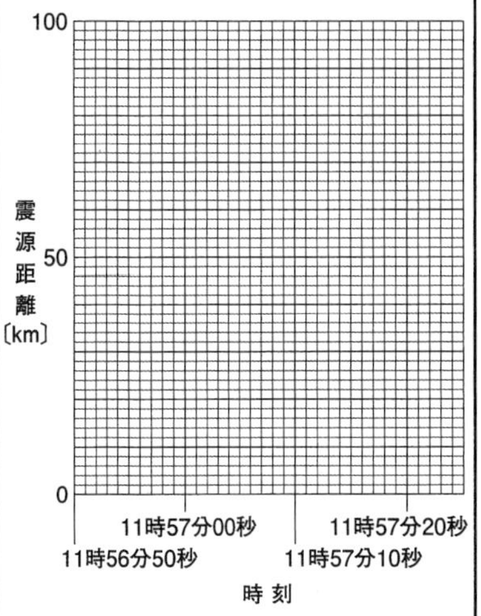
			(3)	秒
	Ⅱ	1		
		2		
		3		
		4		

5	Ⅰ	1	
		2	
		3	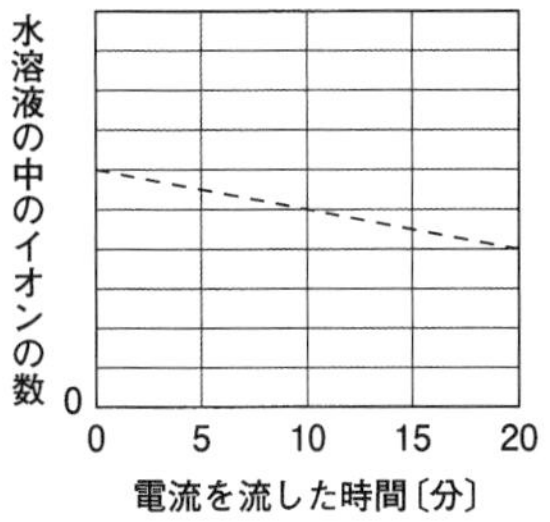
		4	
	Ⅱ	1	
		2	
		3	g/cm^3
		4	

受検番号	

合計得点	

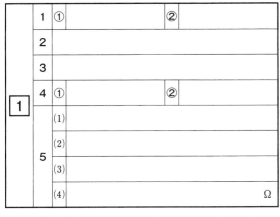

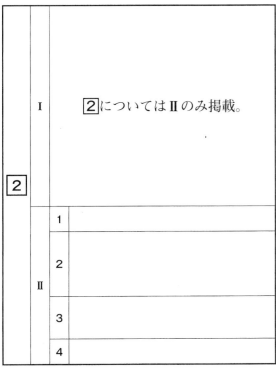

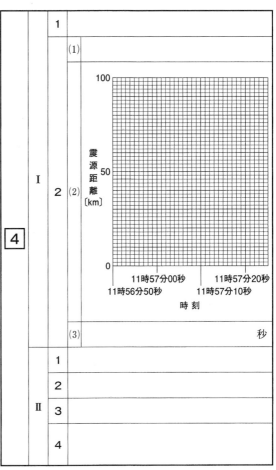

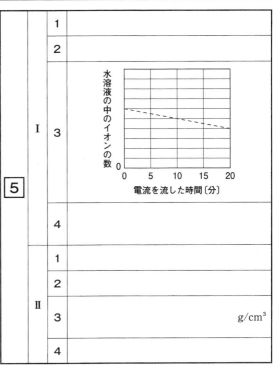

令和４年度　鹿児島県公立高校入試問題

英　語　解　答　用　紙

1	1	
	2	
	3	
	4	→ →
	5	
	6	(1) (2)
	7	
2	1	① ②
	2	① ② ③
	3	① ②
		③
	4	You should buy (X ・ Y) because 25 35
3	Ⅰ	1 2
	Ⅱ	1 2 ② ③ ④
	Ⅲ	
4	1	
	2	
	3	
	4	40
	5	15
	6	

受検番号	

合計得点	

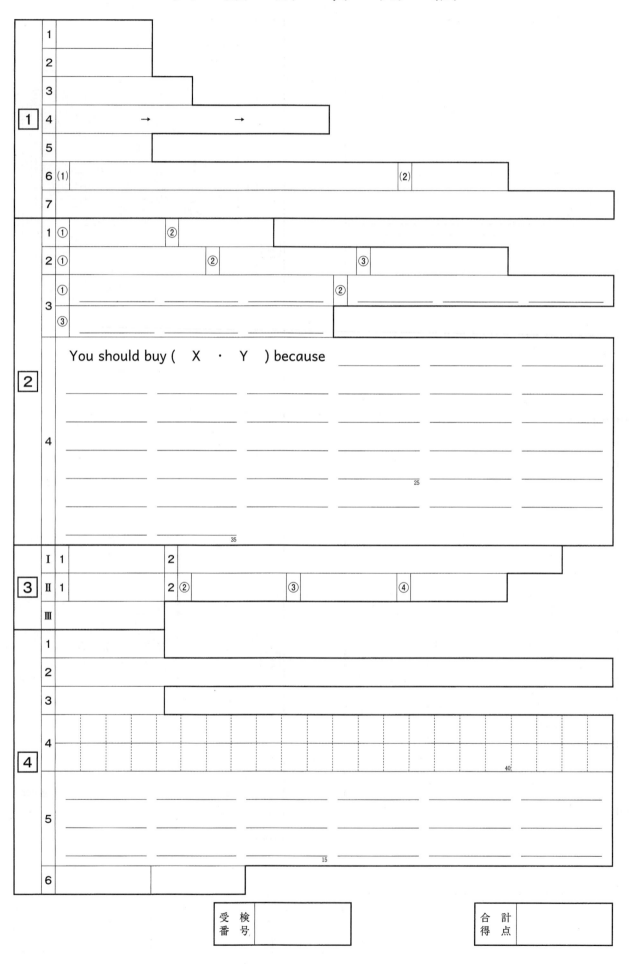

令和４年度　鹿児島県公立高校入試問題

社　会　解　答　用　紙

1

Ⅰ	1		（山脈）
	2		
	3		
	4		
	5		
	6	(1)	（１番目）
			（２番目）
		(2)	
Ⅱ	1		
	2		
	3		
	4	(1)	（漁業）
		(2)	
	5		
Ⅲ		（記号）	
		（理由）	

2

Ⅰ	1		
	2		
	3		
	4		
	5		
	6	（　　）→（　　）→（　　）→（　　）	
Ⅱ	1	①	
		②	
	2		
	3		
	4		
	5		
	6	（　　）→（　　）→（　　）	
Ⅲ			

3

Ⅰ	1		
	2		
	3		
	4		
	5		
	6		
Ⅱ	1		
	2		
	3	X	
		Y	
	4		
	5		ドル
Ⅲ		スーパーマーケットは,	40　50

受検番号	

合計得点	

令和４年度　鹿児島県公立高校入試問題

数　学　解　答　用　紙

1	1	(1)		(2)		(3)		(4)	個	(5)	倍
	2	$b=$		3		4	度	5			

2	1		2		3
	4	(1)	約　　　人		
		(2)	（方程式と計算過程） 答　$x=$　　　，$y=$		

3	1			2	(3)（求め方や計算過程） 答　$a=$
	2	(1)			
		(2)	Q（　　，　　）		

4	1	度	3	（証明）
	2	EG : GD =		
	4	cm		
	5	倍		

5	1	色，　　cm			2	(2)（求め方や計算過程） 答　　　cm
	2	(1)	ア	イ		
			ウ	エ		

受検番号		合計得点	

令和３年度　鹿児島県公立高校入試

令和三年度　鹿児島県公立高校入試問題

国語解答用紙

1
1 (1) (2) す (3) (4) (5) (6) ぐ
2 画

2
1
2
3 Ⅰ Ⅱ
4
5

3
1
2
3
4 Ⅰ Ⅱ Ⅲ

4
1
2 Ⅰ Ⅱ
3
4
5

5
選択した特徴
1 2 3 4 5 6 7 8

受検番号

合計得点

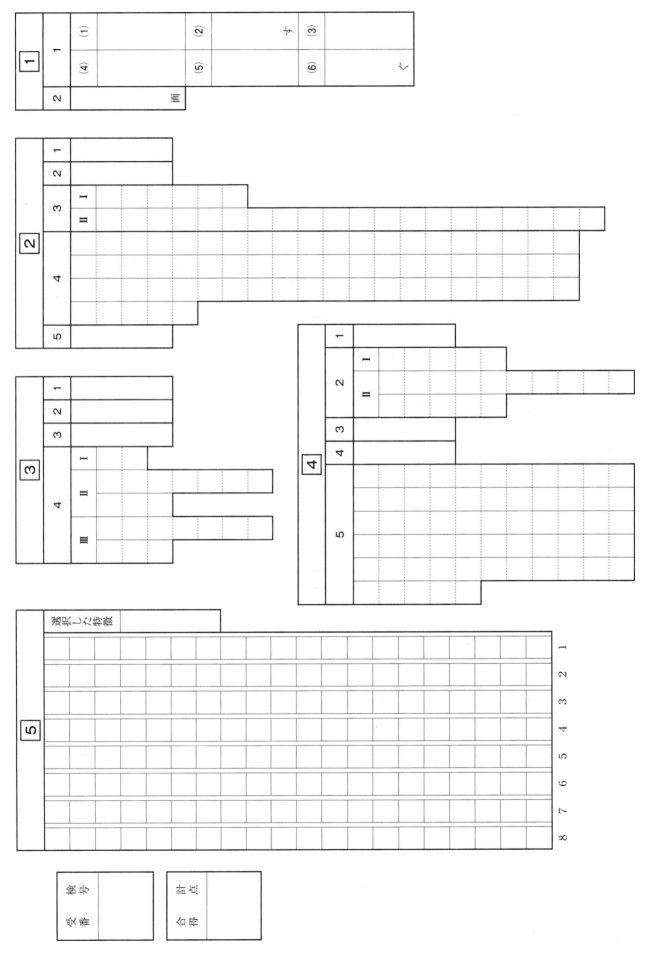

令和３年度　鹿児島県公立高校入試問題

理　科　解　答　用　紙

1

1						
2						
3	a		b		c	
4						
5						
6						
7	①		②			
8	力の大きさ	N	距離	cm		

2

Ⅰ	1		
Ⅰ	2	X ＋ ● → Y ＋ Z	
Ⅰ	3		
Ⅰ	4	質量	g
Ⅰ	4	物質	
Ⅱ	1		
Ⅱ	2		
Ⅱ	3		
Ⅱ	4	a	b

3

Ⅰ	1			
Ⅰ	2			
Ⅰ	3	①	②	
Ⅰ	4			
Ⅱ	1			
Ⅱ	2	(1)		
Ⅱ	2	(2)	a	
Ⅱ	2	(2)	b	
Ⅱ	2	(2)	c	
Ⅱ	3			

4

Ⅰ	1		
Ⅰ	2		
Ⅰ	3		
Ⅰ	4		
Ⅱ	1		
Ⅱ	2	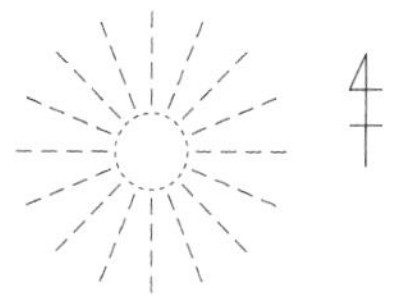	
Ⅱ	3	a	b
Ⅱ	4		

5

Ⅰ	1	g/cm^3			
Ⅰ	2	N			
Ⅰ	3	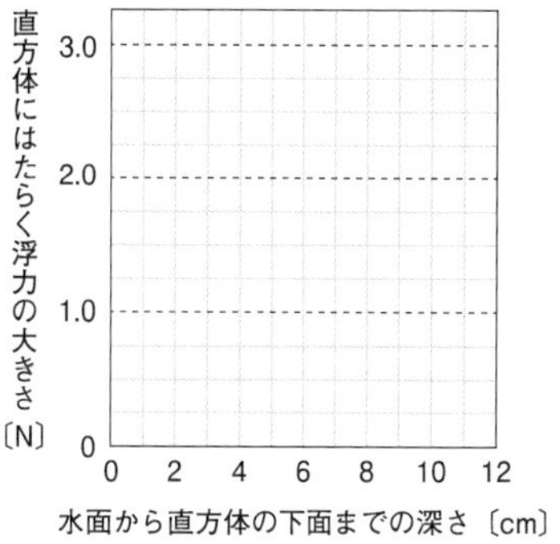			
Ⅰ	4	記号			
Ⅰ	4	理由			
Ⅱ	1				
Ⅱ	2				
Ⅱ	3	電圧	V	電力	W
Ⅱ	4				

受検番号	

合計得点	

令和３年度　鹿児島県公立高校入試問題

英　語　解　答　用　紙

1	1		
	2		
	3		
	4		→ →
	5		
	6	(1)	
		(2)	He has learned it is important to ＿＿＿＿＿＿＿＿ .
	7		
2	1	①	
		②	
	2	①	
		②	
		③	
		④	But ＿＿＿＿＿＿＿＿ at Minato Station by eight forty.
	3		＿＿＿＿＿＿＿＿ do you have in a week ?
	4		＿＿ ＿＿ ＿＿ ＿＿ ＿＿ ＿＿ (20)
3	Ⅰ	1	
		2	
	Ⅱ	1 (1)	
		1 (2)	
		2	
	Ⅲ	１番目	
		２番目	
4	1		→ →
	2		
	3		・ ・
	4		
	5		
	6		
	7		＿＿ ＿＿ ＿＿ ＿＿ ＿＿ ＿＿ (15)

受検番号		

合計得点		

令和３年度　鹿児島県公立高校入試問題

社　会　解　答　用　紙

1	I	1	
		2	
		3	
		4	
		5	
		6	Y
			Z
	II	1	市
		2	
		3	（果実）
			（県）
		4	
		5	
	III		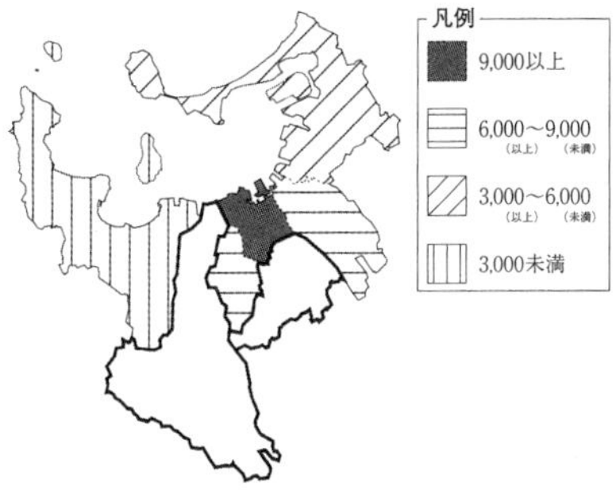

2	I	1	
		2	
		3	→　→　→
		4	
		5	
		6	
		7	
	II	1	①
			②
		2	
		3	
		4	→　→
		5	
		6	
	III		

3	I	1	
		2	→　→
		3	核兵器を
		4	内閣総理大臣は
		5	
	II	1	
		2	
		3	
		4	
		5	失業した労働者に対して
	III		40

受　検 番　号	

合　計 得　点	

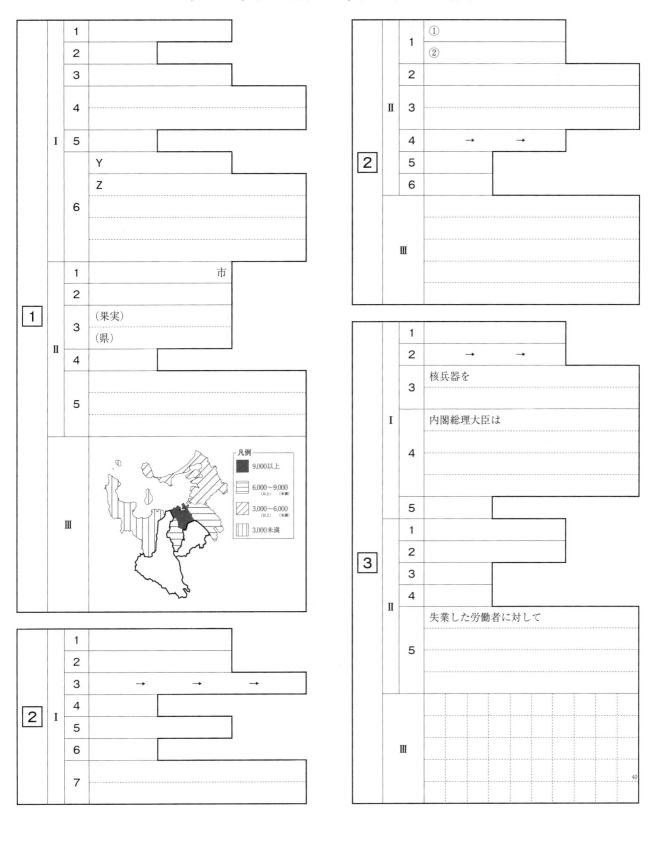

令和３年度　鹿児島県公立高校入試問題

数　学　解　答　用　紙

1	1	(1)		(2)		(3)		(4)	時速　　km	(5)	本
	2	$a=$		3	cm³	4	$n=$			5	

2	1	度	2		3	
	4	（証明）		5	（式と計算） 答　Mサイズのレジ袋　　枚, Lサイズのレジ袋　　枚	

3	1	a		b		2	冊	3	(1)		(2)

4	1	ア		3 (2)	（求め方や計算） 答 同じ面積になる　・　同じ面積にならない
	2	イ	（　　,　　）		
		ウ	（　　,　　）		
	3	(1)			

5	1		3	(1)	cm	(2) cm²
	2			(3)	（式と計算） 答　　秒後	

受検番号		合計得点	

令和２年度　鹿児島県公立高校入試

令和二年度　鹿児島県公立高校入試問題

国語解答用紙

1

1　①　ましい　②　③　って

④　⑤　⑥　った

2　画

2

1

2

3

4　Ⅰ　Ⅱ

5

3

1

2

3

4　Ⅰ　Ⅱ　Ⅲ

4

1

2　Ⅰ　Ⅱ

3

4

5

5

1　2　3　4　5　6　7　8

受検番号	

合計得点	

令和２年度　鹿児島県公立高校入試問題

理　科　解　答　用　紙

1	1		類
	2		
	3		
	4	①	②
	5		
	6	(1)	
		(2) ①	②
	7		

2	Ⅰ	1	
		2	
		3	→ → →
	Ⅱ	1	
		2	
		3 (1)	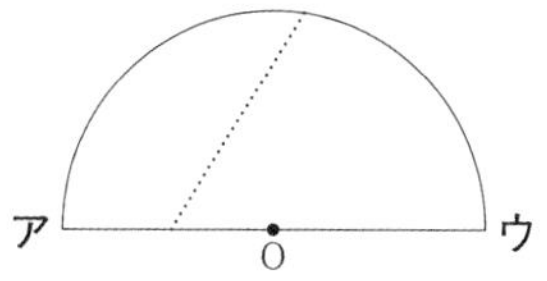
		3 (2)	

3	Ⅰ	1		
		2	a	b
		3	Cは，水溶液の温度を下げると，	
		4		g
	Ⅱ	1		
		2		
		3 (1)		電池
		3 (2)	化学式	分子の個数　　個

4	Ⅰ	1	
		2	ア → → → →
		3	
		4	
	Ⅱ	1	
		2	
		3 (1)	
		3 (2)	
		4	

5	Ⅰ	1	°
		2	
		3	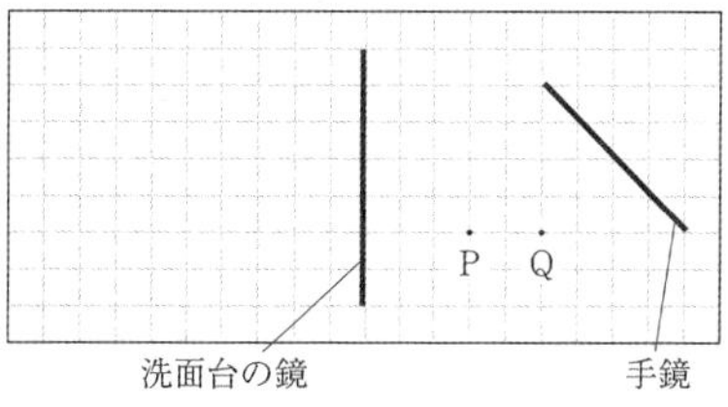
	Ⅱ	1	J
		2	
		3	
		4	cm
		5	

受検番号		合計得点	

令和２年度　鹿児島県公立高校入試問題

英　語　解　答　用　紙

1	1		
	2		
	3		→ →
	4	①	②
	5	(1)	(2)
		(3)	He began to .
	6		
2	1	①	②
	2	①	
		②	
		③	Then, .
		④	
	3		?
	4		
3	Ⅰ	①	② ③
	Ⅱ 1	(1)	
		(2)	
	Ⅱ 2		
	Ⅲ 1		
	Ⅲ 2		
4	1		→ →
	2		30
	3		?
	4		
	5		
	6		
	7		

受検番号	

合計得点	

令和２年度　鹿児島県公立高校入試問題

社　会　解　答　用　紙

1		
Ⅰ	1	山脈
	2	
	3	
	4	
	5	
	6	(1)
		(2)
Ⅱ	1	
	2	
	3	
	4	
	5	
	6	
Ⅲ	X	経 路 ㋐　　経 路 ㋑
	Y	

2		
Ⅰ	1	
	2	
	3	
	4	
	5	
	6	(　　)→(　　)→(　　)→(　　)
Ⅱ	1	①
		②
	2	
	3	(　　)→(　　)→(　　)
	4	
	5	
	6	
Ⅲ		25

3		
Ⅰ	1	
	2	
	3	
	4	
	5	
	6	
Ⅱ	1	
	2	
	3	
	4	
	5	(1)
		(2)
Ⅲ	X	
	Y	30

受検番号	

合計得点	

令和２年度　鹿児島県公立高校入試問題

数　学　解　答　用　紙

1	1	(1)		(2)		(3)		(4)		(5)	
	2	$y=$		3		4		5	

2	1	度	2		3	$x=$
	4		5	（式と計算） 答　A さんが最初に持っていた鉛筆　　本， B さんが最初に持っていた鉛筆　　本

3	1	点	2	(1)	ア		イ		(2)	点	3	点

4	1	ア		2	（証明）
		イ			
	3	(1)	度		
			$t=$		
		(2)	m^2		

5	1	Q（　　，　　）	3	(2)	（求め方や計算） 答
	2	$t=$			
	3	(1) R（　　，　　）			

受検番号	

合計得点	

令和５年度　公立高校入試実戦問題
第１回

令和五年度　公立高校入試実戦問題　第一回

国語解答用紙

1

1 (1) (2) える (3) (4) (5) わす (6)

2

2

1 2 3 4 5 6

3

1 2 3 Ⅰ Ⅱ 4 5

4

1 2 3 Ⅰ Ⅱ 4 5

5

1 2 3 4 5 6 7 8

受検番号

合計得点

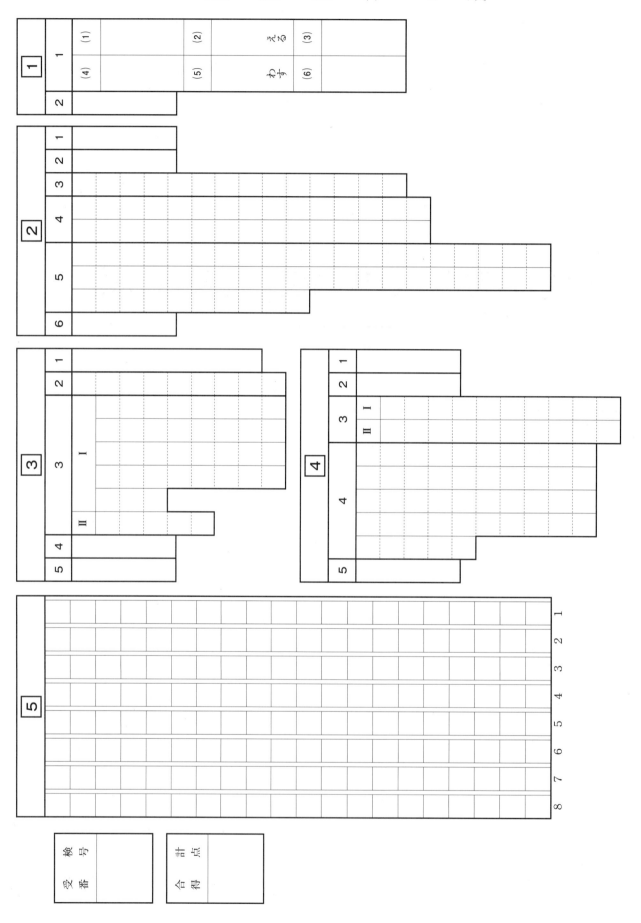

令和５年度　公立高校入試実戦問題　第１回

理　科　解　答　用　紙

1

1	①	②
2		
3		
4	午前　　　時が　　　g　多い	
5	と	
6	W	
7		
8	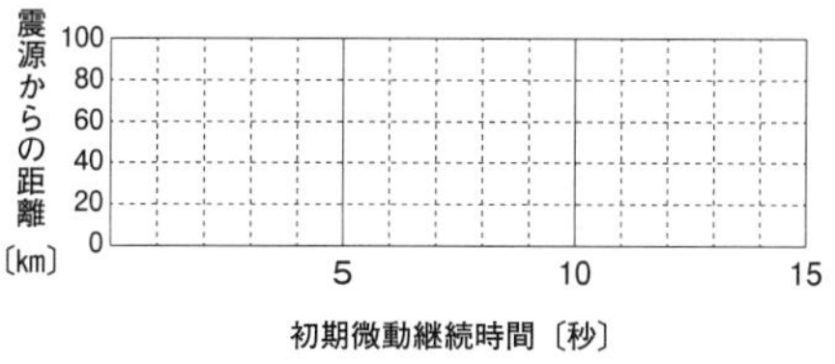	

2

Ⅰ	1	名称	
		記号	
	2		
	3		
Ⅱ	1		
	2		
	3		

3

Ⅰ	1		
	2		
	3	①	②
	4		
Ⅱ	1	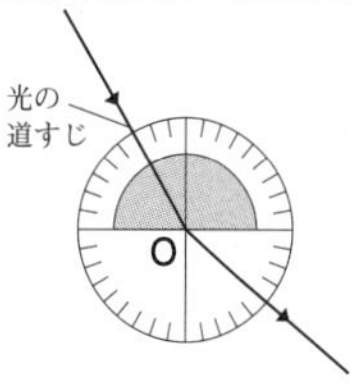	
	2	度	
	3		
	4		

4

Ⅰ	1	と	
	2	a	
		b	
	3		
	4	g	
Ⅱ	1	g	
	2		
	3		
	4		
	5		

5

Ⅰ	1	,　　,	
	2	(1)	
		(2)	
	3		
	4	m	
Ⅱ	1		
	2		
	3		
	4	①	②

受検番号	

合計得点	

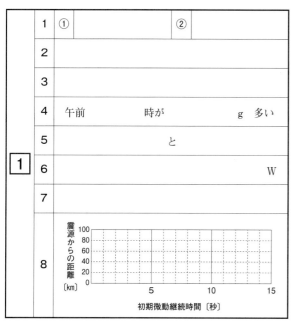

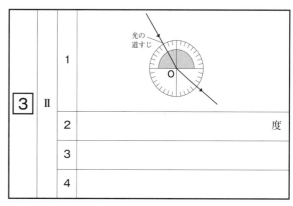

令和５年度　公立高校入試実戦問題　第１回

英　語　解　答　用　紙

1	1		2
	3		4 → →
	5		
	6	(1)	
		(2)	
	7		
2	1	①	②
	2	① ② ③ ④	
	3	①	
		②	
		③	
	4	20	
3	Ⅰ	1	2
	Ⅱ	1	2
	Ⅲ		
4	1		
	2		
	3	・日本の学校では	
		・日本の学校では	
	4	15	
	5		

受　検 番　号	

合　計 得　点	

令和５年度　公立高校入試実戦問題　第１回

社　会　解　答　用　紙

1

I	1		
	2		教
	3	(1)	語
		(2)	
	4	(1)	
		(2)	
	5		
II	1	X	
		Y	
	2		
	3	(1)	
		(2)	m
		(3)	①
			②
III			30 / 40

2

I	1		
	2	(1)	(　　)→(　　)→(　　)→(　　)
		(2)	
	3		
	4		
	5		
	6		
II	1	①	
		②	
	2		
	3		
	4		
	5	X	
		Y	
	6	A　B　C	
III			

3

I	1	
	2	
	3	(　　)→(　　)→(　　)→(　　)
	4	
	5	地域
	6	
II	1	
	2	
	3	
	4	
	5	
	6	C　→(　　)→(　　)→(　　)→(　　)
III		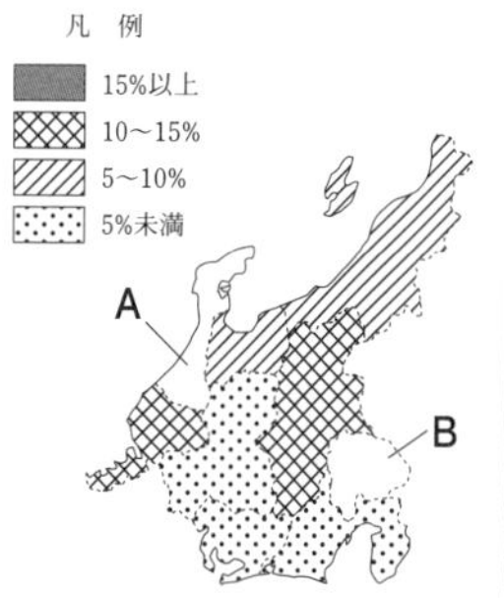

受検番号	

合計得点	

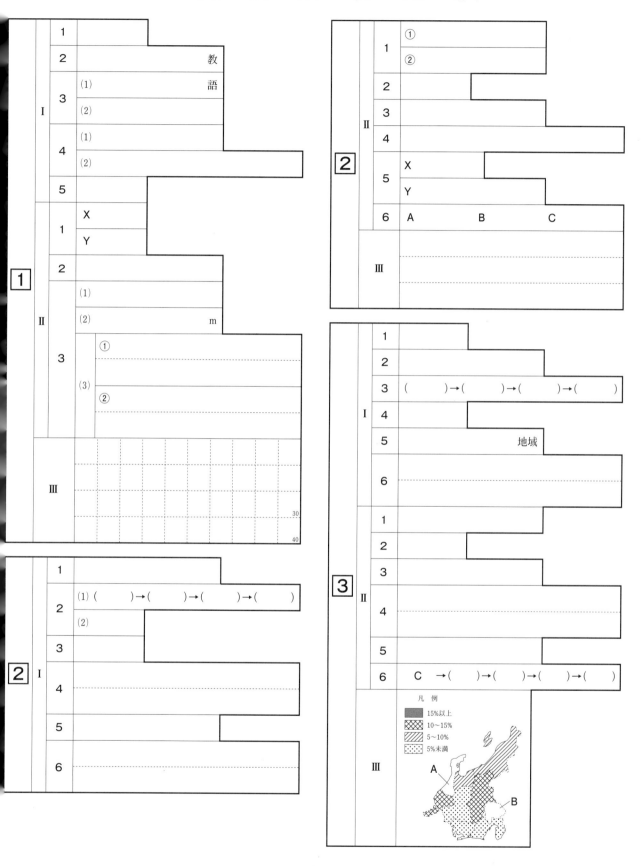

令和５年度　公立高校入試実戦問題　第１回

数　学　解　答　用　紙

1

1	(1)		(2)		(3)		(4)		(5) $x=$
2	円	3	①		②		4	度	5 cm

2

1		2	個	3	式の説明 / 単位

4 (方程式と計算過程)

答　大人　　　円　子ども　　　円

5

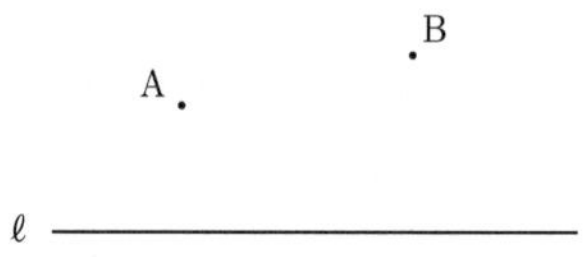

3

Ⅰ	1	$\begin{cases} a= \\ b= \end{cases}$	2		Ⅱ	1		2	1組・2組	(理由)

4

1 (証明)

2　　度

3　BP：PD＝　　：

4　　cm^2

5

1

2

3 (1)

3 (2) (方程式と計算過程)

答

受検番号	

合計得点	

令和５年度　公立高校入試実戦問題
第２回

令和五年度　公立高校入試実戦問題　第二回

国語解答用紙

1

1　(1)　(2)　る　(3)　(4)　(5)　れる　(6)

2

2

1　2

3　Ⅰ　Ⅱ

4

5

3

1

2

3

4

5　Ⅰ　Ⅱ

4

1

2

3

4

5

6

5

受検番号

合計得点

令和５年度　公立高校入試実戦問題　第２回

理　科　解　答　用　紙

1	1		
	2		
	3		m
	4		
	5	a	
		b	
	6		
	7	と	
	8	a	b

2	Ⅰ	1	
		2	
		3	倍
		4	
	Ⅱ	1	cm
		2	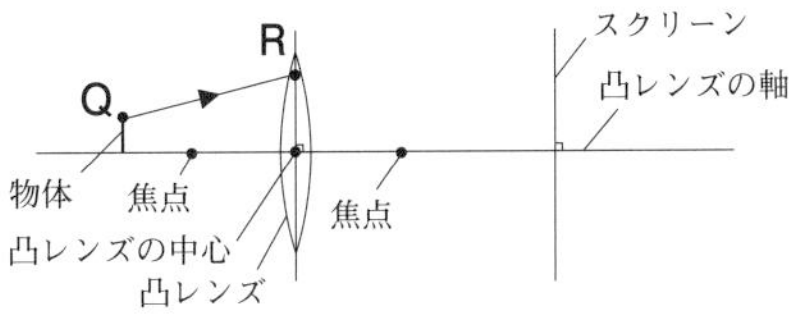
		3	①　　②
		4	

3	Ⅰ	1		
		2	a	
			b	
		3	記号	
			説明	
	Ⅱ	1		
		2		
		3		
		4		

4	Ⅰ	1	
		2	
		3	g
		4	g
	Ⅱ	1	
		2	
		3	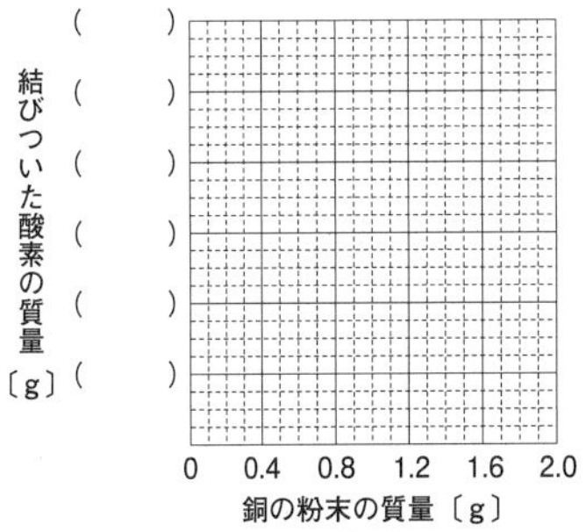
		4	g

5	Ⅰ	1		
		2		
		3		
		4	と	
	Ⅱ	1		
		2	①	②
		3	時間帯	
			見え方	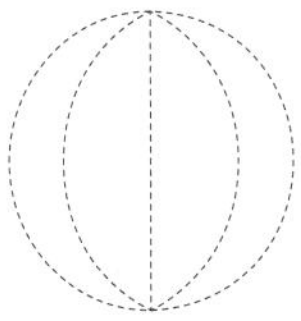
		4		倍

受　検 番　号	

合　計 得　点	

令和５年度　公立高校入試実戦問題　第２回

英　語　解　答　用　紙

1

1　　2

3

4　→　→

5

6 (1)　(2)

7

2

1 ①　②

2 ①　②　③

3 ①　②　③

4

I think you should visit (Kyoto ・ Okinawa) .

20

30

3

I 1　2

II 1 ①　②　③

II 2

III

4

1

2

40

3

4

15

5

6

受検番号	

合計得点	

令和５年度　公立高校入試実戦問題　第２回

社　会　解　答　用　紙

1	I	1	
		2	
		3	
		4	
		5	
		6	
	II	1	
		2	(記号)
			(地方名)　　　　地方
		3	
		4	
		5	①
			②
		6	
	III		

2	I	1	
		2	
		3	
		4	
		5	(　　)→(　　)→(　　)
		6	
		7	
	II	1	①
			②
		2	
		3	
		4	
		5	(1)
			(2) (法律名)
			(記号)
	III		

3	I	1	
		2	
		3	
		4	
		5	
		6	
	II	1	
		2	
		3	
		4	
		5	
		6	(記号)
			(理由)
	III		40
			50

受検番号	

合計得点	

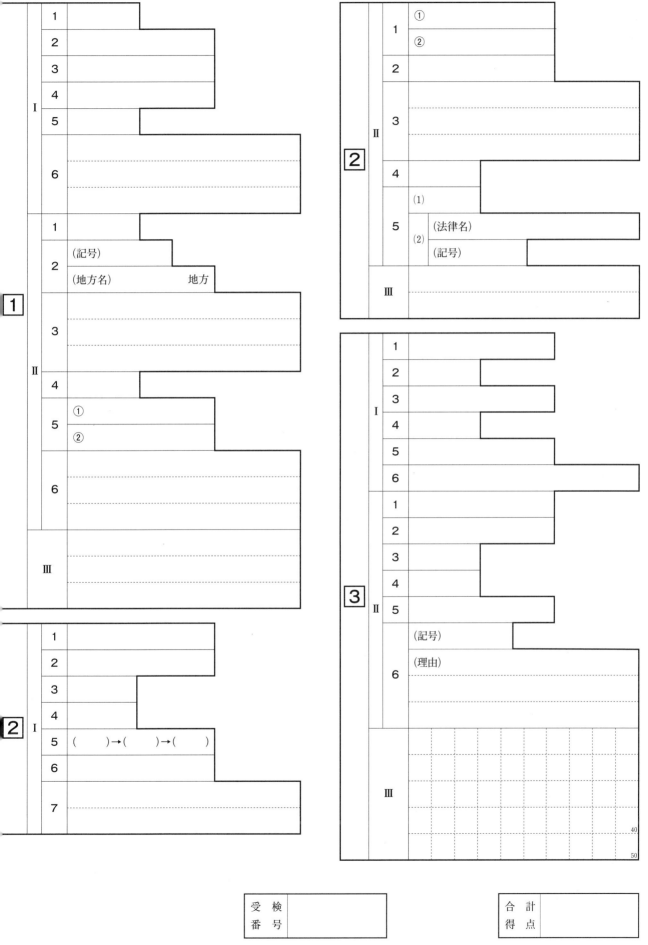

令和５年度　公立高校入試実戦問題　第２回

数　学　解　答　用　紙

1	1	(1)		(2)		(3)		(4)	$n=$	(5)	
	2	分	3	(,)		4	度	5	倍		

2	1		2 (1) 回	(2) 回
	3	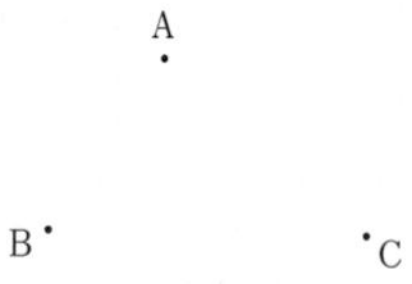	4	(方程式と計算過程) 答　新聞紙　　kg,　雑誌　　kg

3	1	$a=$	4	(方程式と計算過程) 答　$t=$
	2			
	3	個		

4	1	$a=$	3	(1)	ア	ウ	(2)
	2	通り			イ		

5	1	(証明)	2	(1) 度　(2) cm
			3	(求め方や計算過程) 答　△AHE：△CFE＝　：

受検番号		合計得点	

KYOUSHIN

中学校　３年　　組　　番
氏名

2023年受験用

鹿児島県高校入試問題集　公立編

目　次

問題・正答例と解説

※全ての聞き取りテストは，英語のページにある二次元コードをスマートフォン等で読み取って再生することも可能です。

・**英語聞き取りテスト音声ファイルダウンロードページ**
https://www.kakyoushin.co.jp/2023kouritu/

※「問題」や「正答例と解説」に関するお知らせは，こちらの二次元コードをご確認ください。

鹿児島県公立高校入試問題の出題傾向と対策　国　語

令和４年度の出題の傾向と対策

大問1は漢字の問題です。小中学校で学んだ日常よく使う漢字から出題されます。**特に漢字の書き取りは小学校学習漢字 1026 字からしか出題されません。**漢字の学習は日ごろの積み重ねです。しっかり復習しましょう。また，書写では行書体の字を楷書体に直したときの総画数を問う問題が出題されました。**書写の行書体の特徴もしっかりおさえておきましょう。**

大問2は，ひとつのテーマや問いについて，対話しながら深く考え，深く考えながら対話する活動である「哲学対話」について書かれた説明的な文章です。接続詞や内容理解に関する基本的な問題が出題されたほか，記述問題では，――線部の内容を「扇の要」の説明を参考にして 65 字以内でわかりやすく言い換える問題が出題されました。――線部の直前の内容や，その部分について他に詳しく述べている箇所に着目し，まとめるために必要な言葉を選択し，構成する力が求められました。**日ごろから新聞のコラムなどで要約する練習をしてみましょう。**

大問3は古文です。「日本永代蔵」を素材に，話の内容をとらえる問題が出題されました。その中には，例年通り，授業の一場面を想定し，先生と生徒の会話の中から話の内容を理解させる問題も出題されました。古文では会話主，動作主が省略されることが多いので，**常にこの言葉は誰が言っているのか，誰がこの動作を行っているのかということを考えながら読む癖をつけましょう。**また，会話の内容は読解の手がかりになるので，**本文中のどこで述べられている内容と対応するのかを意識して読むようにしましょう。**

大問4は，大相撲の取組前に力士の名を呼び上げる呼出として励んでいる主人公が，呼出の新弟子が入門すると聞いたことをきっかけに自分の気持ちが変化した場面を描いた文学的な文章です。主に登場人物の心情や様子について出題されました。**日ごろから本を読むときに登場人物の心情を考えたり，書かれていない部分について想像したりして，さらにその想像を自分の言葉で説明する練習をしてみましょう。**

大問5は条件作文です。「自然や文化など先人が残してくれたものを引き継ぐために私たちは何をするべきか」をテーマに，未来に残したいと思うものを，引き継いでいく際に想定される問題やその問題を解決するための取り組みを含めて書く問題でした。**与えられたテーマについて自分で考え，意見を述べられるようになるために，日ごろから関心の幅を広げておくことが大切です。**

過去５年間の出題内容

出題内容		30	31	2	3	4
説明的文章	適語補充	○	○	○	○	○
	内容理解	○	○	○	○	○
	内容の説明	○	○	○	○	○
	内容吟味		○	○	○	○
文学的文章	内容理解	○	○	○	○	○
	内容の説明	○	○	○	○	○
	心情理解	○	○	○	○	○
	心情の説明	○	○	○	○	○
	文脈の把握	○	○	○	○	○
漢字・書写	漢字の書き取り・読み	○	○	○	○	○
	書写	○	○	○	○	○
	筆順・画数	○		○	○	○

出題内容		30	31	2	3	4
古典	仮名遣い	○	○	○	○	○
	動作主・会話主			○	○	○
	解釈		○			○
	内容理解	○	○	○	○	○
文法	自立語	○	○	○	○	
	付属語	○		○	○	○
表現	資料を見て書く作文	○	○	○		
	会話文を参考にして自分の考えを書く作文				○	○
	与えられたテーマに対して自分の考えを書く作文					○

鹿児島県公立高校入試問題の出題傾向と対策　理　科

令和４年度の出題の傾向と対策

例年同様，物理・化学・生物・地学から１題ずつと，４分野総合問題１題の計５題の出題で，点数配分は４分野がほぼ均等に出題されていました。出題範囲は，中学１～３年生までのほぼすべての単元と小学校の単元で，主体的に観察や実験に取り組むことで科学的な知識を身につけているかが問われました。問題形式は，語句問題，計算問題，記述問題をからめた完答問題が多く見られ，文章記述問題数が減った代わりに作図問題が増えていました。問題の難易度は，昨年よりやや易しいように感じました。

1は４分野総合問題で，例年通り，小問集合形式で４分野から２題ずつ出題され，記号問題と語句問題で構成されていました。基本的な問題が多かったですが，**5**では，桜島について調べる授業を通してわかったことや考えたことをテーマに，４分野についての問題が出題されていました。

2は物理分野で，Ⅱはコイルを使った電磁誘導についての出題でした。Ⅱ**4**では，コイルに棒磁石を通過させたときの電流について出題され，コイルの向きと磁界がどのように変化するかをイメージできるかが問われました。

3は生物分野で，Ⅰは動物の循環と遺伝，Ⅱは昆虫と植物の光合成についての出題でした。Ⅰ**2**では，染色体の本数や遺伝子の組み合わせについて出題され，遺伝子や染色体に関するルールを理解しているかが問われました。Ⅱ**3**(2)では，対照実験の組み合わせとその意味について問われ，普段の授業で行ってきた実験の意味を理解できているかが試されました。

4は地学分野で，Ⅰは地震，Ⅱは日本周辺の天気についての出題でした。Ⅰ**2**(3)では，初期微動継続時間の計算，Ⅱでは，日本列島周辺の天気の特徴や高気圧や低気圧の特徴など，基本的な問題が出題されました。

5は化学分野で，Ⅰは塩化銅水溶液の電気分解，Ⅱはエタノールの状態変化についての出題でした。Ⅰ**3**では，水溶液中の銅イオンの数の変化をグラフで表現する問題が出題されました。Ⅱ**3**では，混合物にふくまれるエタノールの密度を文字を使った式で表す問題が出題され，密度の計算式を正しく理解しているかが問われました。

過去５年間の出題内容

出題内容		30	31	2	3	4
生物	植物のからだのつくり	○				○
	植物の分類				○	
	動物の分類	○		○		
	生物の細胞のつくり				○	
	植物のはたらき（光合成・呼吸・蒸散）		○			○
	動物のからだのはたらき			○	○	○
	動物のからだのつくり		○			
	生物の成長と生殖	○		○	○	
	遺伝の規則性と遺伝子		○		○	○
	動物の変遷と進化	○				○
	自然と人間	○		○		○
地学	火山とマグマ・火成岩		○		○	○
	地震とプレート	○				○
	大地の変化・堆積岩・化石		○	○	○	
	気象情報と気象観測				○	
	前線と天気の変化	○			○	
	日本の天気		○	○		○
	空気中の水蒸気の変化	○	○		○	
	太陽系の天体	○				
	天体の１日の動き			○		○
	天体の１年の動き					
	太陽と月・惑星の見え方		○		○	
化学	身のまわりの物質とその性質		○			

出題内容		30	31	2	3	4
化学	いろいろな気体とその性質		○			
	水溶液の性質・溶解度	○		○	○	
	物質の姿と状態変化			○		○
	物質の成り立ち（分解・原子・分子）	○		○		
	物質どうしの化学変化					
	酸素がかかわる化学変化（酸化・還元）				○	
	化学変化と物質の質量		○			
	化学変化と熱の出入り					○
	水溶液とイオン	○	○	○	○	○
	化学変化と電池					
	酸・アルカリとイオン		○	○	○	○
物理	光の世界	○		○	○	○
	音の世界		○			
	力の世界				○	
	電流の性質		○	○	○	○
	電流と磁界		○			○
	静電気と電流					
	物体の運動	○				
	力の規則性		○		○	
	仕事とエネルギー			○		
	いろいろなエネルギー		○			
	科学技術と人間	○				
	小学校で習う内容から	○		○	○	○

鹿児島県公立高校入試問題の出題傾向と対策　英　語

令和４年度の出題の傾向と対策

[1]は放送による聞き取りテスト。実施時間は約 11 分 33 秒と，昨年より約 40 秒長くなりましたが，今年度も**1**～**4**までが１回のみの放送でした。放送内容を一度で把握する集中力が求められます。今年度も**3**で，曜日を書く問題が出されました。月や曜日はよく問われるため，つづりや発音をしっかり習得しておきましょう。聞き取りテストでは，**聞いた英文を，問われている内容に対して適切な表現に書きかえる力**を身につけておきましょう。対策としては，英文を聞く習慣を持ち，要点を書き取るなどして英文の流れや状況を１回でできるだけ正確につかむ力をつけておくとよいでしょう。

[2]は英語表現力をみる問題。**2**と**3**の問題形式が昨年度までと大きく変わりました。**2**は，対話の流れと，答えとなる単語の意味を英語で説明したものをもとに，対話文にあてはまる単語を書く問題でした。英語を英語で説明しているため，語い力が求められます。**3**は，与えられた単語と対話文の内容をもとに適切な英文を作る問題で，基礎的な文法力が求められました。**4**では英作文の出題がありました。今年度は，条件が多く設定されており，必要なことを論理的に伝える力が求められました。より多くの語いや熟語，文法事項を身につけ，**相手に伝えるために使う英語**を意識して勉強する必要があります。**4**のような英作文を書く問題に備え，**様々な話題に関して自分なりに英語で表現できるように日頃から練習することが大切です**。

[3]は英文読解問題と英語の資料を使った対話文読解問題。鹿児島の話題を取り入れた英文がよく出されています。今年度はⅠで，英文を読んで適切なグラフを選ぶ問題が出題されました。Ⅱは，英語の資料とそれに関する対話文を読み，適切な数字や英語を選ぶ問題でした。対話文に当てはめる内容を導き出すために，資料の内容を正しく理解し，的確に情報を処理する必要があります。Ⅲは，まとまりのある英文を読み，英文の論点や要点を選ぶ問題でした。紛らわしい選択肢の中から正しいものを選ぶためには，英文の内容を細かいところまで理解し，最も伝えたいことを読み取る必要がありました。**日頃からさまざまな種類の英文や対話文をたくさん読んで，スピードと全体の内容を捉えてまとめられる読解力をつけておきましょう**。

[4]は長文総合問題。毎年，物語文が出題されています。今年度は，本文の下線が引かれている部分の英文に関して，さらに英文で質問をするという出題が見られ，何を問われているのかを正しく把握して解答する必要がありました。また，本文に関する 15 語程度の英作文も出題されています。まとまりのある英文を書くためには，**日頃から，様々なことに関心を持ち，それに対する自分の考えを持つこと，さらに本文の内容や登場人物の感情を読み取り，場面に応じた内容を簡単な英語で表現する力を鍛える**勉強をしていきましょう。

過去５年間の出題内容

出題内容	年度	30	31	2	3	4
聞き取りテスト	英文・対話文に合う絵の選択	○	○	○	○	○
	対話の場面・意図を選択	○	○	○	○	○
	絵の並びかえによる放送内容の把握			○	○	○
	英文で述べられていないものの選択				○	○
	英文に関する質問の答え	○	○	○	○	○
	要約文完成 (英語記述)	○	○	○	○	○
	質問に自分の立場で答える	○	○	○	○	○
対話文完成	対話の流れに合う英文の選択	○	○	○		
	英文の当てはまる場所の選択	○	○	○	○	○
適語補充	出題形式					
	日本語の資料をもとに適語補充	○	○	○	○	
	対話と単語の説明をもとに適語補充					○
	出題された単語の品詞					
	名詞	○	○	○	○	○
	動詞	○	○	○	○	○
	形容詞			○		
	接続詞	○				

出題内容	年度	30	31	2	3	4
英作文	条件に合う英文を自分の考えで書く	○	○	○	○	○
	絵の状況に合う英文の完成	○	○	○		
	文脈に合う英文の完成・並べかえ	○	○	○	○	○
対話文・英文読解	英語の資料の読み取り			○	○	○
	内容について英文記述	○	○	○	○	○
	適切な語句の抜き出し		○	○	○	
	適文選択	○	○	○	○	○
	内容に合う文の選択	○	○	○	○	○
	英文の表題（要点）選択	○	○	○		○
	絵の並べかえによる流れの把握	○	○	○	○	
	本文の内容に合わない絵の選択					○
	心情の把握	○	○	○	○	○
	適語・適文の選択		○	○	○	○
	流れに合う英語の記述	○	○	○	○	○
	内容について日本語で記述	○	○	○	○	○
	内容に関わる英作文	○	○	○	○	○
	本文の内容に合う資料の選択				○	○

鹿児島県公立高校入試問題の出題傾向と対策　社　会

令和４年度の出題の傾向と対策

昨年と同様の大問３つで構成されていました。設問数は昨年と同じ40問でした。点数配分は昨年から変わって，地理が31点・歴史が31点・公民が28点となっています。記述式の出題は，昨年より２問減って８問となっていました。指定語句が３つある問題や，字数指定のある問題など，さまざまなパターンの記述問題がバランスよく出題されていました。

[1]は地理。Ⅰは世界地理で，緯度の数値，世界各国の気候や産業，北アメリカの農業，再生可能エネルギーによる発電などを問う出題でした。Ⅱは日本地理で，各県の産業の特色，日本の「育てる漁業」，瀬戸内の気候などの出題が見られました。Ⅲは海上輸送と比較した航空輸送の特徴に関する出題が見られました。地理に関して，**日頃から教科書に載っている，世界地理や日本地理における基本的事項をおさえるとともに，問題文中の資料の内容をしっかりと読み取ることが大切です。**

[2]は歴史。Ⅰは中学生と先生の，門をテーマにした会話から，古代から近世までのそれぞれの時代に関連する日本や世界に関するできごとなどを問う出題でした。小問**6**では，古代から近世までにおこったできごとを時代の古い順に並べる問題が出題されました。Ⅱは略年表から，幕末から昭和時代までの歴史について，各時代の日本と世界のできごとについて問う出題が見られました。Ⅲは，第二次世界大戦後の民主化政策の一つである農地改革に関する記述問題でした。歴史に関して，**各時代の重要なできごと・人物と，日本と海外との関わりなどを理解し，古代から近代までの時代のつながりをおさえることが大切です。**

[3]は公民。Ⅰは日本国憲法・基本的人権・国会や裁判所などに関する出題，Ⅱは経済分野であり，消費生活・金融・財政などの出題が見られました。ⅢはSDGsに関する出題で，資料からどのような取り組みが食品ロスの解決につながるかを問う出題でした。公民に関して，**政治・経済・国際情勢などメディアで取り上げられていることに興味や関心を持ち，教科書の内容と関連させて理解を深めることが大切です。**

今後は，教科書の基本的な内容をしっかりおさえ，その知識を活用することと，資料に書かれている情報を読み取る読解力が必要となってきます。入試に向けて一つずつ練習していきましょう。

過去５年間の出題内容

	出題内容＼年度	30	31	2	3	4
地理的分野	世界の国々と人々の生活	○	○	○	○	○
	アジア	○	○	○	○	○
	アフリカ	○	○	○	○	
	ヨーロッパ・ロシア	○	○	○	○	○
	南北アメリカ	○	○	○	○	○
	オセアニア（オーストラリア）		○	○	○	○
	日本のすがた・世界の中の日本	○	○	○	○	○
	地形図	○		○		
	九州地方		○	○	○	○
	中国・四国地方	○		○	○	○
	近畿地方		○	○	○	○
	中部地方	○	○	○	○	○
	関東地方	○	○	○		○
	東北・北海道地方	○		○		○
歴史的分野	文明のおこりと日本の始まり		○			○
	古墳・飛鳥時代と東アジア	○	○	○	○	
	奈良時代	○	○	○	○	○
	平安時代		○	○	○	○
	鎌倉時代	○		○	○	○
	室町時代	○	○	○	○	○
	世界の動きと天下統一	○	○	○	○	○
	江戸時代	○	○	○	○	○

	出題内容＼年度	30	31	2	3	4
歴史的分野	近代ヨーロッパとアジア	○			○	
	明治維新～国会の開設	○	○	○	○	○
	日清・日露戦争	○	○	○	○	○
	第一次世界大戦	○	○	○	○	○
	世界恐慌～第二次世界大戦	○	○	○		○
	戦後の日本～国際社会への復帰	○	○	○	○	○
	現代の日本と世界		○	○	○	
公民的分野	現代の社会（家族や情報化）	○	○			○
	人権思想の発達				○	
	日本国憲法	○	○		○	○
	基本的人権	○	○	○	○	○
	地方自治	○		○	○	
	選挙		○		○	○
	国会・内閣・裁判所	○	○	○		○
	家計・消費者の権利と保護		○	○	○	○
	流通・価格・物価	○			○	○
	企業	○			○	
	国家財政・税金			○		○
	景気と政府・日本銀行の政策		○	○	○	○
	福祉		○	○		
	世界経済と貿易	○		○		○
	国際社会と日本		○	○		○

鹿児島県公立高校入試問題の出題傾向と対策　数　学

令和４年度の出題の傾向と対策

1 は基礎的な計算・小問集合。**1**は基本的な計算や各単元の基本事項に関する内容で，最近は空間図形の基本的な内容からの出題が見られます。計算問題に関しては，**ミスをしないことはもちろん，スピードにもこだわりましょう**。**2**以降も，各分野の基本的な内容。確実に得点できるように，しっかりと問題文を読みましょう。正答を求めるだけでなく，正答までの解法をしっかり理解することが大事です。解説等をしっかり読んで解法のパターンを増やしていきましょう。**1つの知識の漏れや単純な計算ミスが，そのまま点数につながる内容です**。日頃から**正確，かつ素早い計算ができるように練習を積み重ねること，教科書に出てくる用語や公式はしっかり理解しておくことが大事**です。

2 は数学的な見方や考え方，表現力をみる小問集合。**1**は関数。**2**は図形。**3**は作図。**4**は資料をもとにした総合的な問題。**1**や**2**は条件から図をイメージすることが正答につながります。**3**のような複数の作図を組み合わせた問題も，１つ１つは基本的な作図です。**4**のように複数単元からの内容を問う出題についても，１つ１つは基本的な内容ですが，**それらをどのように活用すればよいか，日頃から単元にとらわれない思考力を身につける必要があります。1，2を短時間で仕上げられるかが高得点へのカギです。日頃から時間を意識して問題に取り組むようにしましょう。**

3 は一次関数からの出題。条件の変化を図でイメージできるかがポイント。**1**は図形の面積を求めるために座標を活用できるかどうかを問う内容。**関数と図形の総合問題の出題は多いので，平行線の関係等，関数の中で図形の性質を活用できるように**問題演習に取り組みましょう。

4 は平面図形の問題。基本的な図形の知識事項をおさえておくのはもちろんのこと，それらをどう活用すればよいかは実際に多くの問題にふれることで身についていきます。問題中の条件を図形の中に反映させていくことで，より多くのヒントに気づくことがあります。**まずはしっかりと問題文を読み，条件を正確に表した図をかく**ことを心がけましょう。

5 は文字式。手順に示された規則性や会話文中のヒントをしっかり理解できるかがポイント。規則性についてはいくつかパターンがあり，また，早い段階から取り組める入試問題も多いので，どんどん入試問題にチャレンジしてみましょう。このような会話形式の出題は年々増える傾向にあります。**何が問われているのか，ヒントがどこにあるのか，会話の流れをしっかりとおさえましょう。**

毎年，設問の構成や順番に違いはありますが，**教科書で学んだことから出題されるという点では違いはありません**。教科書に出てくる基本語句や公式・定理をしっかりおぼえ，それらを活用する演習問題に取り組みましょう。

「基本的な語句・定理の理解」「正確な計算力の定着」「数学的表現力のアップ」

いずれも地道な努力で身に付くもので，それに勝るものはありません。入試に向けて，日々努力しましょう。

過去５年間の出題内容

出題内容		30	31	2	3	4
数の計算	四則混合計算	○	○	○	○	○
	割合の計算	○	○	○	○	○
式の計算	乗法・除法	○	○		○	○
	式の展開					○
	因数分解	○			○	
平方根	計算問題	○	○	○	○	○
	基本事項	○		○		
	素数				○	
文字式	文字式の利用	○	○			○
	等式変形					○
	式による証明		○			
	規則の活用		○	○		○
方程式	不等式		○			
	方程式	○	○		○	
	方程式の文章題	○	○	○	○	○
	比の利用	○		○		
	解の公式	○	○	○	○	○
関数	比例・反比例			○		
	関数とグラフ	○				○
	１次関数	○	○	○	○	○
	２乗に比例する関数	○	○	○	○	○
	放物線と直線の交点		○	○		
	関数と動点・図形	○	○			

出題内容		30	31	2	3	4
関数	関数と面積・体積			○	○	○
図形の基礎	線対称・点対称	○	○	○	○	○
	平面図形	○	○	○	○	○
	空間図形	○	○	○	○	○
	展開図・投影図		○	○		
	平行線と角		○	○		
図形と合同	図形の合同	○	○			○
	二等辺三角形・正三角形		○	○		○
図形の相似	図形の相似	○	○		○	○
	平行線と線分の比					
	中点連結定理					○
円	円周角と弧	○	○	○	○	○
	円と接線					
図形の計量	図形と三平方の定理	○	○	○	○	○
	特別な直角三角形	○	○	○	○	○
	おうぎ形	○				
	その他の面積・体積	○	○	○	○	○
資料の活用	度数の分布	○	○	○	○	○
	代表値	○	○	○	○	○
	標本調査・有効数字					○
確率	確率	○	○	○	○	○
	場合の数					

公立高校入試の実施について

令和４年度入試日程

令和４年度の入試は下記の日程で行われました。

① 一般入試

願書提出　２月７日(月)から２月14日(月)正午(必着)まで
出願変更　２月16日(水)から２月22日(火)正午(必着)まで
学力検査　３月３日(木)
　９：20　集合（志願先高等学校）
　10：00～10：50　(50分間)　国語
　11：10～12：00　(50分間)　理科
　13：00～13：50　(50分間)　英語
　(聞き取りテスト12分間程度を含む。)

３月４日(金)
　９：20　集合
　９：40～10：30　(50分間)　社会
　10：50～11：40　(50分間)　数学

合格発表　３月16日(水) 午前11時以後

② 推薦入試

面接・作文等実施　２月３日(木)　場所　志願先高等学校
合格者内定　２月９日(水)

③ 二次募集

願書提出　３月22日(火) から３月23日(水) 正午(必着) まで
面接・作文等実施　３月24日(木)　場所　志願先高等学校
合格者発表　３月25日(金) 午後２時以後

高校入試 Q & A

令和５年度公立高校入試日程

○推薦入試	２月 ３日(金)	面接・作文等
○一般入試	３月 ２日(木)	国・理・英
	３月 ３日(金)	社・数
	３月15日(水)	合格者発表
○追加の選抜	３月13日(月)	
○二次募集	３月23日(木)	面接・作文等
	３月24日(金)	合格者発表

Q1 推薦入試はどのようなものですか。

A　学力検査を実施せず，中学校３年間の学習や活動状況，面接，作文等を総合して評価する制度です。部活動や生徒会活動など学力検査でははかれない中学時代の取り組みを積極的に評価します。各高校が定めた枠内（８％～ 80％）で実施します。

Q2 学科併願はどんな制度ですか。

A　二つ以上の学科がある高校で学科に志願順位（第１志望，第２志望等）をつけて出願できる制度です。合格の可能性が広がります。

Q3 くくり募集はどんな制度ですか。

A　二つ以上の学科をまとめて募集し，１年生では共通の学習をして，２年生から各学科に分かれて学習する制度です。高校に入って学びながら自分の進む学科を決めていきます。

Q4 第二次入学者選抜とはどんな制度ですか。

A　第一次入学者選抜（推薦入試，一般入試等）の合格者が募集定員に満たない学校・学科で実施する入試で，公立高校で学びたい意志をもつ人に再度受検の機会を提供するものです。再度の学力検査は行わず，面接，作文等で合格者を決定します。

Q5 自己申告書とはどんなものですか。

A　志願者のうち，特別な理由等で年間30日以上欠席のある者が志願の動機・理由等を書いて，中学校長を経て，志願先高等学校長に提出できる書類のことです。

令和４年度公立高校入試状況１

【全　日　制】

高校名	学科名	併願	定員		推薦入試		実質定員	出願者数		出願倍率		受検者数		2次募集
			全体	一定枠	枠	出願者数（一定枠）		全体	一定枠	4年度	3年度	全体	一定枠	全体（一定枠）
鶴丸	普通		320	32	32	33(10)	298	431	50	1.45	1.23	423	48	
甲南	普通		320	32	32	39 (8)	289	385	50	1.33	1.48	373	47	
鹿児島中央	普通		320	32	32	34 (5)	290	418	37	1.44	1.46	400	36	
錦江湾	普通		160	16	16	4 (3)	156	138	3	0.88	0.84	136	3	19
	理数	普通	80		24	6	74	43		0.58	0.48	40		34
武岡台	普通		240	24	24	8 (1)	231	308	2	1.33	1.33	298	2	
	情報科学		80		24	5	75	111		1.48	1.10	106		
開陽	普通	福祉	78		(注1) 18	15	66	80		1.21	1.00	74		
	福祉	普通	38		(注1) 6	2	37	24		0.65	0.64	22		
明桜館	文理科学	商業	120		36	6	114	99		0.87	0.75	99		15
	商業	文理科学	80		24	1	79	84		1.06	1.06	83		
松陽	普通	音楽か美術	240	24	(注2) 72	27 (5)	213	253	11	1.19	0.91	247	11	
	音楽	普通	40		20	13	27	7		0.26	0.53	7		21
	美術	普通	40		30	16	23	15		0.65	1.25	15		6
鹿児島東	普通		80		8	0	80	41		0.51	0.53	35		43
鹿児島工業	工業Ⅰ類		240		60	33	207	275		1.33	1.26	252		
	工業Ⅱ類		120		30	28	92	126		1.37	1.31	122		
鹿児島南	普通		160	16	16	10 (0)	150	178	8	1.19	1.23	173	8	
	商業	情報処理	80		20	9	71	106		1.49	1.17	106		
	情報処理	商業	40		8	7	33	45		1.36	1.35	42		
	体育		40		32	18	22	17		0.77	1.57	16		5
吹上	電気	第3志望まで	40		12	0	40	2		0.05	0.40	2		38
	電子機械		40		12	0	40	30		0.75	0.62	28		12
	情報処理		40		12	0	40	25		0.63	0.53	24		16
伊集院	普通		240	24	24	8 (0)	232	168	3	0.72	0.91	166	3	66
市来農芸	農業	第2志望まで	40		12	0	40	13		0.33	0.54	13		26
	畜産		40		12	2	38	21		0.55	0.36	21		21
	環境園芸		40		12	0	40	27		0.68	0.33	27		15
串木野	普通		80		8	0	80	22		0.28	0.39	20		60
鹿児島玉龍	普通		125	12	13	15 (3)	113	154	15	1.36	1.46	146	15	
鹿児島商業	商業	第3志望まで	160		64	10	150	71		0.47	0.53	69		86
	情報処理		80		32	14	66	49		0.74	0.68	45		21
	国際経済		40		16	0	40	17		0.43	0.10	17		23
鹿児島女子	商業	第2志望は情報会計 第3志望は生活科学	80		24	4	76	51		0.67	0.45	50		26
	情報会計	第2志望は商業 第3志望は生活科学	80		24	11	69	30		0.43	0.49	29		40
	生活科学	第2～3志望は 商業か情報会計	160		48	32	128	112		0.88	0.90	109		19
指宿	普通		120		12	0	120	86		0.72	0.65	83		37
山川	園芸工学・農業経済		40		12	0	40	7		0.18	0.33	7		33
	生活情報		40		12	0	40	29		0.73	0.33	29		11
頴娃	普通	機械電気	40		4	0	40	7		0.18	0.23	7		33
	機械電気	普通	40		12	0	40	39		0.98	0.75	39		1
枕崎	総合学科		80		24	2	78	36		0.46	0.35	34		45

（注１）自己推薦（普通科 10%，福祉科 10%）を含む。　（注２）体育，書道，英語コース合わせて 20%，一般は 10%とする。

令和４年度公立高校入試状況２
【全　日　制】

高校名	学科名	併願	定員		推薦入試		実質定員	出願者数		出願倍率		受検者数		2次募集
			全体	一定枠	枠	出願者数（一定枠）		全体	一定枠	4年度	3年度	全体	一定枠	全体（一定枠）
鹿児島水産	海洋	第3志望まで	40		8	2	38	55		1.45	1.28	55		
	情報通信		40		8	1	39	44		1.13	0.89	42		
	食品工学		40		8	0	40	15		0.38	0.48	14		9
加世田	普通		120		12	5	115	94		0.82	0.77	93		22
加世田常潤	食農プロデュース	生活福祉	40		12	0	40	32		0.80	0.45	32		11
	生活福祉	食農プロデュース	40		12	0	40	14		0.35	0.20	14		29
川辺	普通		80		8	0	80	68		0.85	0.44	68		12
薩南工業	機械	第4志望まで	40		12	0	40	14		0.35	0.63	13		27
	建築		40		12	0	40	25		0.63	0.48	25		15
	情報技術		40		12	0	40	27		0.68	0.40	26		14
	生活科学		40		12	0	40	37		0.93	0.60	37		3
指宿商業	商業マネジメント	第3志望まで	120		36	3	117	95		0.81		91		17
	会計マネジメント		40		12	1	39	19		0.49		19		24
	情報マネジメント		40		12	1	39	43		1.10		43		
川内	普通		320	32	32	13(5)	307	230	20	0.75	0.83	223	20	84
川内商工	機械	第3志望まで	120		30	6	115	89		0.77	0.66	86		29
	電気		80		20	1	79	68		0.86	1.03	64		15
	インテリア		40		10	3	37	37		1.00	1.31	36		1
	商業		80		20	0	80	79		0.99	0.82	77		3
川薩清修館	ビジネス会計	総合学科	40		12	0	40	15		0.38	0.33	15		25
	総合学科	ビジネス会計	80		24	3	77	42		0.55	0.58	39		38
薩摩中央	普通	第2志望まで	40	4	4	0(0)	40	11	0	0.28	0.20	11	0	29
	生物生産		40		12	0	40	20		0.50	0.55	19		20
	農業工学		40		12	0	40	12		0.30	0.36	12		28
	福祉		40		12	0	40	13		0.33	0.26	13		27
鶴翔	農業科学	第3志望まで	40		8	0	40	18		0.45	0.36	16		24
	食品技術		40		8	0	40	20		0.50	0.60	20		20
	総合学科		80		16	4	76	39		0.51	0.49	38		38
野田女子	食物	生活文化	40		12	0	40	32		0.80	0.37	32		8
	生活文化	食物	40		12	1	39	27		0.69	0.55	26		13
	衛生看護		40		12	2	38	11		0.29	0.39	11		27
出水	普通		160	16	16	3(0)	156	118	4	0.76	0.62	113	4	42
出水工業	機械電気		80		24	0	80	48		0.60	0.70	48		32
	建築		40		12	0	40	23		0.58	0.63	23		19
出水商業	商業	情報処理	80		24	0	80	68		0.85	0.74	68		12
	情報処理	商業	80		24	1	79	72		0.91	0.90	72		7
大口	普通		80		8	0	80	31		0.39	0.53	30		51
伊佐農林	農林技術		40		12	0	40	19		0.48	0.54	19		22
	生活情報		40		12	0	40	32		0.80	0.75	31		9
霧島	機械	総合学科	40		12	0	40	12		0.30	0.35	12		28
	総合学科	機械	40		12	0	40	22		0.55	0.65	21		20
蒲生	普通	情報処理	80		8	0	80	32		0.40	0.46	31		52
	情報処理	普通	40		12	0	40	21		0.53	1.13	21		21
加治木	普通		320	32	32	18(1)	302	335	7	1.11	1.12	299	7	4

令和４年度公立高校入試状況３

【全　日　制】

高校名	学科名	併願	定員		推薦入試		実質定員	出願者数		出願倍率		受検者数		2次募集
			全体	一定枠	枠	出願者数（一定枠）		全体	一定枠	4年度	3年度	全体	一定枠	全体（一定枠）
加治木工業	機械	第6志望まで	80		20	3	77	74		0.96	1.03	72		5
	電気		40		10	2	38	21		0.55	0.87	19		20
	電子		40		10	2	38	33		0.87	1.48	29		9
	工業化学		40		10	0	40	23		0.58	0.67	23		18
	建築		40		10	1	39	38		0.97	1.26	36		2
	土木		40		10	4	36	35		0.97	0.90	35		2
隼人工業	インテリア	第3志望まで	40		12	1	39	39		1.00	0.79	39		
	電子機械		80		24	0	80	62		0.78	0.84	61		18
	情報技術		40		12	0	40	27		0.68	1.23	27		13
国分	普通	理数	280	28	28	11(1)	268	209	2	0.78	0.78	201	2	67
	理数	普通	40		12	1	39	44		1.13	1.35	38		1
福山	普通		40		4	0	40	11		0.28	0.48	10		30
	商業		40		12	0	40	18		0.45	0.30	15		25
国分中央	園芸工学	第2志望まで	40		8	0	40	49		1.23	1.03	45		
	生活文化		80		16	7	73	75		1.03	1.06	73		
	ビジネス情報		120		36	10	110	82		0.75	1.00	79		31
	スポーツ健康		40		24	21	19	20		1.05	1.22	20		
曽於	文理	第3志望まで	40		8	0	40	19		0.48	0.44	17		24
	普通		40	4	4	0(0)	40	26	0	0.65	1.03	26	0	13
	畜産食農		40		8	1	39	20		0.51	0.74	19		20
	機械電子		40		8	0	40	35		0.88	0.83	34		6
	商業		40		8	0	40	34		0.85	1.05	34		6
志布志	普通		120		12	0	120	93		0.78	0.76	91		30
串良商業	情報処理	総合ビジネス	80		24	0	80	36		0.45	0.51	36		45
	総合ビジネス	情報処理	40		12	1	39	17		0.44	0.53	16		23
鹿屋	普通		280	28	28	11(0)	269	218	0	0.81	0.77	209	2	59
鹿屋農業	農業	第2志望まで	40		12	3	37	12		0.32	0.41	12		25
	園芸		40		12	1	39	16		0.41	0.28	16		23
	畜産		40		12	7	33	28		0.85	0.86	27		5
	農業機械		40		12	4	36	39		1.08	0.89	39		
	農林環境		40		12	4	36	29		0.81	0.59	29		7
	食と生活		40		12	0	40	41		1.03	1.10	38		4
鹿屋工業	機械	第3志望まで	80		16	0	80	70		0.88	0.73	68		11
	電気		40		8	2	38	37		0.97	1.09	37		
	電子		40		8	1	39	43		1.10	1.05	42		
	建築		40		8	0	40	33		0.83	0.97	33		7
	土木		40		8	0	40	17		0.43	0.43	15		26
垂水	普通	生活デザイン	40		4	0	40	17		0.43	0.20	16		27
	生活デザイン	普通	40		8	0	40	19		0.48	0.54	18		22
南大隅	商業		80		24	0	80	17		0.21	0.43	16		64

令和４年度公立高校入試状況４

【全　日　制】

高校名	学科名	併願	定員		推薦入試		実質定員	出願者数		出願倍率		受検者数		2次募集
			全体	一定枠	枠	出願者数(一定枠)		全体	一定枠	4年度	3年度	全体	一定枠	全体(一定枠)
鹿屋女子	普通	第3志望まで	40	4	4	1(0)	38	29	0	0.76	1.03	28	0	10
	情報ビジネス		80		24	4	76	64		0.84	0.78	62		14
	生活科学		80		24	5	75	68		0.91	0.83	67		8
種子島	普通	第2志望まで	80		8	0	80	58		0.73	0.68	57		23
	生物生産		40		12	0	40	16		0.40	0.55	16		24
	電気		40		12	0	40	23		0.58	0.33	23		17
種子島中央	普通	情報処理	80		8	1	79	32		0.41	0.53	31		48
	情報処理	普通	40		8	0	40	30		0.75	0.93	30		10
屋久島	普通	情報ビジネス	80		8	0	80	36		0.45	0.43	35		45
	情報ビジネス	普通	40		12	1	39	28		0.72	0.98	26		13
大島	普通		280		28	1	279	232		0.83	0.86	226		53
奄美	機械電気		80		24	0	79	24		0.30	0.50	23		59
	商業	情報処理	40		12	0	40	26		0.65	0.18	26		8
	情報処理	商業	40		12	0	40	47		1.18	1.18	47		
	家政		40		12	0	40	34		0.85	0.88	34		6
	衛生看護		40		12	0	40	17		0.43	0.18	17		26
大島北	普通	情報処理	40		4	0	40	27		0.68	0.35	26		14
	情報処理	普通	40		12	0	40	27		0.68	0.55	27		13
古仁屋	普通		80		8	0	80	20		0.25	0.41	19		61
喜界	普通	商業	40		(注3)		21	0				0		22
	商業	普通	40		(注3)		11	0			0.08	0		11
徳之島	普通	総合学科	80		8	1	79	53		0.67	0.60	52		27
	総合学科	普通	40		12	0	40	41		1.03	0.70	41		
沖永良部	普通	商業	80		8	0	80	53		0.66	0.63	52		28
	商業	普通	40		12	0	40	30		0.75	0.58	30		10
与論	普通		80		(注4)8	0	37	1		0.03		1		36

（注３）喜界高等学校は連携型中高一貫教育校入学者選抜を実施する。（注４）与論高等学校は推薦入学者選抜及び連携型中高一貫教育校入学者選抜を実施する。

高校名	学科名	併願	定員		推薦入試		実質定員	出願者数		出願倍率		受検者数	
			4年度	3年度	枠	出願者数(一定枠)		4年度	3年度	4年度	3年度	4年度	3年度
楠隼	普通（注5）		43	40			43	7	11	0.16	0.28		

（注５）楠隼高等学校の入学試験内容は国語，数学，英語の独自問題と面接。

【定　時　制】

高校名	学科名	併願	定員		自己推薦		実質定員	出願者数		出願倍率		受検者数		2次募集
			全体	一定枠	枠	出願者数(一定枠)		全体	一定枠	4年度	3年度	全体	一定枠	全体(一定枠)
開陽	普通	オフィス情報	40		4	6	16	17		1.06	0.63	16		
	オフィス情報	普通	40		4	2	22	12		0.55	0.43	12		
奄美	商業		40		12	0	40	7		0.18	0.28	6		34

【全　体　計】

全・定別	設置者	募集定員	実質定員	出願者数(一定枠)	出願倍率	
					4年度	3年度
全日制	県立	10,279	9,755	7,983（200）	0.82	0.81
	市立	1,565	1,427	1,168（15）	0.82	0.82
	計	11,844	11,182	9,151（215）	0.82	0.81
定時制	県立	84	78	36	0.46	0.4
合計		11,928	11,260	9,187（215）	0.82	0.81

令和４年度　鹿児島県公立高校入試問題　理　科　（解答…179Ｐ）

1　次の各問いに答えなさい。答えを選ぶ問いについては記号で答えなさい。

1　虫めがねを使って物体を観察する。次の文中の①，②について，それぞれ正しいものはどれか。

> 虫めがねには凸レンズが使われている。物体が凸レンズとその焦点の間にあるとき，凸レンズを通して見える像は，物体の大きさよりも ①（ア　大きく　　イ　小さく）なる。このような像を ②（ア　実像　　イ　虚像）という。

2　木や草などを燃やした後の灰を水に入れてかき混ぜた灰汁（あく）には，衣類などのよごれを落とす作用がある。ある灰汁にフェノールフタレイン溶液を加えると赤色になった。このことから，この灰汁の pH の値についてわかることはどれか。

ア　7より小さい。　　イ　7である。　　ウ　7より大きい。

3　両生類は魚類から進化したと考えられている。その証拠とされているハイギョの特徴として，最も適当なものはどれか。

ア　後ろあしがなく，その部分に痕跡的に骨が残っている。

イ　体表がうろこでおおわれていて，殻のある卵をうむ。

ウ　つめや歯をもち，羽毛が生えている。

エ　肺とえらをもっている。

4　地球の自転に関する次の文中の①，②について，それぞれ正しいものはどれか。

> 地球の自転は，1時間あたり ①（ア　約15°　　イ　約20°　　ウ　約30°）で，北極点の真上から見ると，自転の向きは ②（ア　時計回り　　イ　反時計回り）である。

5　ひろみさんは，授業でインターネットを使って桜島について調べた。調べてみると，桜島は，大正時代に大きな噴火をしてから100年以上がたっていることがわかった。また，そのときの溶岩は大正溶岩とよばれ①安山岩でできていること，大正溶岩でおおわれたところには，現在では，②土壌が形成されてさまざまな生物が生息していることがわかった。ひろみさんは，この授業を通して自然災害について考え，日頃から災害に備えて準備しておくことの大切さを学んだ。ひろみさんは家に帰り，災害への備えとして用意しているものを確認したところ，水や非常食，③化学かいろ，④懐中電灯やラジオなどがあった。

図

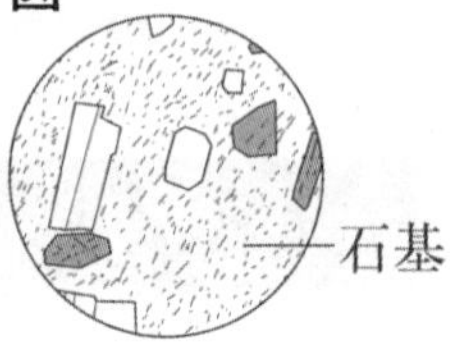

(1)　下線部①について，安山岩を観察すると，**図**のように石基の間に比較的大きな鉱物が散らばって見える。このようなつくりの組織を何というか。

(2)　下線部②について，土壌中には菌類や細菌類などが生息している。次の文中の［　　］にあてはまることばを書け。

> 有機物を最終的に無機物に変えるはたらきをする菌類や細菌類などの微生物は，［　　］とよばれ，生産者，消費者とともに生態系の中で重要な役割をになっている。

(3)　下線部③について，化学かいろは，使用するときに鉄粉が酸化されて温度が上がる。このように，化学変化がおこるときに温度が上がる反応を何というか。

(4)　下線部④について，この懐中電灯は，電圧が 1.5 V の乾電池を2個直列につなぎ，電球に 0.5 A の電流が流れるように回路がつくられている。この懐中電灯内の回路全体の抵抗は何Ωか。

2 次のⅠ，Ⅱの各問いに答えなさい。答えを選ぶ問いについては記号で答えなさい。

Ⅰ 鹿児島県教育委員会により削除。

Ⅱ　たかしさんは，家庭のコンセントに＋極，－極の区別がないことに興味をもった。家庭のコンセントに供給されている電流について調べたところ，家庭のコンセントの電流の多くは，電磁誘導を利用して発電所の発電機でつくり出されていることがわかった。そこで電磁誘導について，**図**のようにオシロスコープ，コイル，糸につないだ棒磁石を用いて**実験１**，**実験２**を行った。

図

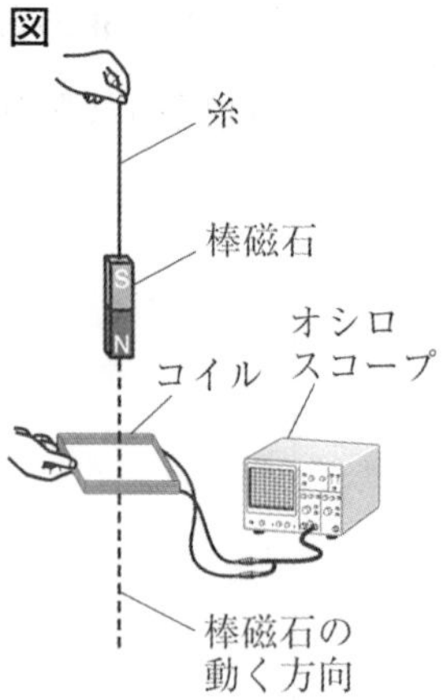

実験１　棒磁石を上下に動かして，手で固定したコイルに近づけたり遠ざけたりすると，誘導電流が生じた。

実験２　棒磁石を下向きに動かして，手で固定したコイルの内部を通過させると，誘導電流が生じた。

１　家庭のコンセントの電流の多くは，流れる向きが周期的に変化している。このように向きが周期的に変化する電流を何というか。

２　電磁誘導とはどのような現象か。「コイルの内部」ということばを使って書け。

３　**実験１**で，流れる誘導電流の大きさを，より大きくする方法を一つ書け。ただし，**図**の実験器具は，そのまま使うものとする。

４　**実験２**の結果をオシロスコープで確認した。このときの時間とコイルに流れる電流との関係を表す図として最も適当なものはどれか。

ア

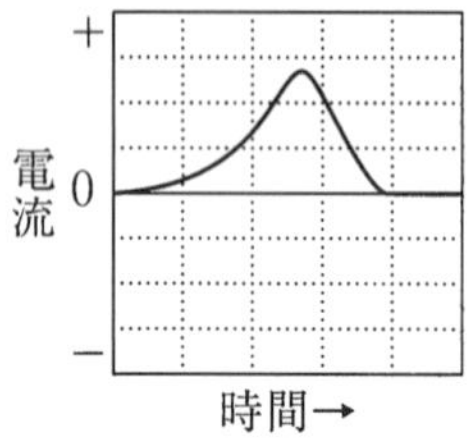

イ

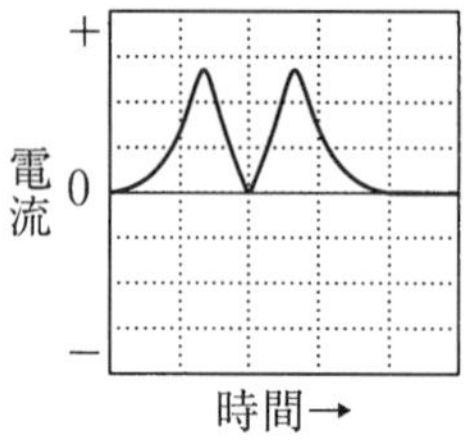

ウ

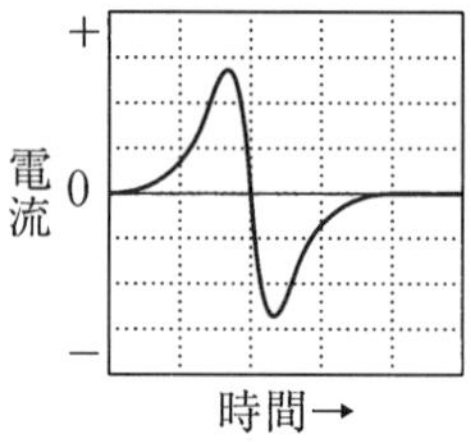

エ

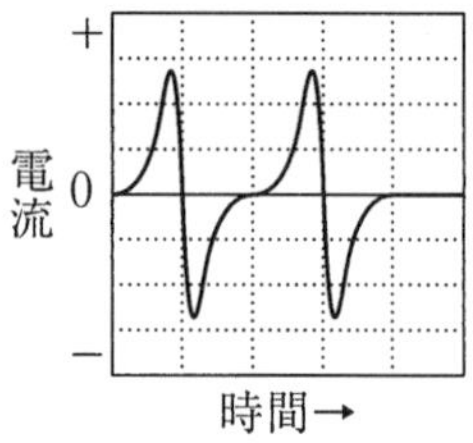

3　次のⅠ，Ⅱの各問いに答えなさい。答えを選ぶ問いについては記号で答えなさい。

Ⅰ　ひろみさんは，授業で血液の流れるようすを見るために，学校で飼育されているメダカを少量の水とともにポリエチレンぶくろに入れ，顕微鏡で尾びれを観察した。また，別の日に，水田で見つけたカエルの卵に興味をもち，カエルの受精と発生について図書館で調べた。

１　**図１**は，観察した尾びれの模式図である。⑴，⑵の問いに答えよ。

⑴　**図１**のXは，酸素を全身に運ぶはたらきをしている。Xの名称を書け。

図１

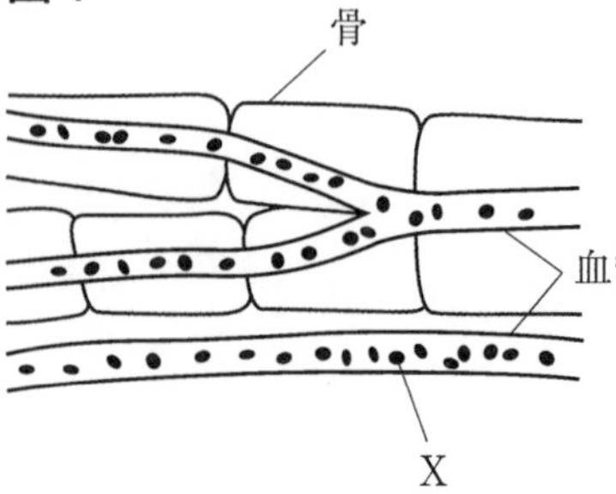

⑵　Xは，血管の中にあり，血管の外では確認できなかった。ひろみさんは，このことが，ヒトでも同じであることがわかった。そこで，ヒトでは酸素がどのようにして細胞に届けられるのかを調べて，次のようにまとめた。次の文中の［ a ］，［ b ］にあてはまることばを書け。

> 血液の成分である［ a ］の一部は毛細血管からしみ出て［ b ］となり，細胞のまわりを満たしている。Xによって運ばれた酸素は［ b ］をなかだちとして細胞に届けられる。

2　**図2**は，カエルの受精と発生について模式的に示したものである。(1)，(2)の問いに答えよ。

(1)　**図2**の親のからだをつくる細胞の染色体の数が26本であるとすると，**図2**のア，イ，ウの各細胞の染色体の数は，それぞれ何本か。

(2)　**図2**で，カエルに現れるある形質について，顕性形質（優性形質）の遺伝子をＡ，潜性形質（劣性形質）の遺伝子をａとする。**図2**の受精卵の遺伝子の組み合わせをＡＡとしたとき，親（雌）の遺伝子の組み合わせとして可能性があるものをすべて書け。ただし，Ａとａの遺伝子は，遺伝の規則性にもとづいて受けつがれるものとする。

図2

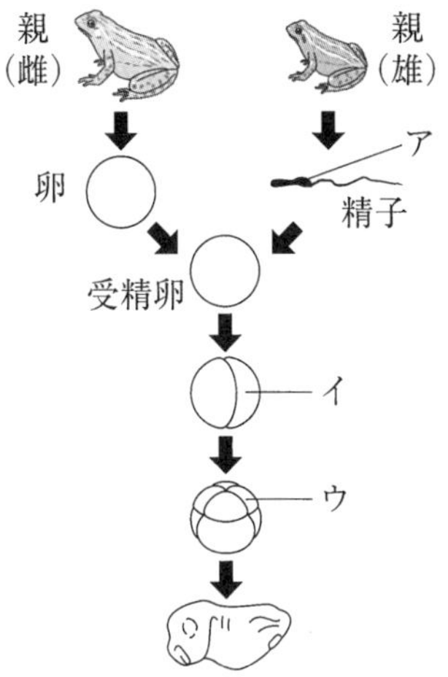

Ⅱ　たかしさんは，校庭でモンシロチョウとタンポポを見つけた。

1　モンシロチョウは昆虫に分類される。昆虫のからだのつくりについて述べた次の文中の［ａ］にあてはまることばを書け。また，［ｂ］にあてはまる数を書け。

> 昆虫の成虫のからだは，頭部，［ａ］，腹部からできており，足は［ｂ］本ある。

2　タンポポの花は，たくさんの小さい花が集まってできている。**図1**は，タンポポの一つの花のスケッチであり，**ア～エ**は，**おしべ**，**めしべ**，**がく**，**花弁**のいずれかである。これらのうち，花のつくりとして，外側から2番目にあたるものはどれか。その記号と名称を書け。

図1

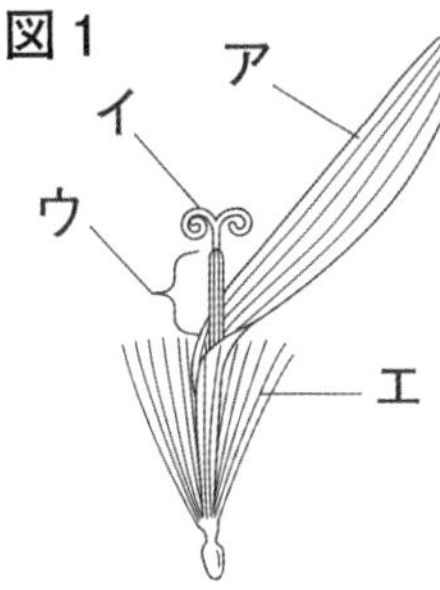

3　植物が行う光合成に興味をもっていたたかしさんは，見つけたタンポポの葉を用いて，光合成によって二酸化炭素が使われるかどうかを調べるために，次の**実験**を行った。(1)，(2)の問いに答えよ。

図2

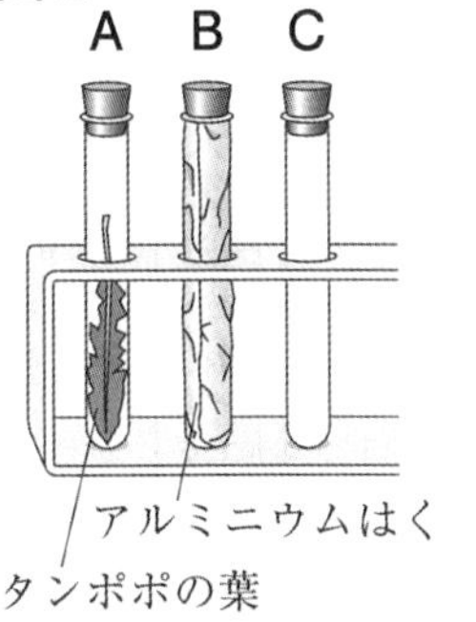

実験

①　3本の試験管**A～C**を用意して，**A**と**B**それぞれにタンポポの葉を入れた。

②　**A～C**それぞれにストローで息をふきこみ，ゴムせんでふたをした。

③　**図2**のように，**B**のみアルミニウムはくで包み，中に光が当たらないようにし，**A～C**に30分間光を当てた。

④　**A～C**に石灰水を少し入れ，ゴムせんをしてよく振ったところ，石灰水が白くにごった試験管とにごらなかった試験管があった。

(1)　**実験**の④で石灰水が白くにごった試験管の記号をすべて書け。

(2)　試験管**C**を準備したのはなぜか。解答欄のことばに続けて書け。ただし，解答欄の書き出しのことばの中の（　　）に対照実験となる試験管が**A**，**B**のどちらであるかを示すこと。

4 次のⅠ，Ⅱの各問いに答えなさい。答えを選ぶ問いについては記号で答えなさい。

Ⅰ　ある日，たかしさんは地震のゆれを感じた。そのゆれは，はじめは小さくこきざみなゆれだったが，その後，大きなゆれになった。後日，たかしさんはインターネットで調べたところ，この地震の発生した時刻は11時56分52秒であることがわかった。

1　下線部のゆれを伝えた地震の波は，何という波か。

2　**表**は，たかしさんがこの地震について，ある地点A～Cの観測記録を調べてまとめたものである。(1)～(3)の問いに答えよ。ただし，この地震の震源は比較的浅く，地震の波は均一な地盤を一定の速さで伝わったものとする。

表

地点	震源距離	小さくこきざみなゆれが始まった時刻	大きなゆれが始まった時刻
A	36 km	11時56分58秒	11時57分04秒
B	72 km	11時57分04秒	11時57分16秒
C	90 km	11時57分07秒	11時57分22秒

(1)　**表**の地点A～Cのうち，震度が最も小さい地点として最も適当なものはどれか。

(2)　「小さくこきざみなゆれ」と「大きなゆれ」を伝えた二つの地震の波について，ゆれが始まった時刻と震源距離との関係を表したグラフをそれぞれかけ。ただし，**表**から得られる値を「•」で示すこと。

(3)　震源距離 126 km の地点における，初期微動継続時間は何秒か。

Ⅱ　鹿児島県に住んでいるひろみさんは，授業で学んだ日本の天気の特徴に興味をもち，毎日気づいたことやインターネットでその日の天気図を調べてわかったことについてまとめた。内容については先生に確認してもらった。**図**は，ひろみさんがまとめたものの一部であり，AとBの天気図は，それぞれの時期の季節の特徴がよく表れている。

図

天気図と気づいたことやわかったこと

A

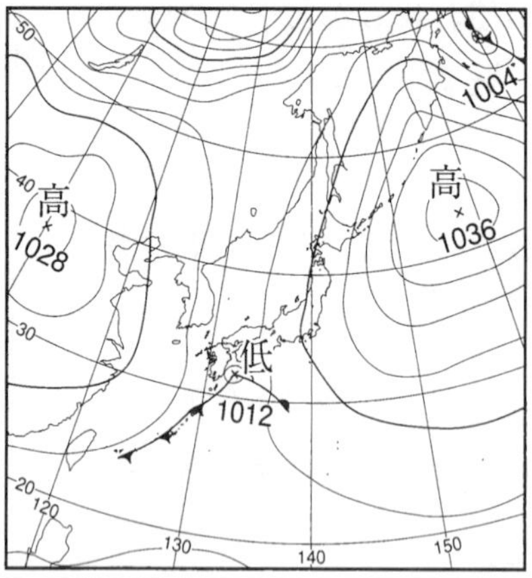

今日は雨が降っていた。最近，3～4日おきに天気がかわり，同じ天気が続かない。数日間の天気図を比べると，今の時期は，東西に並んだ高気圧と低気圧が一定方向に動いていることがわかった。

B

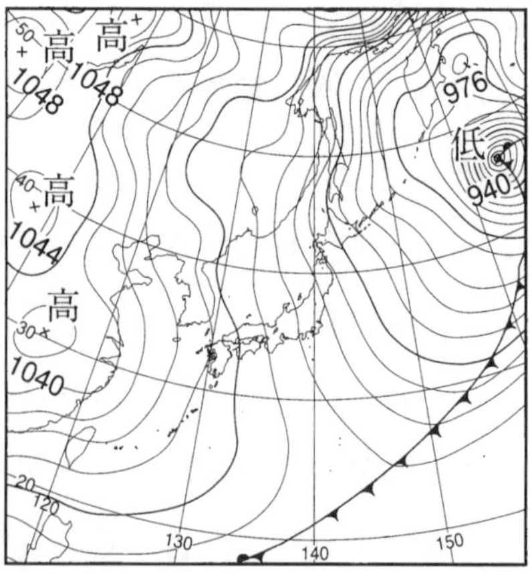

今日はこの時期特有の季節風がふいた。ここ2日間の天気図を見ると，低気圧が急速に発達してこの時期に特徴的な気圧配置になった。日本列島付近に多くの等圧線がせまい間隔で並んでいることがわかった。

（天気図は気象庁の資料により作成）

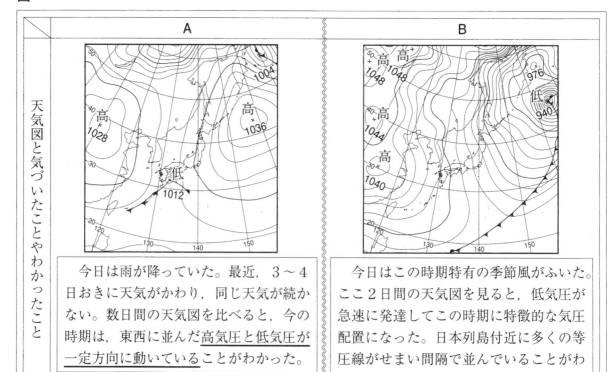

1　下線部の高気圧を特に何というか。

2　下線部について，高気圧や低気圧の動きとして最も適当なものはどれか。

ア　北から南へ動く。　イ　南から北へ動く。　ウ　東から西へ動く。　エ　西から東へ動く。

3　日本列島付近で見られる低気圧について，その中心付近の空気が移動する方向を模式的に表したものとして最も適当なものを，次のア～エから選べ。ただし，ア～エの太い矢印は上昇気流または下降気流を，細い矢印は地上付近の風を表している。

ア　イ　ウ　エ

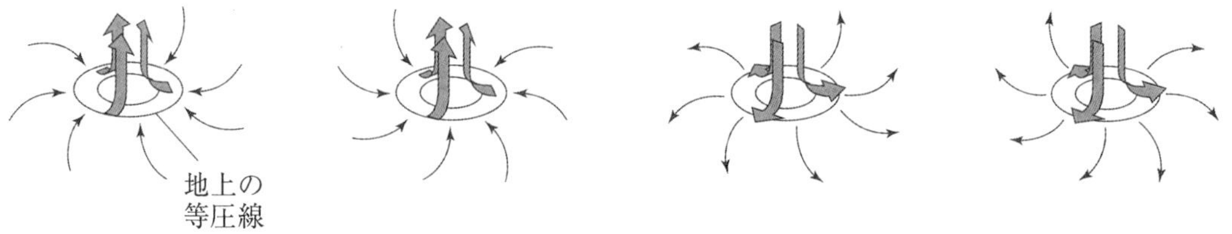

4　Bの天気図には，ある季節の特徴が見られる。この季節には大陸上で，ある気団が発達するために日本に季節風がふく。この気団の性質を書け。

5　次のⅠ，Ⅱの各問いに答えなさい。答えを選ぶ問いについては記号で答えなさい。

Ⅰ　塩化銅水溶液の電気分解について，次の**実験**を行った。なお，塩化銅の電離は，次のように表すことができる。

$$CuCl_2 \rightarrow Cu^{2+} + 2Cl^-$$

実験　**図1**のような装置をつくり，ある濃度の塩化銅水溶液に，2本の炭素棒を電極として一定の電流を流した。その結果，陰極では銅が付着し，陽極では塩素が発生していることが確認された。このときの化学変化は，次の化学反応式で表すことができる。

$$CuCl_2 \rightarrow Cu + Cl_2$$

図1

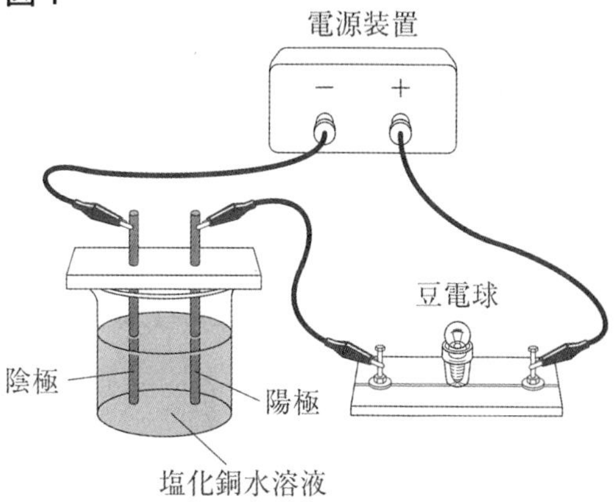

1　塩化銅のように，水にとかしたときに電流が流れる物質を何というか。名称を答えよ。

2　塩素の性質について正しく述べているものはどれか。

ア　無色，無臭である。　イ　殺菌作用や漂白作用がある。

ウ　気体の中で最も密度が小さい。　エ　物質を燃やすはたらきがある。

3　**実験**において，電流を流した時間と水溶液の中の塩化物イオンの数の関係を**図2**の破線（---）で表したとき，電流を流した時間と水溶液の中の銅イオンの数の関係はどのようになるか。解答欄の図に実線（──）でかけ。

図2

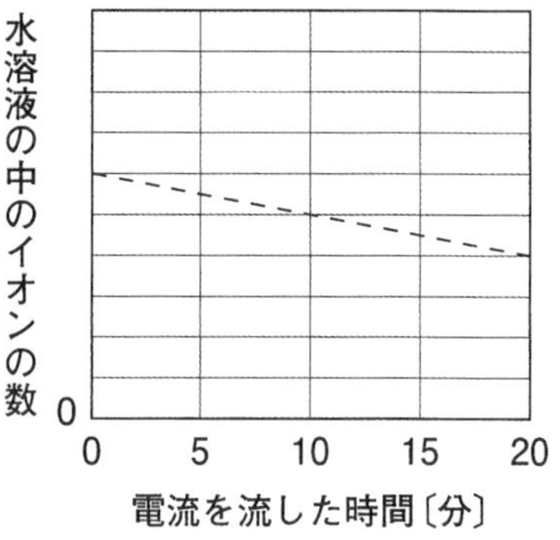

4　**実験**の塩化銅水溶液を塩酸（塩化水素の水溶液）にかえて電流を流すと，陰極，陽極の両方で気体が発生した。この化学変化を化学反応式で表せ。

Ⅱ　エタノールの性質を調べるために**実験１**，**実験２**を行った。

実験１　**図１**のように，少量のエタノールを入れたポリエチレンぶくろの口を閉じ，熱い湯をかけたところ，ふくろがふくらんだ。

実験２　水 28.0 cm^3 とエタノール 7.0 cm^3 を混ぜ合わせた混合物を蒸留するために，**図２**のような装置を組み立てた。この装置の枝つきフラスコに温度計を正しく取りつけてから，水とエタノールの混合物を蒸留した。ガラス管から出てくる気体を冷やして液体にし，４分ごとに５本の試験管に集め，順にA，B，C，D，Eとした。

次に，それぞれの試験管の液体の温度を25℃にして，質量と体積をはかった後，集めた液体の一部を脱脂綿にふくませ，火をつけたときのようすを調べた。**表**は，その結果を示したものである。

図１

図２

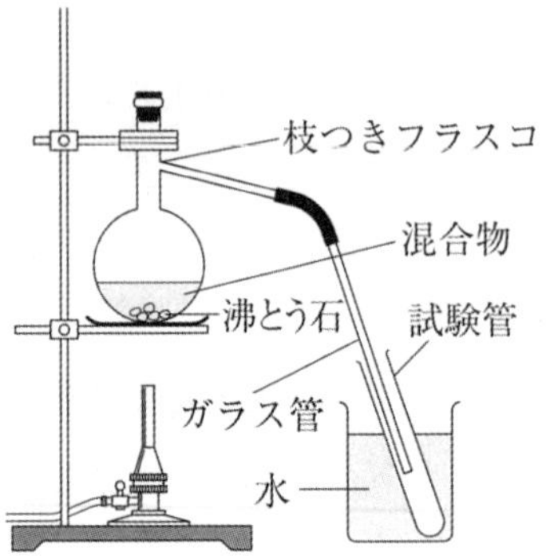

表

試験管	A	B	C	D	E
質量〔g〕	1.2	2.7	3.3	2.4	2.4
体積〔cm^3〕	1.5	3.2	3.6	2.4	2.4
火をつけたときのようす	燃えた	燃えた	燃えた	燃えなかった	燃えなかった

１　**実験１**で，ふくろがふくらんだ理由として，最も適当なものはどれか。

ア　エタノール分子の質量が大きくなった。

イ　エタノール分子の大きさが大きくなった。

ウ　エタノール分子どうしの間隔が広くなった。

エ　エタノール分子が別の物質の分子に変化した。

２　**実験２**の下線部について，枝つきフラスコに温度計を正しく取りつけた図はどれか。

ア　　　　**イ**　　　　**ウ**　　　　**エ**

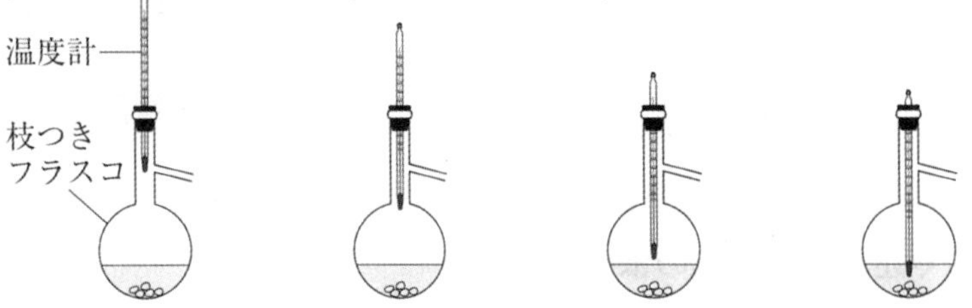

３　**実験２**で，蒸留する前の水とエタノールの混合物の質量を W〔g〕，水の密度を 1.0 g/cm^3 とするとき，エタノールの密度は何 g/cm^3 か。W を用いて答えよ。ただし，混合物の質量は，水の質量とエタノールの質量の合計であり，液体の蒸発はないものとする。

４　エタノールは消毒液として用いられるが，燃えやすいため，エタノールの質量パーセント濃度が60％以上になると，危険物として扱われる。**図３**は，25℃における水とエタノールの混合物にふくまれるエタノールの質量パーセント濃度とその混合物の密度との関係を表したグラフである。試験管A～Eのうち，エタノールの質量パーセント濃度が60％以上のものをすべて選べ。

図３

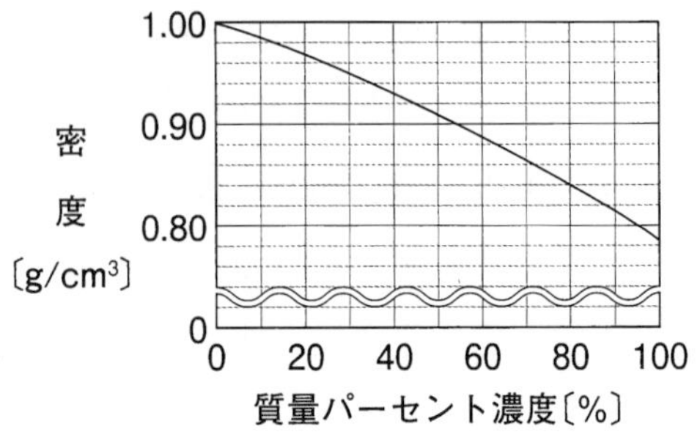

5 令和三年七月、「奄美大島、徳之島、沖縄島北部及び西表島《いりおもてじま》」が世界自然遺産に登録されました。また、薩摩藩が行った集成館事業は平成二十七年に「明治日本の産業革命遺産　製鉄・製鋼、造船、石炭産業」として世界文化遺産に登録されています。このことを受けて、「自然や文化など先人が残してくれたものを引き継ぐために私たちは何をするべきか」をテーマに、国語の授業で話し合いをしました。次は、話し合いで出された三人の意見です。あとの(1)～(6)の条件に従って、作文を書きなさい。

Aさん　鹿児島県は屋久島も世界自然遺産に登録されています。私たちは、先人が残してくれたこれらの遺産を大切に守っていく必要があると思います。

Bさん　屋久島では、世界遺産に登録されたことで、自然・歴史・文化を守るために新たな問題が出てきていると聞いたことがあります。

Cさん　私たちが住む地域には過去から現在へと引き継がれてきたすばらしい自然・歴史・文化がたくさんあります。それらの財産を未来に残していくために、私たちができることを考えていきましょう。

条件

(1) Cさんの提案を踏まえて書くこと。
(2) 二段落で構成すること。
(3) 第一段落には、あなたが未来に残したいと思う具体的なものをあげ、それを引き継いでいく際に想定される問題を書くこと。
(4) 第二段落には、第一段落であげた問題を解決するためにあなたが取り組みたいことを具体的に書くこと。
(5) 六行以上八行以下で書くこと。
(6) 原稿用紙の正しい使い方に従って、文字、仮名遣いも正確に書くこと。

なのに、篤が叩いていた音とは違った。軽やかで、何の引っかかりもなく聞こえる。

耳元でその音を聞きながら、明日からいよいよ土俵上の戦いが幕を開けるのだと実感した。最後に力強くトトン、と音が鳴り、土俵祭が終わった。

土俵祭の帰り、名古屋城の石垣をバックに赤や緑、橙《だいだい》と色とりどりの力士幟《のぼり》がはためいているのが見えた。その幟に囲まれるようにして、呼出が太鼓を叩くための櫓《やぐら》が組まれている。

去年、篤が初めて呼出として土俵に上がったのも、この名古屋場所だった。研修の期間があったとはいえ、当時は相撲のことは何もわかっていなかった。わかっていなかったけれど、青空に鮮やかな彩《いろど》りを添える幟や、空に向かってそびえる櫓は粋で気高く、美しかった。

そして今、一年が経《た》って同じ景色を見ている。

来年この景色を見るとき、俺はどうなっているのだろう。新しく入ってきた呼出に対して、ちゃんと「兄弟子」らしく（エ）いられるだろうか。できる仕事は増えているだろうか。朝霧部屋からは、関取が誕生しているだろうか。

一年後はまだわからないことだらけだ。

④それでも、もう不安に思わなかった。

（鈴村ふみ「櫓太鼓がきこえる」による）

(注) 土俵築＝土俵づくり。
進さん＝ベテランの呼出で、若手呼出の憧れの的でもある。篤が入門した際の指導役。
土俵祭＝場所中の安全を祈願する儀式。
触れ太鼓＝本場所の前日に、翌日から相撲が始まることを知らせる太鼓。

1 ――線部**ア**～**エ**の中から、働きと意味が他と異なるものを一つ選び、記号で答えよ。

2 ――線部①における達樹の様子を説明したものとして、最も適当なものを次から選び、記号で答えよ。

ア 新弟子が入門してくることに納得がいかない様子。
イ 自分の話を疑ってくる篤に不満を抱いている様子。
ウ 自分への礼儀を欠いた篤の口調に怒っている様子。
エ 場所前の準備作業の疲れと空腹で機嫌が悪い様子。

3 次の文は、――線部②における篤の「異変」について説明したものである。［Ⅰ］には、本文中から最も適当な六字の言葉を抜き出して書き、［Ⅱ］には、二十五字以内の言葉を考えて補い、文を完成させよ。

［Ⅰ］が入門してくると聞いた篤は、これから先、仕事をしていくうちに［Ⅱ］を感じて、冷静ではいられなくなっている。

4 ――線部③について、直之さんの気持ちを説明したものとして、最も適当なものを次から選び、記号で答えよ。

ア 感謝の言葉に照れくささを感じつつも、篤を励ますことができてうれしく思っている。
イ 自分の元から巣立つことに寂しさを感じつつも、篤が兄弟子になることを喜んでいる。
ウ 仕事の様子に多少の不安を感じつつも、篤に後輩ができることを誇らしく思っている。
エ 思わず本音を話したことに恥ずかしさを感じつつも、篤の素直な態度に感動している。

5 ――線部④とあるが、それはなぜか。五十字以内で説明せよ。

とひと休みしてから帰らねえ?」と今度はお茶に誘ってきた。篤もすっかり喉が渇いていたので、誘われるがまま、隣の駅近くにある喫茶店に入った。

　ところが注文したアイスコーヒーが運ばれてくるやいなや、「達樹が言ってた話だけど。お前、新弟子が入ってくるのが不安なんだろ」と言い当てられア、ぎくりとした。

　どうやらその話をするつもりで、お茶に誘ったらしい。午後の篤は、何度か手が止まってしまい、たびたび注意を受けていた。ここ数場所は、そのように注意されることはなかったので、直之さんが②異変に気づくのも無理はない。

「……ああ、はい。そうっすね」

　またみっともないことをしてしまった、と思ったが仕方なく白状した。その新弟子は、呼び上げや(注)土俵築《どひょうつき》、太鼓なんかも、そのうち自分より上手くこなすかもしれないと不安になり、思考とともに、手も止まっていた。

　篤の返事を聞くと、直之さんは小さくため息をついた。

「なんでお前はそんなに自信なさげなんだよ。この一年で、お前は充分変わったよ。だって、ほら」

　そう言って直之さんは手を伸ばして、篤の腕を軽く叩《たた》く。上腕には小さな力瘤《ちからこぶ》がついていた。思い返せば一年前の篤の腕は枝のように細くて、ひたすらにまっすぐな線を描いていた。

「その腕だって、土俵築ちゃんとやってきたからじゃん。呼び上げだってたまに調子外すけど、声も太くなってきたし。太鼓も、テンポゆっくりめになるけど必死になって叩いてるって、(注)進《すすむ》さんから聞いたぞ」

「……なんか、褒められイてる気がしません」

「ああ、ごめんごめん」

　直之さんが、仕切り直すようにアイスコーヒーを一口飲んだ。

「お前は怒られることも失敗することもたくさんあったけどさ、一年間、逃げずにやってきただろ。ちゃんと、お前は頑張ってたよ。近くで見てきた俺が言うんだから、間違いない」

　そうきっぱりと言われて、思わず直之さんの顔をまじまじと見た。直之さんは一瞬、何だよと渋い顔をしたが、話を続けた。

「まだできないことも多いかもしれないけど、この一年、真面目にやってきただけでも充分偉いじゃん。今みたいに不安になるのも、お前がこの仕事に真剣になってる証拠だよ。たとえ新弟子がめちゃくちゃできる奴《やつ》でもさ、大丈夫。お前なら、これからもちゃんとやっていける」

お前なら、ちゃんとやっていける。

今しがたかけられウた言葉が、耳の奥で響く。

同い年なのに仕事ができて、しかも頼りがいのある直之さんみたいになりたいと、ずっと思ってきた。まだ目標は達成できないかもしれないが、その直之さん本人から認められ、胸がすっと軽くなるのがわかった。

……そっか。こんな俺でも、大丈夫なんだな。

直之さんは急に真顔になって、もう二度とこんなこと言わねえからな、とストローを咥《くわ》え、黙ってアイスコーヒーを吸い上げた。

「あの……ありがとうございます」

それでも篤が深々と頭を下げると、③直之さんは少しだけ笑ってみせた。

名古屋場所前日の(注)土俵祭《どひょうまつり》でも、最後に(注)触れ太鼓の番があった。担《かつ》いでいる太鼓を、兄弟子がトントントンと打ち鳴らす音を、篤も一緒に歩きながら聞いていた。先月練習したのと同じ節回しのはず

3 ――線部①「そら寝入りして」とあるが、これはどういうことか。最も適当なものを次から選び、記号で答えよ。

ア 仕事の疲れから眠気に勝てず、うたた寝をしたということ。
イ 商品の提供を待っている間に、うたた寝をしたということ。
ウ 大した利益にならないと思い、寝たふりをしたということ。
エ 無理な注文をしたことを恥じ、寝たふりをしたということ。

4 次は、本文をもとに話し合っている先生と生徒の会話である。Ⅰ～Ⅲに適当な言葉を補って会話を完成させよ。ただし、Ⅰには本文中から最も適当な六字の言葉を抜き出して書き、Ⅱ・Ⅲにはそれぞれ十五字以内でふさわしい内容を考えて現代語で答えること。

先生 「亭主はかの男を呼びつけて何と命じて、男はどのような行動をしましたか。」
生徒A 「はい。亭主は『Ⅰ』と命じました。」
生徒B 「そして、かの男は鍬を使って、堅い地面に苦労しながら亭主の言いつけに従いました。」
先生 「では、かの男が大変な思いをして作業に臨んでいることは、どのような様子からわかりますか。」
生徒B 「はい。かの男がⅡ様子からわかります。」
生徒C 「でも、小石や貝殻しか出てこなかったんですよね。『銭はあるはづ』と言ったのはなぜだろう。」
生徒B 「私もそれが不思議でした。亭主の目的はなんだったのかなあ。」
生徒A 「……もしかして、地面の下には最初から銭はなかったのではないかな。本当の目的は、かの男にⅢということを身をもってわからせたかったんだよ。」
生徒C 「なるほど。そうすることで、かの男に商売をする上での心構えを伝えたかったんだね。」
先生 「いいところに気づきましたね。この亭主がしたことには奥深い意図があったのですね。」

4 次の文章を読んで、あとの1～5の問いに答えなさい。

十七歳の篤《あつし》は、大相撲の取組前に力士の名を呼び上げる呼出《よびだし》として朝霧《あさぎり》部屋に入門した。名古屋場所の準備作業の合間に、呼出の兄弟子である直之《なおゆき》や達樹《たつき》と三人で昼食をとろうとしている。

「ここだけの話なんですけど。今度、呼出の新弟子が入るらしいっすよ」
「えっ、マジっすか」
思わず篤は叫んでいた。
何人か兄弟子が振り返ったので、達樹が「ここだけの話なんだから、でかい声出すな」と顔をしかめた。
「だってそれ、本当っすか」
「本当だよ。嘘《うそ》ついてどうすんだよ」①達樹はさらに眉間に皺《しわ》を寄せた。
「光太郎さんが辞めて今、欠員出てるし。さっそく来場所あたり見習いで入ってくるらしいよ」
周囲に聞こえないように、達樹は声をひそめて言う。
直之さんが「へえー。じゃあ、篤ももう兄弟子じゃん」と楽しそうに相づちを打つと、ちょうど料理ができたとの放送があり、揃《そろ》って注文した品を取りに行った。
直之さんがきしめんを、達樹が味噌《みそ》ラーメンをすすっている間、二人は名古屋の行きつけの店の話で盛り上がっていた。しかし篤の頭はずっと、呼出の新弟子が入ってくるということでいっぱいだった。しばらくボーッとしていたのだろう。「お前のうまそうじゃん。ちょっとちょうだい」と達樹に冷やし担々麺《たんたんめん》を食べられ、篤はようやく我に返った。
十五時前に一日の作業が終わると、直之さんが「喉渇いたし、ちょっ

2 次の文は、——線部①「深く考える」ために必要なことについて説明したものである。［Ⅰ］には最も適当な九字の言葉を、［Ⅱ］には最も適当な十三字の言葉を本文中から抜き出して書け。

> 「深く考える」ことは自分の［Ⅰ］を考え直してみることだが、自分の［Ⅰ］に一人だけで気がつくことは難しいので、［Ⅱ］が必要である。

3 ——線部②とあるが、本文における「哲学」についての説明として適当なものを次から二つ選び、記号で答えよ。

ア 専門家の立場で、一般的な知識について根底から問い直すこと。
イ 一般の人の立場で、一般的な問題について根本から考えること。
ウ 専門家独自の観点から、一般的な問題を批判的に考え直すこと。
エ 一般的かつ全体的な観点から、専門的な知識を再検討すること。
オ 専門的かつ客観的な観点から、専門的な問題を深く考えること。

4 ——線部③とあるが、これはどういうことか。次の「扇の要」の説明を参考にして、「自分がどう生きるのかを問わなければ」に続く形で六十五字以内で説明せよ。

> 扇の要…扇の根元にある軸のこと。外れるとばらばらになってしまう。転じて、物事の大事な部分の意。

5 次の**ア**～**エ**は、四人の中学生が、将来の夢を実現するために考えたものである。〰〰線部「横断的・総合的である」ということの例として最も適当なものを次から選び、記号で答えよ。

ア プロゴルファーになるために、ゴルフの技術と栄養学を学ぶ。
イ 高校の国語教師になるために、文法と日本の古典文学を学ぶ。
ウ 漫画家になるために、人気漫画の人物と風景の描き方を学ぶ。
エ 世界的なオペラ歌手になるために、発声と曲想の表現を学ぶ。

3

次の文章を読んで、あとの**1**～**4**の問いに答えなさい。

ある時、夜更《ふ》けて㈱樋口屋《ひのくちや》の門をたたきて、酢を買ひにくる人あり。中戸を奥へは（戸を隔てて奥へは）幽《かす》かに聞こえける。㈱下男《げなん》目を覚まし、「何程がの」（どれほどですか）といふ。「むつかしながら（ごめんどうでしょうが）㈱一文《いちもん》がの」（一文分を）といふ。①そら寝入りして、そののち返事もせねば、ぜひなく帰りぬ（しかたなく帰った）。

夜明けて②亭主は、③かの男よび付けて、何の用もなきに「門口《かどぐち》三尺㈱掘れ」といふ。御意《ぎよい》に任せ（お言葉に従って）久三郎、諸肌《もろはだ》ぬぎて、鍬《くは》を取り、堅地《かたぢ》（堅い地面）に気をつくし（苦労して）、身汗水なして、④やうやう掘りける。その深さ三尺といふ時、「銭はあるはづ、いまだ出ぬか」といふ。「小石・貝殻より外に何も見えませぬ」と申す。「それ程にしても銭が一文ない事、よく心得て、かさねては（これからは）一文商《あきなひ》も大事にすべし。」

（「日本永代蔵」による）

㈱ 樋口屋＝店の名前、またはその店主。
下男＝やとわれて雑用をする男性。
一文＝ごくわずかの金銭。
三尺＝約九〇センチメートル。

1 ——線部④「やうやう」を現代仮名遣いに直して書け。

2 ——線部②「亭主」、③「かの男」とはそれぞれ誰を指すか。その組み合わせとして正しいものを次から選び、記号で答えよ。

ア（② 下男　③ 樋口屋）
イ（② 樋口屋　③ 酢を買ひにくる人）
ウ（② 酢を買ひにくる人　③ 樋口屋）
エ（② 樋口屋　③ 下男）

②哲学は、科学とは異なる知のあり方をしています。哲学は一般の人が、一般的な問題について考えるための学問です。「人生の意味とは何か」「人類に共通の利益はあるのか」「時間とは何か」「愛とは何か」「正義はどのように定まるのか」「国家はどのようにあるべきか」「法の役割とは何か」「正しい認識にはどうやって到達するのか」「宗教は必要か」などが哲学の典型的な問いです。

　これらの問いは、複数の教科や学問分野の根底に関わるような問題であることはおわかりでしょう。「愛とは何か」を考えることは、個人的な愛についての考えを尋ねているだけではなく、隣人愛は、社会のなかで人々のつながりはどうあるべきか、家族愛は、家族とはどうあるべきかといった、社会におけるみんなの問題となってくるはずです。社会観や家族観は、政策や法律の設定とも関係してくるでしょう。こうして、愛についての考えは、複数の学問分野、複数の社会の領域に関わってきます。横断的・総合的であるのは、哲学的思考の特徴です。ですから、哲学対話はあらゆる学の基礎となると言ってもいいのです。

　しかし哲学のもうひとつの重要な仕事は、それぞれの専門的な知識を、より一般的で全体的な観点から問い直すことです。[b]、遺伝子治療は非常に専門性が高い分野です。しかし遺伝子治療の範囲をどこまで認めていいのか。遺伝子を組み替えて難病にかかりにくくした子どもを作っていいのか。人間の遺伝子に対して、人間はどこまで改変してよいものなのでしょうか。

　こうしたことは、社会のだれにでも関わってくるので、医学の専門家だけに判断を任せてよい問題ではありません。社会に存在している常識や知識や技術を、人間の根本的な価値に照らし合わせてあらためて検討することは重要な哲学の役割です。その意味で、哲学は最も素朴な視点からの学問であると同時に、最も高次の視点から常識や知識を批判的に検討する学問です。

　その際に哲学がとるべき視点は、いかなる専門家からでもない、いかなる職業や役割からでもない、ひとりの人間ないし市民からの視点です。哲学という学問が最も一般的であり、特定の分野に拘束されないという特徴はここから来ています。

　現代社会は、専門性が進み、社会がそれによって分断されていると(注)先ほど述べましたが、哲学は、さまざまな人が集う対話によって、専門化による分断を縫い合わせようとする試みなのです。あらゆる現代の知の中に対話を組み込み、社会の分断を克服しなければなりません。自分の人生や生き方と、教育機関で教えるような知識やスキルを結びあわせること、生活と知識を結びつけることは、哲学の役割です。そして、自分がどう生きるのかと問うのが哲学であるとすれば、その問いに答える手段を与えてくれるのが、学校で学べるさまざまな知識です。③哲学の問いがなければ、さまざまな知識は扇の要を失ってしまうでしょう。

　その自分の哲学を、対話によって深めていこうとするのが哲学対話なのです。

（河野哲也「問う方法・考える方法　『探究型の学習』のために」による）

(注)　倫理＝道徳や善悪の基準など人間のあり方を研究する学問。「倫理学」の略。
ですが、なぜ哲学対話を探究の最初に実施することを勧めるのでしょうか。
　＝筆者は本文より前の部分で、探究型の学習方法について述べている。
先ほど述べましたが
　＝筆者は本文より前の部分で、現代社会における専門性について述べている。

1　本文中の[a]・[b]にあてはまる語の組み合わせとして、最も適当なものを次から選び、記号で答えよ。

ア（a　または　b　一方）　イ（a　すなわち　b　要するに）

ウ（a　しかも　b　なお）　エ（a　あるいは　b　たとえば）

令和四年度 鹿児島県公立高校入試問題 国語

（解答…177P）

1 次の1・2の問いに答えなさい。

1 次の――線部のカタカナは漢字に直し、漢字は仮名に直して書け。

(1) コナグスリを飲む。
(2) 事件を公平にサバく。
(3) 金のコウミャクを掘り当てる。
(4) 固唾をのんで見守る。
(5) 友人の才能に嫉妬する。
(6) 受賞の喜びに浸る。

2 次の行書で書かれた漢字を楷書で書いたときの総画数を答えよ。

2 次の文章を読んで、あとの1～5の問いに答えなさい。

では哲学対話とは、どのような対話なのでしょうか。「哲学」という名前がついているからといって、(注)倫理の教科書に載っているような昔の思想家や哲学者の考えを知識として知っている必要はありません（もちろん、知っているなら、それはそれで有益ですが）。哲学対話とは、ひとつのテーマや問いについて、対話しながら深く考え、深く考えながら対話する活動です。ここでの「哲学」という言葉は、「根本的に、深く考える」という意味に置き換えられるものです。

（中略）

当然視されていること、常識と思われていること、昔から信じ込まれていること、これらをもう一度掘り起こして、考え直してみることが①「深く考える」ことの意味です。それは自分が立っている足元を見直してみる態度だといえるでしょう。そうして考え直してみた結果、「もとのままでもよい」という結論が出るときもありますし、「部分的に改善していくほうがよい」という結論が出るときもありますし、「大きく変えたほうがよい」「全面的に新しいものにしたほうがよい」という結論が出るときもあるでしょう。

科学の発見も、芸術の新しい表現も、斬新なイベントも、創造的なことはすべて、当然とされていることを一旦疑ってみる態度から生まれてくるのです。そしてこうした態度は、科学や芸術の分野だけではなく、日常生活にも当てはめてみるべきなのです。

しかしながら、自分の思い込みや古い常識に、自分だけで気がつくことはなかなか難しいものです。自分の周りの人たちも一緒に信じてしまっている思い込みならなおさらです。

それに気がつかせてくれるのが、自分とは異なる他者との対話です。その他者は、できれば自分と違えば違うほどいいでしょう。ジェンダーにせよ、性格にせよ、家庭や生い立ちにせよ、考え方にせよ、これまでの経歴にせよ、社会の中での立場にせよ、です。

生徒同士で対話する場合では、年齢はほとんど同じで、社会的立場はまさしく学校の生徒です。その意味で、かなり似た部分の多い他者なのですが、それでもあなたの友人は、あなたには話していない意外なことを考え、普段は見せない意外な側面を持っているものです。

また、自分がこれまでに出会った人のこと、［a］、ニュース番組や書籍を通じて知った人たちのことを思い出してみましょう。多様な人がいるはずです。異なった人生を歩んでいればいるほど、異なった考え方をするでしょう。異なった考えの人と対話することが、深く考えるきっかけになります。異なった人の意見が貴重であることに気がつけば、異なった人に興味や関心をもてるようになります。哲学対話の特徴は、前提を問い直し、立場や役割を掘り崩していくことにあります。

(注)ですが、なぜ哲学対話を探究の最初に実施することを勧めるのでしょうか。それは、哲学が「全体性を回復するための知」だからです。少し難しい部分もあるかもしれませんが、お付き合いください。

令和４年度　鹿児島県公立高校入試問題　英　語

（解答…181Ｐ）

1　**聞き取りテスト**　放送の指示に従って，次の１～７の問いに答えなさい。英語は１から４は１回だけ放送します。５以降は２回ずつ放送します。メモをとってもかまいません。

1　これから，Alice と Kenji との対話を放送します。先週末に Kenji が観戦したスポーツとして最も適当なものを下の**ア**～**エ**の中から一つ選び，その記号を書きなさい。

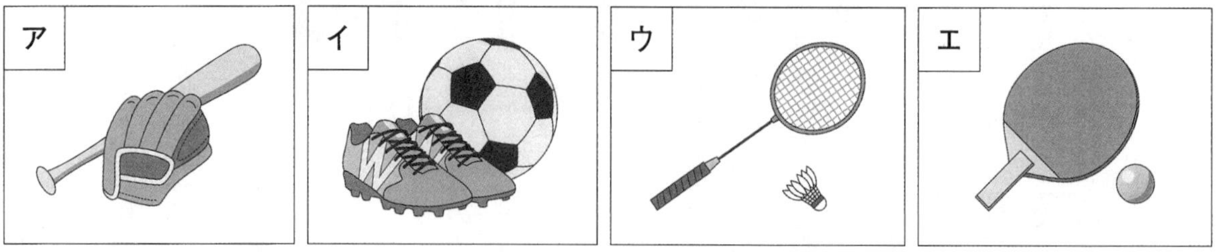

2　これから，留学生の David と郵便局員との対話を放送します。David が支払った金額として最も適当なものを下の**ア**～**エ**の中から一つ選び，その記号を書きなさい。

ア　290円　　**イ**　219円　　**ウ**　190円　　**エ**　119円

3　これから，Takeru と Mary との対話を放送します。下はその対話の後で，Mary が友人の Hannah と電話で話した内容です。対話を聞いて，（　　）に適切な英語１語を書きなさい。

Hannah : Hi, Mary. Can you go shopping with me on (　　)?

Mary : Oh, I'm sorry. I'll go to see a movie with Takeru on that day.

4　あなたは留学先のアメリカで来週の天気予報を聞こうとしています。下の**ア**～**ウ**を報じられた天気の順に並べかえ，その記号を書きなさい。

5　あなたは研修センターで行われるイングリッシュキャンプで，先生の説明を聞こうとしています。先生の説明にないものとして最も適当なものを下の**ア**～**エ**の中から一つ選び，その記号を書きなさい。

ア　活動日数　　**イ**　部屋割り　　**ウ**　注意事項　　**エ**　今日の日程

6　あなたは英語の授業で Shohei のスピーチを聞こうとしています。スピーチの後に，その内容について英語で二つの質問をします。

(1)　質問を聞いて，その答えを英語で書きなさい。

(2)　質問を聞いて，その答えとして最も適当なものを下の**ア**～**ウ**の中から一つ選び，その記号を書きなさい。

ア　We should be kind to young girls.
イ　We should wait for help from others.
ウ　We should help others if we can.

7　これから，中学生の Kazuya とアメリカにいる Cathy がオンラインで行った対話を放送します。その中で，Cathy が Kazuya に質問をしています。Kazuya に代わって，その答えを英文で書きなさい。２文以上になってもかまいません。書く時間は１分間です。

2 次の１～４の問いに答えなさい。

1　Kenta と留学生の Sam が東京オリンピック（the Tokyo Olympics）やスポーツについて話している。下の①，②の表現が入る最も適当な場所を対話文中の〈　ア　〉～〈　エ　〉の中からそれぞれ一つ選び，その記号を書け。

①　Shall we play together ?	②　How about you ?

Kenta :　Sam, did you watch the Tokyo Olympics last summer ?
Sam :　Yes, I watched many games.　Some of them were held for the first time in the history of the Olympics, right ?　I was really excited by the games.〈　ア　〉
Kenta :　What sport do you like ?
Sam :　I like surfing.　In Australia, I often went surfing.〈　イ　〉
Kenta :　My favorite sport is tennis.〈　ウ　〉
Sam :　Oh, you like tennis the best.　I also played it with my brother in Australia.　Well, I'll be free next Sunday.〈　エ　〉
Kenta :　Sure !　I can't wait for next Sunday !　See you then.
Sam :　See you.

2　次は，Yuko と留学生の Tom との対話である。（　①　）～（　③　）に，下の［　　］内の［説明］が示す英語１語をそれぞれ書け。

Yuko :　Hi, Tom.　How are you ?
Tom :　Fine, but a little hungry.　I got up late this morning, so I couldn't eat（　①　）.
Yuko :　Oh, no !　Please remember to eat something next Sunday morning.
Tom :　I know, Yuko.　We're going to Kirishima to（　②　）mountains again.　Do you remember when we went there last time ?
Yuko :　Yes.　We went there in（　③　）.　It was in early spring.

［説明］
①　the food people eat in the morning after they get up
②　to go up to a higher or the highest place
③　the third month of the year

3　次は，Sota と留学生の Lucy との対話である。①～③について，［例］を参考にしながら，（　　）内の語に必要な２語を加えて，英文を完成させよ。ただし，（　　）内の語は必要に応じて形を変えてもよい。また，文頭に来る語は，最初の文字を大文字にすること。

［例］　A :　What were you doing when I called you yesterday ?
B :（　study　）in my room.　　　　（答）　I was studying

Sota :　Hi, Lucy.　What books are you reading ?　Oh, are they history books ?
Lucy :　Yes.　①（ like ）.　They are very interesting.
Sota :　Then, maybe you will like this.　This is a picture of an old house in Izumi.
Lucy :　Wow !　It's very beautiful.　Did you take this picture ?
Sota :　No, my father did.　②（ visit ）it many times to take pictures.　I hear it's the oldest building there.
Lucy :　How old is the house ?
Sota :　③（ build ）more than 250 years ago.
Lucy :　Oh, I want to see it soon.

4 留学生の Linda があなたに SNS 上で相談している。添付されたカタログを参考に，あなたが Linda にすすめたい方を○で囲み，その理由を二つ，合わせて25〜35語の英語で書け。英文は２文以上になってもかまわない。

	X	Y

価格	~~8,600円~~ 4,300円	2,900円
特徴	化学繊維（防水）	綿（天然素材）
重さ	970 g	590 g
容量	30 L	20 L

3 次の I 〜 III の問いに答えなさい。

I 次の英文は，中学生の Yumi が，奄美大島と徳之島におけるアマミノクロウサギ（Amami rabbits）の保護について英語の授業で行った発表である。英文を読み，あとの問いに答えよ。

Amami-Oshima Island and Tokunoshima Island became a Natural World Heritage Site* last year. Amami rabbits live only on these islands, and they are in danger of extinction* now. One of the biggest reasons is car accidents*. <u>This graph</u>* shows how many car accidents with Amami rabbits happened every month over* 20 years. There are twice as many car accidents in September as in August because Amami rabbits are more active* from fall to winter. The accidents happened the most in December because people drive a lot in that month. Look at this picture. People there started to protect them. They put this sign* in some places on the islands. It means, "Car drivers must [　　　] here." It is very important for all of us to do something for them.

Yumi が見せた写真

注 Natural World Heritage Site 世界自然遺産　danger of extinction 絶滅の危機
car accidents 自動車事故　graph グラフ　over 〜 〜の間（ずっと）
active 活発な　sign 標識

1 下線部 This graph として最も適当なものを下のア〜エの中から一つ選び，その記号を書け。

ア
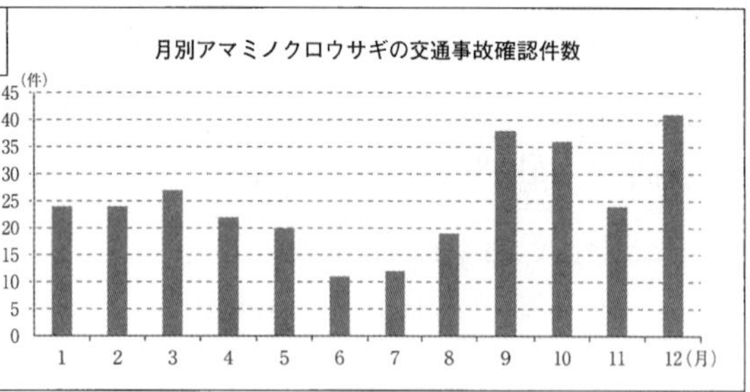

イ
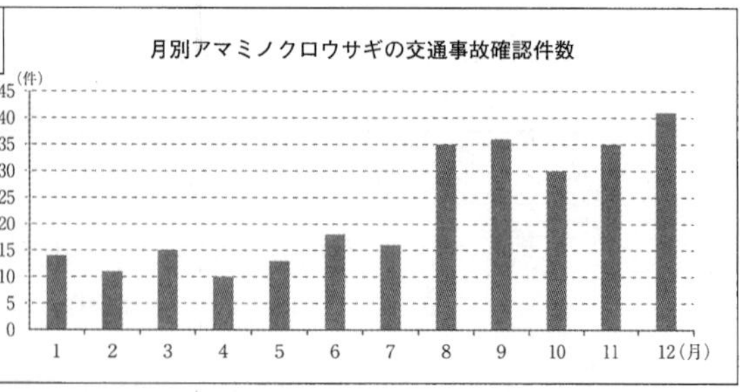

ウ
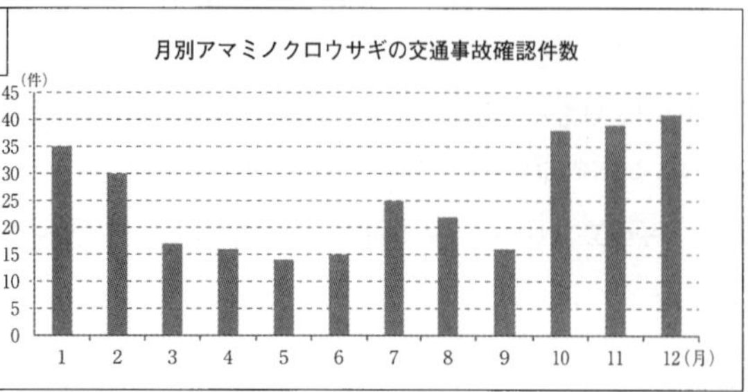

エ
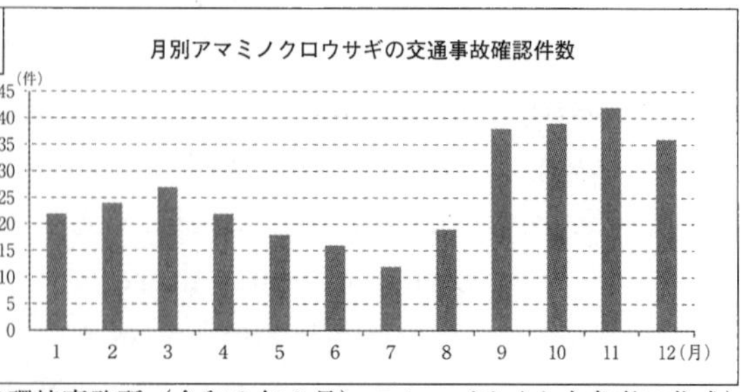

（沖縄奄美自然環境事務所（令和２年９月）のウェブサイトを参考に作成）

2 本文の内容に合うように [　　　] に適切な英語を補って英文を完成させよ。

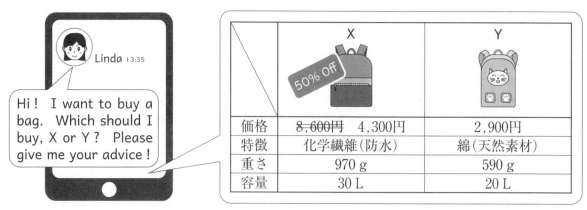

Ⅱ　中学校に留学中の Ellen は，クラスの遠足で訪れる予定のサツマ水族館（Satsuma Aquarium）の利用案内を見ながら，同じクラスの Mika と話をしている。次の対話文を読み，あとの問いに答えよ。

Welcome to Satsuma Aquarium

Aquarium Hours :　9 : 30 a.m. — 6 : 00 p.m. (You must enter by 5 : 00 p.m.)

How much ?

	One Person	Groups (20 or more)
16 years old and over	1,500 yen	1,200 yen
6-15 years old	750 yen	600 yen
5 years old and under	350 yen	280 yen

What time ?

Events (Place)	10:00 a.m.　12:00　2:00 p.m.　4:00 p.m.
Dolphin Show* (Dolphin Pool A)	11:00-11:30, 1:30-2:00, 3:30-4:00
Giving Food to Shark* (Water Tank*)	12:30-12:35
Let's Touch Sea Animals (Satsuma Pool)	12:50-1:05, 4:00-4:15
Talking about Sea Animals (Library)	11:00-11:30, 1:30-2:00
Dolphin Training* (Dolphin Pool B)	10:00-10:15, 12:30-12:45, 2:45-3:00

注　Dolphin Show　イルカショー　　shark　サメ　　tank　水そう　　Dolphin Training　イルカの訓練

Ellen : Hi, Mika !　I'm looking forward to visiting the aquarium tomorrow.　I want to check everything.　First, how much should I pay to enter ?

Mika : There are 40 students in our class and we are all 14 or 15 years old, so everyone should pay (　①　) yen.　But our school has already paid, so you don't have to pay it tomorrow.

Ellen : OK.　Thank you.　Next, let's check our plan for tomorrow.　We are going to meet in front of the aquarium at 9:30 a.m.　In the morning, all the members of our class are going to see "Dolphin Training" and "Talking about Sea Animals."　In the afternoon, we can choose what to do.　Then, we are going to leave the aquarium at 2:30 p.m.

Mika : That's right.　What do you want to do in the afternoon ?

Ellen : I want to enjoy all the events there.　So let's see "(　②　)" at 12:30 p.m.　After that, we will enjoy "(　③　)," and then we will see "(　④　)."

Mika : That's the best plan !　We can enjoy all the events before we leave !

1　(　①　) に入る最も適当なものを下のア～エの中から一つ選び，その記号を書け。

ア　350　　イ　600　　ウ　750　　エ　1,200

2　(　②　)～(　④　) に入る最も適当なものを下のア～エの中からそれぞれ一つずつ選び，その記号を書け。

ア　Dolphin Show　　イ　Giving Food to Shark

ウ　Let's Touch Sea Animals　　エ　Dolphin Training

Ⅲ　次は，中学生の Ami が授業中に読んだスピーチと，そのスピーチを読んだ直後の Ami と Smith 先生との対話である。英文と対話文を読み，(　　　) 内に入る最も適当なものをア～エの中から一つ選び，その記号を書け。

Today, plastic pollution* has become one of the biggest problems in the world and many people are thinking it is not good to use plastic products*.　Instead, they have begun to develop and use more paper products.　In Kagoshima, you can buy new kinds of paper products made of* things around us.　Do you know ?

An example is "bamboo* paper straws*." They are very special because they are made of bamboo paper. They are also stronger than paper straws. Now, you can buy them in some shops in Kagoshima.

Why is bamboo used to make the straws ? There are some reasons. There is a lot of bamboo in Kagoshima and Kagoshima Prefecture* is the largest producer* of bamboo in Japan. People in Kagoshima know how to use bamboo well. So, many kinds of bamboo products are made there. Bamboo paper straws are one of them.

Will the straws help us stop plastic pollution ? The answer is "Yes !" If you start to use bamboo products, you will get a chance to think about the problem of plastic pollution. By using things around us, we can stop using plastic products. Then we can make our society* a better place to live in. Is there anything else you can use ? Let's think about it.

注 pollution 汚染　product(s) 製品　made of ～ ～で作られた　bamboo 竹
straw(s) ストロー　prefecture 県　producer 生産地　society 社会

Mr. Smith :	What is the most important point of this speech ?
Ami :	(　　　　　　　　　　　　　)
Mr. Smith :	Good ! That's right ! That is the main point.

ア We should develop new kinds of plastic products, then we can stop plastic pollution.
イ We should make more bamboo paper straws because they are stronger than plastic ones.
ウ We should buy more bamboo products because there is a lot of bamboo in Kagoshima.
エ We should use more things around us to stop plastic pollution in the world.

4 次の英文を読み，1～6の問いに答えなさい。

There is a small whiteboard on the refrigerator* at Sarah's house. At first, her mother bought it to write only her plans for the day, but it has a special meaning for Sarah now.

When Sarah was a little girl, she helped her parents as much as she could at home. Her parents worked as nurses. Sarah knew that her parents had many things to do.

When Sarah became a first-year junior high school student, she started to play soccer in a soccer club for girls. Her life changed a lot. She became very busy. Sarah and her mother often went shopping together, but they couldn't after Sarah joined the club. She practiced soccer very hard to be a good player.

One morning, her mother looked sad and said, "We don't have enough time to talk with each other, do we ?" Sarah didn't think it was a big problem because she thought it would be the same for other junior high school students. But later ①she remembered her mother's sad face again and again.

Sarah was going to have a soccer game the next Monday. She asked her mother, "Can you come and watch my first game ?" Her mother checked her plan and said, "I wish I could go, but I can't. I have to go to work." Then Sarah said, "You may be a good nurse, but you are not a good mother." She knew that it was mean*, but she couldn't stop herself.

On the day of the game, she found a message from her mother on the whiteboard, "Good luck. Have a nice game !" When Sarah saw it, she remembered her words to her mother. "They made her very sad," Sarah thought. ②She didn't like herself.

Two weeks later, Sarah had work experience at a hospital for three days. It was a hospital that her mother once worked at. The nurses helped the patients* and talked to them with a smile. She wanted to be like them, but she could not communicate with the patients well.

On the last day, after lunch, ③she talked about her problem to a nurse, John. He was her mother's friend. "It is difficult for me to communicate with the patients well," Sarah said. "It's easy. If you smile when you talk with them, they will be happy. If you are kind to them, they will be nice to you. I remember your mother. She was always thinking of people around her," John said. When Sarah heard his words, she remembered her mother's face. She thought, "Mom is always busy, but she makes dinner every day and takes me to school. She does a lot of things for me."

That night, Sarah went to the kitchen and took a pen. She was going to write ④her first message to her mother on the whiteboard. At first, she didn't know what to write, but Sarah really wanted to see her mother's happy face. So she decided to write again.

The next morning, Sarah couldn't meet her mother. "Mom had to leave home early. Maybe she hasn't read my message yet," she thought.

That evening, Sarah looked at the whiteboard in the kitchen. The words on it were not Sarah's, instead she found the words of her mother. "Thank you for your message. I was really happy to read it. Please write again." Sarah saw her mother's smile on the whiteboard.

Now, Sarah and her mother talk more often with each other, but they keep writing messages on the whiteboard. It has become a little old, but it acts* as a bridge between Sarah and her mother. They may need it for some years. Sarah hopes she can show her true feelings to her mother without it someday.

注 refrigerator 冷蔵庫　mean 意地の悪い　patient(s) 患者　act(s) 作用する，働く

1　次のア～ウの絵は，本文のある場面を表している。本文の内容に合わないものを一つ選び，その記号を書け。

2　下線部①に関して，次の質問に対する答えを本文の内容に合うように英語で書け。
Why did her mother look sad when she talked to Sarah ?

3　下線部②の理由として最も適当なものを下のア～エの中から一つ選び，その記号を書け。
ア　いつも仕事で忙しい母に代わって，Sarah が家事をしなければならなかったから。
イ　Sarah のホワイトボードのメッセージを読んで，母が傷ついたことを知ったから。
ウ　母が書いたホワイトボードのメッセージの内容に Sarah がショックを受けたから。
エ　Sarah は，励ましてくれる母に対してひどいことを言ったことを思い出したから。

4　下線部③に関して，Sarah が John から学んだことを本文の内容に合うように40字程度の日本語で書け。

5　下線部④のメッセージとなるように，Sarah に代わって下の［　　］内に15語程度の英文を書け。2文以上になってもかまわない。

Mom,
［　　　　　　　　　　　　　　　　］
Sarah

6　本文の内容に合っているものを，下のア～オの中から二つ選び，その記号を書け。
ア　Sarah and her mother often used the whiteboard to write their plans from the beginning.
イ　Sarah helped her parents do things at home before she began playing soccer with her club.
ウ　During the job experience at the hospital, Sarah talked with John on her last day after lunch.
エ　Sarah wrote her first message to her mother on the whiteboard, but her mother did not answer her.
オ　Sarah can talk with her mother now, so she doesn't write messages on the whiteboard.

令和４年度　鹿児島県公立高校入試問題　社　会

（解答…185Ｐ）

1　次のⅠ～Ⅲの問いに答えなさい。答えを選ぶ問いについては一つ選び，その記号を書きなさい。

Ⅰ　次の略地図を見て，**1～6**の問いに答えよ。

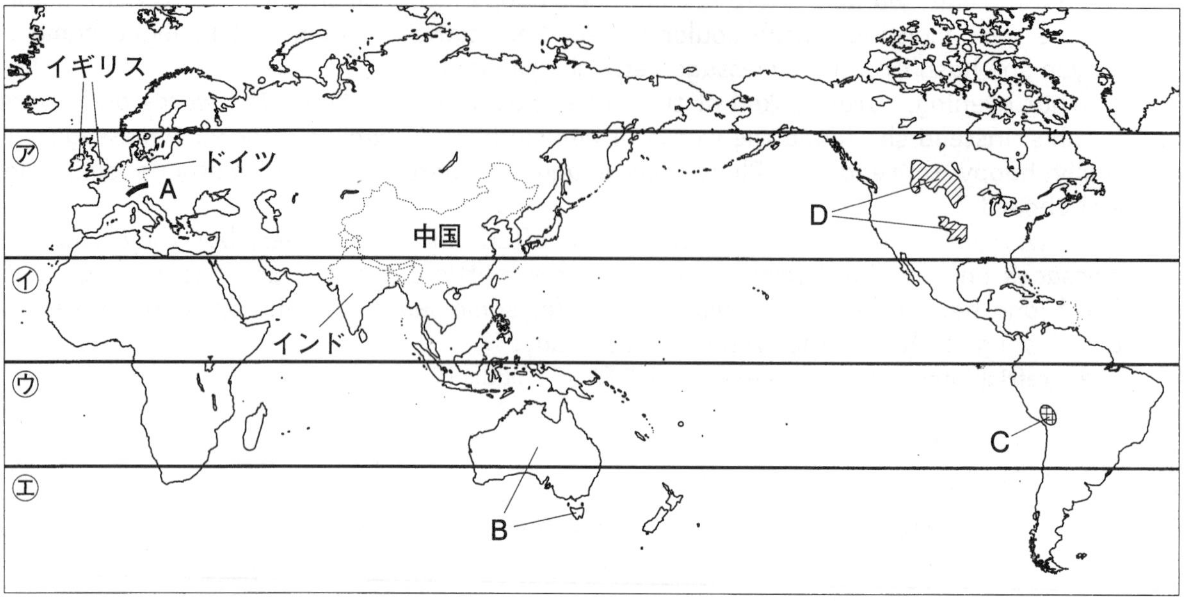

1　略地図中の**A**の山脈の名称を答えよ。

2　略地図中の㋐～㋓は，赤道と，赤道を基準として30度間隔に引いた３本の緯線である。このうち，㋓の緯線の緯度は何度か。北緯，南緯を明らかにして答えよ。

3　略地図中の**B**の国内に暮らす先住民族として最も適当なものはどれか。

ア　アボリジニ　　**イ**　イヌイット　　**ウ**　マオリ　　**エ**　ヒスパニック

4　略地図中の**C**で示した地域のうち，標高4,000ｍ付近でみられる気候や生活のようすについて述べた文として最も適当なものはどれか。

ア　夏の降水量が少ないため，乾燥に強いオリーブの栽培が盛んである。

イ　気温が低く作物が育ちにくく，リャマやアルパカの放牧がみられる。

ウ　季節風の影響を受けて夏の降水量が多いため，稲作が盛んである。

エ　一年中気温が高く，草原や森林が広がる地域で焼畑農業が行われている。

5　略地図中の**D**は，北アメリカにおいて，**資料１**中の□の農産物が主に栽培されている地域を示している。**資料１**中の□にあてはまる農産物名を答えよ。

資料１　主な農産物の輸出量の上位３か国とその国別割合（%）

農産物	輸出量上位３か国（%）
□	ロシア16.8　アメリカ13.9　カナダ11.2
とうもろこし	アメリカ32.9　ブラジル18.1　アルゼンチン14.7
大　豆	ブラジル44.9　アメリカ36.5　アルゼンチン4.9
綿　花	アメリカ41.9　インド12.1　オーストラリア11.2

（地理統計要覧2021年版から作成）

6　略地図中の**中国**，**ドイツ**，**インド**，**イギリス**について，次の⑴，⑵の問いに答えよ。

⑴　**資料２**の中で，割合の変化が１番目に大きい国と２番目に大きい国の国名をそれぞれ答えよ。

⑵　⑴で答えた２か国について，**資料３**において２か国に共通する割合の変化の特徴を書け。

資料２　各国の再生可能エネルギーによる発電量の総発電量に占める割合（%）

	2010年	2018年
中国	18.8	26.2
ドイツ	16.5	37.0
インド	16.4	19.0
イギリス	6.8	35.4

（世界国勢図会2021/22年版などから作成）

資料３　各国の発電エネルギー源別発電量の総発電量に占める割合（%）

	風力		水力		太陽光	
	2010年	2018年	2010年	2018年	2010年	2018年
中国	1.1	5.1	17.2	17.2	0.0	2.5
ドイツ	6.0	17.1	4.4	3.7	1.9	7.1
インド	2.1	4.1	11.9	9.5	0.0	2.5
イギリス	2.7	17.1	1.8	2.4	0.0	3.9

（世界国勢図会2021/22年版などから作成）

Ⅱ 次の略地図を見て，1～5の問いに答えよ。

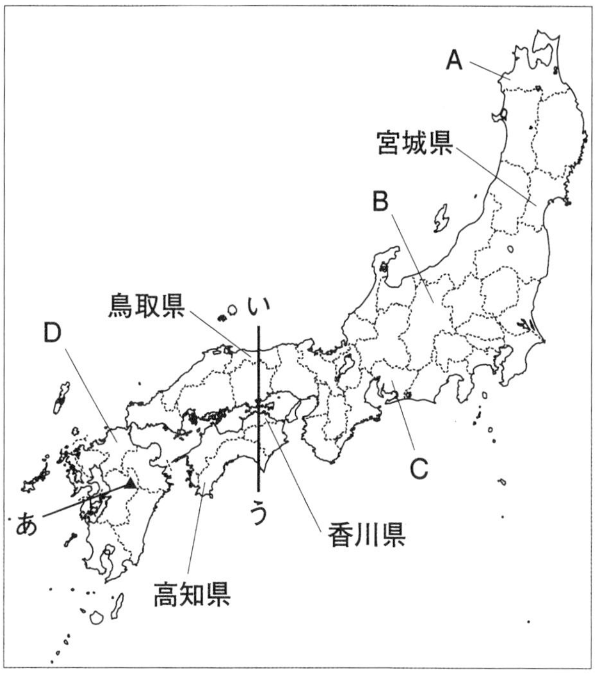

1 近畿地方で海に面していない府県の数を，略地図を参考に答えよ。

2 略地図中の**あ**で示した火山がある地域には，火山の大規模な噴火にともなって形成された大きなくぼ地がみられる。このような地形を何というか。

3 略地図中の**A**～**D**の県にみられる，産業の特色について述べた次の**ア**～**エ**の文のうち，**D**について述べた文として最も適当なものはどれか。

ア 標高が高く夏でも涼しい気候を生かし，レタスなどの高原野菜の生産が盛んである。

イ 涼しい気候を利用したりんごの栽培が盛んで，国内の生産量の半分以上を占めている。

ウ 明治時代に官営の製鉄所がつくられた地域では，エコタウンでのリサイクルが盛んである。

エ 自動車の関連工場が集まっており，自動車を含む輸送用機械の生産額は全国1位である。

4 略地図中の**宮城県**ではさけやあわびなどの「育てる漁業」が行われている。「育てる漁業」に関してまとめた**資料1**について，次の(1)，(2)の問いに答えよ。

(1) ⓐについて，このような漁業を何というか。

(2) [　　] にあてはまる最も適当なことばを書け。

資料1

【「育てる漁業」の種類 】
・魚や貝などを，いけすなどを利用して大きくなるまで育てて出荷する。
・ⓐ魚や貝などを卵からふ化させ，人工的に育てた後に放流し，自然の中で成長したものを漁獲する。
【 日本で「育てる漁業」への転換が進められた理由の一つ 】
・他国が200海里以内の [　　] を設定したことにより，「とる漁業」が難しくなったから。

5 **資料2**は略地図中の**鳥取県**，**香川県**，**高知県**のそれぞれの県庁所在地の降水量を示している。**資料2**にみられるように，3県の中で**香川県**の降水量が特に少ない理由を，**資料3**をもとにして書け。ただし，**日本海**，**太平洋**ということばを使うこと。

資料2

	年降水量
鳥取県鳥取市	1931.3 mm
香川県高松市	1150.1 mm
高知県高知市	2666.4 mm

（気象庁統計から作成）

資料3 略地図中 い－う 間の断面図と季節風のようす

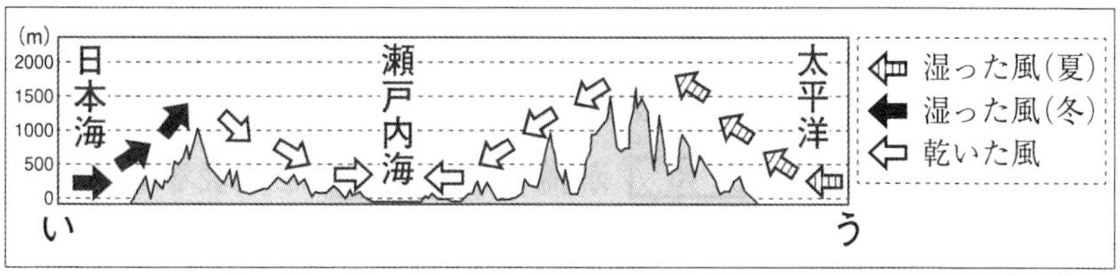

（地理院地図などから作成）

Ⅲ **資料**の**X**，**Y**の円グラフは，千葉県で特に貿易額の多い成田国際空港と千葉港の，輸入総額に占める輸入上位5品目とその割合をまとめたものである。成田国際空港に該当するものは**X**，**Y**のどちらか。また，そのように判断した理由を航空輸送の特徴をふまえて書け。

資料

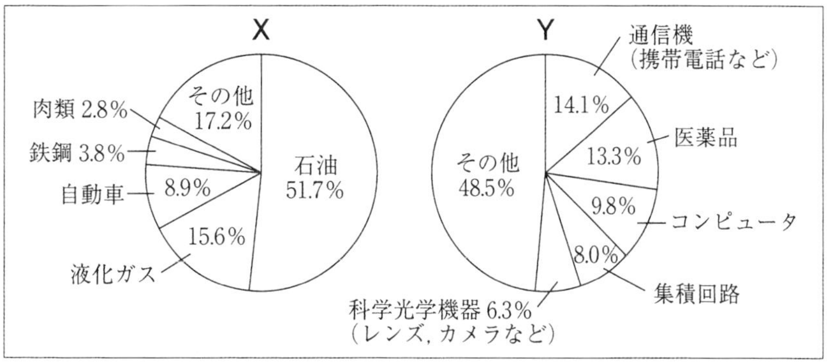

（日本国勢図会2021/22から作成）

2　次のⅠ～Ⅲの問いに答えなさい。答えを選ぶ問いについては一つ選び，その記号を書きなさい。

Ⅰ　次は，歴史的建造物について調べ学習をしたある中学生と先生の会話の一部である。**1**～**6**の問いに答えよ。

生徒：鹿児島城にあった御楼門《ごろうもん》の再建に関するニュースを見て，門について興味をもったので，調べたことを次のようにまとめました。

羅城門《らじょうもん》	ⓑ東大寺南大門	守礼門《しゅれいもん》	日光東照宮の陽明門
平城京やⓐ平安京の南側の門としてつくられた。	源平の争乱で焼けた東大寺の建物とともに再建された。	ⓒ琉球王国の首里城の城門の１つとしてつくられた。	ⓓ江戸時代に，徳川家康をまつる日光東照宮につくられた。

先生：いろいろな門についてよく調べましたね。これらの門のうち，つくられた時期が，再建前の御楼門に最も近い門はどれですか。

生徒：御楼門がつくられたのは17世紀の前半といわれているので，江戸時代につくられた日光東照宮の陽明門だと思います。

先生：そうです。なお，江戸時代には，大名が１年おきに自分の領地を離れて江戸に滞在することを義務づけられた［　　］という制度がありました。薩摩藩の大名が江戸に向かった際には御楼門を通っていたのかもしれませんね。ところで，門には，河川と海の境目など水の流れを仕切る場所につくられた「水門」というものもありますよ。

生徒：それでは，次はⓔ河川や海に関連した歴史をテーマにして調べてみたいと思います。

1　［　　］にあてはまる最も適当なことばを書け。

2　ⓐがつくられる以前の時代で，次の三つの条件を満たす時代はどれか。

・多くの人々はたて穴住居で生活していた。
・中国の歴史書によると，倭は100ほどの国に分かれていた。
・銅鐸などの青銅器を祭りの道具として使っていた。

ア　縄文時代　　イ　弥生時代　　ウ　古墳時代　　エ　奈良時代

資料１

3　ⓑの中に置かれている，運慶らによってつくられた**資料１**の作品名を**漢字５字**で書け。

4　ⓒについて述べた次の文の［　　］に適することばを，15世紀ごろの中継貿易を模式的に示した**資料２**を参考にして補い，これを完成させよ。

琉球王国は，日本や中国・東南アジア諸国から［　　］する中継貿易によって繁栄した。

資料２

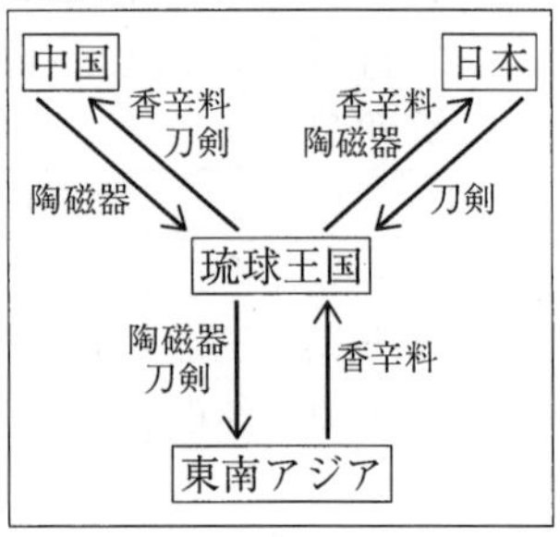

5　ⓓに描かれた**資料３**について述べた次の文の［ X ］，［ Y ］にあてはまることばの組み合わせとして最も適当なものはどれか。

この作品は［ X ］が描いた［ Y ］を代表する風景画であり，ヨーロッパの絵画に大きな影響を与えた。

ア（X　尾形光琳　　Y　元禄文化）　　イ（X　葛飾北斎　　Y　元禄文化）
ウ（X　尾形光琳　　Y　化政文化）　　エ（X　葛飾北斎　　Y　化政文化）

6　ⓔについて，次のできごとを年代の古い順に並べよ。

資料３

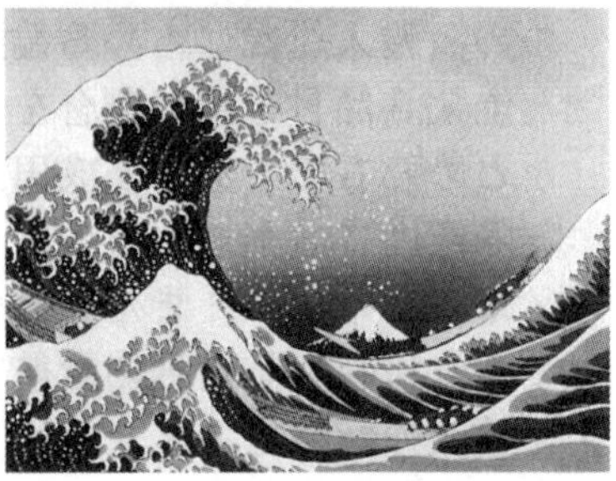

ア　ロシアの使節が，蝦夷地の根室に来航し，漂流民を送り届けるとともに，日本との通商を求めた。
イ　平治の乱に勝利したのち，太政大臣になった人物が，現在の神戸市の港を整備した。
ウ　河川に橋をかけるなど人々のために活動した人物が，東大寺に大仏を初めてつくるときに協力をした。
エ　スペインの船隊が，アメリカ大陸の南端を通り，初めて世界一周を成し遂げた。

Ⅱ　次の略年表を見て，1～6の問いに答えよ。

年	できごと
1871	ⓐ岩倉使節団がアメリカに向けて出発した ―――― A
1885	内閣制度が発足し，① が初代内閣総理大臣となった
1902	日英同盟が結ばれた ―――― B
1914	ⓑ第一次世界大戦が始まった
1929	ニューヨークの株式市場で株価が大暴落し ② に発展した
1951	サンフランシスコ平和条約が結ばれた ―――― C

1　①，② にあてはまる最も適当な人名とことばを書け。

2　ⓐが1871年に出発し，1873年に帰国するまでにおきたできごととして最も適当なものはどれか。

ア　王政復古の大号令の発表　　イ　日米和親条約の締結

ウ　徴兵令の公布　　エ　大日本帝国憲法の発布

3　AとBの間の時期に「たけくらべ」，「にごりえ」などの小説を発表し，現在の５千円札にその肖像が使われていることでも知られている人物はだれか。

4　ⓑに関して，**資料**は，この大戦前のヨーロッパの国際関係を模式的に示したものである。**資料**中の ③ にあてはまる最も適当なことばを書け。

資料

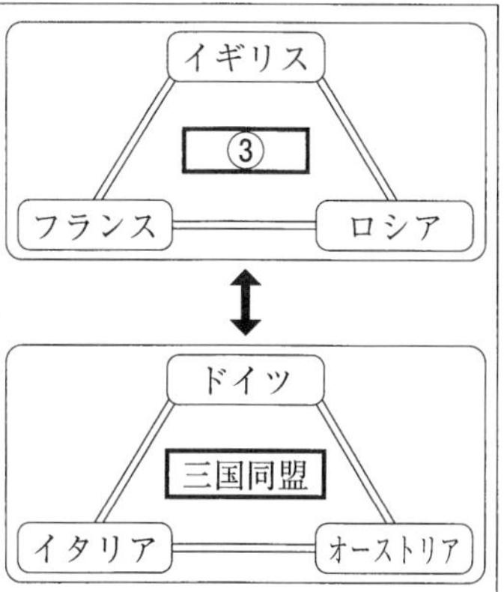

※ ══ は外交上の協力関係を示している。
※ ⟷ は外交上の対立関係を示している。

5　BとCの間の時期に活動した人物について述べた次の文X，Yについて，それぞれの文に該当する人物名の組み合わせとして最も適当なものはどれか。

X　国際連盟本部の事務局次長として，国際平和のためにつくした。

Y　物理学者で，1949年に日本人として初のノーベル賞を受賞した。

ア　（X　新渡戸稲造　　Y　湯川秀樹）　　イ　（X　吉野作造　　Y　湯川秀樹）

ウ　（X　新渡戸稲造　　Y　野口英世）　　エ　（X　吉野作造　　Y　野口英世）

6　C以降におこったできごとを，次のア～エから三つ選び，年代の古い順に並べよ。

ア　石油危機の影響で物価が上昇し，トイレットペーパー売り場に買い物客が殺到した。

イ　満20歳以上の男女による初めての衆議院議員総選挙が行われ，女性議員が誕生した。

ウ　男女雇用機会均等法が施行され，雇用における男女間の格差の是正がはかられた。

エ　アジア最初のオリンピックが東京で開催され，女性選手の活躍が話題となった。

Ⅲ　第二次世界大戦後には農地改革が行われ，**資料１**，**資料２**にみられるような変化が生じた。農地改革の内容を明らかにしたうえで，その改革によって生じた変化について書け。ただし，**政府**，**地主**，**小作人**ということばを使うこと。

資料１　自作地と小作地の割合

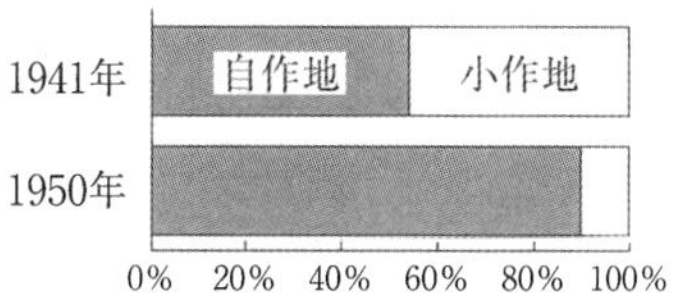

資料２　自作・小作の農家の割合

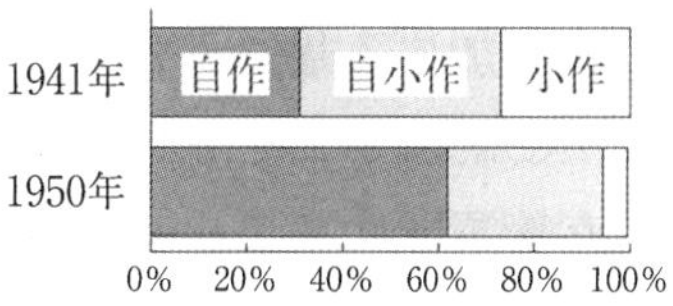

※資料２の補足
「自　作」：耕作地の90％以上が自己所有地の農家
「自小作」：耕作地の10％以上90％未満が自己所有地の農家
「小　作」：耕作地の10％未満が自己所有地の農家

（近現代日本経済史要覧から作成）

3 次のⅠ～Ⅲの問いに答えなさい。答えを選ぶ問いについては一つ選び，その記号を書きなさい。

Ⅰ 次は，ある中学生が日本国憲法について授業で学んだことをノートにまとめたものである。1～6の問いに答えよ。

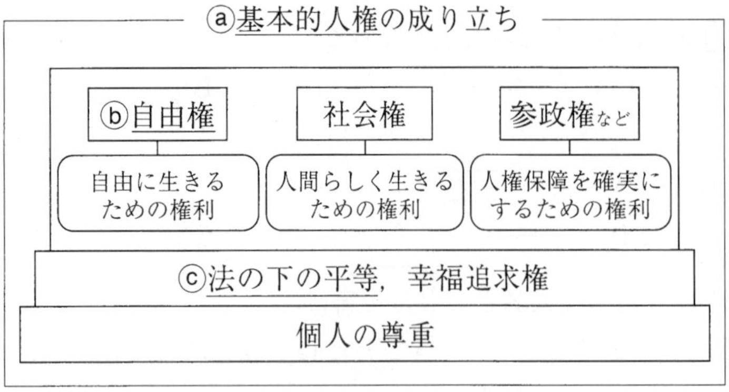

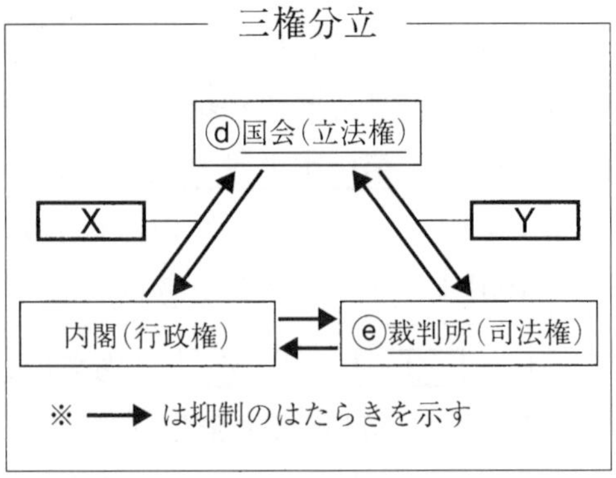

1 ⓐに関して，次は日本国憲法の条文の一部である。□にあてはまることばを書け。

> 第12条 この憲法が国民に保障する自由及び権利は，国民の不断の努力によつ《っ》て，これを保持しなければならない。又，国民は，これを濫用してはならないのであつ《っ》て，常に□のためにこれを利用する責任を負ふ《う》。

2 ⓑに関して，身体の自由の内容として最も適当なものはどれか。

ア 財産権が不当に侵されることはない。

イ 裁判を受ける権利を奪われることはない。

ウ 通信の秘密を不当に侵されることはない。

エ 自己に不利益な供述を強要されることはない。

3 ⓒに関して，言語，性別，年齢，障がいの有無にかかわらず，あらかじめ利用しやすい施設や製品などをデザインすること，またはそのようなデザインを何というか。

4 ⓓに関して，次の文は，国会が衆議院と参議院からなる二院制をとっている目的について述べたものである。文中の□に適することばを補い，これを完成させよ。

> 定数や任期，選挙制度が異なる議院を置くことで，□。また，慎重な審議によって一方の議院の行きすぎを防ぐこともできる。

5 X，Y にあてはまることばの組み合わせとして最も適当なものはどれか。

ア （X 衆議院の解散　Y 国民審査）

イ （X 法律の違憲審査　Y 弾劾裁判所の設置）

ウ （X 衆議院の解散　Y 弾劾裁判所の設置）

エ （X 法律の違憲審査　Y 国民審査）

6 ⓔに関して，**資料**はある地方裁判所の法廷のようすを模式的に示したものである。この法廷で行われる裁判について述べた文として最も適当なものはどれか。

ア お金の貸し借りなどの個人と個人の間の争いを解決する。

イ 国民の中から選ばれた裁判員が参加する場合がある。

ウ 和解の成立によって裁判が途中で終わることがある。

エ 被害者が法廷に入り被告人に直接質問することはない。

資料

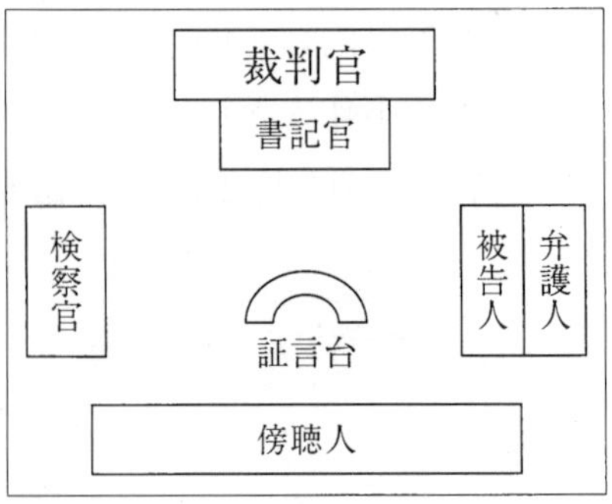

Ⅱ　次は，ある中学生が公民的分野の学習を振り返って書いたレポートの一部である。１～５の問いに答えよ。

> 　私は，少子高齢社会における社会保障のあり方や，ⓐ消費者の保護など，授業で学習したことと私たちの生活とは深い関わりがあると感じました。また，市場経済や財政のしくみについての学習を通して，ⓑ価格の決まり方やⓒ租税の意義などについて理解することができました。
> 　今日，生産年齢人口の減少，ⓓグローバル化の進展や絶え間ない技術革新などにより，社会は大きく変化しています。そのような中，選挙権年齢が［　　］歳に引き下げられ，さらに令和４年度からは成年年齢も［　　］歳へと引き下げられ，私たちにとって社会は一層身近なものになっています。私は，社会の一員としての自覚をもって行動したいと思います。

1　［　　］に共通してあてはまる数を書け。

2　ⓐに関して，業者が商品の重要な項目について事実と異なることを伝えるなどの不当な勧誘を行った場合，消費者はその業者と結んだ契約を取り消すことができる。このことを定めた2001年に施行された法律は何か。

3　ⓑに関して，**資料１**は，自由な競争が行われている市場における，ある商品の需要量と供給量と価格の関係を表したものである。ある商品の価格を**資料１**で示したＰ円としたときの状況と，その後の価格の変化について述べた次の文の［　Ｘ　］，［　Ｙ　］に適することばを補い，これを完成させよ。ただし［　Ｘ　］には，**需要量**，**供給量**ということばを使うこと。

資料１

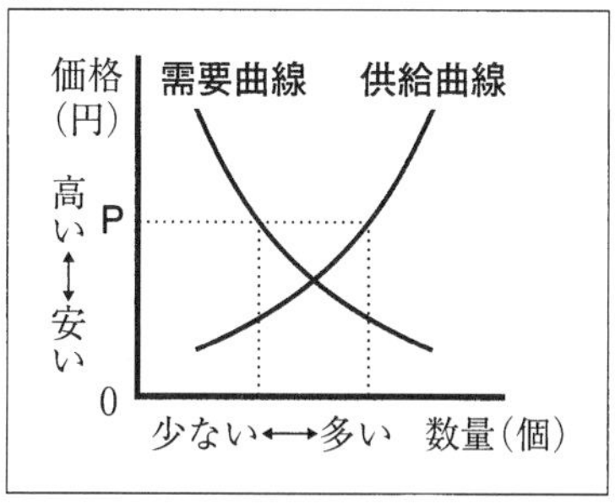

> 価格がＰ円のときは，［　Ｘ　］ため，一般に，その後の価格はＰ円よりも［　Ｙ　］と考えられる。

4　ⓒに関して，次は，社会科の授業で，あるグループが租税のあり方について話し合った際の意見をまとめたものである。このグループの意見を，**資料２**中の**ア**～**エ**のいずれかの領域に位置づけるとすると最も適当なものはどれか。

> ・国内農業を守るために，関税の税率を引き上げる。
> ・社会保障を充実させるために，消費税の税率を引き上げる。

資料２

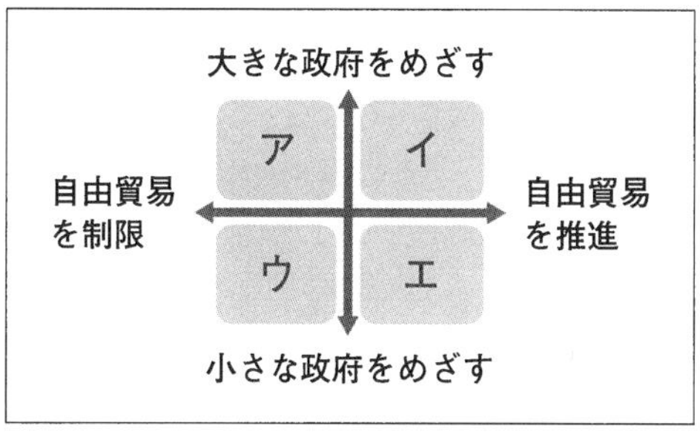

5　ⓓに関して，輸出や輸入を行う企業の活動は，為替相場（為替レート）の変動の影響を受けやすい。ある企業が１台240万円の自動車をアメリカへ輸出する場合，為替相場が１ドル＝120円のとき，アメリカでの販売価格は２万ドルとなった。その後，為替相場が１ドル＝100円に変動したときの，この自動車１台のアメリカでの販売価格はいくらになるか答えよ。なお，ここでは，為替相場以外の影響は考えないものとする。

Ⅲ　**資料１**は，持続可能な開発目標（SDGs）の一つを示したものである。この目標に関して，中学生のしのぶさんは，まだ食べられるのに廃棄される食品が大量にあるという問題に関心をもった。そこで，しのぶさんは自宅近くのスーパーマーケットに行き，この問題の解決への取り組みについて調べたり話を聞いたりした。**資料２**は，その際にしのぶさんが収集した資料である。**資料２**の取り組みが，この問題の解決につながるのはなぜか，解答欄の書き出しのことばに続けて，**40字以上50字以内**で説明せよ。ただし，書き出しのことばは字数に含めないこととする。

資料１

資料２

> 季節商品予約制のお知らせ
>
> 土用《どよう》の丑《うし》の日のうなぎやクリスマスケーキ，節分の日の恵方巻きなどを予約販売にします。

令和４年度　鹿児島県公立高校入試問題　数　学

（解答…188Ｐ）

1　次の１～５の問いに答えなさい。

１　次の(1)～(5)の問いに答えよ。

(1)　$4 \times 8 - 5$ を計算せよ。

(2)　$\frac{1}{2} + \frac{7}{9} \div \frac{7}{3}$ を計算せよ。

(3)　$(\sqrt{6} + \sqrt{2})(\sqrt{6} - \sqrt{2})$ を計算せよ。

(4)　２けたの自然数のうち，３の倍数は全部で何個あるか。

(5)　右の図のように三角すいABCDがあり，辺AB，AC，ADの中点をそれぞれE，F，Gとする。このとき，三角すいABCDの体積は，三角すいAEFGの体積の何倍か。

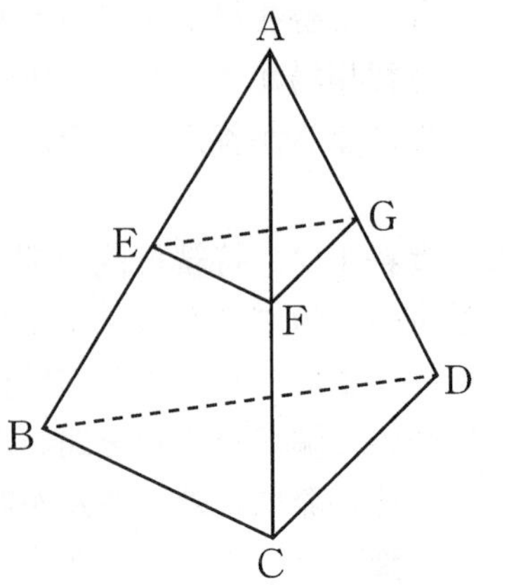

2 等式 $3a - 2b + 5 = 0$ を b について解け。

3 右の図のように，箱Aには，2，4，6の数字が1つずつ書かれた3個の玉が入っており，箱Bには，6，7，8，9の数字が1つずつ書かれた4個の玉が入っている。箱A，Bからそれぞれ1個ずつ玉を取り出す。箱Aから取り出した玉に書かれた数を a，箱Bから取り出した玉に書かれた数を b とするとき，$\sqrt{ab}$ が自然数になる確率を求めよ。ただし，どの玉を取り出すことも同様に確からしいものとする。

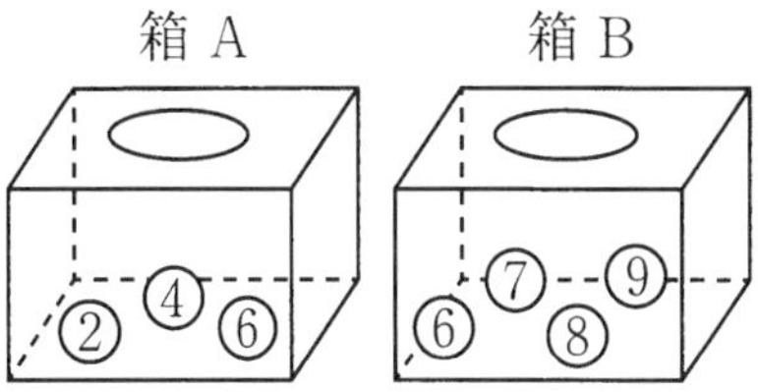

4 右の図で，3点A，B，Cは円Oの周上にある。
$\angle x$ の大きさは何度か。

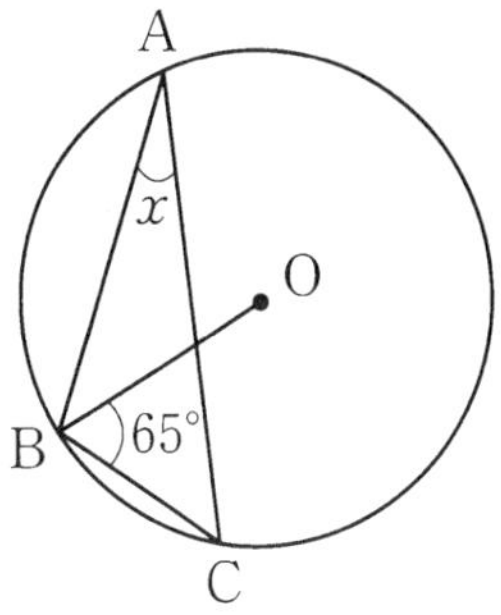

5 **表**は，1964年と2021年に開催された東京オリンピックに参加した選手数と，そのうちの女性の選手数の割合をそれぞれ示したものである。2021年の女性の選手数は，1964年の女性の選手数の約何倍か。最も適当なものを下の**ア**～**エ**の中から1つ選び，記号で答えよ。

表

	選手数	女性の選手数の割合
1964年	5151人	約13％
2021年	11092人	約49％

（国際オリンピック委員会のウェブサイトをもとに作成）

ア 約2倍　　**イ** 約4倍　　**ウ** 約8倍　　**エ** 約12倍

2 次の**1**～**4**の問いに答えなさい。

1 $a<0$ とする。関数 $y=ax^2$ で，x の変域が $-5 \leqq x \leqq 2$ のときの y の変域を a を用いて表せ。

2 次の四角形ABCDで必ず平行四辺形になるものを，下の**ア**～**オ**の中から2つ選び，記号で答えよ。

ア AD // BC，AB = DC

イ AD // BC，AD = BC

ウ AD // BC，∠A = ∠B

エ AD // BC，∠A = ∠C

オ AD // BC，∠A = ∠D

3 右の図のように，鹿児島県の一部を示した地図上に3点A，B，Cがある。3点A，B，Cから等距離にある点Pと，点Cを点Pを回転の中心として180°だけ回転移動（点対称移動）した点Qを，定規とコンパスを用いて作図せよ。ただし，2点P，Qの位置を示す文字P，Qも書き入れ，作図に用いた線は残しておくこと。

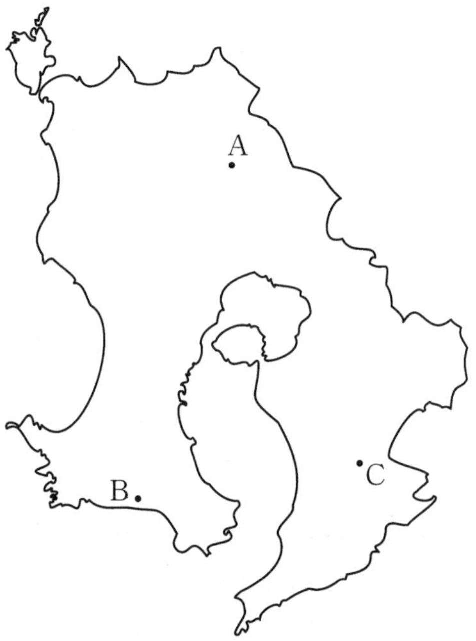

4 **表**は，A市の中学生1200人の中から100人を無作為に抽出し，ある日のタブレット型端末を用いた学習時間についての調査結果を度数分布表に整理したものである。次の(1)，(2)の問いに答えよ。

(1) **表**から，A市の中学生1200人における学習時間が60分以上の生徒の人数は約何人と推定できるか。

(2) **表**から得られた平均値が54分であるとき，x，y の値を求めよ。ただし，方程式と計算過程も書くこと。

表

階級(分)	度数(人)
0以上 ～ 20未満	8
20 ～ 40	x
40 ～ 60	y
60 ～ 80	27
80 ～ 100	13
計	100

3 右の図は，直線 $y = -x + 2a$ …① と△ABC を示したものであり，3 点 A，B，C の座標は，それぞれ (2, 4)，(8, 4)，(10, 12) である。このとき，次の**1**，**2**の問いに答えなさい。

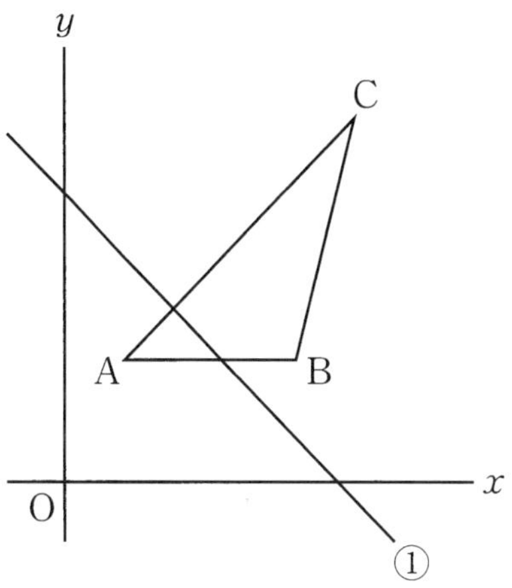

1 △ABC の面積を求めよ。

2 直線①が線分 AB と交わるとき，直線①と線分 AB，AC の交点をそれぞれ P，Q とする。このとき，次の (1) ～ (3) の問いに答えよ。ただし，点 A と点 B のどちらか一方が直線①上にある場合も，直線①と線分 AB が交わっているものとする。

(1) 直線①が線分 AB と交わるときの a の値の範囲を求めよ。

(2) 点 Q の座標を a を用いて表せ。

(3) △APQ の面積が△ABC の面積の $\frac{1}{8}$ であるとき，a の値を求めよ。ただし，求め方や計算過程も書くこと。

4 右の図のように，正三角形ABCの辺BC上に，DB = 12 cm，DC = 6 cm となる点Dがある。また，辺AB上に△EBDが正三角形となるように点Eをとり，辺AC上に△FDCが正三角形となるように点Fをとる。線分BFと線分ED，ECの交点をそれぞれG，Hとするとき，次の**1**～**5**の問いに答えなさい。

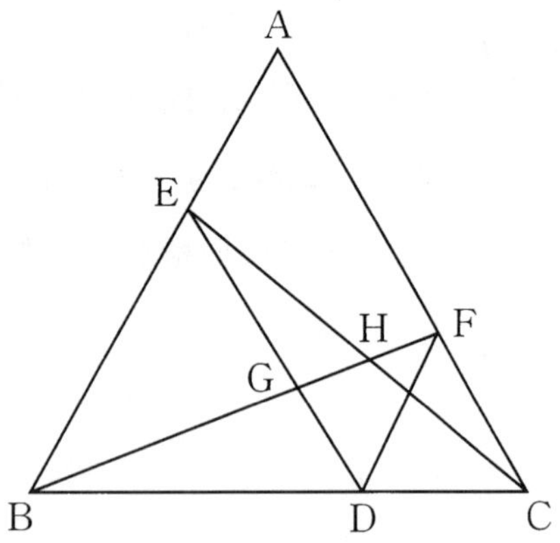

1 ∠EDFの大きさは何度か。

2 EG : GD を最も簡単な整数の比で表せ。

3 △BDF ≡ △EDC であることを証明せよ。

4 線分BFの長さは何 cm か。

5 △BDGの面積は，△EHGの面積の何倍か。

5 次の**【手順】**に従って，右のような白，赤，青の3種類の長方形の色紙を並べて長方形を作る。3種類の色紙の縦の長さはすべて同じで，横の長さは，白の色紙が1 cm，赤の色紙が3 cm，青の色紙が5 cm である。

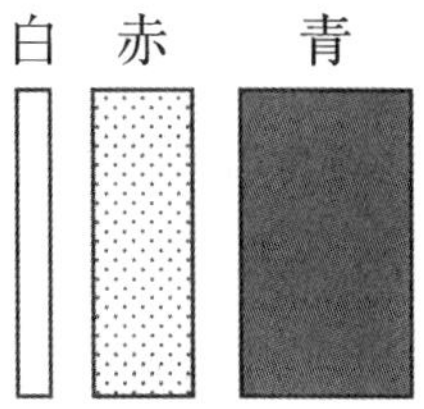

【手順】

下の図のように，長方形を作る。

・白の色紙を置いたものを 長方形1 とする。

・ 長方形1 の右端に赤の色紙をすき間なく重ならないように並べたものを 長方形2 とする。

・ 長方形2 の右端に白の色紙をすき間なく重ならないように並べたものを 長方形3 とする。

・ 長方形3 の右端に青の色紙をすき間なく重ならないように並べたものを 長方形4 とする。

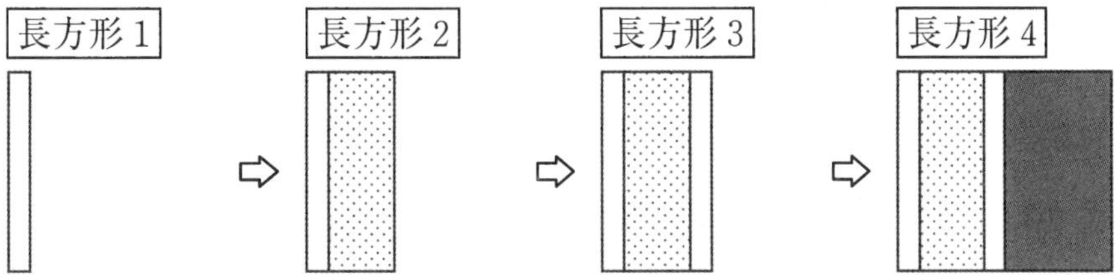

このように，左から白，赤，白，青の順にすき間なく重ならないように色紙を並べ，5枚目からもこの**【手順】**をくり返して長方形を作っていく。

たとえば， 長方形7 は，白，赤，白，青，白，赤，白の順に7枚の色紙を並べた下の図の長方形で，横の長さは15 cm である。

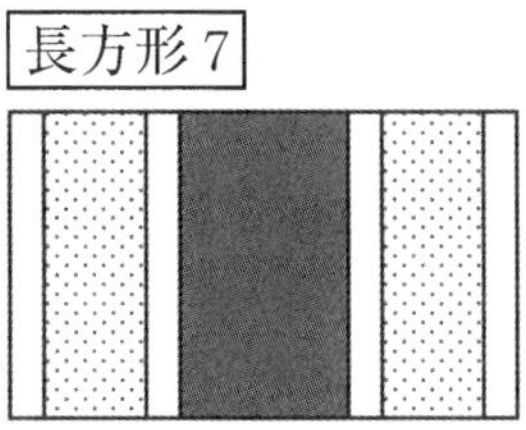

このとき，次の**1**，**2**の問いに答えなさい。

1　長方形13 の右端の色紙は何色か。また， 長方形13 の横の長さは何 cm か。

2 AさんとBさんは，次の【課題】について考えた。下の【会話】は，2人が話し合っている場面の一部である。このとき，次の(1)，(2)の問いに答えよ。

【課題】

長方形 $2n$ の横の長さは何 cm か。ただし，n は自然数とする。

【会話】

A：長方形 $2n$ は，3種類の色紙をそれぞれ何枚ずつ使うのかな。

B：白の色紙は［　ア　］枚だね。赤と青の色紙の枚数は，n が偶数のときと奇数のときで違うね。

A：n が偶数のときはどうなるのかな。

B：n が偶数のとき，長方形 $2n$ の右端の色紙は青色だね。だから，長方形 $2n$ は，赤の色紙を［　イ　］枚，青の色紙を［　ウ　］枚だけ使うね。

A：そうか。つまり長方形 $2n$ の横の長さは，［　エ　］cm となるね。

B：そうだね。それでは，n が奇数のときはどうなるのか考えてみよう。

(1) 【会話】の中の［　ア　］～［　エ　］にあてはまる数を n を用いて表せ。

(2) 【会話】の中の下線部について，n が奇数のとき，長方形 $2n$ の横の長さを n を用いて表せ。ただし，求め方や計算過程も書くこと。

令和３年度　鹿児島県公立高校入試問題　理　科

（解答…193Ｐ）

1　次の各問いに答えなさい。答えを選ぶ問いについては記号で答えなさい。

1　がけに，れき，砂，泥や火山から噴出した火山灰などが積み重なってできた，しまのような層が見られることがある。このように層が重なったものを何というか。

2　動物と植物の細胞のつくりに共通するものを二つ選べ。

ア　葉緑体　　イ　核　　ウ　細胞膜　　エ　細胞壁

3　次の文中の[a]～[c]にあてはまることばを書け。

> 原子は，原子核と[a]からできている。原子核は，＋の電気をもつ[b]と電気をもたない[c]からできている。

4　次の文中の[　　]にあてはまることばを書け。

> 光が，水やガラスから空気中へ進むとき，入射角を大きくしていくと，屈折した光が境界面に近づいていく。入射角が一定以上大きくなると境界面を通りぬける光はなくなる。この現象を[　　]という。通信ケーブルなどで使われている光ファイバーは，この現象を利用している。

5　安山岩や花こう岩などのように，マグマが冷え固まってできた岩石を何というか。

6　水 100 g に食塩 2.0 g をとかした水溶液をＡ，水 98 g に食塩 2.0 g をとかした水溶液をＢ，水 200 g に食塩 3.0 g をとかした水溶液をＣとする。質量パーセント濃度が最も低い水溶液はＡ～Ｃのどれか。

7　次の文中の①，②について，それぞれ正しいものはどれか。

> 被子植物では，受精卵は ①（ア　減数　　イ　体細胞）分裂をくりかえして，植物のからだのつくりをそなえた ②（ア　胚　　イ　卵細胞）になる。このように，受精卵から個体としてのからだのつくりが完成していく過程を発生という。

8　図は，かたくて長い棒を，てことして利用するときの模式図である。てこの支点が棒の左はしから 40 cm となるよう三角台を調整し，棒の左はしに糸で重さ 300 N の物体をつるした。棒の右はしに下向きの力を加えて，ゆっくりと 40 cm 押し下げると，物体は 20 cm 持ち上がった。このとき，棒の右はしに加えた力の大きさは何Ｎか。また，支点から棒の右はしまでの距離は何 cm か。ただし，棒と糸の重さは考えないものとする。

図

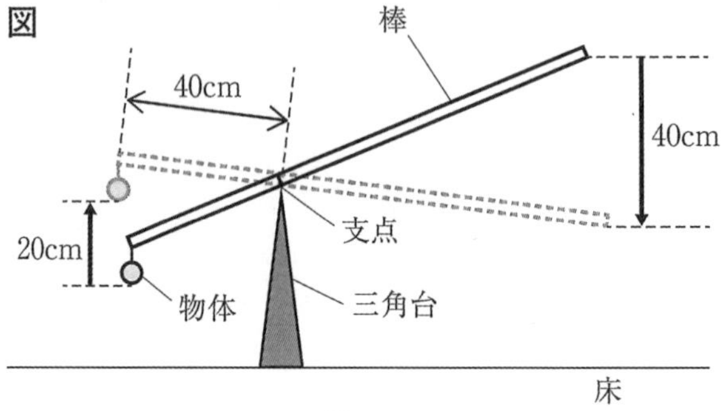

2 次のⅠ，Ⅱの各問いに答えなさい。答えを選ぶ問いについては記号で答えなさい。

Ⅰ　図1のような装置を組み，酸化銅の還元についての**実験**を行った。

実験

①　酸化銅4.00 gに炭素粉末0.10 gを加えてよく混ぜ合わせた。

②　酸化銅と炭素粉末の混合物を試験管Aの中にすべて入れて加熱したところ，ガラス管の先から盛んに気体が出て，試験管Bの中の石灰水が白くにごった。

③　ガラス管の先から気体が出なくなるまで十分に加熱した後，ガラス管を石灰水の中から取り出し，ガスバーナーの火を消した。すぐにピンチコックでゴム管をとめ，試験管Aが冷えてから，試験管Aの中にある加熱した後の物質の質量を測定した。

④　酸化銅は4.00 gのまま，炭素粉末の質量を0.20 g，0.30 g，0.40 g，0.50 gと変えてよく混ぜ合わせた混合物をそれぞれつくり，②と③の操作を繰り返した。

また，炭素粉末を加えず，酸化銅4.00 gのみを試験管Aの中にすべて入れて加熱したところ，ガラス管の先から少量の気体が出たが，石灰水に変化はみられなかった。そして，③の操作を行った。

図1

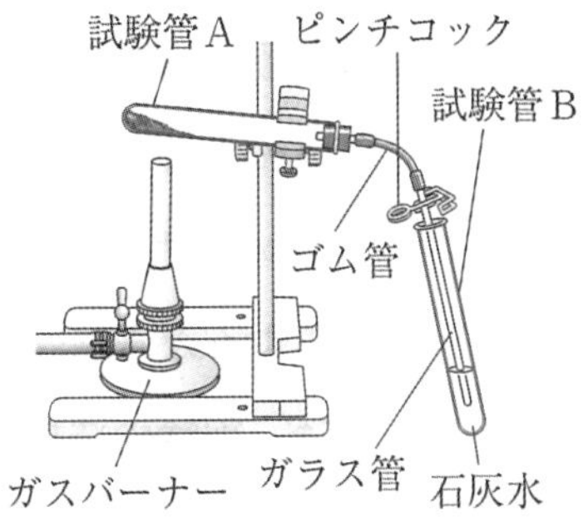

図2は，加えた炭素粉末の質量を横軸，試験管Aの中にある加熱した後の物質の質量を縦軸とし，**実験**の結果をグラフに表したものである。なお，加えた炭素粉末の質量が0.30 g，0.40 g，0.50 gのときの試験管Aの中にある加熱した後の物質の質量は，それぞれ3.20 g，3.30 g，3.40 gであった。

ただし，試験管Aの中にある気体の質量は無視できるものとし，試験管Aの中では，酸化銅と炭素粉末の反応以外は起こらないものとする。

図2

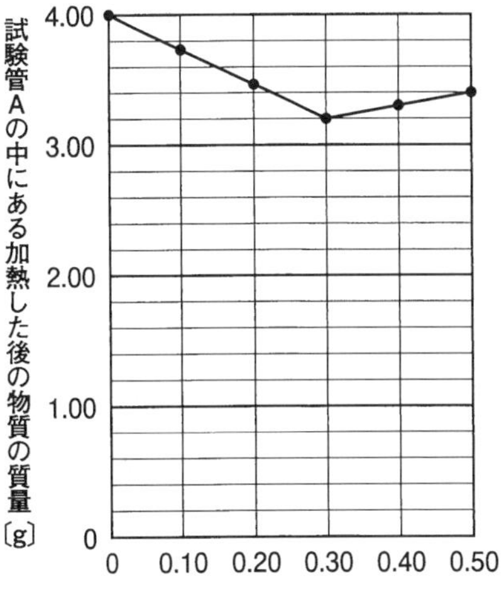

1　**実験**の②で石灰水を白くにごらせた気体の名称を書け。

2　図3が試験管Aの中で起こった化学変化を表した図になるように，X，Y，Zにあてはまる物質をモデルで表し，図3を完成せよ。ただし，銅原子を◎，炭素原子を●，酸素原子を○とする。

図3

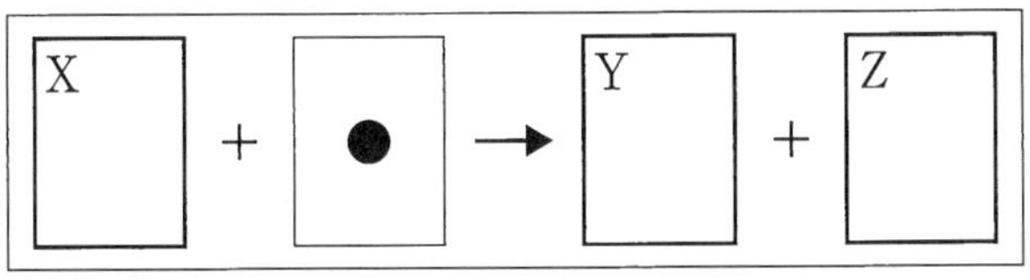

3　**実験**の③で下線部の操作を行うのはなぜか。「銅」ということばを使って書け。

4　酸化銅の質量を6.00 g，炭素粉末の質量を0.75 gに変えて同様の実験を行った。試験管Aの中にある加熱した後の物質の質量は何gか。また，試験管Aの中にある加熱した後の物質は何か。すべての物質の名称を書け。ただし，固体の物質の名称のみ答えること。

Ⅱ　ある濃度のうすい塩酸とある濃度のうすい水酸化ナトリウム水溶液を混ぜ合わせたときに，どのような変化が起こるか調べるために，次の**実験**を行った。

図

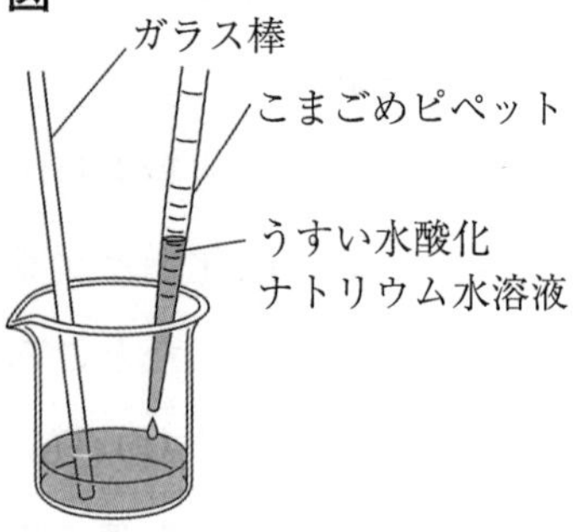

実験　うすい塩酸を $10.0\,cm^3$ はかりとり，ビーカーに入れ，緑色のBTB溶液を数滴加えた。次に，**図**のようにこまごめピペットでうすい水酸化ナトリウム水溶液を $3.0\,cm^3$ ずつ加えてよくかき混ぜ，ビーカー内の溶液の色の変化を調べた。

表は，**実験**の結果をまとめたものである。

表

加えたうすい水酸化ナトリウム水溶液の体積の合計〔cm^3〕	0	3.0	6.0	9.0	12.0	15.0	18.0	21.0
ビーカー内の溶液の色	黄色	黄色	黄色	黄色	緑色	青色	青色	青色

1　塩酸の性質について正しく述べているものはどれか。

ア　電気を通さない。　　**イ**　無色のフェノールフタレイン溶液を赤色に変える。

ウ　赤色リトマス紙を青色に変える。　　**エ**　マグネシウムと反応して水素を発生する。

2　**実験**で，ビーカー内の溶液の色の変化は，うすい塩酸の中の陽イオンが，加えたうすい水酸化ナトリウム水溶液の中の陰イオンと結びつく反応と関係する。この反応を化学式とイオン式を用いて表せ。

3　**実験**で使ったものと同じ濃度のうすい塩酸 $10.0\,cm^3$ とうすい水酸化ナトリウム水溶液 $12.0\,cm^3$ をよく混ぜ合わせた溶液をスライドガラスに少量とり，水を蒸発させるとスライドガラスに結晶が残った。この結晶の化学式を書け。なお，この溶液をpHメーターで調べると，pHの値は7.0であった。

4　次の文は，**実験**におけるビーカー内の溶液の中に存在している陽イオンの数について述べたものである。次の文中の［ a ］，［ b ］にあてはまる最も適当なことばとして，「ふえる」，「減る」，「変わらない」のいずれかを書け。

ビーカー内の溶液に存在している陽イオンの数は，うすい塩酸 $10.0\,cm^3$ のみのときと比べて，加えたうすい水酸化ナトリウム水溶液の体積の合計が $6.0\,cm^3$ のときは［ a ］が，加えたうすい水酸化ナトリウム水溶液の体積の合計が $18.0\,cm^3$ のときは［ b ］。

3　次のⅠ，Ⅱの各問いに答えなさい。答えを選ぶ問いについては記号で答えなさい。

Ⅰ　**図**はゼニゴケ，スギナ，マツ，ツユクサ，エンドウの5種類の植物を，種子をつくらない，種子をつくるという特徴をもとに分類したものである。

図

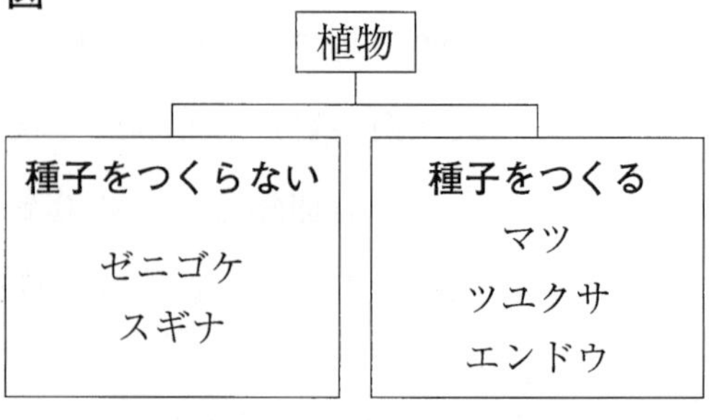

1　種子をつくらないゼニゴケやスギナは，何によってふえるか。

2　マツには，ツユクサやエンドウとは異なる特徴がみられる。それはどのような特徴か，「子房」と「胚珠」ということばを使って書け。

3　ツユクサの根は，ひげ根からなり，エンドウの根は，主根と側根からなるなど，ツユクサとエンドウには異なる特徴がみられる。ツユクサの特徴を述べた次の文中の①，②について，それぞれ正しいものはどれか。

> ツユクサの子葉は ①（**ア**　1枚　　**イ**　2枚）で，葉脈は ②（**ア**　網目状　　**イ**　平行）に通る。

4　エンドウのある形質の対立遺伝子の優性遺伝子をA，劣性遺伝子をaとする。Aaという遺伝子の組み合わせをもっているいくつかの個体が，自家受粉によってあわせて800個の種子（子にあたる個体）をつくったとすると，そのうちで遺伝子の組み合わせがaaの種子はおよそ何個あると考えられるか。最も適当なものを次の**ア**～**エ**から選べ。ただし，Aとaの遺伝子は，遺伝の規則性にもとづいて受けつがれるものとする。

ア　200個　　**イ**　400個　　**ウ**　600個　　**エ**　800個

Ⅱ　次は，たかしさんとひろみさんと先生の会話である。

> たかしさん：激しい運動をしたとき，呼吸の回数がふえるのはどうしてかな。
> ひろみさん：運動をするのに，酸素がたくさん必要だからって聞くよ。
> 先　　　生：それでは，運動するのに，なぜ酸素が必要かわかりますか。
> ひろみさん：細胞による呼吸といって，ひとつひとつの細胞では，酸素を使って［　　　　　］からです。
> 先　　　生：そのとおりですね。だから，酸素が必要なのですね。また，私たちが運動するためには食事も大切ですよね。たとえば，タンパク質について知っていることはありますか。
> たかしさん：①<u>タンパク質</u>は，分解されてアミノ酸になり，②<u>小腸</u>で吸収されることを学びました。

1　会話文中の［　　　　　］にあてはまる内容を「養分」ということばを使って書け。

2　下線部①について，(1)，(2)の問いに答えよ。

(1)　タンパク質を分解する消化酵素をすべて選べ。

ア　アミラーゼ　　**イ**　リパーゼ　　**ウ**　トリプシン　　**エ**　ペプシン

(2)　次の文中の［ a ］，［ c ］にあてはまる器官の名称をそれぞれ書け。また，［ b ］にあてはまる物質の名称を書け。

> ヒトの細胞でタンパク質などが分解されてできる物質を使って生命活動が行われると有害なアンモニアができる。このアンモニアは血液によって［ a ］に運ばれて無害な物質である［ b ］に変えられ，［ b ］は［ c ］で血液からとり除かれる。

3　下線部②の小腸の内側のかべにはたくさんのひだがあり，その表面に柔毛があることで，効率よく養分を吸収することができる。その理由を書け。

4 次のⅠ，Ⅱの各問いに答えなさい。答えを選ぶ問いについては記号で答えなさい。

Ⅰ　鹿児島県に住むたかしさんは，ある日，日の出の1時間前に，東の空に見える月と金星を自宅付近で観察した。**図1**は，そのときの月の位置と形，金星の位置を模式的に表したものである。

図1

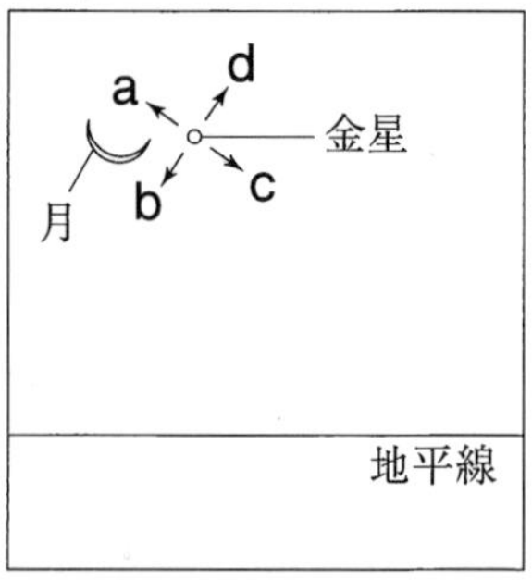

1　月のように，惑星のまわりを公転する天体を何というか。

2　この日から3日後の月はどれか。最も適当なものを選べ。

ア　満月　　イ　上弦の月　　ウ　下弦の月　　エ　新月

3　**図1**の金星は，30分後，**図1**の**a**～**d**のどの向きに動くか。最も適当なものを選べ。

4　**図2**は，地球の北極側から見た，太陽，金星，地球の位置関係を模式的に表したものである。ただし，金星は軌道のみを表している。また，**図3**は，この日，たかしさんが天体望遠鏡で観察した金星の像である。この日から2か月後の日の出の1時間前に，たかしさんが同じ場所で金星を天体望遠鏡で観察したときに見える金星の像として最も適当なものを**ア**～**エ**から選べ。ただし，**図3**と**ア**～**エ**の像は，すべて同じ倍率で見たものであり，肉眼で見る場合とは上下左右が逆になっている。また，金星の公転の周期は0.62年とする。

図2

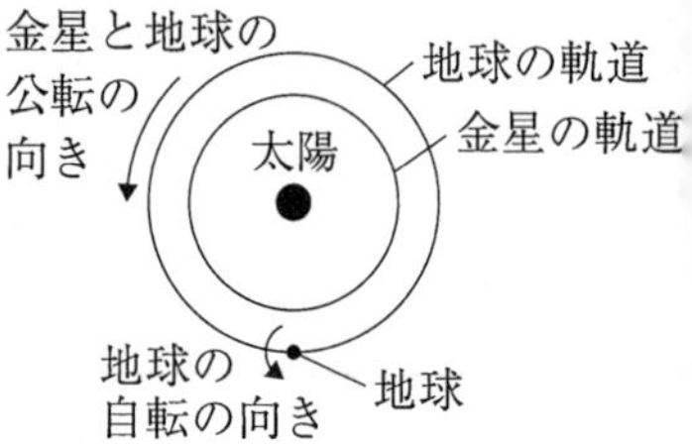

図3

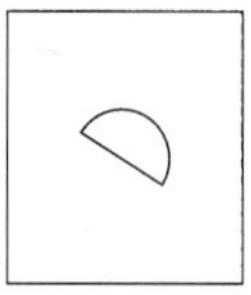

ア

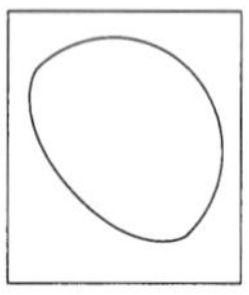

イ

ウ

エ

Ⅱ　大気中で起こるさまざまな現象を，気象という。

図1

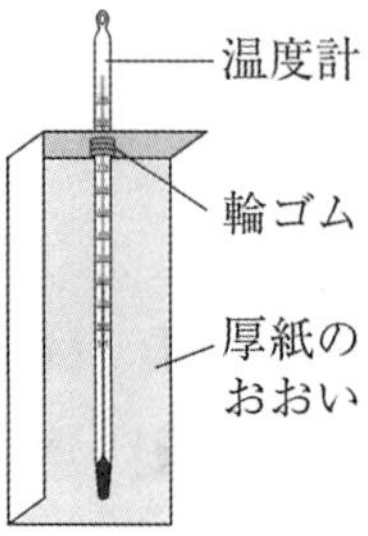

1　ある日，校庭で**図1**のように厚紙でおおった温度計を用いて空気の温度をはかった。温度計を厚紙でおおった理由を，「温度計」ということばを使って書け。

2　ある日，棒の先に軽いひもをつけ，風向を観測したところ，ひもは南西の方位にたなびいた。また，風が顔にあたるのを感じたことと，木の葉の動きから，このときの風力は2と判断した。さらに，空を見上げると，空全体の約4割を雲がおおっていた。**表**は天気と雲量の関係をまとめたものである。これらの風向，風力，天気の気象情報を天気図記号でかけ。

表

天気	快晴	晴れ	くもり
雲量	0～1	2～8	9～10

3　雲のでき方について述べた次の文中の[a]，[b]にあてはまることばを書け。

水蒸気をふくむ空気のかたまりが上昇すると，周囲の気圧が低いために空気のかたまりが[a]して気温が[b]がる。やがて，空気の温度が露点に達すると空気にふくみきれなくなった水蒸気は水滴となり，雲ができる。

4　**図2**は，前線Xと前線Yをともなう温帯低気圧が西から東に移動し，ある地点Aを前線X，前線Yの順に通過する前後のようすを表した模式図である。前線Yの通過にともなって降る雨は，前線Xの通過にともなって降る雨に比べて，降り方にどのような特徴があるか。雨の強さと雨が降る時間の長さに着目して書け。

図2

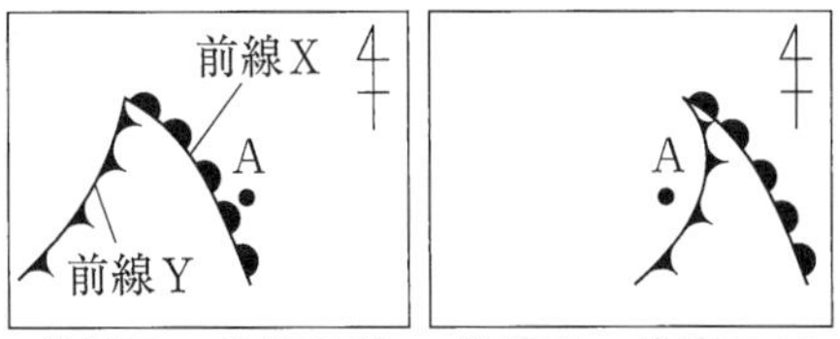

前線X，前線Yが通過する前　　前線X，前線Yが通過した後

5　次のⅠ，Ⅱの各問いに答えなさい。答えを選ぶ問いについては記号で答えなさい。

Ⅰ　物体にはたらく浮力に関する**実験1**と**実験2**を行った。ただし，質量100 gの物体にはたらく重力の大きさを1.0 Nとし，糸の重さや体積は考えないものとする。

実験1

①　**図1**に示す質量300 gの直方体を用意した。

②　直方体の面Xとばねばかりを糸でつないだ。

③　**図2**のように，直方体の下面が水面と平行になるように水の中へ静かにしずめ，水面から直方体の下面までの深さとばねばかりの値を測定した。

④　②の面Xを面Yに変え，③の操作をした。

図1

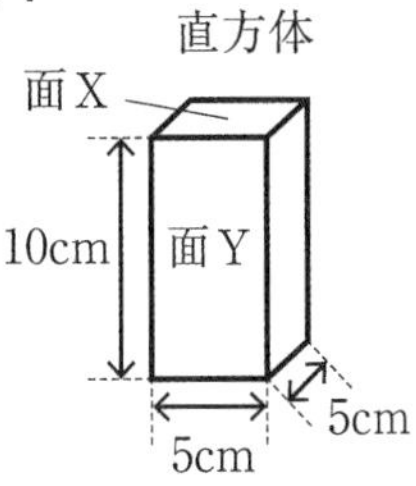

図2

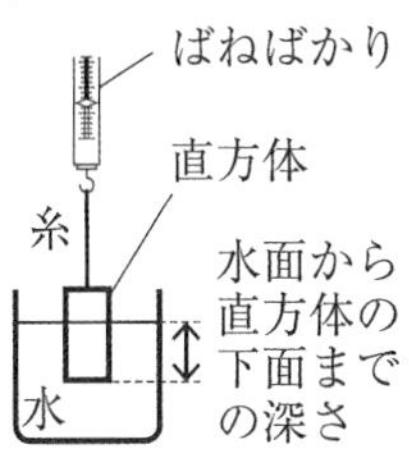

表

水面から直方体の下面までの深さ〔cm〕		0	2	4	6	8	10	12
ばねばかりの値〔N〕	面X	3.0	2.5	2.0	1.5	1.0	0.5	0.5
	面Y	3.0	2.0				0.5	0.5

表は，**実験1**の結果をまとめたものである。ただし，**表**の空欄には，結果を示していない。

1　直方体の密度は何 g/cm^3 か。

2　直方体の面Xに糸をつないでしずめ，水面から直方体の下面までの深さが8 cmのとき，直方体にはたらく浮力の大きさは何Nか。

3　直方体の面Yに糸をつないでしずめたときの，水面から直方体の下面までの深さと直方体にはたらく浮力の大きさの関係を表したグラフをかけ。ただし，水面から直方体の下面までの深さが0 cm，2 cm，4 cm，6 cm，8 cm，10 cm，12 cmのときの値を「•」で記入すること。

実験2　**図3**のように，**実験1**で用いた直方体の面Xを糸でつなぎ，直方体の下面が水面と平行になるように水の中へ静かにしずめ，水面から直方体の下面までの深さが14 cmの位置で静止させる。この状態で静かに糸を切った。

図3

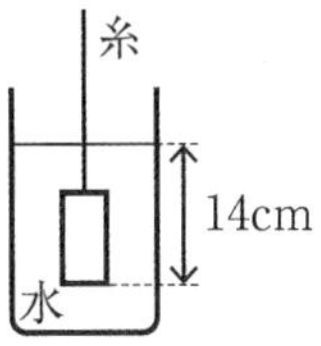

4　糸を切った後，直方体はどうなるか。次の**ア**～**ウ**から選び，その理由を，糸を切った後の直方体にはたらく力に着目して書け。

ア　浮き上がる。　　**イ**　静止の状態を続ける。　　**ウ**　しずんでいく。

Ⅱ ひろみさんは，**図1**のような実験装置を用いて，２種類の抵抗器Ａ，Ｂのそれぞれについて，加える電圧を変えて電流の変化を調べる実験を行った。**図1**のＸとＹは，電流計か電圧計のどちらかであり，Ｐはその端子である。**図2**は，この実験の結果をグラフに表したものである。ただし，抵抗器以外の抵抗は考えないものとする。

図1

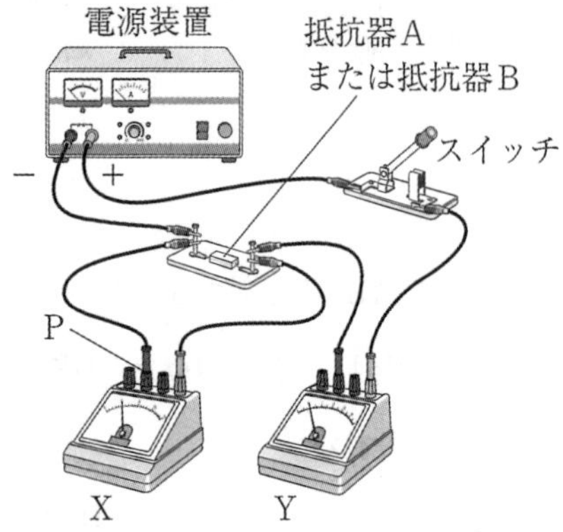

図2

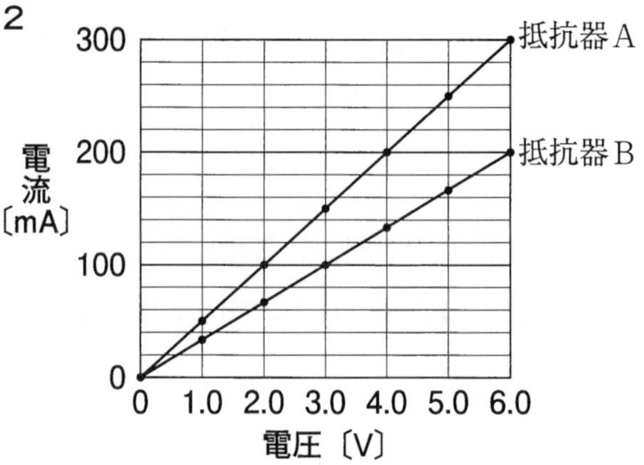

1 **図1**のＰは，次の**ア**～**エ**のどの端子か。

ア 電流計の＋端子　**イ** 電流計の－端子　**ウ** 電圧計の＋端子　**エ** 電圧計の－端子

2 次の文は，実験の結果についてひろみさんがまとめた考察である。文中の下線部で示される関係を表す法則を何というか。

> 抵抗器Ａ，Ｂのグラフが原点を通る直線であるため，数学で学んだ比例のグラフであることがわかった。このことから，抵抗器を流れる電流の大きさは，抵抗器の両端に加えた電圧の大きさに比例すると考えられる。

3 次に，ひろみさんは，**図3**の回路図のように抵抗器Ａ，Ｂを用いて回路をつくった。このとき，抵抗器Ａに流れる電流の大きさを電流計の 500 mA の－端子を使って測定すると，針のふれが，**図4**のようになった。抵抗器Ｂに加わる電圧は何Ｖか。また，回路全体の電力は何Ｗか。

図3

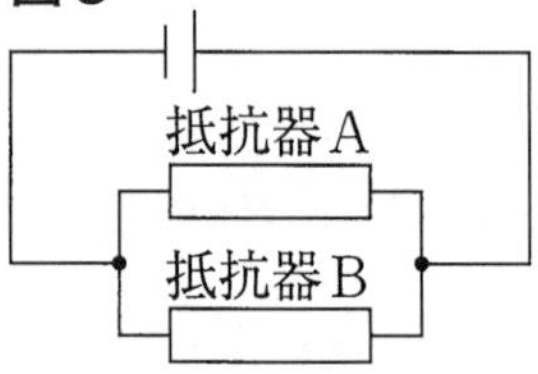

図4

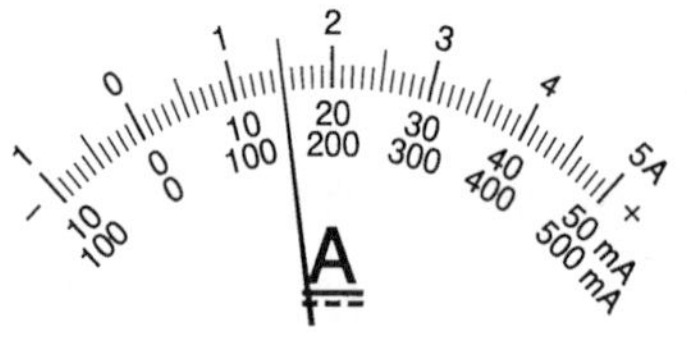

4 ひろみさんが並列回路の例として延長コード（テーブルタップ）について調べたところ，**図5**のように，延長コードを使って一つのコンセントでいくつかの電気器具を使用するタコ足配線は，危険な場合があることがわかった。次の文は，その理由についてひろみさんがまとめたレポートの一部である。次の文中の［　　　］にあてはまる内容を，「電流」と「発熱量」ということばを使って書け。

図5

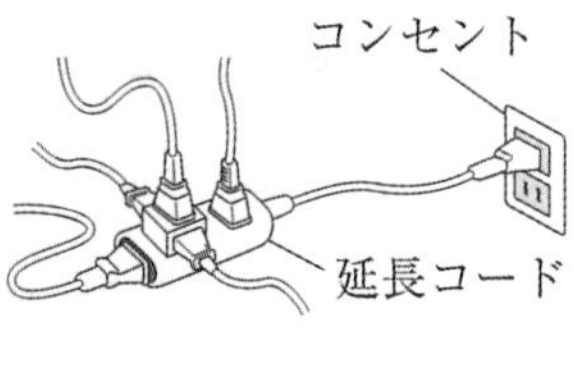

> タコ足配線は，いくつかの電気器具が並列につながっている。タコ足配線で消費電力の大きいいくつかの電気器具を同時に使うと，コンセントにつながる延長コードの導線に［　　　］ため，危険である。

5

太郎さんは、国語の宿題で語句の意味調べをした。その際、太郎さんの辞書に書かれた語釈（語句の説明）に、特徴的なものがあることに気がついた。下の会話は、その時の太郎さんと、太郎さんの母親との会話である。これを読んで、太郎さんの辞書に書かれた語釈の特徴である～～線部X・Yのどちらか一つを選択し、次の(1)～(5)の条件に従って、あなたの考えを書きなさい。

条件

(1) 二段落で構成すること。
(2) 第一段落には、選択した特徴の良いと思われる点を書くこと。
(3) 第二段落には、選択した特徴によって生じる問題点を書くこと。
(4) 六行以上八行以下で書くこと。
(5) 原稿用紙の正しい使い方に従って、文字、仮名遣いも正確に書くこと。

太郎　「辞書を使っていたら、おもしろいことに気づいたよ。」

母親　「どんなことに気づいたの。」

太郎　「ある食べ物についての説明の中に、『おいしい』って感想が書いてあったんだ。」

母親　「へえ。辞書を作った人のX主観的な感想が書かれているのね。たしかにおもしろいわね。」

太郎　「他にも、【草】の説明に『笑うこと・笑えること』という意味や、【盛る】の説明に『話を盛る』という用例が書いてあったよ。」

母親　「その【盛る】は『おおげさにする』という意味で使われているのね。太郎の使っている辞書には、もともとの意味や用例だけでなく、Y現代的な意味や用例も書かれているということね。」

文化祭廃止が知らされたとき、生徒たちは納得していない様子だった。けど、それはサボれなくなるからってだけじゃない、と思う。(注)国広くんや、やよいちゃんの言葉にもそれは表れている。

『やりたいかと言われるとビミョーなイベントだよな』

『私も、最初はしょうがないかぁって思ったんだけど。なんかもやもやするっていうか……ヘンじゃない？　って思って』

生徒たちは今までの文化祭を『やりたくない、めんどうくさい』と思いつつ『取り上げられるのはヘンだ』と思っていた。けれどそれは『やりたくないのに、やりたい』ということになる。その『やりたい』の先を考える手伝いをしたい、と私たちは話し合った。加奈は続ける。

「だから過去の失敗も含めて、生徒全員に考えてもらいたいんです。今まで卒業していった、伝統を繋いでくれていた先輩たちのためにも」

それから、先生は長いことだまった。何を考えているのかは分からなかった。⑤とても長い時間だった。汗が背中を伝う。

先生は一人一人の顔を見たあと、ふう、と息を吐いた。そして、「考えるだけ、考えてみましょう。近いうちにほかの先生がたとお話しします」と言った。

（望月雪絵「魔女と花火と１００万円」による）

(注)　おじさん＝成田くんの父親。
国広くんや、やよいちゃん＝杏の同級生。

1　――線部①における加奈の様子を説明したものとして、最も適当なものを次から選び、記号で答えよ。

ア　先生の言動に対して、慌てて言葉を取りつくろおうとする様子。
イ　先生の言動に対して、あせりつつ真意を質問しようとする様子。
ウ　先生の言動に対して、反抗してさらに文句を言おうとする様子。
エ　先生の言動に対して、あきらめずに交渉し続けようとする様子。

2　次の文は、――線部②における「私の気持ち」を説明したものである。［Ⅰ］には、本文中から最も適当な五字の言葉を抜き出して書き、［Ⅱ］には、十五字以内の言葉を考えて補い、文を完成させよ。

> 笹村先生が［Ⅰ］を返したのは、自分たちに現状を理解させ、［Ⅱ］きっかけを与えるためだったのだということに気づき、感謝する気持ち。

3　――線部③について、加奈の様子を説明したものとして、最も適当なものを次から選び、記号で答えよ。

ア　杏の言葉に落ち着きを取り戻して何事にも動揺しない様子。
イ　杏に助けられたことが恥ずかしくて責任を感じている様子。
ウ　先生との話を先に進められたことに安心して得意げな様子。
エ　先生の言葉に不安を感じて周りが見えなくなっている様子。

4　――線部④について、加奈たちがそのように考える理由を説明したものとして、最も適当なものを次から選び、記号で答えよ。

ア　文化祭の廃止は賛成だが、生徒たちに相談せずに決定されたのはおかしいと感じているように見えたから。
イ　文化祭の廃止は納得できないが、勉強時間が今までより減るのはおかしいと感じているように見えたから。
ウ　文化祭の実施は面倒だが、文化祭を一方的に取り上げられるのはおかしいと感じているように見えたから。
エ　文化祭の実施は無意味であるが、予算がないから中止にするのはおかしいと感じているように見えたから。

5　――線部⑤のときの杏の気持ちについて六十字以内で説明せよ。

り、つまらないって言うのに改善案を出さなかったり……そういうところが先生がたを失望させたんだと感じました。すみませんでした」

そこでみんな、「すみませんでした」を繰り返し、頭を下げる。視界の隅で偲与華《しょか》が成田くんの頭を押さえつけているのが見えた。成田くんはされるがままだったが、ぼそっと「すみませんでした」と言った。

先生はいくぶんか驚いたようで、いったん口を開いたが、すぐに閉じて何か考えこんでいるみたいだった。やがて静かに答える。「そうね、大筋は確かにそうよ」

全員が顔を上げ、先生を見る。

「でも、勘違いしないでほしいから言うけれど、私や小田原先生の『予算』って言葉は優しさからの嘘《うそ》じゃないわ。文化祭をやるにはそれに見合う予算が必要なの。つまり、あなたたちの文化祭の価値はゼロ円。それだけ」

加奈が口を閉ざした。予想以上にきつい言葉にひるんでしまったのだろう。生徒会室を緊張感が支配する。

でも……なんだか、あのときと似ている。

(注)おじさんが成田くんの部屋に来たときと同じ雰囲気だ。あのときおじさんは私たちに厳しいことを言いながらもアドバイスをくれたし、応援してくれた。おじさんが厳しいことを言ったのは、私たちをいじめたいからじゃない。きっと私たちに現状を理解させ、その先をしっかり考えさせるためだったんだと思う。そして笹村先生は、以前成田くんの説得をちゃんと聞いてくれた人だ。

なら、これは、あのときと同じだ。

説得は加奈に任せるはずだったけれど……思わず言葉が口からついて出た。

「本当のことを言ってくれて、ありがとうございます」

ほかのメンバーがぎょっとした目で私を見たが、②私の気持ちは本当だった。笹村先生は、私たちが対等に話すとっかかりを用意してくれたんだ。先生は値踏みをするように私たちを見た。その目が、『ここでだまるくらいなら受けつけないけど、この先説得できるならしてみなさい』と、そう語っているように見えた。加奈も同じことを感じたんだろう。彼女ははっとしたように、先生を見上げた。

「ご指摘、本当にありがとうございます。生徒はやる気をなくしていたんだと思います。私自身、こんな文化祭あってもなくても同じだ、と思ったこともあります。こんなのなんでやらせるんだ、って。でも、そうじゃないんですよね。大事なのは私たちの向上心と、自主性」

加奈は息を吸った。声がいつもの調子に戻りつつある。

「笹村先生。私たち、もう一度チャンスが欲しいんです。意義のある文化祭を作り、また次の世代に繋《つな》げていきたいって思うんです」

「でも、そう思っているのは今ここにいるあなたたちだけでしょう？」

③加奈は、もう負けない。

「ほかの生徒たちの意思はまだ確認していません。まず先生がたの許可をいただいたうえで、全生徒に文化祭のことを考えてもらう機会を作りたいと思っています」

「今まで不まじめだった人が、急にやる気になるかしら？」

「分かりません。でも五月に文化祭廃止が発表されたとき、④みんな不満そうでした。『勉強しなくていい時間を奪うな』って怒ってる人もいたけれど、でも、根本は違うことへの怒りだったと思います。私は、そこに『自分たちの文化祭なのにどうして』って気持ちがあったんだと信じています」

3　――線部②「互ひに争ひて取らず」とあるが、その理由を説明したものとして、最も適当なものを次から選び、記号で答えよ。

ア　親の銀を少し譲ろうという子の親切を、銀を預かった者が拒否したため、子もすべての銀の所有権を放棄しようとしたから。

イ　子も銀を預かった者も、親の遺志が確認できないため、銀の所有権が自分にあると考え、裁判で決着をつけようとしたから。

ウ　親が預けたという行為の受け止め方が、子と銀を預かった者との間で異なるため、お互いに銀は相手のものだと考えたから。

エ　遺産を独占するのは人の道に外れる行為であるため、子も銀を預かった者も、親の銀を相手と平等に分け合いたかったから。

4　次は、本文をもとに話し合っている先生と生徒の会話である。［Ⅰ］～［Ⅲ］に適当な言葉を補って会話を完成させよ。ただし、［Ⅰ］には本文中から最も適当な二字の言葉を抜き出して書き、［Ⅱ］・［Ⅲ］にはそれぞれ十字以内でふさわしい内容を考えて現代語で答えること。

先　生　「この話では、最終的に二人の僧が寺から追放されてしまいます。なぜ追放されたのか、考えてみましょう。」

生徒A　「大覚連和尚が二人を戒めたとあるから、何か良くない行いをしたということだよね。」

生徒B　「それに対して、和尚の話に出てくる『ある俗』と『子』は、『［Ⅰ］』と評価されているね。」

生徒C　「『僧二人』と『ある俗』たちが対比されていると考えることができそうだね。」

生徒A　「なるほど。そう考えると、冒頭の『僧二人、布施を争ひて』というのは、二人の僧が布施を［Ⅱ］と思って争ったということか。」

生徒B　「でも、二人は『割愛出家の沙門』のはずだよね。」

生徒C　「そうだね。それを踏まえて考えると、僧たちが［Ⅲ］点を和尚は戒めたのだね。仏道修行をする人としてあるまじき態度だから、寺の決まりに従って追放されたのだろうね。」

4

次の文章を読んで、あとの1～5の問いに答えなさい。

> 中学二年生の私（杏《あん》）は、生徒会の加奈や成田くん、偲与華《しょか》たちと文化祭（ながね祭）の廃止の撤回を求めて、笹村《ささむら》先生と話すことになった。

「笹村先生に、そして先生がたに聞いてほしいお話があります」

加奈が背筋を伸ばして言った。「文化祭のことです。私たち、どうしても来年からの廃止に納得がいかないんです」

先生は冷ややかな視線を私たちに向けた。「ああ、またその話。最近聞かなくなったと思ったら」先生はちらっと成田くんを見る。彼は無表情だ。

「いいわ、続けて」

「はいっ」加奈がこぶしを握る。緊張しているみたいだ。

「ええと……文化祭は、ながね祭は……十一年前生徒が立ち上げたイベントです。わが校の伝統です。それなのに、先生がたに一方的に奪われるのは、おかしいと感じました」

先生はしばらく反応をしなかった。加奈がだまりこんだのを見て、首をかしげる。

「それだけ？」

「い、いいえ！」加奈は①食い下がる。そして視線で私たちに目配せをした。本題が来る。私はどきどきしながら加奈の言葉を待つ。

「でも、私たち考えたんです。どうして文化祭が廃止になったのか。どうして先生がたは何も相談してくれなかったのか。それは私たち生徒に原因があると思いました、笹村先生や小田原先生は『予算の問題』と言っていたけれど……やる気を出さないでだらだらと資料を作った

3　次の文は、——線部②について説明したものである。［Ⅰ］には本文中から最も適当な六字の言葉を抜き出して書き、［Ⅱ］には二十字以内の言葉を考えて答えること。

> 進化の歴史の中で、各々の生物たちが戦って、［Ⅰ］を見つけるたびに変わり続けた結果行き着いた、［Ⅱ］自分だけの場所。

4　——線部③とあるが、それはなぜか。六十五字以内で説明せよ。

5　次の**ア**～**エ**は、生物の進化について四人の中学生が考えたものである。文章全体を通して述べられた筆者の考えに最も近いものを選び、記号で答えよ。

ア　昆虫Aは、黄色い花や白い花に集まりやすいという性質をもっていましたが、主に生息している場所の白い花が全て枯れてしまったため、黄色い花だけに集まるようになりました。

イ　魚Bは、生まれつき寒さに強いという性質を生かし、気候変動によって水温の低くなった川にすみ続けたところ、他の魚たちがいなくなって食物を独占できたので、巨大化しました。

ウ　鳥Cは、自分を襲う動物が存在しない島にすんでいたために飛んで逃げる必要がない上、海に潜る力をもっていたことで食物を地上でとらなくてよかったので、飛ばなくなりました。

エ　植物Dは、草丈が低いため、日光を遮る植物がいない場所で生きようとしたところ、そこは生物が多く行き交う場所だったので、踏まれても耐えられる葉や茎をもつようになりました。

3

次の文章を読んで、あとの**1**～**4**の問いに答えなさい。

唐《もろこし》の㊟育王山の僧二人、㊟布施《ふせ》を争ひてかまびすしかりければ（騒いでいたので）、**ア**その寺の長老、㊟大覚連和尚《だいかくれんをしやう》、この僧を恥《はぢ》しめていはく（この僧二人を戒めて）、「**イ**ある俗、他人の銀《しろがね》を百両預かりて置きたりけるに、**ウ**かの主死して後、**エ**その子に是《これ》を与ふ。子、是を取らず。『親、既に与へずして、①そこに寄せたり。それの物なるべし』といふ。かの俗、『我はただ預かりたるばかりなり。譲り得たるにはあらず。親の物は子の物とこそなるべけれ（子の物になるべきだ）』とて、また返しつ。②互ひに争ひて取らず、果てには官の庁（公の役所）にて判断を③こふに、『共に賢人なり』と。『いふ所当たれり。すべからく寺に寄せて、亡者の㊟菩提《ぼだい》を助けよ』と判ず。この事、まのあたり見聞きし事なり（この話は、私が直接見聞きしたことである）。㊟世俗塵労《せぞくぢんらう》の俗士、なほ利養（利益）を貪《むさぼ》らず。㊟割愛《かつあい》出家の沙門《しやもん》の、世財を争はん」とて、法に任せて寺を追ひ出《いだ》してけり（寺の決まりに従って追放した）。

（「沙石集」による）

㊟　育王山＝中国浙江《せっこう》省にある山。　布施＝仏や僧に施す金銭や品物。
大覚連和尚＝「大覚」は悟りを得た人の意。「連」は名前。
菩提＝死んだ後極楽浄土《ごくらくじょうど》（一切の苦悩がなく平和安楽な世界）に生まれかわること。
世俗塵労の俗士＝僧にならず、俗世間で生活する人。
割愛出家の沙門＝欲望や執着を断ち切って僧になり、仏道修行をする人。

1　——線部③「こふ」を現代仮名遣いに直して書け。

2　——線部①「そこ」とは誰のことを表すか。══線部**ア**～**エ**の中から一つ選び、記号で答えよ。

ア　その寺の長老　　**イ**　ある俗　　**ウ**　かの主　　**エ**　その子

は得意なことを探すことでもあります。苦手なことを無理してやる必要はありません。最後は、得意なところで勝負すればいいのです。しかし、得意なことを探すためには、すぐに苦手と決めて捨ててしまわないことが大切なのです。

勝者は戦い方を変えません。その戦い方で勝ったのですから、戦い方を変えないほうが良いのです。負けたほうは、戦い方を考えます。そして、工夫に工夫を重ねます。負けることは、「考えること」です。そして、「変わること」につながるのです。負け続けるということは、変わり続けることでもあります。生物の進化を見ても、そうです。劇的な変化は、常に敗者によってもたらされてきました。

古代の海では、魚類の間で激しい生存競争が繰り広げられたとき、戦いに敗れた敗者たちは、他の魚たちのいない川という環境に逃げ延びました。［a］、他の魚たちが川にいなかったのには理由があります。海水で進化をした魚たちにとって、塩分濃度の低い川は棲《す》めるような環境ではなかったのです。しかし、敗者たちはその逆境を乗り越えて、川に暮らす淡水魚へと進化をしました。

しかし、川に暮らす魚が増えてくると、そこでも激しい生存競争が行われます。戦いに敗れた敗者たちは、水たまりのような浅瀬へと追いやられていきました。そして、敗者たちは進化をします。ついに陸上へと進出し、両生類へと進化をするのです。懸命に体重を支え、力強く手足を動かし陸地に上がっていく想像図は、未知の(注)フロンティアを目指す闘志にみなぎっています。しかし最初に上陸を果たした両生類は、［b］勇気あるヒーローではありません。追い立てられ、傷つき、負け続け、それでも「ナンバー1になれるオンリー1のポジション」を探した末にたどりついた場所なのです。

やがて恐竜が繁栄する時代になったとき、小さく弱い生き物は、恐竜の目を逃れて、暗い夜を主な行動時間にしていました。と同時に、恐竜から逃れるために、聴覚や嗅覚などの感覚器官と、それを司《つかさど》る脳を発達させて、敏速な運動能力を手に入れました。そして、子孫を守るために卵ではなく赤ちゃんを産んで育児するようになりました。それが、現在、地球上に繁栄している哺乳類となるのです。

人類の祖先は、森を追い出され草原に棲むことになったサルの仲間でした。恐ろしい肉食獣におびえながら、人類は二足歩行をするようになり、命を守るために知恵を発達させ、道具を作ったのです。

生命の歴史を振り返ってみれば、進化を作りだしてきた者は、常に追いやられ、迫害された弱者であり、敗者でした。そして進化の頂点に立つと言われる私たち人類は、敗者の中の敗者として進化を遂げてきたのです。

（稲垣栄洋「はずれ者が進化をつくる 生き物をめぐる個性の秘密」による）

(注) 滑空＝発動機を使わず、風の力、高度差、上昇気流などによって空を飛ぶこと。
フロンティア＝開拓地。

1 ――線部①「の」と文法的に同じ用法のものを次の中から選び、記号で答えよ。

ア 私の書いた作文はこれだ。　イ この絵は美しい。
ウ あれは僕の制服だ。　エ その鉛筆は妹のだ。

2 本文中の［a］・［b］にあてはまる語の組み合わせとして、最も適当なものを次から選び、記号で答えよ。

ア（a やはり　b あたかも）
イ（a もちろん　b けっして）
ウ（a たとえば　b ちょうど）
エ（a つまり　b ほとんど）

令和三年度　鹿児島県公立高校入試問題　国　語

（解答…191P）

1

次の１・２の問いに答えなさい。

１　次の――線部のカタカナは漢字に直し、漢字は仮名に直して書け。

⑴　米をチョゾウする。　⑵　畑をタガヤす。
⑶　絵をガクに入れる。　⑷　縁側で茶を飲む。
⑸　オリンピックを招致する。　⑹　包丁を研ぐ。

２　次の行書で書かれた漢字を楷書で書いたときの総画数を答えよ。

被

2

次の文章を読んで、あとの１～５の問いに答えなさい。

古代中国の思想家・孫子という人は「戦わずして勝つ」と言いました。孫子だけでなく、歴史上①の偉人たちは「できるだけ戦わない」という戦略にたどりついているのです。偉人たちは、どうやってこの境地にたどりついたのでしょうか。おそらく彼らはいっぱい戦ったのです。そして、いっぱい負けたのです。勝者と敗者がいたとき、敗者はつらい思いをします。どうして負けてしまったのだろうと考えます。どうやったら勝てるのだろうと考えます。彼らは傷つき、苦しんだのです。そして、ナンバー１になれるオンリー１のポジションを見つけたのです。そんなふうに「戦わない戦略」にたどりついたのです。

生物も、「戦わない戦略」を基本戦略としています。自然界では、激しい生存競争が繰り広げられます。生物の進化の中で、生物たちは戦い続けました。そして、各々《おのおの》の生物たちは、進化の歴史の中で②ナンバー１になれるオンリー１のポジションを見出《みいだ》しました。そして、「できるだけ戦わない」という境地と地位にたどりついたのです。

ナンバー１になれるオンリー１のポジションを見つけるためには、若い皆さんは戦ってもいいのです。そして、負けてもいいのです。たくさんのチャレンジをしていけば、たくさんの勝てない場所が見つかります。こうしてナンバー１になれない場所を見つけていくことが、最後にはナンバー１になれる場所を絞り込んでいくことになるのです。ナンバー１になれるオンリー１のポジションを見つけるために、負けるということです。

学校では、たくさんの科目を学びます。得意な科目も、苦手な科目もあることでしょう。得意な科目の中に苦手な単元があるかもしれませんし、苦手科目だからと言ってすべてが苦手なわけではなく、中には得意な単元が見つかるかもしれません。学校でさまざまなことを勉強するのは、多くのことにチャレンジするためでもあるのです。

苦手なところで勝負する必要はありません。嫌なら逃げてもいいのです。しかし、③無限の可能性のある若い皆さんは、簡単に苦手だと判断しないほうが良いかもしれません。

リスは、木をすばやく駆け上がります。しかし、リスの仲間のモモンガは、リスに比べると木登りが上手とは言えません。ゆっくりゆっくりと上がっていきます。しかし、モモンガは、木の上から見事に滑(注)空することができます。木に登ることをあきらめてしまっては、空を飛べることに気がつかなかったかもしれません。

人間でも同じです。小学校では、算数は計算問題が主です。しかし、中学や高校で習う数学は、難しいパズルを解くような面白さもあります。大学に行って数学を勉強すると、抽象的だったり、この世に存在しえないような世界を、数字で表現し始めます。もはや哲学のようです。計算問題が面倒くさいというだけで、「苦手」と決めつけてしまうと、数学の本当の面白さに出会うことはないかもしれません。勉強

令和３年度　鹿児島県公立高校入試問題　英　語

（解答…195Ｐ）

1　**聞き取りテスト**　放送の指示に従って，次の１～７の問いに答えなさい。英語は１から４は１回だけ放送します。５以降は２回ずつ放送します。メモをとってもかまいません。

1　これから，Justin と Keiko との対話を放送します。Keiko が将来なりたいものとして最も適当なものを下の**ア**～**エ**の中から一つ選び，その記号を書きなさい。

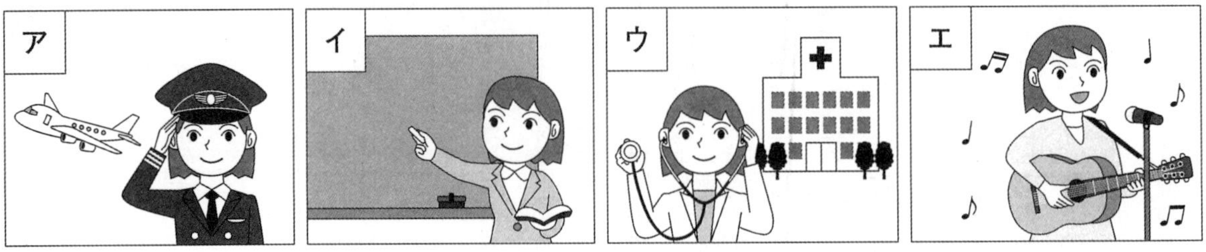

2　これから，Yumi と Alex との対話を放送します。二人が乗るバスが出発する時刻として最も適当なものを下の**ア**～**エ**の中から一つ選び，その記号を書きなさい。

ア　9:13　　**イ**　9:14　　**ウ**　9:30　　**エ**　9:40

3　これから，Saki と John との対話を放送します。二人は，友達の Lucy と一緒に図書館で勉強する予定の日について話しています。下はその対話の後に，Saki が Lucy と話した内容です。対話を聞いて，（　　）に適切な英語１語を書きなさい。

Saki : Hi, Lucy. John wants to go to the library on (　　　). Can you come on that day?
Lucy : Sure!

4　これから，Hiroko が授業で行った発表を放送します。Hiroko は下の３枚の絵を見せながら発表しました。話の展開に従って**ア**～**ウ**を並べかえ，その記号を書きなさい。

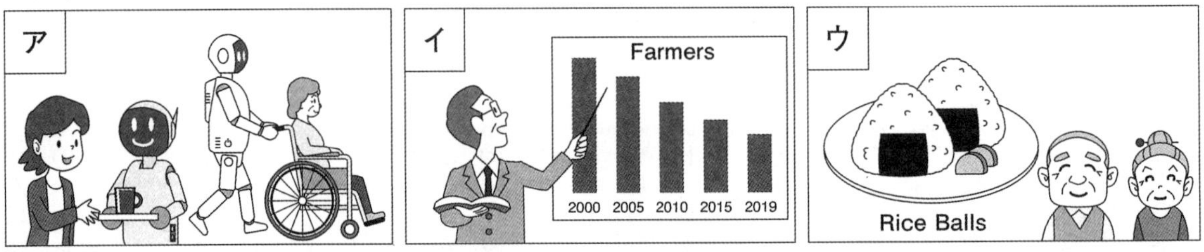

5　これから，授業中の先生の指示を放送します。下の**ア**～**エ**の中から，先生の指示にないものとして最も適当なものを一つ選び，その記号を書きなさい。

ア　発表の主題　　**イ**　発表の長さ　　**ウ**　発表する日　　**エ**　発表で使うもの

6　これから，Kazuki が宇宙センター（space center）で働く父親について授業で行ったスピーチを放送します。スピーチの後に，その内容について英語で二つの質問をします。(1)は質問に対する答えとして最も適当なものを下の**ア**～**エ**の中から一つ選び，その記号を書きなさい。(2)は英文が質問に対する答えとなるように，[　　　]に入る適切な英語を書きなさい。

(1)　**ア**　For five years.　　**イ**　For eight years.
　　ウ　For ten years.　　**エ**　For eleven years.

(2)　He has learned it is important to [　　　　　　].

7　これから，Olivia と Akira との対話を放送します。その中で，Olivia が Akira に質問をしています。Akira に代わってあなたの答えを英文で書きなさい。２文以上になってもかまいません。書く時間は１分間です。

2 次の１～４の問いに答えなさい。

1　次は，Akiko と留学生の Kevin との対話である。下の①，②の表現が入る最も適当な場所を対話文中の〈　ア　〉～〈　エ　〉の中からそれぞれ一つ選び，その記号を書け。

①　Anything else？	②　Will you join us？

Akiko：Kevin, we're going to have Hiroshi's birthday party next Sunday.〈　ア　〉
Kevin：Yes, I'd love to.〈　イ　〉
Akiko：Great. We're going to make a birthday card for him at school tomorrow. We will put our pictures on the card.〈　ウ　〉
Kevin：Sounds nice. Should I bring my picture？
Akiko：Yes, please.
Kevin：All right.〈　エ　〉
Akiko：No, thank you. Let's write messages for him. See you then.
Kevin：See you.

2　次は，あるバスツアー(bus tour)の案内の一部と，それを見ている Rika と留学生の Emily との対話である。二人の対話がツアーの内容と合うように，（　①　），（　②　），（　③　）にはそれぞれ英語１語を，［　④　］には３語以上の英語を書け。

みどり町　わくわく無料バスツアー

1　日時　4月9日(土)　9時～17時
2　行程

9:00	みなと駅を出発	
9:30	**ひばり城**	― 人気ガイドによる特別講座 ～城の歴史にせまる～ ― 絶景！　天守閣から満開の桜を眺める
12:00	**かみや商店街**	― 話題の「かみや☆まち歩き」 (買い物・昼食含む)　※ 費用は各自負担
14:30	**ながはまビーチ**	― 好きな活動を一つ楽しもう (自由選択：魚釣り，バレーボール，サイクリング)
17:00	みなと駅に到着	

※ 当日は，**出発の20分前までに**みなと駅に集合してください。担当者がお待ちしています。

Rika：Emily, next Saturday is the first holiday since you came to our town, Midori-machi.
Emily：Yes. I want to go to many places in this town.
Rika：Please look at this. We can visit some places in our town together.
Emily：Oh, that's good. Rika, please tell me more about this tour.
Rika：OK. First, we will go to Hibari Castle. We can learn its（　①　）. We can also see a lot of cherry blossoms！ Then, we will go to Kamiya Shopping Street. We can（　②　）around and enjoy shopping and lunch.
Emily：Sounds interesting. What will we do after that？
Rika：We will go to Nagahama Beach. We will（　③　）one activity from fishing, playing volleyball, or riding a bike.
Emily：Wow, I can't wait. Oh, what time will the tour start？
Rika：At nine. But［　④　］at Minato Station by eight forty.
Emily：OK. I'll go with you. It will be fun.

3　次は，ALT の Emma 先生と中学生の Yuji との対話である。対話が成り立つように，[　　　　] に４語の英語を書け。

Emma : Yuji, you speak English very well. [　　　　] do you have in a week ?
Yuji : We have four English classes. I enjoy studying English at school !

4　中学生の Riku のクラスはオーストラリアの中学生の Simon とビデオ通話（video meeting）をすることになった。しかし，Simon がメールで提案してきた日は都合がつかなかったので，Riku は次の内容を伝える返信メールを書くことにした。

> ①　提案してきた11月15日は文化祭（the school festival）のため都合がつかない。
> ②　代わりに11月22日にビデオ通話をしたい。

Riku になったつもりで，次の**《返信メール》**の [　　　　] に，上の①，②の内容を伝える20語程度の英語を書け。２文以上になってもかまわない。なお，下の [　　　　] の指示に従うこと。

《返信メール》

> Dear Simon,
>
> Thank you for sending me an email, but can you change the day of the video meeting ?
> [　　　　　　　　　　　　　　　　] Please write to me soon.
>
> Your friend,
> Riku

> ※　一つの下線に１語書くこと。
> ※　短縮形（I'm や don't など）は１語として数え，符号（,や？など）は語数に含めない。
> （例１）　No,　I'm　not.　【３語】　　（例２）　It's　March　30　today.　【４語】

3　次のⅠ～Ⅲの問いに答えなさい。

Ⅰ　次は，イギリスに留学している Taro が見ているテレビ番組表の一部である。これをもとに，**１**，**２**の問いの答えとして最も適当なものを，それぞれ下の**ア**～**エ**の中から一つ選び，その記号を書け。

11:30	**Green Park** A baby elephant learns to walk with her mother.
12:30	**Visiting Towns** A famous tennis player visits a small town.
14:00	**Music !　Music !　Music !** Popular singers sing many songs.
15:00	**Try It !** Ricky decides to make a new soccer team.
16:30	**Find Answers** Which team wins the game ?
18:00	**News London** The news, sports, and weather from London.

1　Taro wants to learn about animals.　Which program will he watch ?
ア　Green Park　　**イ**　Visiting Towns　　**ウ**　Try It !　　**エ**　Find Answers

2　Taro wants to watch a program about the news of the soccer games.　What time will the program begin ?
ア　11:30　　**イ**　12:30　　**ウ**　14:00　　**エ**　18:00

Ⅱ 中学生の Takeshi が書いた次の英文を読み，あとの問いに答えよ。

My mother is an English teacher at a high school. Her friend, Mr. Jones, was going to leave Japan soon. So she planned a party for him at our house the next month. She said to me, "Will you join the party ?"

I couldn't say yes right away because I knew I couldn't speak English well. I thought talking with people in English was difficult for me. So I practiced with my mother at home. She said, "You must say 'Pardon ?' or 'Would you say that again, please ?' when you don't understand questions. It is important to say something when you don't understand." I sometimes said "Pardon ?" when I couldn't understand my mother's questions. She also showed me how to ask questions.

Finally, the day came ! On the morning of the party, I was nervous because I didn't think my English was better. Mr. Jones came and the party began at two in the afternoon.

He asked me many questions. I said "Pardon ?" when I couldn't understand his question. He asked me the question again very slowly, so finally I understood. Then, I asked him some questions. He answered ! I was happy to talk with him. My mother looked happy, too. I felt [　　　　] was not difficult. Now I like English very much.

1 次の(1)，(2)の質問に対する答えを本文の内容に合うように英文で書け。

(1) Why did Takeshi's mother plan a party for Mr. Jones ?

(2) How did Takeshi feel on the morning of the party ?

2 [　　　　] に入る最も適当な英語を本文中から５語で抜き出して英文を完成させよ。

Ⅲ 次の英文は，中学生の Koharu が，鹿児島中央駅の JR 利用者数と鹿児島県内のバス利用者数について英語の授業で行った発表である。これをもとに，Koharu が使用したグラフを下のア～エの中から二つ選び，発表した順に記号で書け。

Good morning, everyone. Do you like trains and buses ? I love them. Now I'm going to talk about the number of people who used them from 2009 to 2014. Please look at this graph*. Many people used JR trains at Kagoshima Chuo Station. We can find the biggest change from 2010 to 2011. In 2011, about fifteen million people used trains. The Kyushu Shinkansen started running from Kagoshima Chuo Station to Hakata Station that year. So I think many people began to use the Shinkansen. Now, I'm going to talk about buses. Please look at the next graph. Many people used buses, but the number of bus users* went down almost every year. I think many people used cars. Thank you for listening.

注 graph グラフ　users 利用者

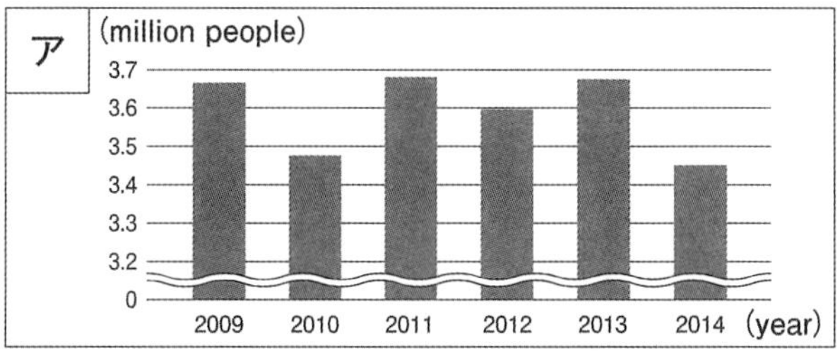

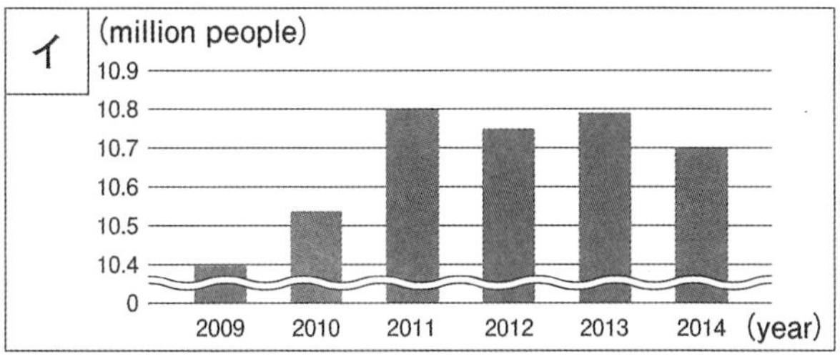

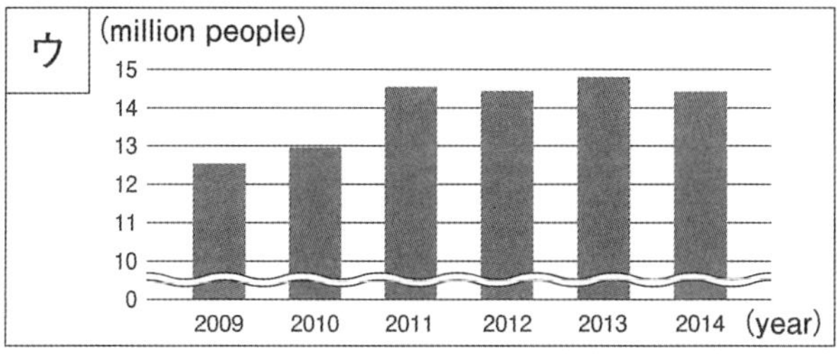

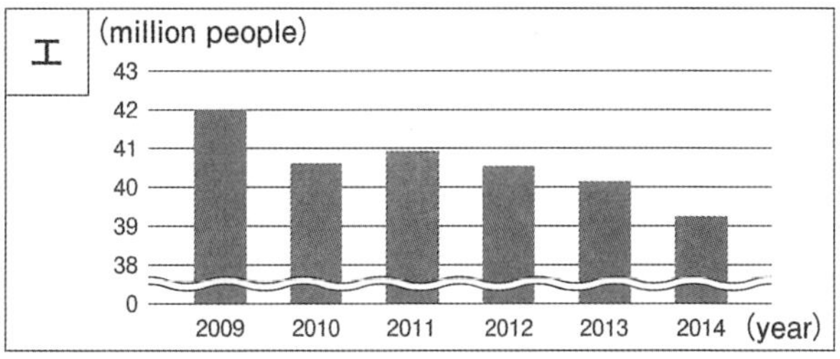

（鹿児島市「鹿児島市公共交通ビジョン改定版」から作成）　※ グラフのタイトルは省略

4 次の英文を読み，**1**～**7**の問いに答えなさい。

Amy was a junior high school student who lived in a small town in Australia. She came from the USA last month because her father started working in Australia. She was not happy because she had no friends at her new school, but soon [①]. It was a wild* bird — a rainbow lorikeet*. He had beautiful colors on his body — blue, yellow, green, and orange. He often came to the balcony*. One weekend, she put some pieces of bread on the balcony for him. He came and ate them. Amy was happy.

The next Monday at school, Amy found some of the same kind of bird in the trees. When she was looking at them, one of her classmates came and spoke to her. "Those birds are beautiful. Are you interested in birds ? Hi, my name is Ken. Nice to meet you." "Hi, I'm Amy. I found one in my garden, too. I named him Little Peter. I love him very much," said Amy. "Oh, do you ? You can see the birds around here all year. They eat nectar and pollen from blossoms*. I know what plants they like, so I grow* them in my garden. Rainbow lorikeets are very friendly." "I see," said Amy. She was excited to learn a lot about the birds.

Amy and Ken often talked about animals at school. They became good friends. Amy wanted Ken to know that she and Little Peter were good friends, too. So, one afternoon, she said to Ken, "Little Peter loves me. He rides on my hand." "Oh, he isn't afraid of you." "No, he isn't. Little Peter is cute, and I give him bread every day." Ken was surprised and said, "Bread ? It's not good to give bread to wild birds." Amy didn't understand why Ken said so. She said, "But Little Peter likes the bread I give him." He said, "Listen. You should not give food to wild birds." "What do you mean ?" she said. Ken continued, "Well, there are two reasons. First, if people give food to wild birds, they will stop looking for food. Second, some food we eat is not good for them." Amy said, "But Little Peter is my friend. He eats bread from my hand." "If you want to be a true friend of wild birds, you should grow plants they like. That is the only way !" Ken got angry and left the classroom. Amy was shocked*.

That night, Amy went to the balcony. She thought, "Ken was angry. Little Peter may get sick if I keep giving him bread. I may lose both friends, Ken and Little Peter." She became (②).

The next morning at school, Amy saw Ken. She thought, "Ken knows a lot about wild animals. He must* be right." She went to Ken and said with all her courage*, "I'm sorry, Ken. I was wrong. I will never give food to Little Peter again." Ken smiled and said, "That's OK. You just didn't know." Amy said, "Rainbow lorikeets are not our pets. Now I know we should only [③]. Then we can make good friends with them." "That's right. Here you are." Ken gave her a book about wild animals. "I read this book every day, but it's yours now. If you read this book, you can learn how to become friends with wild animals." "Thank you, Ken," Amy smiled.

注　wild　野生の　　rainbow lorikeet　ゴシキセイガイインコ（羽が美しいインコ）
balcony　バルコニー，ベランダ　　nectar and pollen from blossoms　花のミツと花粉
grow　～を育てる　　shocked　ショックを受けて　　must　～に違いない
with all her courage　勇気をふりしぼって

1　次のア〜ウの絵は，本文のある場面を表している。話の展開に従って並べかえ，その記号を書け。

ア

イ

ウ

2　［　①　］に入る最も適当なものを下の**ア**〜**エ**の中から一つ選び，その記号を書け。
ア　she found one in a garden tree
イ　she saw a cute bird at a pet shop
ウ　she made friends with some girls
エ　she was very glad to meet Ken

3　Ken はなぜ野鳥に食べ物を与えてはいけないと考えているのか，その理由を日本語で二つ書け。

4　（　②　）に入る最も適当なものを下の**ア**〜**エ**の中から一つ選び，その記号を書け。
ア　angry　　**イ**　brave　　**ウ**　happy　　**エ**　worried

5　［　③　］に入る最も適当な英語を本文中から４語で抜き出して英文を完成させよ。

6　本文の内容に合っているものを，下の**ア**〜**オ**の中から二つ選び，その記号を書け。
ア　Amy came to Australia because she loved wild animals.
イ　Amy wanted Ken to know that Little Peter was her friend.
ウ　Rainbow lorikeets sometimes travel abroad to find their food.
エ　Ken thought that people could make friends with wild animals.
オ　Little Peter left Amy's garden, and Amy lost her friend, Ken.

7　次は，本文の最後の場面から数日後の Amy と Ken との対話である。Amy に代わって，［　　　］に15語程度の英語を書け。２文以上になってもかまわない。なお，下の［　　　］の指示に従うこと。

Amy :　I read the book you gave me.　Thank you.
Ken :　You're welcome.　Was it interesting?
Amy :　Yes.　There are a lot of things we can do for wild animals in our lives.
Ken :　Oh, you've got new ideas.　Can you give me an example?
Amy :　［　　　　　　　　　　　　　　］
Ken :　That's a good idea, Amy!　We should make the world a better place for wild animals.　In high school, I want to study many things about protecting animals.
Amy :　Me, too!

※　一つの下線に１語書くこと。
※　短縮形（I'm や don't など）は１語として数え，符号（,や？など）は語数に含めない。
（例）　No,　I'm　not.　【３語】

令和３年度　鹿児島県公立高校入試問題　社　会

（解答…199Ｐ）

1　次のⅠ～Ⅲの問いに答えなさい。答えを選ぶ問いについては一つ選び，その記号を書きなさい。

Ⅰ　次の緯線と経線が直角に交わるようにかかれた略地図を見て，１～６の問いに答えよ。

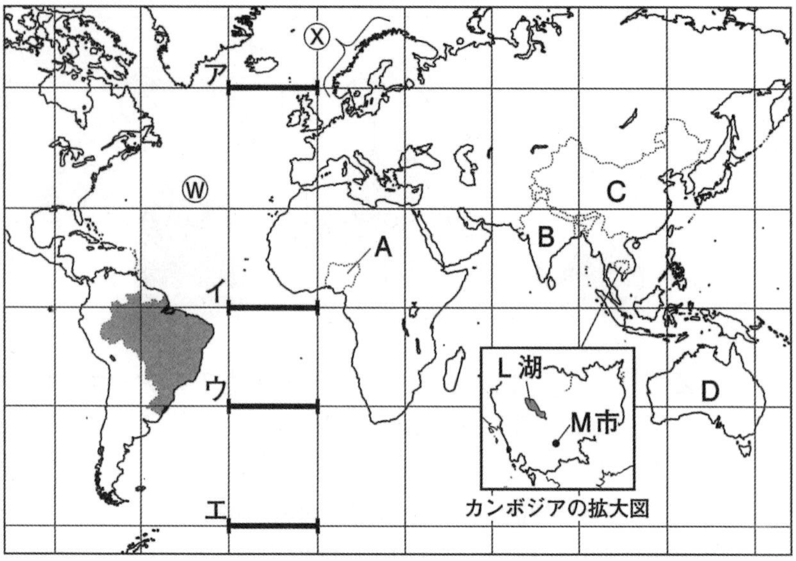

カンボジアの拡大図

１　略地図中のⓌは三大洋の一つである。Ⓦの名称を**漢字**で書け。

２　略地図中に同じ長さの ├─┤ で示した**ア～エ**のうち，地球上での実際の距離が最も長いものはどれか。

３　略地図中のⓍでは，氷河によってけずられた谷に海水が入りこんでできた奥行きの長い湾がみられる。この地形を何というか。

４　略地図中の**カンボジアの拡大図**に関して，**資料１**の10月10日の**Ｌ湖**の面積が，４月13日に比べて大きくなっている理由を，**資料２**を参考にして書け。ただし，**Ｌ湖**がある地域の気候に影響を与える風の名称を明らかにすること。

資料１　Ｌ湖の日付別の面積

４月13日	10月10日
約3,300 km²	約11,600 km²

（JAXA資料から作成）

資料２　Ｍ市の月別降水量

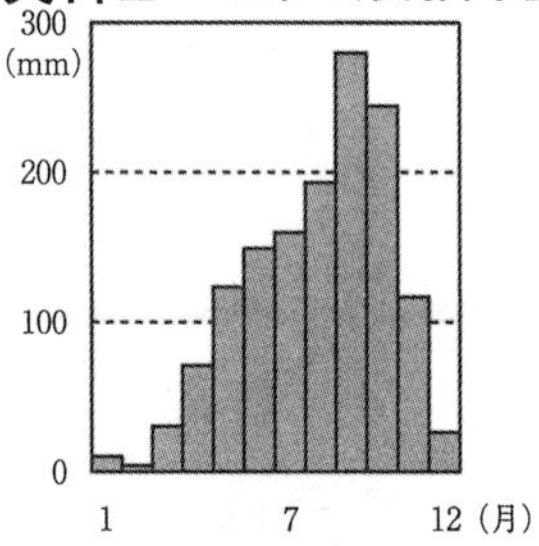

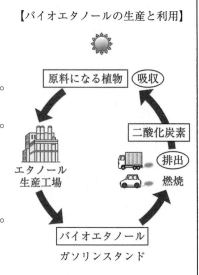

（理科年表から作成）

５　略地図中の**Ａ～Ｄ**国の産業について述べた次の**ア～エ**の文のうち，**Ｃ**国について述べた文として，最も適当なものはどれか。

ア　ボーキサイトや石炭などの資源が豊富で，北西部に大規模な露天掘りの鉄山がみられる。

イ　英語を話せる技術者が多く，南部のバンガロールなどでは情報技術産業が成長している。

ウ　南部の沿岸地域で原油の産出が多く，国の貿易輸出総額の７割近くを原油が占めている。

エ　税金などの面で優遇される経済特区を沿岸部に設け，外国企業を積極的に誘致している。

６　**資料３**は，ある中学生のグループが略地図中の ▓▓ で示された国について調べたレポートの一部である。**資料３**の［　Y　］，［　Z　］に適することばを補い，これを完成させよ。ただし，［　Z　］には**吸収**ということばを使うこと。

資料３

写真は，この国のガソリンスタンドのようすです。ガソリンとエタノールのどちらも燃料として使える車が普及しているそうです。この国でのエタノール生産の主な原料は［　Y　］です。このような植物を原料としてつくられる燃料をバイオエタノールといいます。これはバイオ燃料の一種です。

【バイオエタノールの生産と利用】

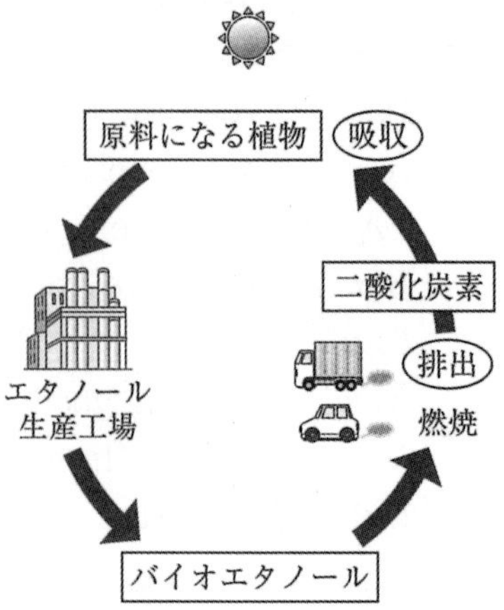

【バイオ燃料の良い点】

①　化石燃料と違い，枯渇の心配がなく再生可能である。

②　右の図のようにバイオ燃料は，燃やしても，［　Z　］と考えられており，地球温暖化対策になる燃料として注目されている。

【バイオ燃料の課題点】

①　栽培面積の拡大により，環境を破壊してしまう恐れがある。

②　過度に増産すると，食糧用の農作物の供給が減って食糧用の農作物の価格が高騰する恐れがある。

Ⅱ　次の略地図を見て，**1**～**5**の問いに答えよ。

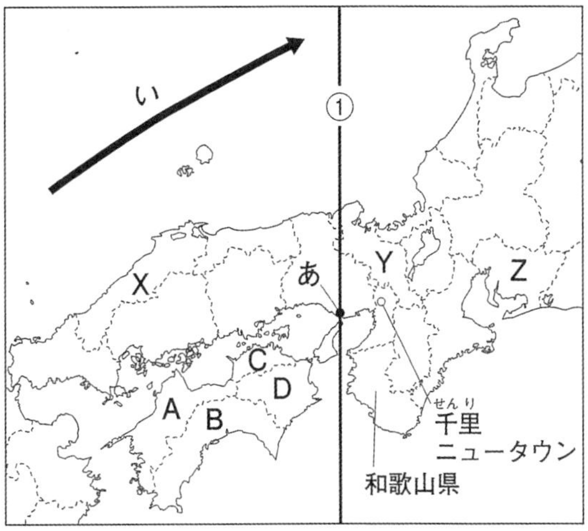

1　略地図中の経線①は日本標準時子午線（東経135度）である。この標準時子午線が通る兵庫県の都市**あ**の名称を**漢字**で書け。

2　略地図中の矢印**い**で示した海流名を**漢字**で書け。

3　**資料1**は，略地図中の**和歌山県**で生産が盛んなある果実の都道府県別の生産割合を示したものである。この果実の名称を答えよ。

また，**資料1**の中にある［　　　］にあてはまる県は略地図中の**A**～**D**のうちどれか。

資料1

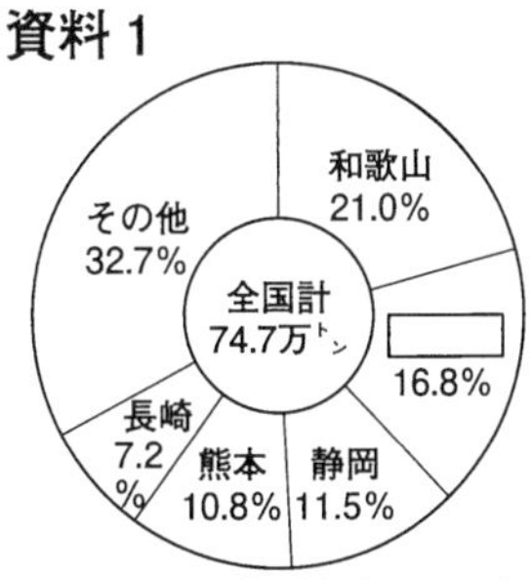

統計年次は2019年
（農林水産省資料から作成）

4　**資料2**は，略地図中の**X**～**Z**の府県の15歳以上の就業者数に占めるいくつかの業種の就業者割合を示したものである。**Z**にあてはまるものは**ア**～**ウ**のうちどれか。

資料2

	農林水産業	製造業	宿泊・飲食サービス業
ア	2.1%	25.3%	5.4%
イ	2.1%	15.9%	6.6%
ウ	7.8%	13.3%	5.3%

統計年次は2015年（総務省統計局資料から作成）

5　略地図中の**千里ニュータウン**は，主に1960年代に建設され，同じような若い年代の人たちが入居した。**資料3**，**資料4**を見た先生と生徒の会話の［　　　］に適することばを，**資料3**，**資料4**を参考にして書け。

> **先生**：**千里ニュータウン**は，ある時期に全国を上回るスピードで高齢化率が上昇しています。どのような原因が考えられますか。
>
> **生徒**：**千里ニュータウン**ができたころに入居した人たちがほぼ同時期に65歳以上になったことと，［　　　］ことが原因だと思います。
>
> **先生**：**千里ニュータウン**の高齢化率を計算するときの65歳以上の人口だけでなく，**千里ニュータウン**の人口全体について，それぞれ考えたのですね。最近は，さまざまな取り組みが行われ，高齢化率の上昇は緩やかになり，人口も増え始めています。

資料3　千里ニュータウンと全国の高齢化率の推移および千里ニュータウンの人口の推移

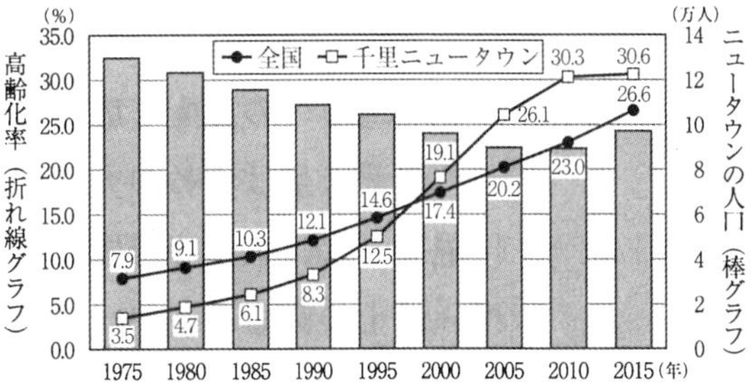

資料4　千里ニュータウンの年齢層別の人口構成の推移

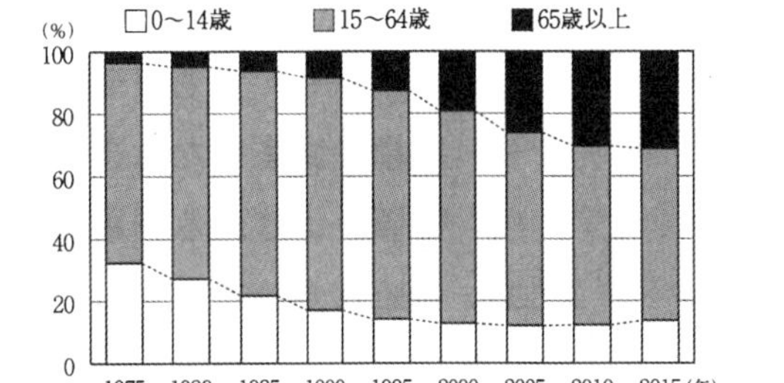

（**資料3**，**4**は吹田市資料および豊中市資料などから作成）

Ⅲ　社会科の授業で先生から「福岡市の七つの区について，各区の人口密度を計算し，その結果を地図に表してみよう。」という課題が出された。ある生徒は，**図1**に示された七つの区のうち，五つの区について**表**のように人口密度を計算し，その結果を**図2**のように表した。残りの**南区**，**早良区**について，**図1**と**表**をもとに**図2**中の**凡例**に従って解答欄の地図を完成させよ。

図1　福岡市の区

表

区名	人口（人）	面積（km^2）	人口密度（人/km^2）
東　区	306,015	69.4	4,409.4
博多区	228,441	31.6	7,229.1
中央区	192,688	15.4	12,512.2
南　区	255,797	31.0	
城南区	130,995	16.0	8,187.2
早良区	217,877	95.9	
西　区	206,868	84.2	2,456.9

統計年次は2015年（福岡市資料から作成）

図2　生徒が途中まで作成したもの

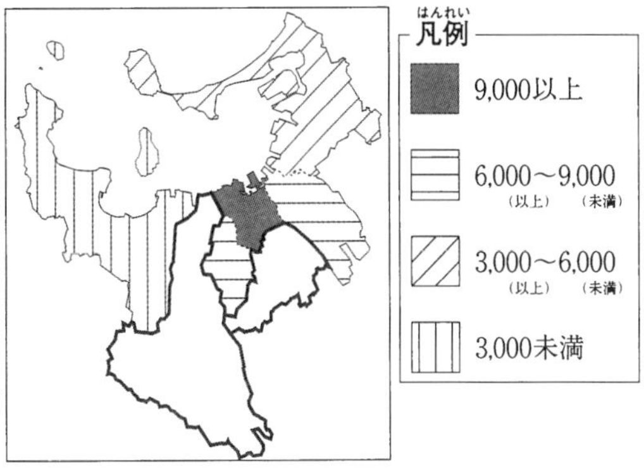

2 次のⅠ～Ⅲの問いに答えなさい。答えを選ぶ問いについては一つ選び，その記号を書きなさい。

Ⅰ 次の略年表を見て，1～7の問いに答えよ。

世紀	主なできごと	
5	ⓐ<u>大和政権（ヤマト王権）</u>の大王が中国の南朝にたびたび使いを送る	
7	中大兄皇子や中臣鎌足らが大化の改新とよばれる政治改革を始める ――――	A
11	白河天皇が位をゆずって上皇となったのちも政治を行う □ を始める	
14	京都の室町に御所を建てたⓑ<u>足利義満</u>が南北朝を統一する ――――	B
16	大阪城を築いて本拠地としたⓒ<u>豊臣秀吉</u>が全国を統一する ――――	C
18	天明のききんがおこって，ⓓ<u>百姓一揆</u>や打ちこわしが急増した	

1 □ にあてはまる最も適当なことばを**漢字**で書け。

2 ⓐに関して，大和政権（ヤマト王権）の勢力が広がるにつれて，各地の豪族も**資料1**のような形の古墳などをつくるようになった。**資料1**のような形の古墳を何というか。

資料1

（地理院地図から作成）

3 AとBの間の時期におこった次の**ア**～**エ**のできごとを年代の古い順に並べよ。

ア 征夷大将軍になった坂上田村麻呂は，蝦夷《えみし》の主な拠点を攻め，東北地方への支配を広げた。

イ 聖武天皇は仏教の力で国家を守ろうと，国ごとに国分寺と国分尼寺，都に東大寺を建てた。

ウ 武士の活躍をえがいた軍記物の「平家物語」が，琵琶法師によって語り伝えられ始めた。

エ 壬申の乱に勝って即位した天武天皇は，天皇を中心とする国家づくりを進めた。

4 ⓑに関して，室町幕府の政治について述べた文として，最も適当なものはどれか。

ア 将軍のもとで老中や若年寄，各種の奉行などが職務を分担した。

イ 執権が御家人たちをまとめ，幕府を運営していくようになった。

ウ 管領とよばれる将軍の補佐役には，有力な守護が任命された。

エ 太政官が政策を決定し，その下の八つの省が実務を担当した。

5 ⓒに関して，豊臣秀吉に仕え，わび茶の作法を完成させたのはだれか。

6 BとCの間の時期におこった世界のできごととして，最も適当なものはどれか。

ア ルターが宗教改革を始めた。　　イ アメリカ独立戦争がおこった。

ウ ムハンマドがイスラム教をおこした。　　エ 高麗が朝鮮半島を統一した。

7 ⓓに関して，次の文の □ に適することばを補い，これを完成させよ。

資料2は，江戸時代の百姓一揆の参加者が署名した，からかさ連判状である。参加者が円形に名前を記したのは，□ ためであったといわれている。

資料2

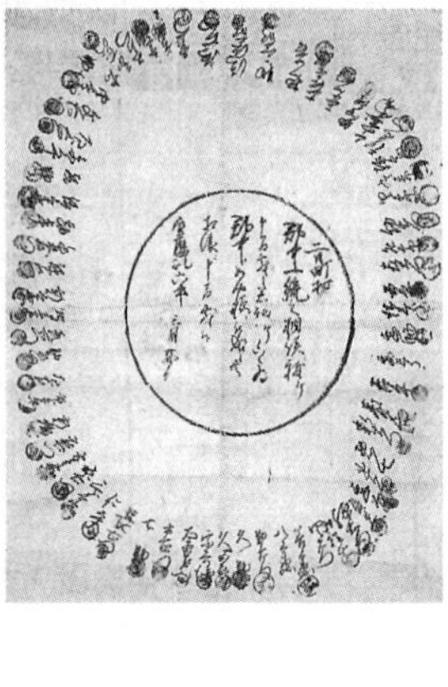

Ⅱ 次は，ある中学生が「日本の近現代」についてまとめたものの一部である。1～6の問いに答えよ。

長州藩はⓐ江戸幕府の外交政策に反対する尊王攘夷運動の中心となっていた。しかし，1864年にⓑイギリスをはじめとする四国連合艦隊からの攻撃を受け，敗北した長州藩は，列強に対抗できる強い統一国家をつくるため，幕府をたおそうと考えるようになった。
ⓒ明治時代に政府は欧米諸国に対抗するため，富国強兵の政策を進めた。1880年代からは軽工業を中心に産業革命の時代をむかえた。重化学工業では，日清戦争後に北九州に建設された官営の［ ① ］で1901年に鉄鋼の生産が始まった。
日本は1951年に48か国と［ ② ］平和条約を結び，翌年に独立を回復した。その後もⓓさまざまな国と外交関係を築いた。経済は，1950年代半ばまでに戦前の水準をほぼ回復し，その後，ⓔ高度経済成長が1970年代初めにかけて続いた。

1 ［ ① ］，［ ② ］にあてはまる最も適当なことばを書け。

2 ⓐに関して，日本とアメリカとの間で下田，函館の2港を開港することなどを取り決めた条約を**漢字**で書け。

3 ⓑに関して，**資料**は，イギリスが関係したある戦争のようすをあらわしている。この戦争の原因についてまとめた次の文の［　　　　］に適することばを補い，これを完成させよ。

資料

> イギリスは，清から大量の茶を輸入していたが，自国の綿製品は清で売れず，清との貿易は赤字であった。その解消のためにイギリスは，インドで［　　　　］。それに対して，清が取りしまりを強化したため，イギリスは戦争をおこした。

4 ⓒに関して，この時代におこった日本のできごとを次の**ア**～**エ**から三つ選び，年代の古い順に並べよ。

ア 第1回帝国議会を開いた。　　**イ** 財政安定のために地租改正を実施した。
ウ ロシアとの間でポーツマス条約を結んだ。　　**エ** 中国に対して二十一か条の要求を出した。

5 ⓓに関して，日本とある国との外交関係について述べた次の文の［ X ］，［ Y ］にあてはまることばの組み合わせとして，最も適当なものはどれか。

> 1956年，鳩山一郎内閣によって［ X ］が調印され，国交が回復した。しかし，この国との［ Y ］をめぐる問題は未解決のままである。

ア（X 日ソ共同宣言　Y 北方領土）　**イ**（X 日ソ共同宣言　Y 小笠原諸島）
ウ（X 日中共同声明　Y 北方領土）　**エ**（X 日中共同声明　Y 小笠原諸島）

6 ⓔに関して，この時期におこった世界のできごととして，最も適当なものはどれか。

ア 国際社会の平和と安全を維持するため，国際連合が発足した。
イ アメリカが介入したことにより，ベトナム戦争が激化した。
ウ ベルリンを東西に分断していたベルリンの壁が取りこわされた。
エ イラクのクウェート侵攻をきっかけに，湾岸戦争がおこった。

Ⅲ **資料**は，1914年度から1935年度にかけての日本の軍事費の推移を示したものである。Aの時期に軍事費が減少している理由として考えられることを，当時の国際情勢をふまえて書け。ただし，**第一次世界大戦**，**ワシントン会議**ということばを使うこと。

資料

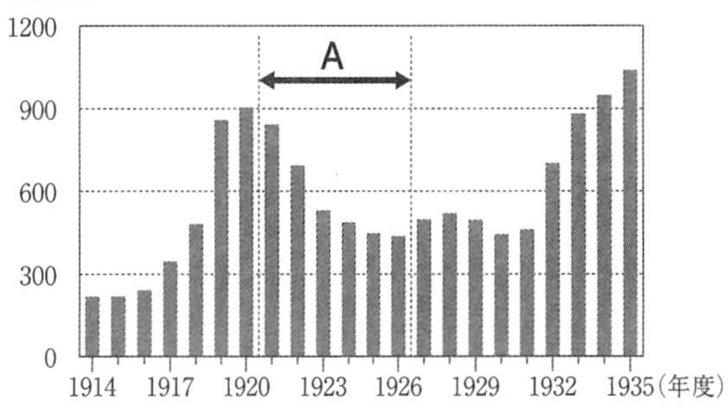

（数字で見る日本の100年から作成）

3 次のⅠ～Ⅲの問いに答えなさい。答えを選ぶ問いについては一つ選び，その記号を書きなさい。

Ⅰ 次は，ある中学生が社会科の授業で「日本国憲法の三つの基本原理」について学習した際の振り返りシートの一部である。**1**～**5**の問いに答えよ。

■ 学習を通してわかったこと

国民主権	基本的人権の尊重	平和主義
ⓐ日本国憲法では，主権者は私たち国民であり，国民が政治のあり方を決める力をもっていることが示されています。	私たちが自由に人間らしく生きていくことができるように，平等権，自由権，社会権などのⓑ基本的人権が侵すことのできない永久の権利として保障されています。	ⓒ第二次世界大戦での経験をふまえ，日本国憲法は，戦争を放棄して世界の恒久平和のために努力するという平和主義をかかげています。

■ 学習を終えての感想

先日，ⓓ県知事選挙が行われました。私も18歳になったらⓔ選挙で投票することができます。主権者の一人として政治や社会のことに関心をもち，お互いの人権が尊重され，平和な社会が実現できるように行動していこうと思いました。

1 ⓐに関して，次は日本国憲法の一部である。［　　　］にあてはまる最も適当なことばを，**資料1**を参考にして書け。

第98条
　この憲法は，国の［　　　］であつ《（っ）》て，その条規に反する法律，命令，詔勅《しょうちょく》及び国務に関するその他の行為の全部又は一部は，その効力を有しない。

資料1　法の構成

憲法を頂点として，すべての法が位置づけられている。

2 ⓑに関して，次の**ア**～**ウ**は，人権保障のあゆみの中で重要なことがらについて説明したものである。**ア**～**ウ**を年代の古い順に並べよ。

ア　「人間に値する生存」の保障などの社会権を取り入れたワイマール憲法が制定された。

イ　人権を保障するために各国が守るべき基準を明らかにした世界人権宣言が採択された。

ウ　人は生まれながらに自由で平等な権利をもつことをうたったフランス人権宣言が出された。

3 ⓒに関して，日本は，核兵器による被爆国として，非核三原則をかかげている。その三原則を，解答欄の書き出しのことばに続けて書け。

4 ⓓに関して，知事の選出方法は，内閣総理大臣の選出方法とは異なっている。知事と内閣総理大臣の選出方法の違いについて，解答欄の書き出しのことばに続けて書け。

5 ⓔに関して，**資料2**は，先生が，授業で示したある仮想の議会における選挙について黒板にまとめたものである。**資料2**から読み取れることとして，最も適当なものは下の**ア**～**エ**のうちどれか。

資料2

ある仮想の議会における選挙

議員定数は５人であり，小選挙区制によって選出するものとします。

三つの政党が選挙区Ⅰ～Ⅴにそれぞれ１人の候補者を立て，ほかに候補者はいなかったものとします。

投票率は有権者数に対する投票者数の割合です。ただし，各選挙区の投票者数は得票数の合計と等しいものとします。

選挙の結果

選挙区	有権者数	各候補者の得票数		
		○○党	△△党	□□党
Ⅰ区	1000人	320票	200票	120票
Ⅱ区	800人	200票	220票	100票
Ⅲ区	500人	170票	50票	30票
Ⅳ区	750人	150票	180票	40票
Ⅴ区	950人	360票	150票	110票
合計	4000人	1200票	800票	400票

ア　過半数の議席を獲得する政党はない。　**イ**　選挙区間の一票の格差は最大２倍である。

ウ　すべての政党が議席を獲得できる。　**エ**　すべての選挙区をあわせた投票率は70％である。

Ⅱ 次は，ある中学生の会話の一部である。**1**～**5**の問いに答えよ。

Aさん：この**図**をおぼえている？「キャッシュレス・ポイント還元事業」ってあったよね。このあいだの授業で先生が，「これをきっかけにⓐ現金をあまり使わなくなって，この前もマスクを電子マネーで買ったよ。」という話をしてくれたね。

Bさん：マスクを買うのが大変だった時期もあったね。マスク不足を補うために，マスクのⓑ製造に新たに参加した企業も複数あったね。ⓒ景気がこれからどうなっていくのか分からないけれど，企業を支援するさまざまな対策が必要になるかもね。

Aさん：そういえば，災害支援のボランティアに参加した企業が新聞で紹介されていたよ。ⓓ企業の社会的責任の一つとして，地域に貢献しているんだね。

Bさん：地域にある企業が，ⓔ雇用を増やすことで地域に貢献することもできるね。

図

1 ⓐに関して，**資料**は日本で流通している貨幣（通貨）の割合を表しており，現金以外にも通貨があることがわかる。**資料**中の □ にあてはまる通貨名として，最も適当なことばを書け。

資料 日本の通貨の構成比率

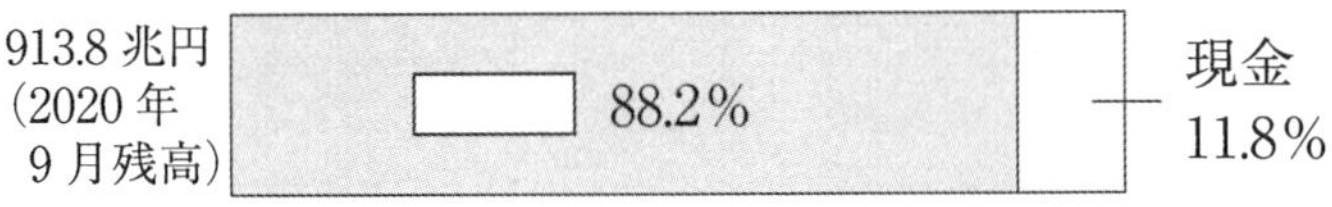

（日本銀行資料から作成）

2 ⓑに関して，消費者の保護・救済のため，商品の欠陥などで消費者が被害を受けたとき損害賠償の責任を製造する企業に負わせることを定めた法律を何というか。

3 ⓒに関して，政府は次のような財政政策を行うことで，景気を安定させることができる。文中の X ， Y にあてはまることばの組み合わせとして，最も適当なものはどれか。

> 政府は不景気（不況）の時に財政政策として公共投資を X させ企業の仕事を増やし， Y を実施して企業や家計の消費活動を刺激する。

ア（X 減少 Y 増税） **イ**（X 減少 Y 減税）
ウ（X 増加 Y 増税） **エ**（X 増加 Y 減税）

4 ⓓに関して，「企業の社会的責任（CSR）」に基づく企業の活動について述べた文として，最も適当なものはどれか。

ア 持続可能な社会を実現するため，環境によい商品の開発に積極的に取り組む。
イ 企業の規模をより大きくするため，株主への配当金をなるべく少なくなるように抑える。
ウ 消費者保護のために，生産者同士で生産量や価格を事前に取り決めておく。
エ 社会に不安を与えないよう，会社の状況や経営に関する情報をなるべく公開しない。

5 もしもの時に備え，社会に安心・安全を提供するしくみをセーフティネット（安全網）という。ⓔに関するセーフティネット（安全網）として，国や地方公共団体が行っている取り組みを一つあげて説明せよ。ただし，解答欄の書き出しのことばに続けて書け。

Ⅲ トラブルを調整し，互いに納得できる解決策をつくっていく際には，効率や公正の面から検討することが大切である。

あるスーパーマーケットでは，**図1**のように，客がレジに自由に並んでいたが，客からの「出入口に近いレジだけがいつも混んでいる。」，「混んでいないレジに並んだが，前の客の会計に時間がかかり，あとから他のレジに並んだ客のほうが早く会計を済ませていた。改善してほしい。」といった要望が多かった。そのため，**図2**のように客が一列に整列したうえで順次空いたレジへ進む方法に変更した結果，客からも好評であった。どのような点が好評だったと考えられるか，**効率**，**公正**ということばを使い，**40字以上50字以内**で書け。

図1

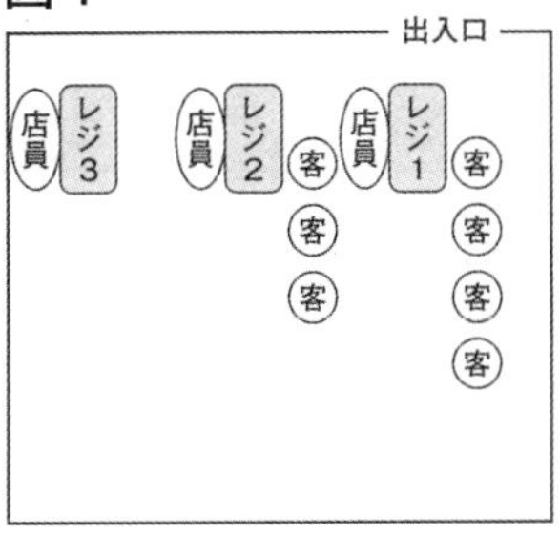

図2

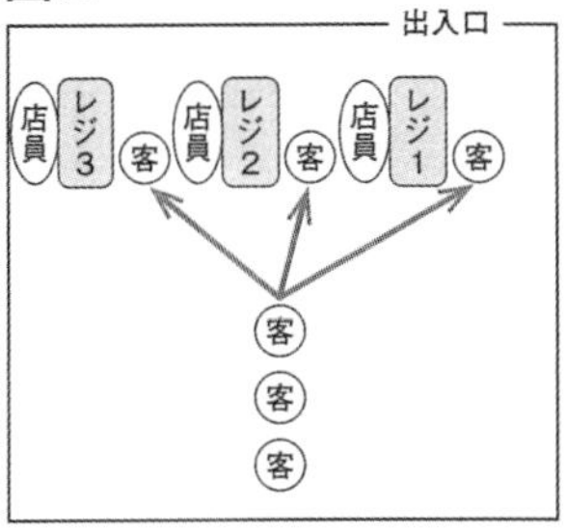

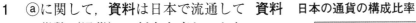

令和３年度　鹿児島県公立高校入試問題　数　学

（解答…202Ｐ）

1　次の１～５の問いに答えなさい。

１　次の(1)～(5)の問いに答えよ。

(1)　$5 \times 4 + 7$ を計算せよ。

(2)　$\frac{2}{3} - \frac{3}{5} \div \frac{9}{2}$ を計算せよ。

(3)　$\sqrt{6} \times \sqrt{8} - \frac{9}{\sqrt{3}}$ を計算せよ。

(4)　4 km を 20 分で走る速さは時速何 km か。

(5)　正四面体の辺の数は何本か。

2 x についての方程式 $7x - 3a = 4x + 2a$ の解が $x = 5$ であるとき，a の値を求めよ。

3 右の図は，3つの長方形と2つの合同な直角三角形でできた立体である。この立体の体積は何 cm^3 か。

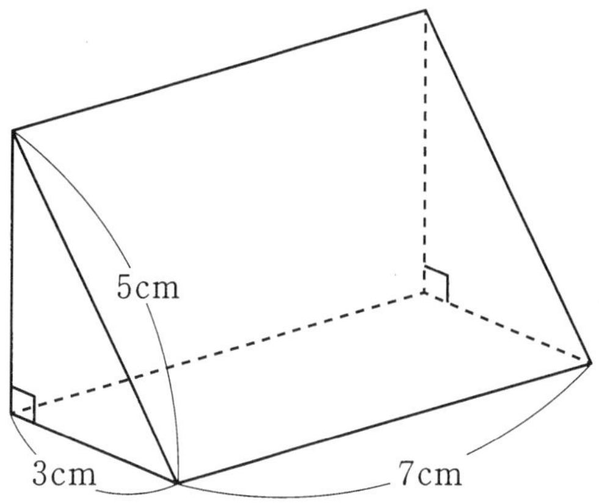

4 28にできるだけ小さい自然数 n をかけて，その積がある自然数の2乗になるようにしたい。このとき，n の値を求めよ。

5 下の表は，平成27年から令和元年までのそれぞれの桜島降灰量を示したものである。次の［　　］にあてはまるものを下の**ア**～**エ**の中から1つ選び，記号で答えよ。

令和元年の桜島降灰量は，［　　］の桜島降灰量に比べて約47％多い。

年	平成27年	平成28年	平成29年	平成30年	令和元年
桜島降灰量（g/m^2）	3333	403	813	2074	1193

（鹿児島県「桜島降灰量観測結果」から作成）

ア 平成27年　　**イ** 平成28年　　**ウ** 平成29年　　**エ** 平成30年

2 次の**1**～**5**の問いに答えなさい。

1 右の図において，4点A，B，C，Dは円Oの周上にあり，線分ACは円Oの直径である。$\angle x$の大きさは何度か。

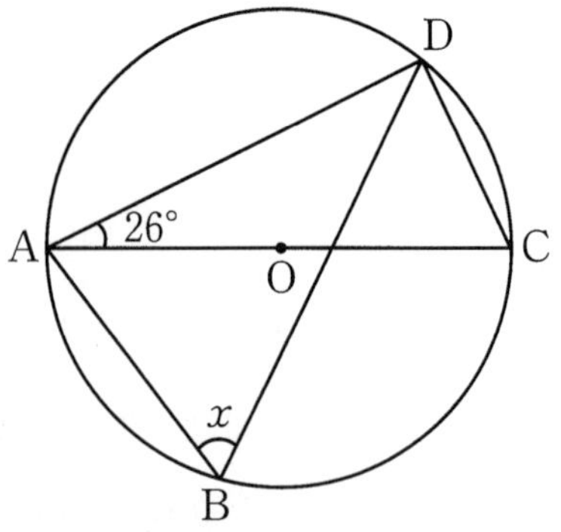

2 大小2つのさいころを同時に投げるとき，出た目の数の和が10以下となる確率を求めよ。

3 $(x+3)^2-2(x+3)-24$ を因数分解せよ。

4 右の図において，正三角形ABCの辺と正三角形DEFの辺の交点をG，H，I，J，K，Lとするとき，△AGL ∽ △BIHであることを証明せよ。

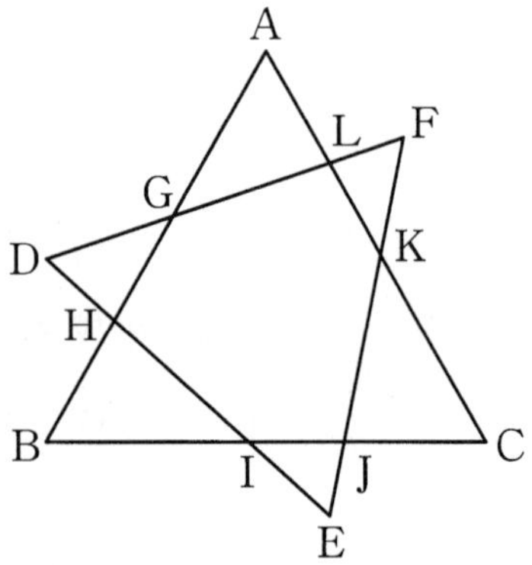

5 ペットボトルが5本入る1枚3円のMサイズのレジ袋と，ペットボトルが8本入る1枚5円のLサイズのレジ袋がある。ペットボトルが合わせてちょうど70本入るようにMサイズとLサイズのレジ袋を購入したところ，レジ袋の代金の合計は43円であった。このとき，購入したMサイズとLサイズのレジ袋はそれぞれ何枚か。ただし，Mサイズのレジ袋の枚数をx枚，Lサイズのレジ袋の枚数をy枚として，その方程式と計算過程も書くこと。なお，購入したレジ袋はすべて使用し，Mサイズのレジ袋には5本ずつ，Lサイズのレジ袋には8本ずつペットボトルを入れるものとし，消費税は考えないものとする。

3 Aグループ20人とBグループ20人の合計40人について，ある期間に図書室から借りた本の冊数を調べた。このとき，借りた本の冊数が20冊以上40冊未満である16人それぞれの借りた本の冊数は以下のとおりであった。また，下の**表**は40人の借りた本の冊数を度数分布表に整理したものである。次の**1**～**3**の問いに答えなさい。

借りた本の冊数が20冊以上40冊未満である16人それぞれの借りた本の冊数

21，22，24，27，28，28，31，32，

32，34，35，35，36，36，37，38　（冊）

表

階級（冊）	度数（人）
以上 未満 0 ～ 10	3
10 ～ 20	5
20 ～ 30	a
30 ～ 40	10
40 ～ 50	b
50 ～ 60	7
計	40

1 a ，b にあてはまる数を入れて**表**を完成させよ。

2 40人の借りた本の冊数の中央値を求めよ。

3 **図**は，Aグループ20人の借りた本の冊数について，度数折れ線をかいたものである。このとき，次の(1)，(2)の問いに答えよ。

(1) Aグループ20人について，40冊以上50冊未満の階級の相対度数を求めよ。

図

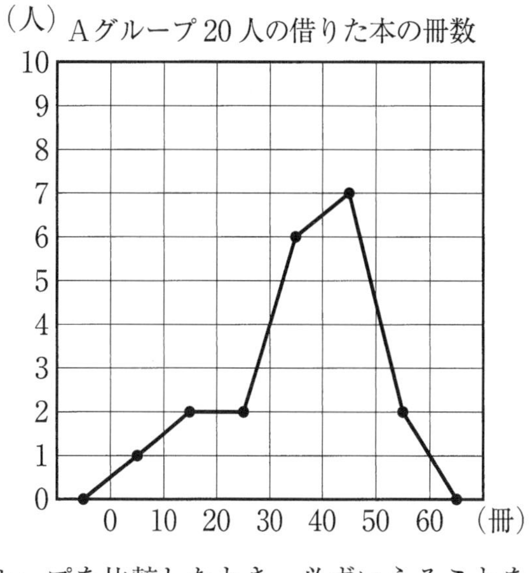

(2) 借りた本の冊数について，AグループとBグループを比較したとき，必ずいえることを下の**ア**～**エ**の中からすべて選び，記号で答えよ。

ア 0冊以上30冊未満の人数は，AグループよりもBグループの方が多い。

イ Aグループの中央値は，Bグループの中央値よりも大きい。

ウ **表**や**図**から読み取れる最頻値を考えると，AグループよりもBグループの方が大きい。

エ AグループとBグループの度数の差が最も大きい階級は，30冊以上40冊未満の階級である。

4 以下の会話文は授業の一場面である。次の**1**～**3**の問いに答えなさい。

先　生：今日は放物線上の3点を頂点とした三角形について学びましょう。
その前にまずは練習問題です。右の図の関数 $y=2x^2$ のグラフ上に点Aがあり，点Aの x 座標が3のとき，y 座標を求めてみましょう。

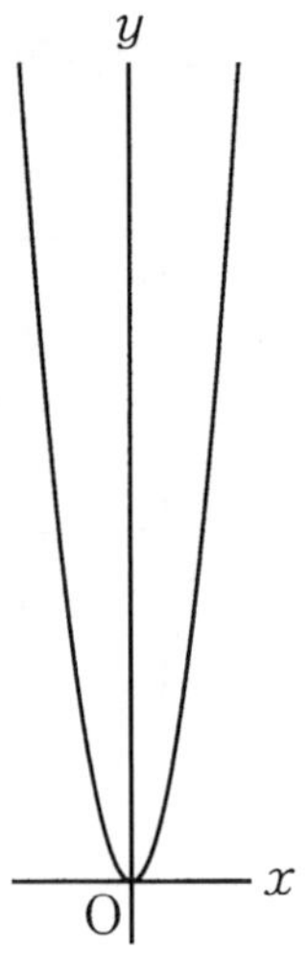

ゆうき：y 座標は [ア] です。
先　生：そうですね。それでは，今日の課題です。

【課題】

> 関数 $y=2x^2$ のグラフ上に次のように3点A，B，Cをとるとき，△ABCの面積を求めよう。
> ・点Bの x 座標は点Aの x 座標より1だけ大きい。
> ・点Cの x 座標は点Bの x 座標より1だけ大きい。

たとえば，点Aの x 座標が1のとき，点Bの x 座標は2，点Cの x 座標は3ですね。
ゆうき：それでは私は点Aの x 座標が -1 のときを考えてみよう。このときの点Cの座標は [イ] だから…よしっ，面積がでた。
しのぶ：私は，直線ABが x 軸と平行になるときを考えてみるね。このときの点Cの座標は [ウ] だから…面積がでたよ。
先　生：お互いの答えを確認してみましょう。
ゆうき：あれ，面積が同じだ。
しのぶ：点Aの x 座標がどのような値でも同じ面積になるのかな。
ゆうき：でも三角形の形は違うよ。たまたま同じ面積になったんじゃないの。
先　生：それでは，同じ面積になるか，まずは点Aの x 座標が正のときについて考えてみましょう。点Aの x 座標を t とおいて，△ABCの面積を求めてみてください。

1 [ア] にあてはまる数を書け。

2 [イ]，[ウ] にあてはまる座標をそれぞれ書け。

3 会話文中の下線部について，次の(1)，(2)の問いに答えよ。
(1) 点Cの y 座標を t を用いて表せ。

(2) △ABCの面積を求めよ。ただし，求め方や計算過程も書くこと。
また，点Aの x 座標が正のとき，△ABCの面積は点Aの x 座標がどのような値でも同じ面積になるか，求めた面積から判断し，解答欄の「同じ面積になる」，「同じ面積にならない」のどちらかを ◯ で囲め。

5 下の**図1**は，「麻《あさ》の葉《は》」と呼ばれる模様の一部分であり，鹿児島県の伝統的工芸品である薩摩《さつま》切子《きりこ》にも使われている。また，図形ABCDEFは正六角形であり，図形①～⑥は合同な二等辺三角形である。次の**1**～**3**の問いに答えなさい。

1 図形①を，点Oを回転の中心として180°だけ回転移動（点対称移動）し，さらに直線CFを対称の軸として対称移動したとき，重なる図形を②～⑥の中から，1つ選べ。

図1

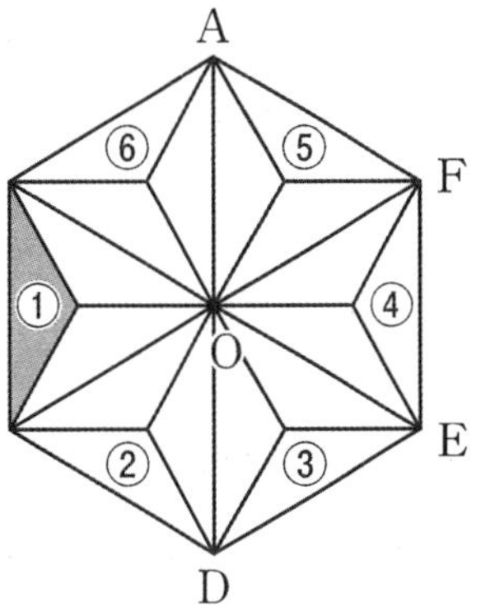

薩摩切子《さつまきりこ》

2 **図2**の線分ADを対角線とする正六角形ABCDEFを定規とコンパスを用いて作図せよ。ただし，作図に用いた線は残しておくこと。

図2

3 **図3**は，1辺の長さが4 cmの正六角形ABCDEFである。点Pは点Aを出発し，毎秒1 cmの速さで対角線AD上を点Dまで移動する。点Pを通り対角線ADに垂直な直線をℓとする。直線ℓと折れ線ABCDとの交点をM，直線ℓと折れ線AFEDとの交点をNとする。このとき，次の(1)～(3)の問いに答えよ。

図3

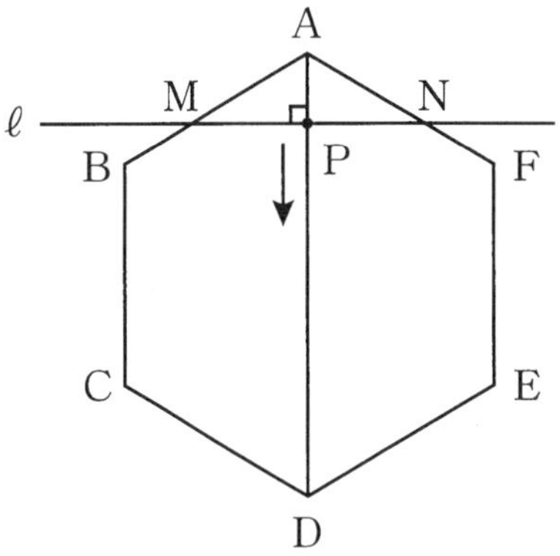

(1) 点Pが移動し始めてから1秒後の線分PMの長さは何cmか。

(2) 点Pが移動し始めてから5秒後の△AMNの面積は何cm^2か。

(3) 点Mが辺CD上にあるとき，△AMNの面積が$8\sqrt{3}$ cm^2となるのは点Pが移動し始めてから何秒後か。ただし，点Pが移動し始めてからt秒後のこととして，tについての方程式と計算過程も書くこと。

令和２年度　鹿児島県公立高校入試問題　理　科

(解答…207Ｐ)

1　次の各問いに答えなさい。答えを選ぶ問いについては記号で答えなさい。

1　生態系の中で，分解者の役割をになっているカビやキノコなどのなかまは何類か。

2　日本列島付近の天気は，中緯度帯の上空をふく風の影響を受けるため，西から東へ変わることが多い。この中緯度帯の上空をふく風を何というか。

3　次のセキツイ動物のうち，変温動物をすべて選べ。

ア　ワニ　　**イ**　ニワトリ　　**ウ**　コウモリ　　**エ**　サケ　　**オ**　イモリ

4　次の文中の①，②について，それぞれ正しいものはどれか。

　ある無色透明の水溶液Xに緑色のBTB溶液を加えると，水溶液の色は黄色になった。このことから，水溶液Xは ①（**ア**　酸性　**イ**　中性　**ウ**　アルカリ性）であることがわかる。このとき，水溶液XのpHの値は ②（**ア**　7より大きい　**イ**　7である　**ウ**　7より小さい）。

5　**表**は，物質**ア**～**エ**のそれぞれの融点と沸点である。50℃のとき，液体の状態にある物質をすべて選べ。

表

物質	融点〔℃〕	沸点〔℃〕
ア	−218	−183
イ	−115	78
ウ	−39	357
エ	63	360

6　電気について，(1)，(2)の問いに答えよ。

(1)　家庭のコンセントに供給されている電流のように，電流の向きが周期的に変化する電流を何というか。

(2)　豆電球１個と乾電池１個の回路と，豆電球１個と乾電池２個の回路をつくり，豆電球を点灯させた。次の文中の①，②について，それぞれ正しいものはどれか。ただし，豆電球は同じものであり，乾電池１個の電圧の大きさはすべて同じものとする。

　乾電池１個を用いて回路をつくった場合と比べて，乾電池２個を ①（**ア**　直列　**イ**　並列）につないで回路をつくった場合は，豆電球の明るさは変わらず，点灯する時間は，②（**ア**　長くなる　**イ**　変わらない　**ウ**　短くなる）。

7　**図**の**ア**～**エ**は，台風の進路を模式的に示したものである。ある台風が近づいた前後の種子島での観測記録を調べたところ，風向きは東寄りから南寄り，その後西寄りへと変化したことがわかった。また，南寄りの風のときに特に強い風がふいていたこともわかった。この台風の進路として最も適当なものは**ア**～**エ**のどれか。

図

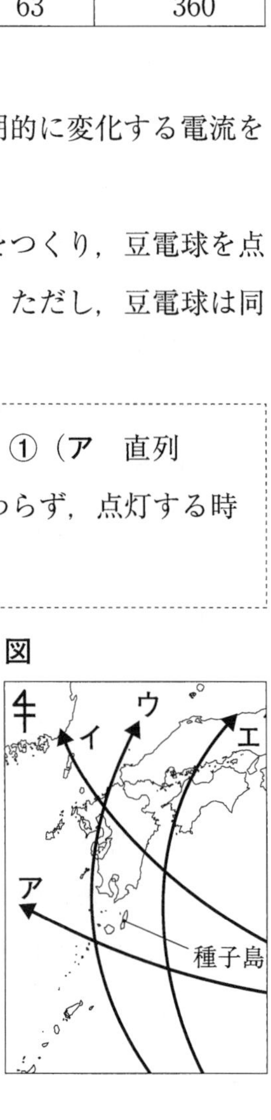

2 次のⅠ，Ⅱの各問いに答えなさい。答えを選ぶ問いについては記号で答えなさい。

Ⅰ **図1**は，ある川の西側と東側の両岸で観察された地層の重なり方を模式的に表したものである。この地層からは，浅い海にすむホタテガイの化石や，海水と淡水の混ざる河口にすむシジミの化石が見つかっている。なお，ここで見られる地層はすべて水平であり，地層の上下の逆転や<u>地層の曲がり</u>は見られず，両岸に見られる凝灰岩は同じものである。また，川底の地層のようすはわかっていない。

図1

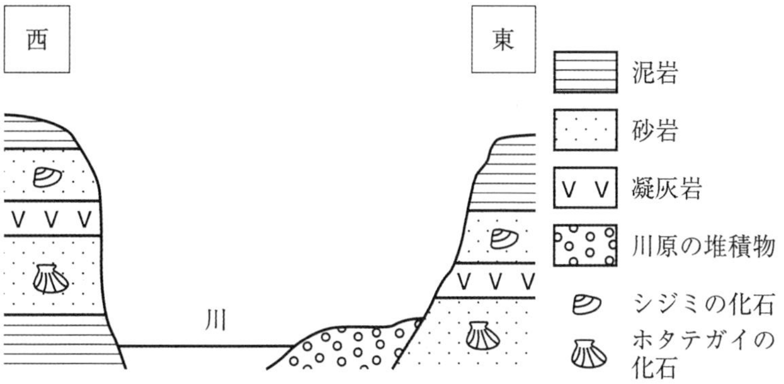

1 下線部の「地層の曲がり」を何というか。

2 **図2**は，**図1**の地層が観察された地域の川の流れを模式的に表したものであり，観察された場所は**P**，**Q**のどちらかである。観察された場所は**P**，**Q**のどちらか。そのように考えた理由もふくめて答えよ。

図2

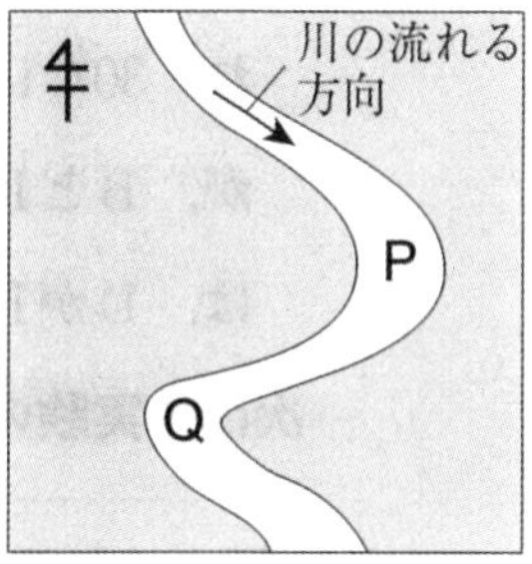

3 この地層を観察してわかった**ア**～**エ**の過去のできごとを，古い方から順に並べよ。

ア 海水と淡水の混ざる河口で地層が堆積した。　**イ** 浅い海で地層が堆積した。

ウ 火山が噴火して火山灰が堆積した。　**エ** 断層ができて地層がずれた。

Ⅱ 夏至の日に，透明半球を用いて太陽の１日の動きを調べた。**図**は，サインペンの先のかげが透明半球の中心Oにくるようにして，１時間ごとの太陽の位置を透明半球に記録し，印をつけた点をなめらかな線で結んで，太陽の軌跡をかいたものである。また，**図**の**ア**～**エ**は，中心Oから見た東，西，南，北のいずれかの方位である。なお，太陽の１日の動きを調べた地点は北緯 31.6° であり，地球は公転面に対して垂直な方向から地軸を 23.4° 傾けたまま公転している。

1 東の方位は，**図**の**ア**～**エ**のどれか。

2 地球の自転による太陽の１日の見かけの動きを何というか。

3 太陽の南中高度について，⑴，⑵の問いに答えよ。

⑴ 南中高度にあたるのはどこか。解答欄の図に作図し，「南中高度」と書いて示せ。ただし，解答欄の図は，この透明半球を**エ**の方向から見たものであり，点線は太陽の軌跡である。

⑵ この日の南中高度を求め，単位をつけて書け。

図

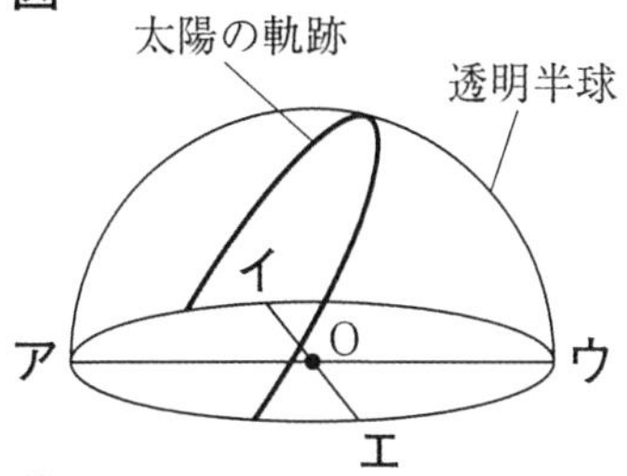

3 次のⅠ，Ⅱの各問いに答えなさい。答えを選ぶ問いについては記号で答えなさい。

Ⅰ　4種類の物質A～Dは，硝酸カリウム，ミョウバン，塩化ナトリウム，ホウ酸のいずれかである。ひろみさんとたかしさんは，一定量の水にとける物質の質量は，物質の種類と水の温度によって決まっていることを知り，A～Dがそれぞれどの物質であるかを調べるために，次の**実験**を行った。

図1は，水の温度と100 gの水にとける物質の質量との関係を表したものである。

図1

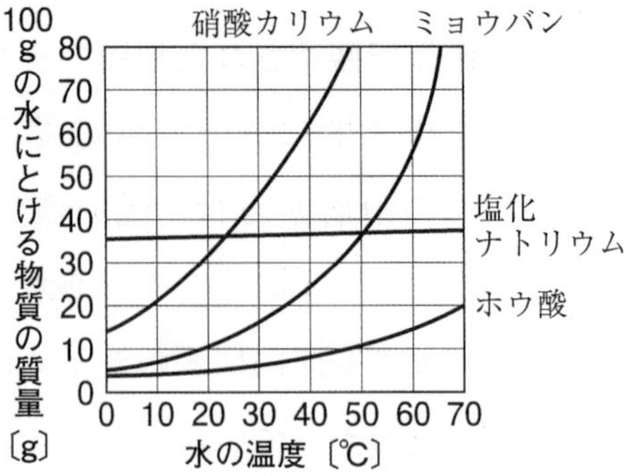

実験　4本の試験管を準備し，それぞれに30℃の水10 gを入れた。次に，これらの試験管にA～Dをそれぞれ別々に3.0 gずつ入れ，30℃に保ったままよくふり混ぜると，AとCはすべてとけたが，BとDは**図2**のようにとけ残った。とけ残ったBとDの質量は，DがBより大きかった。

図2

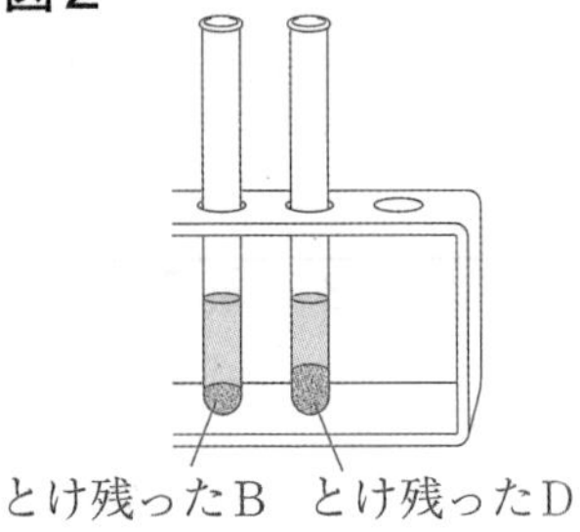

次は，**実験**の後の，2人と先生の会話である。

先　　　生：A～Dがそれぞれどの物質なのか見分けることができましたか。
ひろみさん：AとCは見分けることができませんでしたが，Bは［a］，Dは［b］だとわかりました。
先　　　生：そうですね。では，AとCはどのようにしたら見分けることができますか。
たかしさん：水溶液を冷やしていけば，見分けることができると思います。
先　　　生：では，AとCについて，確認してみましょう。

1　**実験**で，30℃に保ったままよくふり混ぜた後の塩化ナトリウムのようすを模式的に表しているものとして最も適当なものはどれか。ただし，陽イオンは「●」，陰イオンは「○」とする。

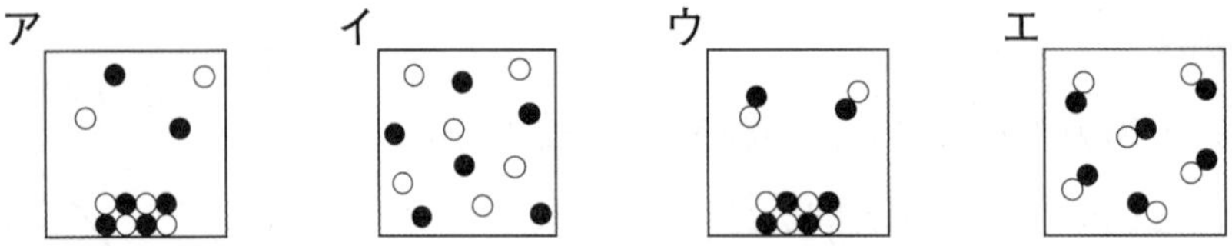

2　会話文中の［a］，［b］にあてはまる物質の名称をそれぞれ書け。

3　2人は，AとCを見分けるために，**実験**でつくったA，Cの水溶液が入った試験管を氷水が入ったビーカーにつけ，水溶液の温度を下げた。しばらくすると，Cが入った試験管では結晶が出てきたが，Aが入った試験管では結晶が出てこなかった。このことから，AとCを見分けることができた。Cの水溶液の温度を下げると結晶が出てきた理由を，解答欄の書き出しのことばに続けて書け。ただし，「溶解度」ということばを使うこと。

4　2人は，**実験**でとけ残ったDを30℃ですべてとかすため，30℃の水を少なくともあと何g加えればよいかを，30℃の水10gにDがS〔g〕までとけるものとし，次のように考えた。2人の考え方をもとに，加える水の質量を，Sを用いて表せ。

（2人の考え方）
　水にとけるDの質量は水の質量に比例することから，3.0gのDがすべてとけるために必要な水の質量はSを用いて表すことができる。水は，はじめに10g入れてあるので，この分を引けば，加える水の質量を求めることができる。

Ⅱ　電気分解装置を用いて，**実験1**と**実験2**を行った。

実験1　電気分解装置の中にうすい水酸化ナトリウム水溶液を入れて満たし，電源装置とつないで，水の電気分解を行った。しばらくすると，**図1**のように陰極側の上部に気体Aが，陽極側の上部に気体Bがそれぞれ集まった。

実験2　**実験1**の後，電源装置を外して，**図2**のように電気分解装置の上部の電極に電子オルゴールをつなぐと，電子オルゴールが鳴った。

図1

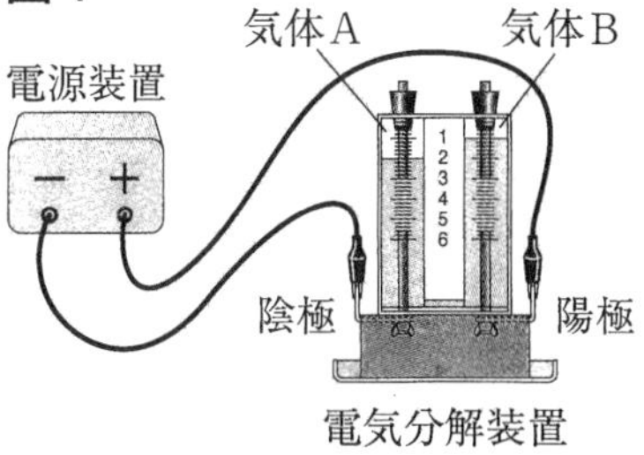

図2

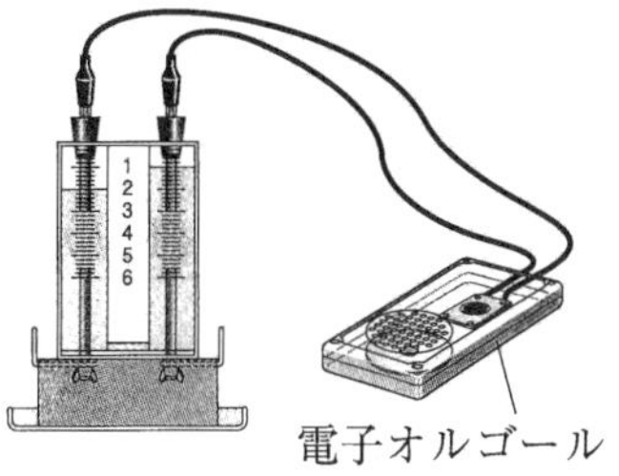

1　**実験1**では，純粋な水ではなく，うすい水酸化ナトリウム水溶液を用いた。これは水酸化ナトリウムが電離することで，電流を流しやすくするためである。水酸化ナトリウムが電離するようすを，化学式とイオン式を用いて表せ。

2　気体Aと同じ気体はどれか。

ア　酸化銅を炭素の粉末と混ぜ合わせて加熱したときに発生する気体
イ　酸化銀を加熱したときに発生する気体
ウ　炭素棒を用いてうすい塩酸を電気分解したとき，陽極で発生する気体
エ　亜鉛板と銅板をうすい塩酸に入れて電池をつくったとき，＋極で発生する気体

3　**実験2**で電子オルゴールが鳴ったことから，この装置が電池のはたらきをしていることがわかった。

(1)　この装置は，水の電気分解とは逆の化学変化を利用して，電気エネルギーを直接とり出している。このようなしくみで，電気エネルギーをとり出す電池を何電池というか。

(2)　気体Aの分子が4個，気体Bの分子が6個あったとする。この電池の化学変化を分子のモデルで考えるとき，気体A，気体Bのどちらかが反応しないで残る。反応しないで残る気体の化学式と，反応しないで残る気体の分子の個数をそれぞれ答えよ。

4 次のⅠ，Ⅱの各問いに答えなさい。答えを選ぶ問いについては記号で答えなさい。

Ⅰ 植物の根が成長するときのようすを調べる実験を行った。まず，タマネギの種子を発芽させ，伸びた根を先端から約1cm切りとった。**図1**は，切りとった根を模式的に表したものである。次に，一つ一つの細胞をはなれやすくする処理を行い，**図1**のA～Cの部分をそれぞれ切りとり，別々のスライドガラスにのせた。その後，核と染色体を見やすくするために染色してプレパラートをつくり，顕微鏡で観察した。**図2**は，A～Cを同じ倍率で観察したスケッチであり，Aでのみひも状の染色体が見られ，体細胞分裂をしている細胞が観察された。

図1

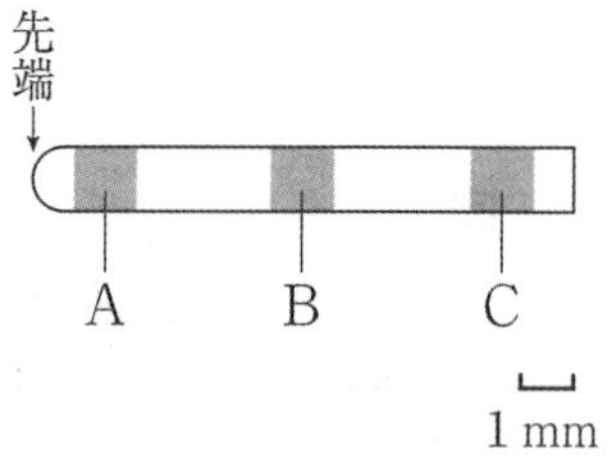

図2

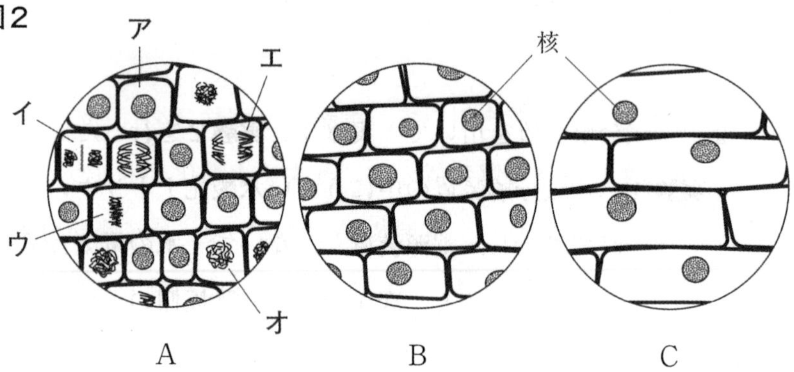

1 核と染色体を見やすくするために使う染色液として適当なものは何か。名称を書け。

2 **図2**のAの**ア**～**オ**の細胞を，**ア**を最初として体細胞分裂の順に並べよ。

3 根はどのようなしくみで成長するか。**図1**，**図2**から考えられることを書け。

4 体細胞分裂を繰り返しても，分裂後の一つの細胞の中にある染色体の数は変わらない。その理由を，体細胞分裂前の細胞で染色体に起こることに着目して書け。

Ⅱ たかしさんとひろみさんは，ヒトのだ液のはたらきについて調べるため，次の**手順1**～**5**で実験を行った。**表**は，実験の結果をまとめたものである。

手順1 デンプン溶液10 cm^3を入れた2本の試験管を用意し，1本には水でうすめただ液2 cm^3を入れ，試験管Aとする。もう1本には水2 cm^3を入れ，試験管Bとする。

手順2 ビーカーに入れた約40℃の湯で試験管A，試験管Bをあたためる。

手順3 試験管Aの溶液の半分を別の試験管にとり，試験管Cとする。また，試験管Bの溶液の半分を別の試験管にとり，試験管Dとする。

手順4 試験管Aと試験管Bにそれぞれヨウ素液を入れ，結果を記録する。

手順5 試験管Cと試験管Dにそれぞれベネジクト液と沸とう石を入れて加熱し，結果を記録する。

表

試験管	結　果
A	変化しなかった。
B	青紫色に変化した。
C	赤褐色の沈殿が生じた。
D	変化しなかった。

1 試験管Aと試験管Bの実験のように，一つの条件以外を同じにして行う実験を何というか。

2 **手順2**で，試験管をあたためる湯の温度を約40℃としたのはなぜか。

3　**表**の結果をもとに，(1)，(2)の問いに答えよ。

(1)　試験管Aと試験管Bの結果から，考えられることを書け。

(2)　試験管Cと試験管Dの結果から，考えられることを書け。

4　**図**は，実験の後に，たかしさんがだ液にふくまれる消化酵素の性質について本で調べたときのメモの一部である。これについて，次の２人の会話の内容が正しくなるように，［　　］にあてはまるものとして最も適当なものを，**図**の①～③から選べ。

図

① 水がないときは，はたらかない。
② 中性の溶液中で最もよくはたらく。
③ 体外でもはたらく。

たかしさん：だ液にふくまれる消化酵素には，①～③の性質があることがわかったよ。
ひろみさん：それなら，その性質を確かめてみようよ。
たかしさん：あっ，でも，［　　］の性質は，今回の実験で確認できているね。

5　次のⅠ，Ⅱの各問いに答えなさい。答えを選ぶ問いについては記号で答えなさい。

Ⅰ　ひろみさんは，登校前，洗面台の鏡を使って身なりを整えている。なお，洗面台の鏡は床に対して垂直である。

図１

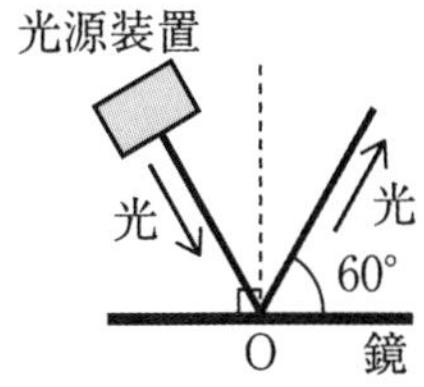

1　ひろみさんは，鏡による光の反射の実験を思い出した。その実験では，**図１**のように，光源装置から出た光が鏡の点Oで反射するようすが観察された。このときの入射角はいくらか。

2　ひろみさんが**図２**のように洗面台の鏡の前に立ったとき，ひろみさんから見て，鏡にうつる自分の姿として最も適当なものはどれか。

図２

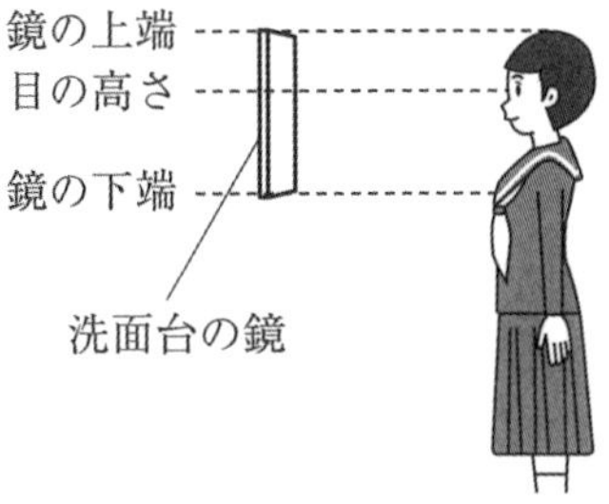

ア　**イ**　**ウ**　**エ**

3　ひろみさんは，**図３**のように，手鏡を用いて，正面にある洗面台の鏡に自分の後頭部をうつしている。**図４**は，このときのようすをひろみさんの目の位置をP，後頭部に位置する点をQとし，上から見て模式的に表したものである。Qからの光が手鏡，洗面台の鏡で反射して進み，Pに届くまでの光の道筋を解答欄の図に実線（──）でかけ。なお，作図に用いる補助線は破線（----）でかき，消さずに残すこと。

図３

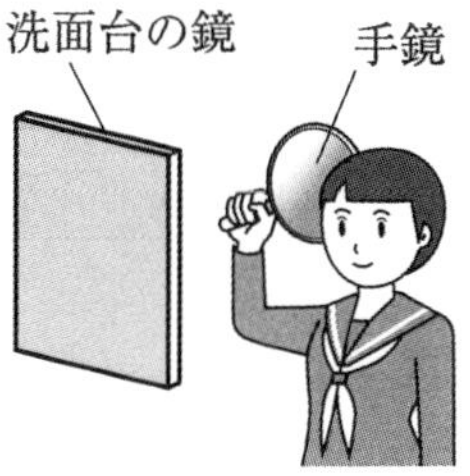

図４

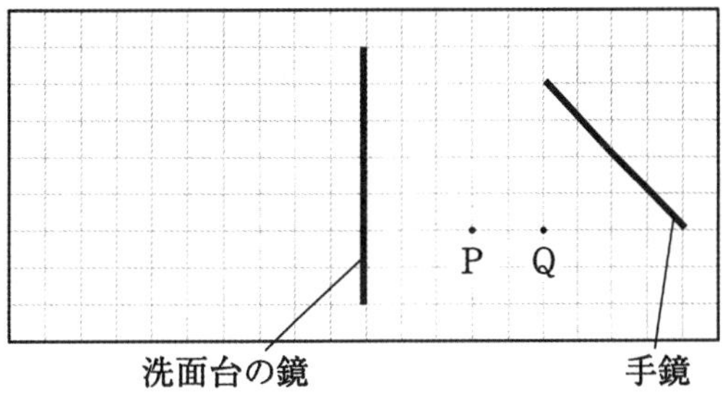

Ⅱ **図1**のように，水平な台の上にレールをスタンドで固定し，質量20 gと40 gの小球を高さ5 cm，10 cm，15 cm，20 cmの位置からそれぞれ静かに離し，木片に衝突させ，木片の移動距離を調べる実験を行った。**表**は，その結果をまとめたものである。ただし，小球は点Xをなめらかに通過した後，点Xから木片に衝突するまでレール上を水平に移動するものとし，小球とレールとの間の摩擦や空気の抵抗は考えないものとする。また，小球のもつエネルギーは木片に衝突後，すべて木片を動かす仕事に使われるものとする。

図1

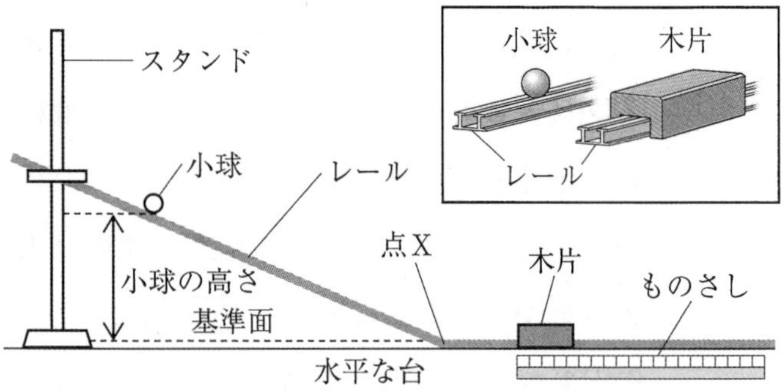

表

小球の高さ〔cm〕		5	10	15	20
木片の移動距離〔cm〕	質量20 gの小球	2.0	4.0	6.0	8.0
	質量40 gの小球	4.0	8.0	12.0	16.0

1 質量20 gの小球を，基準面から高さ10 cmまで一定の速さで持ち上げるのに加えた力がした仕事は何Jか。ただし，質量100 gの物体にはたらく重力の大きさを1 Nとする。

2 小球が点Xを通過してから木片に衝突するまでの間に，小球にはたらく力を表したものとして最も適当なものはどれか。ただし，力の矢印は重ならないように少しずらして示してある。

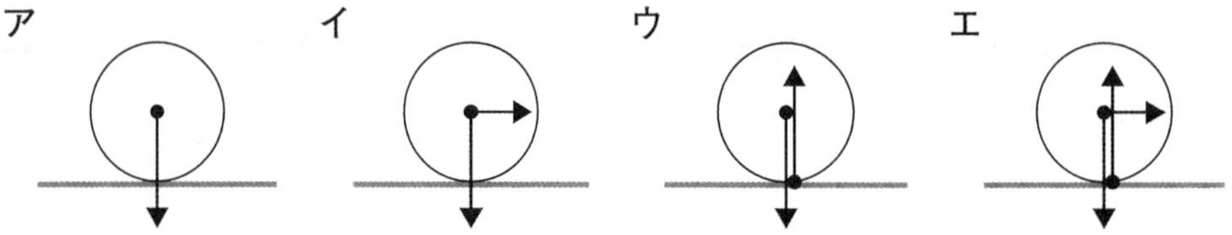

3 小球が木片に衝突したとき，はたらく力について述べた次の文中の□にあてはまることばを書け。

> 小球が木片に力を加えると，同時に小球は木片から同じ大きさで逆向きの力を受ける。これは「□の法則」で説明できる。

4 **図1**の装置で，質量25 gの小球を用いて木片の移動距離を6.0 cmにするためには，小球を高さ何cmの位置で静かに離せばよいか。

5 **図2**のように，点Xの位置は固定したままレールの傾きを**図1**より大きくし，質量20 gの小球を高さ20 cmの位置から静かに離し，木片に衝突させた。**図1**の装置で質量20 gの小球を高さ20 cmの位置から静かに離したときと比べて，木片の移動距離はどうなるか。その理由もふくめて書け。

図2

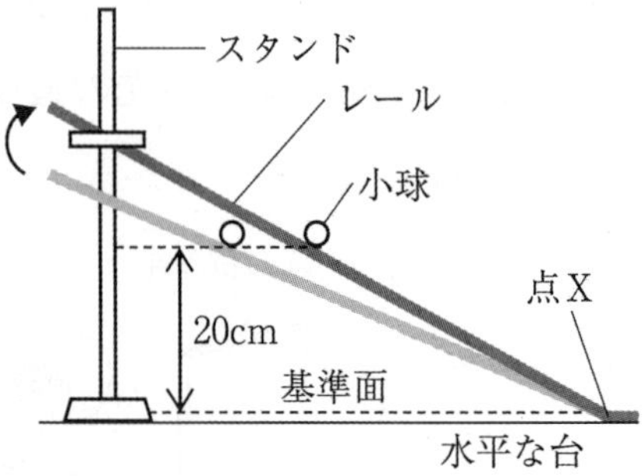

5 **資料1**は、「古典をマンガで読むこと」についての議論をするにあたって、山田さんが考えたことを事前にまとめたメモである。また**資料2**は、実際に議論をしたときの記録の一部である。**資料2**の空欄に入るように、後の条件に従って文章を書きなさい。

条件

(1) 一段落で構成し、六行以上八行以下で書くこと。

(2) 原稿用紙の正しい使い方に従って、文字、仮名遣いも正確に書くこと。

(3) 書き出しは、「二点目は」とすること。

資料1

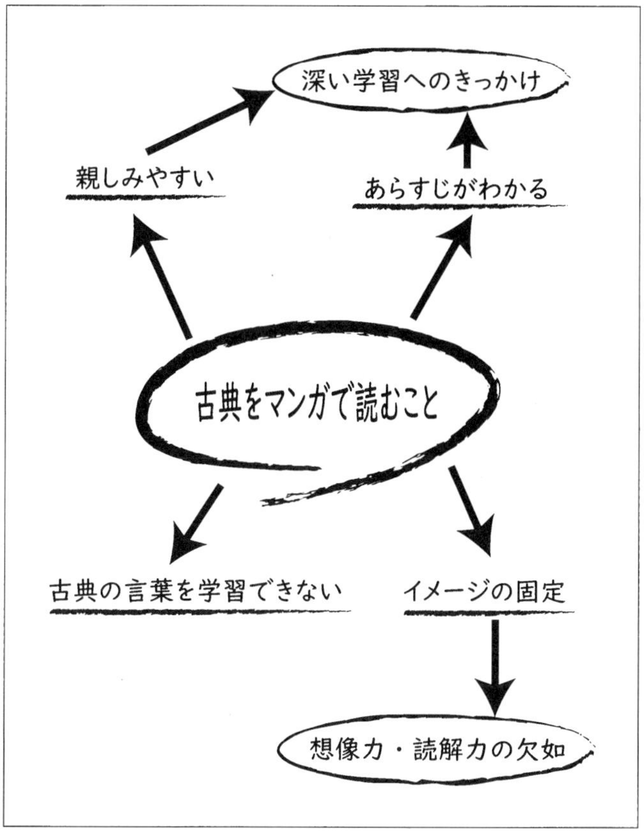

資料2

鈴木さん　「私は、『古典をマンガで読むこと』を推奨したいと思います。古典というと『難しい』とか『読みにくい』と思い込んで、読むことをためらってしまいます。しかし、マンガならどうでしょうか。言葉も現代語で書かれていて親しみやすく、軽い気持ちで読み始める気になります。これがきっかけで、興味をもち始め、発展的な学習につながるのではないでしょうか。」

山田さん　「鈴木さんの言うことはよくわかります。そのような長所があることには、私も賛成です。しかし、私は、『古典をマンガで読むこと』はあまり良くないと思っています。その理由は二点あります。一点目は、絵のイメージが強くて、マンガ作家のイメージを押し付けられる気がするからです。このことは、私たちから想像の楽しみを奪い、読解力の欠如につながってしまうと思います。

[空欄]

理由を二点述べましたが、特に二点目について、伝統的な文化を伝えていくことは重要なことだと思います。」

鈴木さん　「マンガに描かれる古典の世界が、伝統的な文化を表していないと決めつけるのは良くないと思います。古典マンガは、かなり研究して正確に描かれていますよ。だから、興味をもった人は、発展的な学習につなげていくことができると思います。」

「たしかに対局中は敵だけど、盤を離れたら、同じ将棋教室に通うライバルでいいんじゃないかな。ぼくは初段になったばかりだから、三段になろうとしているきみをライバルっていうのは、おこがましいけど」

ぼくの心ははずんでいた。個人競技である将棋にチームメイトはいないが、ライバルはきっといくらでもあらわれる。④勝ったり負けたりをくりかえしながら、一緒に強くなっていけばいい。

「そういえば、有賀先生のおとうさんが教えた大辻弓彦《おおつじゆみひこ》さんっていうひとが、関西の奨励会でがんばっているんだってね。大辻さんが先にプロになって、きみとぼくもプロになって、いつかプロ同士で対局できたら、すごいよね」

奨励会試験に合格するにはアマ四段の実力が必要とされる。それに試験では奨励会員との対局で五分《ごぶ》以上の星(注)をあげなければならない。合格して奨励会に入っても、四段＝プロになれるのは20パーセント以下だという。

それがどれほど困難なことか、正直なところ、ぼくにはよくわかっていなかった。でも、どれほど苦しい道でも、絶対にやりぬいてみせる。

「このあと、となりの図書館で棋譜(注)をつけるんだ。今日の、引き分けだった対局の」

ぼくが言うと、山沢君の表情がほんの少しやわらかくなった。

「それじゃあ、またね」

三つも年下のライバルに言うと、⑤ぼくはかけ足で図書館にむかった。

（佐川光晴「駒音高く」による）

(注)　大駒、入玉、馬引き＝いずれも将棋の用語。なお、馬は将棋の駒の一つ。
玉＝将棋で大将に相当する最も大切な駒。
詰ます＝相手がどう動いても次に自分が玉を取り、勝つことができる状態のこと。
詰み筋＝将棋で決着までの手順のこと。
詰め将棋をする＝王手の連続で玉を詰ませる将棋の問題を解くこと。
研修会＝ここでは、奨励会（プロ棋士養成機関）入りを目指す者の対局の場。
星をあげ(る)＝勝負に勝つこと。
棋譜＝将棋の対局の記録。

1　――線部①は、ぼくのどのような様子を表しているか。最も適当なものを次から選び、記号で答えよ。

ア　絶対に勝つと気合いを入れている様子。
イ　負けることへの恐怖を隠している様子。
ウ　大事な勝負に臨んで動揺している様子。
エ　勝利を確信して自信に満ちている様子。

2　次の文は、――線部②の理由を説明したものである。［Ⅰ］には、本文中から最も適当な九字の言葉を抜き出して書き、［Ⅱ］には、十五字以内の言葉を考えて補い、文を完成させよ。

> 最初、山沢君は、ぼくと対戦するのが［Ⅰ］のに、対戦後、詰み筋を探していたぼくに［Ⅱ］ことが意外だったから。

3　――線部③におけるぼくの気持ちの説明として、最も適当なものを次から選び、記号で答えよ。

ア　形勢は有利だったが、先生に引き分けの判定をされ、納得できないまましぶしぶ受け入れている。
イ　形勢は有利だったが、自分よりはるかに実力が上である山沢君にはかなわないとあきらめている。
ウ　形勢は有利だったが、詰み筋を見極めきれなかったぼくは、引き分けという判定に納得している。
エ　形勢は有利だったが、詰み筋を読み切れず、また山沢君に負けてしまった悔しさをこらえている。

4　次の文は、――線部④に表れた、ぼくの望む、ライバルとの関係について説明したものである。空欄に入る最も適当な四字熟語を次から選び、記号で答えよ。

> ［　　］しながら強くなっていける関係。

ア　大器晩成《たいきばんせい》　**イ**　呉越同舟《ごえつどうしゅう》　**ウ**　試行錯誤《しこうさくご》　**エ**　切磋琢磨《せっさたくま》

5　――線部⑤におけるぼくの気持ちを六十五字以内で説明せよ。

をまっすぐにおけない。
「残念だけど、今日はここまでにしよう」
　ぼくに手番がまわってきたところで、有賀先生が対局時計を止めた。
「もうすぐ3時だからね」
　そう言われて壁の時計を見ると、短針は「3」を指し、長針が「12」にかかっている。40分どころか、1時間半も対局していたのだ。
　ぼくは盤面に視線を戻した。ぼくの玉はすでに相手陣に入っていて、詰ませられることはない。山沢君も(注)入玉《にゅうぎょく》をねらっているが、10手あれば詰ませられそうな気がする。ただし手順がはっきり見えているわけではなかった。
「すごい勝負だったね。ぼくが将棋教室を始めてから一番の熱戦だった」
　プロ五段の有賀先生から最高の賛辞をもらったが、ぼくは(注)詰み筋を懸命に探し続けた。
「(注)馬引きからの7手詰めだよ」
　山沢君が悔しそうに言って、ぼくの馬を動かした。
「えっ？」
　まさか山沢君が話しかけてくるとは思わなかったので、②ぼくはうまく返事ができなかった。
「こうして、こうなって」
　(注)詰め将棋をするように、山沢君が盤上の駒を動かしていく。
「ほら、これで詰みだよ」
（なるほど、そのとおりだ）
　頭のなかで答えながら、ぼくはあらためてメガネをかけた小学2年生の実力に感心していた。
「プロ同士の対局では、時間切れ引き分けなんてない。それは(注)研修会でも、奨励会でも同じで、将棋の対局はかならず決着がつく。でも、ここは、小中学生むけのこども将棋教室だからね。今日の野崎君と山沢君の対局は引き分けとします」

　有賀先生のことばに、③ぼくはうなずいた。
「さあ、二人とも礼をして」
「ありがとうございました」
　山沢君とぼくは同時に頭をさげた。そして顔をあげたとき、山沢君のうしろにぼくの両親が立っていた。
「野崎さん、ちょっといいですか。翔太君も」
　どんな用件なのかと心配になりながら、ぼくは先生についていった。
「翔太君ですが、成長のスピードが著しいし、とてもまじめです。今日の一局も、じつにすばらしかった」
　有賀先生によると、山沢君は小学生低学年の部で埼玉県のベスト4に入るほどの実力者なのだという。来年には研修会に入り、奨励会試験の合格、さらにはプロの棋士になることを目標にしているとのことだった。
「小学5年生の5月でアマチュア初段というのは、正直に言えば、プロを目ざすには遅すぎます。しかし野崎君には伸びしろが相当あると思いますので、親御さんのほうでも、これまで以上に応援してあげてください」
　まさか、ここまで認めてもらっているとは思わなかったので、ぼくは呆然《ぼうぜん》としていた。
　１０３号室に戻り、カバンを持って出入り口にむかうと、山沢君が立っていた。ぼくより20センチは小さくて、腕も脚もまるきり細いのに、負けん気の強そうな顔でこっちを見ている。
「つぎの対局は負けないよ。絶対に勝ってやる」
「うん、また指そう。そして、一緒に強くなろうよ」
　ぼくが言うと、山沢君がメガネの奥の目をつりあげた。
「なに言ってんだよ。将棋では、自分以外はみんな敵なんだ」
　小学2年生らしいムキになった態度がおかしかったし、「自分以外はみんな敵だ」と、ぼくだって思っていた。

1　――線部③「おほいに」を現代仮名遣いに直して書け。

2　――線部①「道行く人」と同じものを表すのはどれか。＝＝線部ア～エの中から一つ選び、記号で答えよ。

ア　かの網の主　イ　鮑君　ウ　この御神　エ　かの鮑魚の主

3　――線部②「携へ持ちし鮑魚一つを網の中に入れて行き去りたる」とあるが、その理由を説明したものとして、最も適当なものを次から選び、記号で答えよ。

ア　麞と鮑魚を交換するというきまりを守ろうと考えたから。
イ　罪のない動物をむやみに取るのはよくないと考えたから。
ウ　他人の獲物を無断で取ることは悪いことだと考えたから。
エ　網の中に食べ物がないと麞がかわいそうだと考えたから。

4　次は、本文をもとにした話し合いの場面である。[Ⅰ]～[Ⅲ]に適当な言葉を補って会話を完成させよ。ただし、[Ⅰ]には本文中から最も適当な十字の言葉を抜き出して書き、[Ⅱ]・[Ⅲ]にはそれぞれ十字以内でふさわしい内容を考えて現代語で答えること。

先　生　「この話は、人々の信仰心が御利益を生むことの例として取り上げられたものです。では、どういう話か、みなさんでまとめてみましょう。」
生徒Ａ　「人々は何を信仰し、どんな御利益があったのかな。」
生徒Ｂ　「鮑魚を神と信じ鮑君として祭ったら、『[Ⅰ]』があって、それを人々は御利益と感じたんだね。」
生徒Ｃ　「その後、御利益が鮑君のおかげだとして、本文に『御社おほきに作り出して、賽の神楽の音絶ゆることなし』とあるように、人々が鮑君を[Ⅱ]ことがわかるよね。」
生徒Ｂ　「でも、最後にはその正体がわかり、先生が初めにおっしゃったことから考えると、人々が[Ⅲ]ことで、御利益もなくなってしまったんだね。」
生徒Ａ　「なるほど。これは中国の話だけど、他の国にも似たような話がないか調べてみようよ。」

4　次の文章を読んで、あとの１～５の問いに答えなさい。

小学５年生のぼく（野崎翔太《のざきしょうた》）は、有賀《ありが》先生の将棋教室で出会った小学２年生の山沢《やまさわ》君との将棋の対戦（対局）に負けた悔しさから研究を重ねてきた。二週間が経《た》ち、山沢君と再戦する機会を得た。

「前回と同じ対局になってしまうけど、それでもいいかな？　先手は野崎君で」
「はい」
ぼくは①自分を奮い立たせるように答えたが、山沢君はつまらなそうだった。
（よし。目にもの見せてやる）
ぼくは椅子にすわり、盤に駒を並べていった。
「おねがいします」
二人が同時に礼をした。序盤から(注)大駒《おおごま》を切り合う激しい展開で、80手を越えると双方の(注)玉《ぎょく》が露出して、どこからでも王手がかかるようになった。しかし、どちらにも決め手がない。ぼくも山沢君もとっくに持ち時間はつかいきり、ますます難しくなっていく局面を一手30秒以内で指し続ける。壁の時計に目をやる暇などないが、たぶん40分くらい経っているのではないだろうか。持ち時間が10分の将棋は30分あれば終わるから、ぼくはこんなに長い将棋を指したことはなかった。
「そのまま、最後まで指しなさい」
有賀先生が言って、そうこなくちゃと、ぼくは気合いが入った。かなり疲れていたが、絶対に負けるわけにはいかない。山沢君だって、そう思っているはずだ。
（勝ちをあせるな。相手玉を(注)詰ますことよりも、自玉が詰まされないようにすることを第一に考えろ）
細心の注意を払って指していくうちに、形勢がぼくに傾いてきた。ただし、頭が疲れすぎていて、目がチカチカする。指がふるえて、駒

4　次の文章は、――線部③によって期待できることについて説明したものである。［Ⅰ］・［Ⅱ］に入る最も適当な十二字の言葉を、それぞれ本文中から抜き出して書け。

> わたしたちが、対話によって自他の関係を考え、差異を知り、相互理解が可能であることを知って、［Ⅰ］することは、市民としての社会参加という意識をもつことにつながり、対話が充実した社会を構築する助けとなる可能性がある。そして、対話を積み重ね、自己の経験を見つめることで、［Ⅱ］を発見することができるので、人生の危機を乗り越えるためにも有効である。

5　本文の内容について説明したものとして、最も適当なものを次から選び、記号で答えよ。

ア　相手にわかるように話すことと、自分のオリジナリティを追求することという矛盾した課題を解決するためには、他者の思考を整理・調整することが必要である。

イ　自分の語る内容を相手に伝え、影響力のあるものとして理解してもらうためには、対話の前後で変化することのない自分の意見を強く主張することが必要である。

ウ　あらゆる社会的な問題を自分の問題としてとらえて、相対化したうえで説得力のある意見を導き出すためには、さまざまな人との相互的なやりとりが必要である。

エ　よりよい対話のためには、自己の意見と他者の意見との相違点をもとにして、新たな意見にまとめていくことのできる対話の技術を向上させることが必要である。

3

次の文章を読んで、あとの1～4の問いに答えなさい。

昔、（注）汝南《じょなん》の人、田の中に網を設けて（網を張って）、（注）麏《くじか》を捕らんとす。やがて麏かかりけれど、その網の主いまだ来《きた》らざりしに、①道行く人のあるが麏をば盗みてけり。さりとも人の取り得たらんものをあやなく（理由もなく）取りなんも罪深しと思ひて、その麏の代はりに、②携へ持ちし（注）鮑魚《はうぎょ》一つを網の中に入れて行き去りたる程に、アかの網の主来りて、鮑魚の網の中にあるを見て、このものここにあるべしとも覚えず、いかさまにも（どう考えても）（注）現神《あらがみ》のあらはれさせたまふにこそあめれ（現れなさいましたのであろう）と③おほいにあやしむ（不思議に思った）。村の者ども皆寄り集まりて、やがて（注）祠《ほこら》を建て入れまゐらせ、イ鮑君と名づけまゐらせけり。村の者ども病さまざま癒ゆることあれば、ウこの御神の恵みによりしところなりとて斎《いつ》き祭るほどに、御社おほきに作り出《いだ》して、（注）賽《さい》の神楽《かぐら》の音絶ゆることなし。まことにめでたき御神にぞありける。七、八年ほど経て、エかの鮑魚の主この御社のほとり過ぎて、「いかなる御神のかくはあらはれさせたまふらむ」といふに、己が留《とど》め置きし鮑魚なりける。「あなあさまし（ああ驚きあきれたことだ）、それは自らが留め置きしものを」といひければ、かの霊験《れいげん》の事どももたちまち止《や》みにける。

（「鬼神論」による）

（注）汝南＝地名。中国の河南省の県名。　麏＝シカ科の小動物。
鮑魚＝魚の干物《ひもの》。または、あわび。　現神＝霊験（御利益《ごりやく》）のある神。
祠＝神を祭るための小さな社。
賽の神楽＝神から受けた福に報いるために奏する舞楽。

どんな社会的な問題でも、わたしたちはそれぞれの個をくぐらせて、その問題を見つめています。この「私」と問題とのかかわりが、異なる視点と出会い、対話を通して相互の「個」が理解に至ったとき、「わかった、わかってもらった」という実感が喜びをともなって立ち現れてくるのです。この実感がわたしたちに②個人としての存在意義をもたらすものになるのでしょう。そこには、よりよく生きようとするわたしたちの意志とそのためのことばが重なるのです。

対話は、わたしたち一人ひとりの経験の積み重ねを意味します。知らず知らずのうちにさまざまな人との対話を積み重ねてきた経験を一度振り返り、そのことによって、これからのよりよい生活や仕事、あるいは人生のためにもう一度、新しい経験を築いていこうとすること、これが対話について考えることだと、わたしは思います。

一般に対話というと、「Aという意見とBという意見の対立からCという新たなものを生み出す」というような技術論としてとらえられがちですが、ここでは、対話というものを、もう少し大きく、あなた自身のこれからの生き方の課題として向き合ってみようと提案しています。その方法もそれほど限定せず、自由に考えていいと思います。そして、③この対話をデザインするのは、あなた自身に他なりません。

対話は、何かを順番に覚えたり記憶したりするものではありません。他者とのやりとりによって自分の考えをもう一度見直し、さらに自分の意見・主張にまとめていく。この過程で、自分と相手との関係を考え、それぞれの差異を知ることで相互理解が可能であることを知ります。

さらに、自分と相手を結ぶ活動の仲間たちがともにいるという認識を持てば、個人と社会との関係を自覚せざるを得ません。そこから、「社会とは何か」という問いが生まれ、その問いは、市民としての社会参加という意識につながります。こうした活動によって、テーマのある対話が展開できるような、そういう社会が構築される可能性も生まれます。

一〇年後、二〇年後の自分の人生はどのようなものだろうか。この迷いの中で、自分にとっての過去・現在・未来を結ぶ、一つの軸を見《み》出《いだ》すことは、希望進路や職業選択につながっていくプロセスであるばかりでなく、現在の生活や仕事などで抱えている不満や不安、人生のさまざまな局面における危機を乗り越えるためにとても有効でしょう。

さまざまな出会いと対話によって自己の経験を可視化する作業は、自分自身の興味・関心に基づいた、生きる目的としてのテーマの発見に必ずやつながるからです。

（細川英雄「対話をデザインする―伝わるとはどういうことか」による）

(注) オリジナリティ＝ここでは、他からの借り物でない、自分のことば。または、それによって表される考え。
テーマ＝ここでは、様々な日常の話題の中で、相手と一歩踏み込んで話し合うために必要なもの。

1 本文中の［a］・［b］にあてはまる語の組み合わせとして、最も適当なものを次から選び、記号で答えよ。

ア（a ところが　b たとえば）
イ（a しかし　b なぜなら）
ウ（a そして　b しかも）
エ（a つまり　b したがって）

2 ――線部①と同じ品詞のものを、本文中の＝＝線部**ア**～**エ**の中から一つ選び、記号で答えよ。

3 ――線部②とあるが、「個人としての存在意義」はどのようなときにもたらされるか。この段落までの内容を読んで、六十五字以内で説明せよ。

令和二年度　鹿児島県公立高校入試問題　国語

（解答…205P）

1 次の１・２の問いに答えなさい。

１　次の――線部①～⑥のカタカナは漢字に直し、漢字は仮名に直して書け。

今日は、先輩たちの中学校生活最後の試合だ。会場には、先輩たちの①イサましい姿を見届けようと、多くの②観衆がつめかけている。私たちは、先輩たちの勝利を③祈って、応援席に横断④マクを掲げた。チームをヒキいる主将は、それを見て、「どんな状況でも⑤レイセイさを失わず、みんなでがんばります。」と勝利を⑥誓った。

２　次は、１の文章中の═線部の漢字を行書で書いたものである。これを楷書で書いたときの総画数を答えよ。

2 次の文章を読んで、あとの１～５の問いに答えなさい。

相手にわかるように話すことと、自分の(注)オリジナリティを追求することは、一見矛盾する反対のことのように感じる人もいるかもしれません。［ a ］、この二つは、それぞれバラバラに存在するものではないのです。

伝えたいことを相手にわかるように話すことが自分と他者の関係における課題であるのに対し、オリジナリティを出すということは、自己内の思考を整理・調整する課題であるといえます。①この二つをどのようにして結ぶかということが、対話という活動の課題でもあります。

どんなにすぐれたもののつもりでも相手に伝わらなければ、ア単なる独りよがりに過ぎません。また、「言っていることはわかるが、あなたの考えが見えない」というようなコメントが相手から返ってくるようでは、個人の顔の見えない、中身のないものになってしまいます。

一人ひとりのオリジナリティを、どのようにして相手に伝えるか、ということが、ここでの課題となります。

ここで、自分の考えを相手にも受け止めてもらうという活動が必要になります。これをインターアクション（相互作用）と呼びます。インターアクションとは、さまざまな人との相互的なやりとりのことです。自分の内側にある「伝えたいこと」を相手に向けて自らの表現として発信し、その表現の意味を相手と共有し、イそこから相手の発信を促すことだと言い換えることもできるでしょう。

(注)テーマを自分の問題としてとらえることで徹底的に自己に即しつつ、これをもう一度相対化して自分をつきはなし、ウ説得力のある意見を導き出すためには、さまざまな人とのインターアクションが不可欠であるといえます。このインターアクションによって、今まで見えなかった自らの中にあるものがエ次第に姿を現し、それが相手に伝わるものとして、自らに把握されるとき、自分のことばで表現されたあなたのオリジナリティが受け止められ、相手にとっても理解できるものとして把握されたとき、対話は次の段階にすすむと考えることができます。

相手に伝わるということは、それぞれのオリジナリティをさまざまな人との間で認め合える、ということであり、自分の意見が通るということとは、その共有化されたオリジナリティがまた相手に影響を及ぼしつつ、次の新しいオリジナリティとしてあなた自身の中でとらえなおされるということなのです。これこそが対話という活動の意味だということができるでしょう。

そして、あなたの語る内容に相手が賛同してくれるかどうかが、対話での最終的な課題となります。［ b ］、さまざまな人間関係の中で、わたしたちを結びつけているのは、「わかった、わかってもらった」という共通了解の実感だからです。

令和２年度　鹿児島県公立高校入試問題　英　語

（解答…209Ｐ）

1　**聞き取りテスト**　英語は１と２は１回だけ放送します。３以降は２回ずつ放送します。メモをとってもかまいません。

1　これから，Taro と Mary との対話を放送します。二人の明日の予定を表す絵として最も適当なものを下のア～エの中から一つ選び，その記号を書きなさい。

ア

イ

ウ
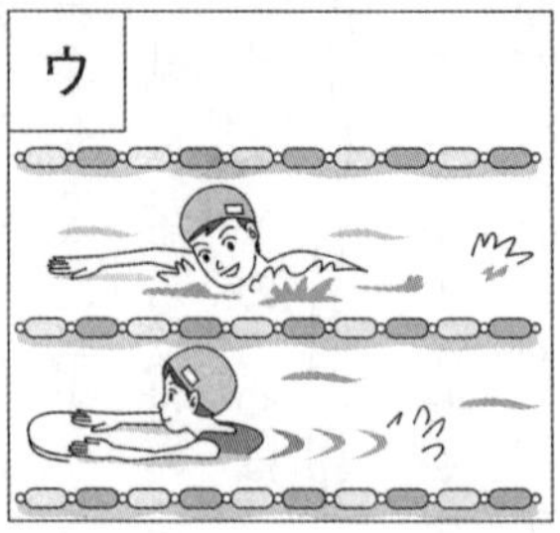

エ
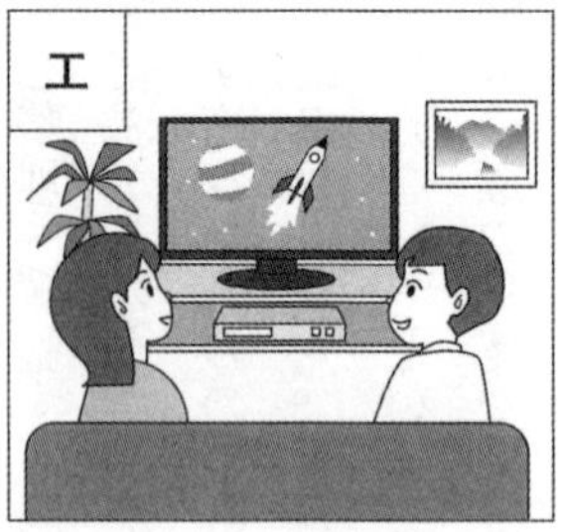

2　これから，George と Tomoko との対話を放送します。二人が対話をしている場面として最も適当なものを下のア～エの中から一つ選び，その記号を書きなさい。

ア　GeorgeがTomokoと山に登っている場面。　イ　GeorgeがTomokoと写真を撮っている場面。
ウ　GeorgeがTomokoに絵を見せている場面。　エ　GeorgeがTomokoに土産を渡している場面。

3　これから，Emi が英語の授業で行った発表を放送します。Emi は家の手伝いについてクラスメートを対象に調べたことを３枚の絵や資料を見せながら発表しました。Emi は下のア～ウをどのような順番で見せたでしょうか。正しい順番になるように絵や資料を並べかえ，その記号を書きなさい。

ア
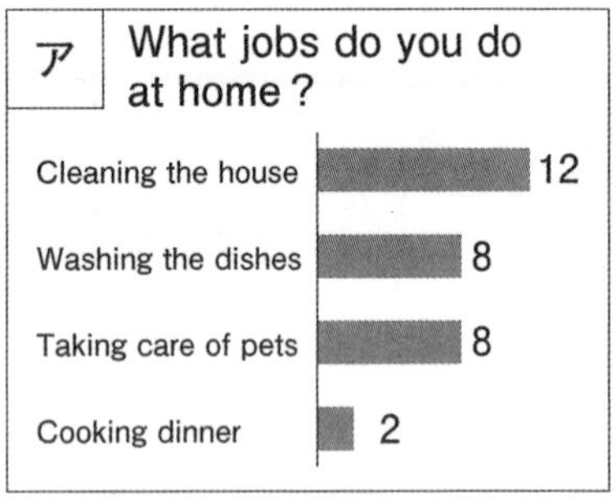

イ

ウ
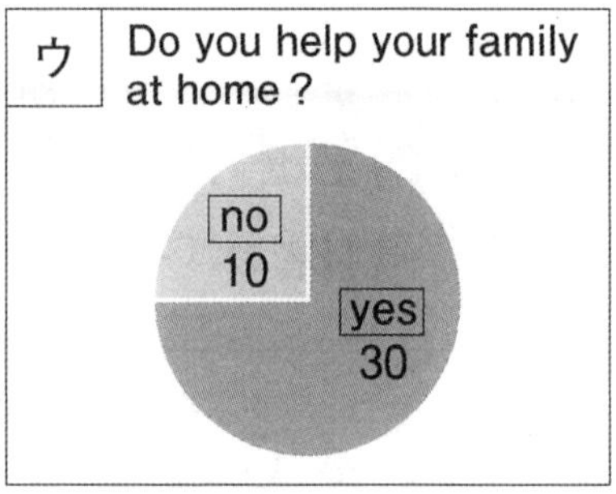

4　これから，Peter と Aki との対話を放送します。下の英文は，その対話をした日の夜，Aki が Peter に送ったメール文です。対話を聞いて，①，②にそれぞれ英語１語を書きなさい。

> Hi, Peter. I enjoyed the concert today. I am happy because I can (　①　) how to play the violin from you. I will see you at your house on (　②　).

5　これから，Shota が英語の授業で行ったスピーチを放送します。スピーチの後に，その内容について英語で三つの質問をします。⑴，⑵はその質問に対する答えとして最も適当なものを下のア～エの中からそれぞれ一つ選び，その記号を書きなさい。⑶は英文が質問に対する答えとなるように，[　　　　]に入る適切な英語を書きなさい。

⑴　ア　To a famous library.　　イ　To a history museum.
　　ウ　To good restaurants.　　エ　To some temples.

⑵　ア　They made *sushi*.　　イ　They talked about Kyoto.
　　ウ　They found interesting books.　　エ　They bought some presents.

⑶　He began to [　　　　　　　　].

6　これから，Naomi と Sam との対話を放送します。その中で，Naomi が Sam に質問をしています。Sam に代わってあなたの答えを英文で書きなさい。２文以上になってもかまいません。書く時間は１分間です。

2 次の1～4の問いに答えなさい。

1　次は，Aya と姉 Kaori のクラスメートである Linda との電話での対話である。下の①，②の英文が入る最も適当な場所を対話文中の〈 ア 〉～〈 エ 〉の中からそれぞれ一つ選び，その記号を書け。

① But can I leave her a message?　② She isn't home now.

Linda : Hello. This is Linda. May I speak to Kaori?
Aya : I am sorry. 〈 ア 〉
Linda : What time will she come back? 〈 イ 〉
Aya : Well, I don't know. Do you want her to call you later?
Linda : No, that's OK. 〈 ウ 〉
Aya : Sure.
Linda : We were going to meet at six this evening, but I want to change the time. 〈 エ 〉 Could you tell her to come at seven?
Aya : I see. I will tell her.

2　次は，Hikari と留学生の Bob との対話である。駅のお知らせ（announcement）を参考にして，（ ① ），（ ② ），（ ④ ）にはそれぞれ英語1語を，[③]には4語以上の英語を書け。

Hikari : Hi, Bob. You look worried. What's the matter?
Bob : Hi, Hikari. There are many people here today. What is happening? This may be an announcement about the train for Hanayama, but I can't read Japanese. Can you tell me what it says?
Hikari : OK. The train has （ ① ） because of the heavy rain.
Bob : Really? When will the train run again?
Hikari : The announcement doesn't say, so I don't know how （ ② ） you should wait for the next train.
Bob : Oh, no! I have to go to Hanayama today.
Hikari : Then, [③]. It leaves from bus stop No.5. Now it is 12:10, so you have （ ④ ） minutes before the next bus leaves.
Bob : Thank you for helping me, Hikari.
Hikari : You're welcome.

（お知らせ）
花山行きの電車について

大雨のため，運転を見合わせております。運転再開の見通しは立っておりません。
ご迷惑をおかけいたしますが，お急ぎの方はバスをご利用下さい。
なお，花山行きのバスは12時から30分ごとに5番乗り場から出ています。

3　右の絵において，①，②の順で対話が成り立つように，①の吹き出しの[　　]に3語以上の英語を書け。

①
This notebook has no name.
?
②
Oh, it's mine.
Thank you.

4　下の絵は，英語の授業中のある場面を表している。場面に合うように，Haruto になったつもりで，次の[　　]に20語以上のまとまりのある英文を書け。2文以上になってもかまわない。ただし，同じ表現を繰り返さないこと。また，符号（，や？など）は語数に含めない。

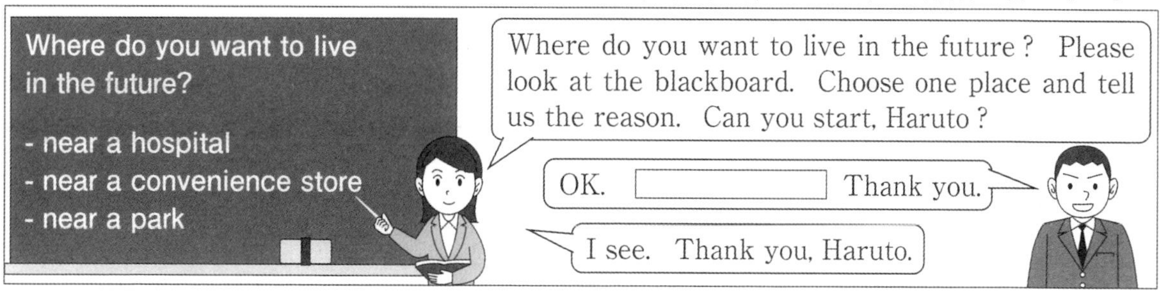
Where do you want to live in the future?
- near a hospital
- near a convenience store
- near a park
Where do you want to live in the future? Please look at the blackboard. Choose one place and tell us the reason. Can you start, Haruto?
OK. [　　] Thank you.
I see. Thank you, Haruto.

3 次のⅠ～Ⅲの問いに答えなさい。

Ⅰ 次は，ALT の Andrew 先生と Tomoki との対話である。対話文中の [①] ～ [③] に入る最も適当なものを下の**ア**～**エ**の中からそれぞれ一つ選び，その記号を書け。

Andrew : What did you do during your winter vacation?

Tomoki : I studied a lot for the tests in March. [①]

Andrew : Me? I went to Koshikishima. It is famous for its traditional event, "*Toshidon* in Koshikishima*". Have you ever heard about it?

Tomoki : Yes, but I don't know a lot about it. [②]

Andrew : My friend in Koshikishima told me about it. It was registered on* UNESCO's Intangible Cultural Heritage List*. Every December 31, "*Toshidon*" goes to people's houses to wish for children's healthy growth*. [③]

Tomoki : Yes. I want to be a social studies teacher in the future, so I would like to know about events like that.

Andrew : Please read books about such events after your tests.

Tomoki : Yes, I will.

注 *Toshidon* in Koshikishima　甑島のトシドン（行事名または来訪神の名）
be registered on ～　～に登録される
UNESCO's Intangible Cultural Heritage List　ユネスコ無形文化遺産リスト
wish for children's healthy growth　子どもの健全な成長を願う

ア Do you remember the event?　　**イ** Are you interested in this event?
ウ How did you know about it?　　**エ** How about you?

Ⅱ 高校生の Riko が書いた次の英文を読み，あとの問いに答えよ。

This summer, I joined the Inter-High School Competition* as one of the volunteers. This was my first experience as a volunteer. We danced and sang some songs in Kagoshima dialect* at the opening ceremony*.

The volunteers came from different high schools, so we practiced together only on Saturdays and Sundays. At first, we were too nervous to speak to each other. A month before the opening ceremony, our teacher said, "Each of you is working hard, but as a team, you should communicate with* each other." After we practiced that day, all the volunteers stayed and talked about our problems for the first time. Then we decided to have a meeting after every practice. By sharing our ideas, our performance* got better.

At the opening ceremony, we did our best and many people who saw our performance gave us a big hand*. That made me very happy. Our teacher said, "You did a great job! Your performance was wonderful!"

From that experience, I learned an important thing. [　　　] is important when we work together. If we do so, we can make something better. This experience will be useful in my life.

注 the Inter-High School Competition　全国高等学校総合体育大会　　dialect　方言
opening ceremony　開会式　　communicate with ～　～とコミュニケーションをとる
performance　演技　　gave us a big hand　盛大な拍手をした

1　次の(1)，(2)の質問に対する答えを本文の内容に合うように英文で書け。

(1)　The volunteers practiced together only on weekends.　Why ?

(2)　How did Riko feel after the performance at the opening ceremony ?

2　［　　　］の中に入る最も適当な英語を本文中から３語で抜き出して英文を完成させよ。ただし，文頭にくる語は，最初の文字を大文字にすること。

Ⅲ　Ken と Ann はハンバーガー店に来て，メニューを見ながら何を注文するのか話している。1，2について，メニューをもとに，二人がそれぞれ注文するものとして最も適当なものを下のア～エの中からそれぞれ一つ選び，その記号を書け。なお，表示は税込価格とする。

MENU

Hamburgers	
hamburger (100% beef)	$3.00
cheeseburger (100% beef / cheese)	$3.50
fish burger (fish / onion)	$4.00
chicken burger (chicken / onion)	$4.50
big burger (100% beef×2)	$5.50
rice burger (teriyaki chicken / onion)	$5.70
special burger (100% beef×2 / egg / cheese)	$6.50

Side Menu	
French fries (M) / (L)	$2.60 / $3.20
green salad	$3.60
hot chicken salad	$4.80
ice cream	$2.30
apple pie	$2.60

Drinks	
orange juice	$2.25
apple juice	$2.25
coffee	$1.50
tea	$1.50

（例）$2.50＝2ドル50セント（1ドル＝100セント）

1　Ken said, "I want to eat chicken and something cold."

ア　A hamburger and an apple juice　　イ　A special burger and a green salad
ウ　A rice burger and an ice cream　　エ　A chicken burger and a French fries (M)

2　Ann said, "I want something to eat and drink, but I don't want to eat beef.　I only have $6.50."

ア　A big burger and an orange juice　　イ　A chicken burger and an apple juice
ウ　A cheeseburger and a coffee　　エ　A fish burger and a tea

4 次の英文を読み，1～7の問いに答えなさい。

Mike started playing soccer when he was six years old. He enjoyed playing soccer with his friends. When he entered junior high school, he became one of the best players on his team. He felt very happy when he and his team members performed well* and won their games. In the third year, he practiced hard for the last tournament. However, one day in April, while he was riding his bike to soccer practice, he fell* and broke* his right leg. He couldn't move. So he was carried to a hospital. The doctor said to Mike, "You can't use your right leg for a few months." He was very disappointed* to hear that.

Three months later, his leg got better and he started practicing soccer again with his team. However, Mike couldn't play soccer as well as his team members. ①<u>He felt very sad about this</u>, and began to lose his motivation* to play soccer. He sometimes didn't go to practice. Then one day, the coach* said to him, "Mike, you can't join the last tournament as a player." He was very shocked* and didn't go to practice from that day.

A week later, his father said to Mike, "Today I'm going to watch a soccer game played by little children in the park. I want to cheer for* my friend's son. [②]?" At first Mike said, "I don't want to go," but he finally agreed because his father asked him again and again.

They went to the park to watch the game. Some children were very good players and the game was very exciting. About five minutes before the end of the game, one boy joined the game. Mike soon found something different about the boy. He couldn't run quickly and sometimes fell. Mike's father said to Mike, "That boy is my friend's son, John. He was born with a problem with his right leg. He can't even walk well." Mike was very surprised and said, "Why did he choose to play soccer? I think there are many other things he can do more easily." His father answered, "Look at him. He is running after the ball the hardest of all his team members. I think that [③]."

After the game, Mike spoke to John. Mike said, "Hello, John. I am Mike. Do you like playing soccer?" John answered, "Yes, I do. I can't run quickly, but I can play with a ball. I love soccer. I'm very happy when I play soccer with my friends." Mike was shocked to hear his words and ④<u>asked himself, "What am I doing?"</u>

That day became a big day for Mike. He remembered that he was happy nine years ago. He started playing soccer at that time. He really enjoyed soccer when he was little. He thought this was very important and began to practice soccer with his team members again. He knew that he would not play in the last tournament, but he enjoyed running and playing with his friends.

At the tournament, he did his best to help and cheer for his team members. It was fun to be with his team members. After the last game in junior high school, he felt fulfilled*. He decided to play soccer in high school.

注 performed well 活躍した　fell 転んだ　broke 折った　disappointed 失望した
motivation やる気　coach コーチ　shocked ショックを受けた　cheer for ～ ～を応援する
fulfilled 充実した

1　次のア～ウの絵は，本文のある場面を表している。話の展開に従って並べかえ，その記号を書け。

2　下線部①において，Mike は具体的にどのようなことに対して悲しいと感じたのか，30字程度の日本語で書け。

3　［　②　］に，本文の内容に合うように5語以上の英語を書け。

4　［　③　］に入る最も適当なものを下のア～エの中から一つ選び，その記号を書け。

ア　he runs faster than the other members
イ　he is going to stop playing soccer
ウ　soccer is something special to him
エ　playing soccer is boring for him

5　下線部④における Mike の気持ちとして最も適当なものを一つ選び，その記号を書け。

ア　誇らしい気持ち　　　イ　ほっとした気持ち
ウ　うらやましい気持ち　エ　情けない気持ち

6　本文の内容に合っているものを，下のア～オの中から二つ選び，その記号を書け。

ア　Mike fell when he was going to soccer practice by bike, and he was carried to a hospital.
イ　Mike was very shocked to hear that he couldn't play soccer in the last tournament.
ウ　Mike was excited when his father told him about a soccer game played by little children.
エ　Mike was surprised because John spoke to his team members before the end of the game.
オ　Mike remembered his younger days and wanted to practice soccer again, but he couldn't.

7　次は，中学校での最後の試合が終わった後の Mike と Mike の父親との対話である。Mike に代わって［　　　］に10語以上の英文を書け。2文以上になってもかまわない。また，符号（，や？など）は語数には含めない。

Father : How was the tournament?
Mike : I couldn't play, but I felt fulfilled. Dad, we watched a soccer game played by little children. Do you remember it? That day was a big day for me.
Father : What do you mean?
Mike : Before I broke my leg, I played soccer just to perform well and win games.
［　　　　　　　　　　　　　　　　　　］
Father : You learned an important thing from him, right?
Mike : Yes. John is my little teacher.

令和２年度　鹿児島県公立高校入試問題　社　会

（解答…213Ｐ）

1　次のⅠ～Ⅲの問いに答えなさい。答えを選ぶ問いについては一つ選び，その記号を書きなさい。

Ⅰ　次の略地図を見て，１～６の問いに答えよ。

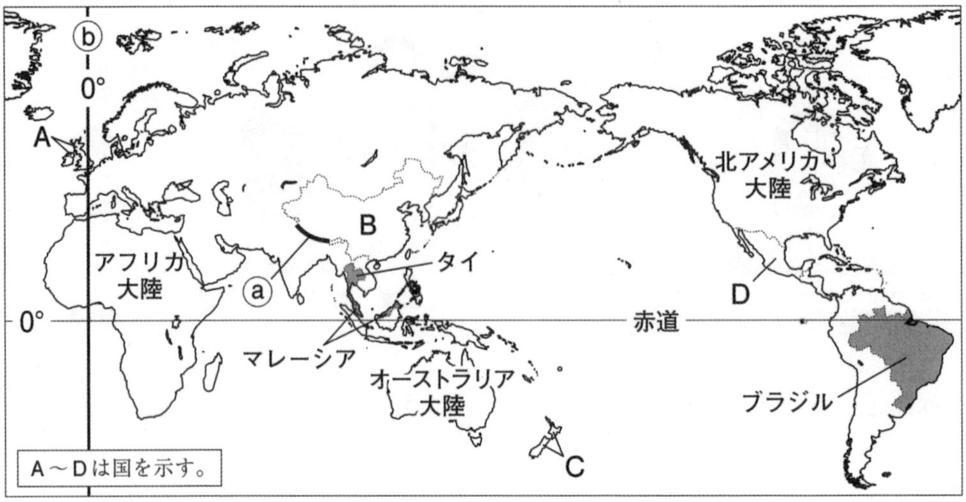

１　略地図中のⓐは，標高 8000 m をこえる山々が連なる山脈である。この山脈の名称を答えよ。

２　略地図中のⓑは，経度の基準となる経線である。これを何というか。**漢字５字**で書け。

３　略地図中のＡ～Ｄ国について述べた文として最も適当なものはどれか。

ア　Ａ国では，季節風の影響で降水量が多く，茶の栽培が盛んである。

イ　Ｂ国では，西部の乾燥地域を中心に米の二期作が盛んである。

ウ　Ｃ国では，先住民のマオリの文化を尊重する取り組みが行われている。

エ　Ｄ国では，主な言語としてフランス語を使用する人々の数が最も多い。

４　略地図中の**ブラジル**のアマゾン川流域で行われてきた次の文のような農業を何というか。

森林や草原を焼きはらい，その灰を肥料にして作物を栽培する農業。数年すると土地がやせて，作物が育たなくなるため，別の場所に移動して，これをくり返す。

５　**資料１**は，略地図中の**アフリカ大陸**，**オーストラリア大陸**，**北アメリカ大陸**について，それぞれの大陸における気候帯の分布割合を示したものである。**アフリカ大陸**にあてはまるものは**ア～ウ**のどれか。

資料１

気候帯＼大陸	ア	イ	ウ
熱帯	16.9%	38.6%	5.2%
乾燥帯	57.2%	46.7%	14.4%
温帯	25.9%	14.7%	13.5%
冷帯（亜寒帯）	—	—	43.4%
寒帯	—	—	23.5%

（地理統計要覧2019年版から作成）

６　略地図中の**タイ**や**マレーシア**について，(1)，(2)の問いに答えよ。

(1)　日本やアメリカの企業は，**タイ**や**マレーシア**など，東南アジアの国々へ進出している。その理由を**資料２**を参考に書け。ただし，**生産**ということばを使うこと。

(2)　外国企業の進出もあり，**タイ**や**マレーシア**では**資料３**に見られるような変化があった。**タイ**や**マレーシア**の輸出品目と輸出総額の変化の特徴について，**資料３**をもとに答えよ。

資料２　**各国の主要都市における製造業従事者の月額平均賃金**

	月額平均賃金
日　　本	2339ドル
アメリカ	3144ドル
タ　　イ	338ドル
マレーシア	321ドル

統計年次は2017年
（日本貿易振興機構資料から作成）

資料３　**タイとマレーシアの輸出品目と輸出総額**

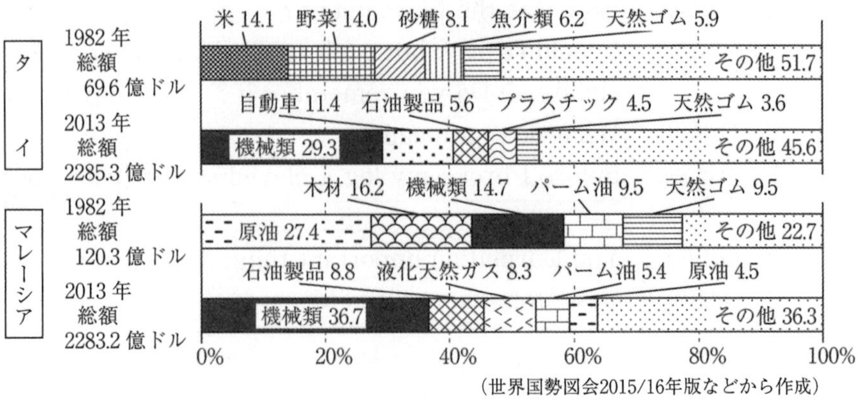

（世界国勢図会2015/16年版などから作成）

Ⅱ　次の略地図を見て，１～６の問いに答えよ。

１　略地図中の [symbol] で示した九州南部には火山からの噴出物が積もってできた台地が広がっている。このような台地を何というか。

２　略地図中の**A**には，北部に世界遺産に登録されている合掌造りで有名な白川郷がある。この都道府県名を書け。

３　次の**X**～**Z**は，略地図中のⓐ～ⓤのいずれかの都市の月別平均気温と月別降水量を示したものである。**X**が示す都市はⓐ～ⓤのうちどれか。

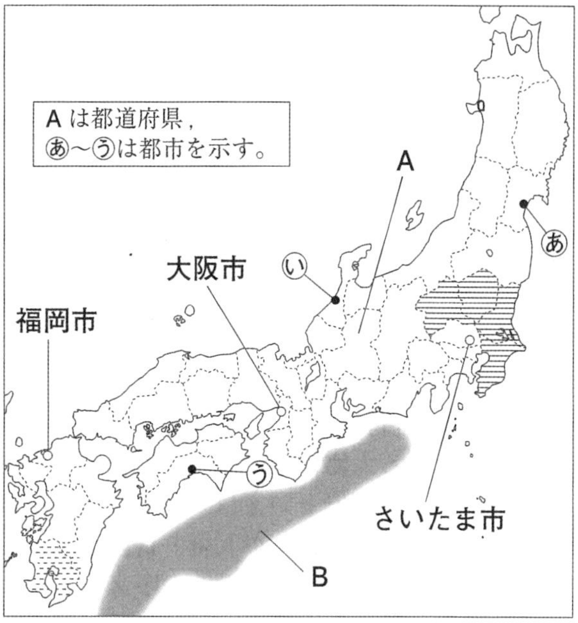

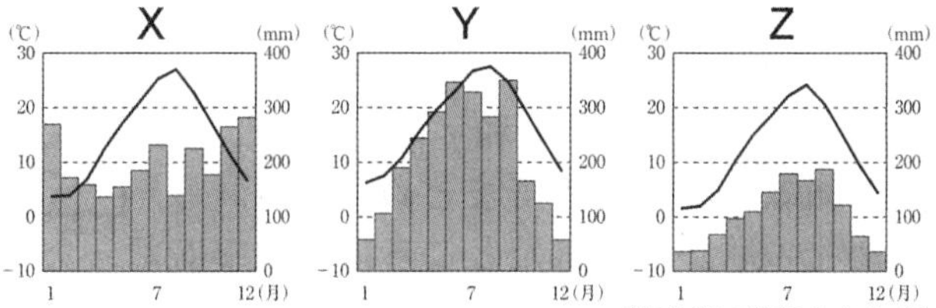

（気象庁の資料から作成）

４　略地図中の [symbol] は，2017年の乳用牛の飼育頭数上位８位までの都道府県のうち，関東地方にある４県を示している。この４県に関して述べた次の文の [　　　] に適することばを補い，これを完成させよ。ただし，**時間**ということばを使うこと。

> この４県には，生産した生乳を，[　　　] ことができるという，共通する特色がある。

５　略地図中の**B**は，メタンハイドレートが海底に存在する可能性があるとされている海域の一部を示している。メタンハイドレートは，天然ガスの主成分であるメタンガスを含んだ氷状の物質で，日本の排他的経済水域内に多く埋蔵されると推定され，実用化が期待されている。その理由を**資料１**を参考にして書け。

資料１　主な国のエネルギー自給率（%）

日 本	アメリカ	中 国	オーストラリア
8.3	88.4	79.8	301.0

統計年次は2016年
（世界国勢図会2019/20から作成）

６　**資料２**は略地図中の**さいたま市**，**大阪市**，**福岡市**の昼夜間人口比率を示したものである。**さいたま市**に該当するものを**ア**，**イ**から選び，そのように判断した理由を書け。ただし，理由には**通勤**や**通学**ということばを使うこと。

資料２

都市名	**大阪市**	ア	イ
昼夜間人口比率(%)	131.7	110.8	93.0

※昼夜間人口比率＝昼間人口／夜間（常住）人口×100
統計年次は2015年
（総務省統計局資料から作成）

Ⅲ　次は，中学生の**A**さんが**資料**を参考に自宅周辺の防災についてまとめたレポートである。**A**さんのレポートを完成させよ。ただし，[X] には，[arrow] で示した**経路ⓐ**か**経路ⓘ**のいずれかを選択し，解答用紙のあてはまる方を [ellipse] で囲み，[Y] には**A**さんがそのように判断した理由として考えられることを**資料**から読み取って書け。

資料

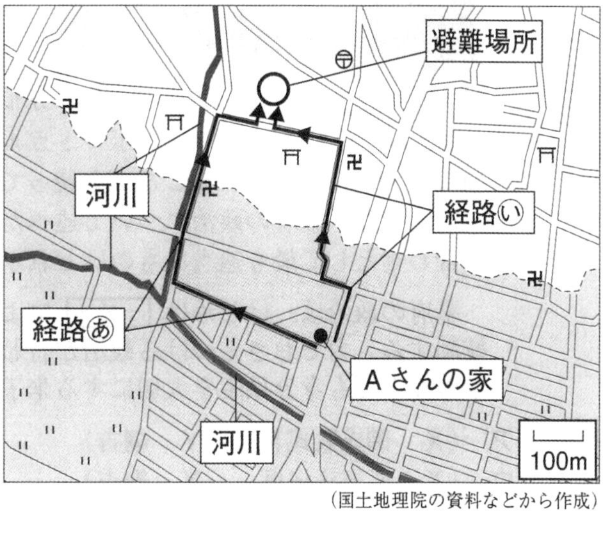

（国土地理院の資料などから作成）

Aさんのレポート

> この**資料**の中には，洪水のときに浸水する可能性がある地域が示されており，これによると，私の家も浸水予想地域に含まれています。大雨などにより洪水のおそれがあり**避難場所**に避難しなければならなくなったときの経路としては，この**資料**で考えると [X] を選ぶべきです。それは，[Y] からです。

※Aさんの家から**経路ⓐ**，**経路ⓘ**を通って避難する際には，障害物や交通遮断などはないものとして考えること。
※**資料**中の ------- 線は，浸水予想地域の境界線を示す。

2 次のⅠ～Ⅲの問いに答えなさい。答えを選ぶ問いについては一つ選び，その記号を書きなさい。

Ⅰ 次は，ある中学生が大宰府にゆかりのある人物についてまとめたA～Dのカードと，生徒と先生の会話である。1～6の問いに答えよ。

A 最澄	B ⓐ鑑真	C 菅原道真	D 足利尊氏
比叡山で修行し大宰府を経由して中国に渡り，仏教を学ぶ。帰国後，天台宗を広める。	日本で仏教を広めるために，中国から来日。鹿児島に到着し，奈良にいたる途中で大宰府を訪れる。	朝廷内の要職につき，ⓑ遣唐使の停止を提言。権力争いに敗れ，大宰府に追いやられる。	建武の新政で後醍醐天皇と対立し，九州へ。大宰府で軍を立て直し，京都で新政権を樹立する。

生徒：古代日本の軍事・外交の要《かなめ》となった大宰府に興味をもったので，大宰府にゆかりのある人物について調べてみました。

先生：大宰府といえば，元号「令和」に関係があります。「令和」の出典は，奈良時代末に大伴家持らが天皇・貴族や農民などの和歌を広く集めてまとめたとされる『［　　　］』の中の，梅花の歌の序文です。この梅花の歌がよまれたところは，大宰府だったといわれています。ところで，足利尊氏も大宰府にゆかりがあることをよく調べましたね。

生徒：博物館で開催されたⓒ室町時代の将軍に関する特別展を見に行き，そこで知りました。

先生：そうでしたか。大宰府は，古代の終わりとともに軍事・外交の要としての歴史的役割を終えることになりましたが，その後，ⓓ江戸時代に福岡藩が行った調査などをきっかけとして，注目されるようになったのですよ。

※表記については，大宰府で統一。

1 会話文中の［　　　］にあてはまる最も適当なことばを書け。

2 ⓐが来日した8世紀の日本と中国の関わりについて述べた文として最も適当なものはどれか。

ア 執権北条時宗のとき，文永の役・弘安の役と二度にわたり元軍の襲来をうけた。

イ 唐の都長安にならった平城京が，律令国家の新しい都としてつくられた。

ウ 明の求めに応じて倭寇の取り締まりが強化され，勘合貿易が始まった。

エ 邪馬台国の女王卑弥呼は魏に使者を送り，魏の皇帝から倭王の称号を与えられた。

3 ⓑに関して，遣唐使などがもたらした唐風の文化を基礎としながら，日本の風土や生活にあった国風文化が摂関政治のころに発達した。この文化に最も関係の深いものはどれか。

ア

イ

ウ

エ

4 ⓒの後半の戦国時代のころ，ポルトガル人やスペイン人は，アジアへの新航路を開拓し，日本にも来航するようになった。ポルトガル人やスペイン人が新航路を開拓した理由を，**イスラム商人**，**価格**，**直接**ということばを使って書け。

5 ⓓに関して，幕府の政治について述べた次の文の［X］，［Y］にあてはまることばの組み合わせとして最も適当なものはどれか。

幕府の政治は，はじめは［X］によって大名の築城や結婚などに規制を設けて大名を統制する，力でおさえつける政治が行われていた。その後，5代将軍徳川［Y］は，儒学のなかでも身分秩序を大切にする朱子学などの学問を重視する政治への転換を行った。

ア（X 御成敗式目　Y 綱吉）　イ（X 御成敗式目　Y 吉宗）

ウ（X 武家諸法度　Y 綱吉）　エ（X 武家諸法度　Y 吉宗）

6 A～Dのカードを，年代の古い順に並べよ。

Ⅱ　次の略年表を見て，1～6の問いに答えよ。

年	主なできごと	
1867	ⓐ大政奉還が行われる	↑
1877	鹿児島の士族らが ① 戦争をおこす	A
1894	ⓑ日清戦争がおこる	↓
1914	ⓒ第一次世界大戦がおこる	
1972	② が日本に復帰する	↑
1990	東西ドイツが統一される	↓ B

資料1

1　表の ① ， ② にあてはまる最も適当なことばを書け。ただし， ① は**漢字**で書くこと。

2　**資料1**は，ⓐに関するものである。ⓐに対して，武力による倒幕をめざす勢力が天皇中心の政治にもどすために宣言したものは何か。

3　Aの時期の日本のできごとを，次の**ア**～**エ**から三つ選び，年代の古い順に並べよ。

ア　政府を退いていた板垣退助らが民撰議院設立建白書を政府に提出した。
イ　満25歳以上のすべての男子に選挙権を与える普通選挙法が成立した。
ウ　新しい政治の方針を内外に示す形で五箇条の御誓文が発布された。
エ　天皇から国民に与えるという形で大日本帝国憲法が発布された。

4　ⓑの直前に行われた条約改正について述べた次の文の X ， Y にあてはまることばの組み合わせとして最も適当なものはどれか。

> 条約改正に消極的だった X は，日本が近代国家のしくみを整えたことを背景にして，日本との改正交渉に応じるようになった。政府は， Y 外相のときに， X と条約を結び，領事裁判権（治外法権）の撤廃に成功した。

ア　（X　イギリス　　Y　小村寿太郎）
イ　（X　イギリス　　Y　陸奥宗光）
ウ　（X　ロシア　　Y　小村寿太郎）
エ　（X　ロシア　　Y　陸奥宗光）

資料2　物価と賃金の推移

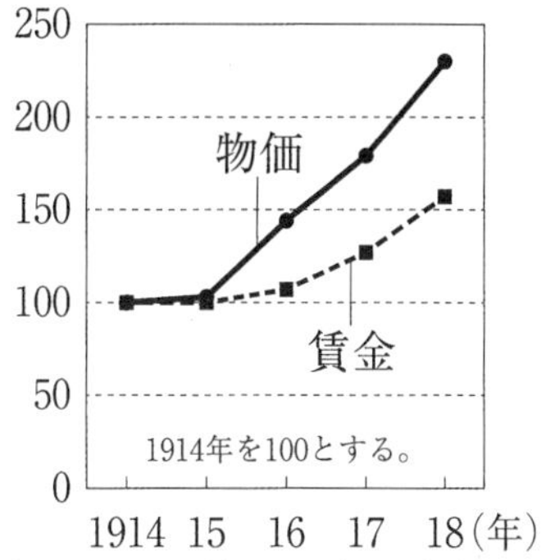

（大正政治史から作成）

5　ⓒに関して，大戦中の日本は好景気であったが，人々の生活は苦しくなった。その理由を**資料2**から読み取れることをもとにして書け。ただし，**労働者**ということばを使うこと。

6　Bの時期の世界のできごとについて述べた文として，最も適当なものはどれか。

ア　アジア・アフリカ会議がインドネシアのバンドンで開かれた。
イ　ヨーロッパ共同体加盟の12か国により，ヨーロッパ連合が発足した。
ウ　中国で共産党の毛沢東を主席とする中華人民共和国が成立した。
エ　アメリカとソ連の首脳がマルタで会談を行い，冷戦の終結を宣言した。

Ⅲ　次の文は，ある中学生がアメリカでおこった恐慌のようすと，その後に実施された政策についてまとめたものである。**資料1**，**資料2**をもとにして，次の文の ＿＿＿ に適することばを**25字以上35字以内**で補い，これを完成させよ。ただし，**公共事業**ということばを使うこと。

> 1929年10月，ニューヨークの株式市場で株価が大暴落し，アメリカの景気は急速に悪化した。多くの企業や銀行が倒産し，失業者があふれ，恐慌は世界中に広がった。恐慌への対策として，ルーズベルト大統領は景気の回復を図るために，ニューディールという政策をかかげ ＿＿＿ 。

資料1　アメリカの失業率の推移

年	失業率
1929年	3.2%
1933年	24.9%
1937年	14.3%

（マクミラン新編世界歴史統計から作成）

資料2　ニューディールによって建設中のダム

3 次のⅠ～Ⅲの問いに答えなさい。答えを選ぶ問いについては一つ選び，その記号を書きなさい。

Ⅰ 次は，ある中学生が「さまざまな議場」について調べたことをまとめたレポートの一部である。1～6の問いに答えよ。

これは，衆議院の本会議が開かれるところです。正面中央に議長席と演壇があり，その左右にⓐ内閣総理大臣や国務大臣の席があります。ⓑ衆議院及び参議院は，それぞれ，ⓒ主権者である国民を代表する選挙で選ばれた議員で組織されます。

これは，鹿児島県議会の本会議場です。国会が衆議院と参議院で構成されているのに対して，地方公共団体の議会は一院制が採用されています。ここで地方公共団体独自のきまりである □ を定めたり，予算を議決したりします。

これは，ⓓ国際連合の主要機関である総会のようすです。総会はすべての加盟国で構成されています。年1回定期的に開かれ，ⓔ世界のさまざまな問題について討議します。総会では，主権平等の原則に従って，すべての加盟国が平等に1票の議決権をもっています。

1 レポート中の □ にあてはまる最も適当なことばを書け。

2 ⓐに関して，内閣の仕事や権限として最も適当なものはどれか。

ア 憲法改正の発議　イ 予算の議決　ウ 条約の締結　エ 弾劾裁判所の設置

3 ⓑに関して，法律案などについて両議院の議決が一致しない場合には，憲法上一定の要件のもとに衆議院の議決を優先させることが認められているが，その理由として考えられることを**資料1**を参考にして書け。ただし，**国民**ということばを使うこと。

資料1　衆議院と参議院の比較（2019年参議院議員通常選挙時点）

	衆議院	参議院
議員定数	465人	248人
任期	4年 ただし解散のときは任期中でも資格を失う	6年 3年ごとに半数が改選される
解散	あり	なし

4 ⓒに関して，国民が主権者として正しい判断を行うために必要であるとして主張されるようになった新しい人権として最も適当なものはどれか。

ア 社会権　イ 参政権　ウ プライバシーの権利　エ 知る権利

5 ⓓについて，**資料2**の X にあてはまる，国と国との争いを法に基づいて解決するなどの役割を担う機関の名称を書け。

資料2　国際連合の主要機関

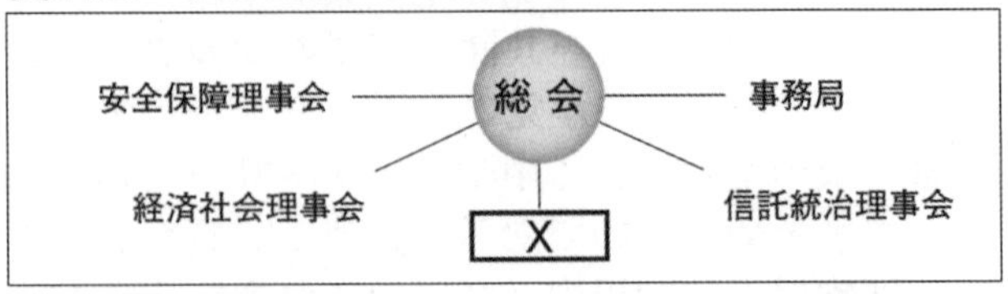

6 ⓔの一つに地球温暖化問題があげられる。2015年に採択されたパリ協定では，発展途上国を含むすべての参加国が温室効果ガスの削減目標を定め，地球温暖化を抑える対策をすすめることで合意した。しかし，合意するまでには，排出削減をめぐり先進国と発展途上国の間で意見の対立もあり長い時間がかかった。**資料3**のような意見に対して，発展途上国は，どのような意見を述べていたと考えられるか。**資料4**をもとにして書け。

資料3　温室効果ガスの排出削減をめぐる先進国の主な意見

地球温暖化は人類共通の課題である。発展途上国の中にも急速な工業化で温室効果ガスを多く排出している国もあり，すべての国が排出削減を行うべきである。

資料4　二酸化炭素の累積排出量（1850～2005年）の割合

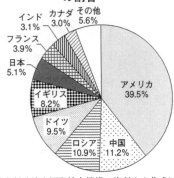

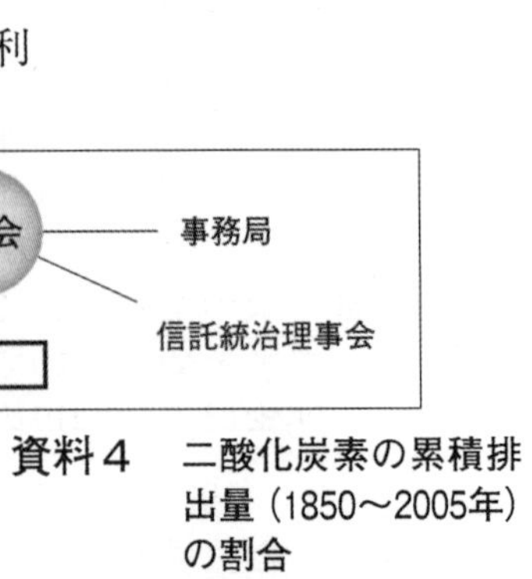

（独立行政法人国際協力機構の資料から作成）

Ⅱ　次は，ある中学校の社会の授業で，生徒たちが班ごとに調べてみたいことについて話し合ったことをまとめたものである。１～５の問いに答えよ。

１班	ⓐ国家間の経済協力には，どのようなものがあるのだろうか。
２班	ⓑ日本の社会保障制度には，どのようなものがあるのだろうか。
３班	ⓒ日本の経済成長率は，近年，どのように推移してきたのだろうか。
４班	ⓓ企業は，どのように資金を調達しているのだろうか。
５班	ⓔ税金には，どのようなしくみがあるのだろうか。

１　ⓐに関して，1989年に設立された，日本，アメリカ，オーストラリアなど，アジア太平洋の国と地域で話し合いを行う経済協力の枠組みを何というか。略称を**アルファベット**で書け。

２　ⓑについて述べた文として最も適当なものはどれか。

ア　社会保険は，生活保護法にもとづいて，生活費や教育費を支給するしくみである。
イ　社会福祉は，高齢者や障がいのある人などに，生活の保障や支援サービスを行うしくみである。
ウ　公衆衛生は，保険料を納めた人が，病気や高齢になったときに給付を受けるしくみである。
エ　公的扶助は，環境衛生の改善や感染病の予防などにより，生活の基盤を整えるしくみである。

３　ⓒに関して，次の文の［ X ］，［ Y ］にあてはまることばの組み合わせとして最も適当なものはどれか。

資料１は，日本の経済成長率の推移を示している。**資料１**を見ると，2016年度の経済成長率は，2015年度の経済成長率よりも［ X ］していることがわかる。また，**資料１**からは2016年度の国内総生産は，2015年度の国内総生産よりも［ Y ］していることが読み取れる。

ア（X　低下　　Y　減少）　イ（X　上昇　　Y　減少）
ウ（X　低下　　Y　増加）　エ（X　上昇　　Y　増加）

資料１　日本の経済成長率（実質）の推移

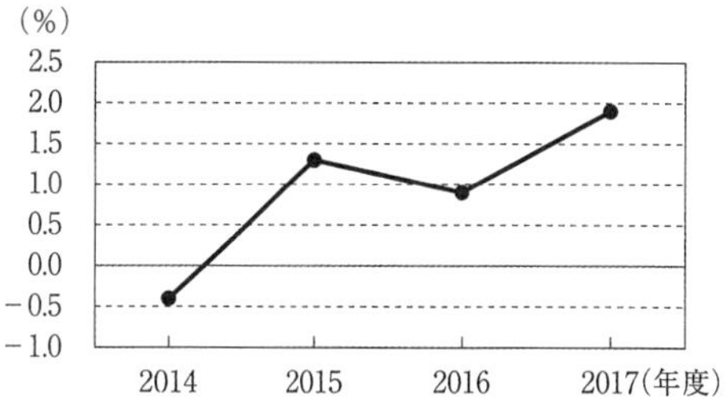

※国内総生産の増加率を経済成長率という。
（平成29年度国民経済計算年報から作成）

４　ⓓに関して，企業が資金を調達する方法には，直接金融と間接金融がある。このうち直接金融について述べた次の文の［　　］に適することばを補い，これを完成させよ。

直接金融は，企業が［　　］するなどして，家計などから直接資金を調達する方法である。

５　ⓔに関して，⑴，⑵の問いに答えよ。

⑴　税金などの収入をもとに国や地方公共団体が行う経済活動を何というか。

⑵　**資料２**のように，所得が多いほど高い税率を適用する課税の方法を何というか。

資料２　所得税の税率

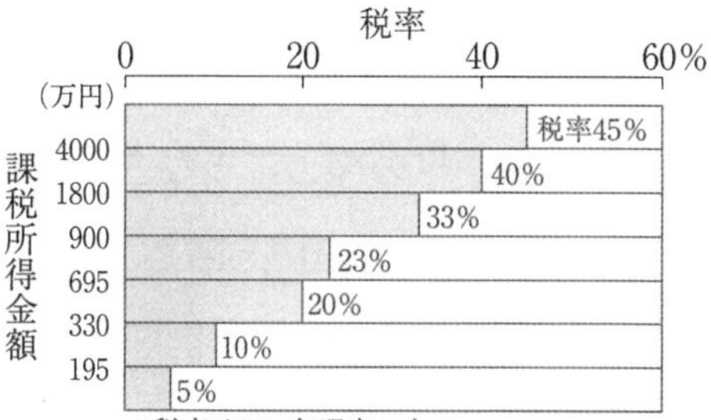

※税率は2019年現在のもの
（財務省資料から作成）

Ⅲ　次は，ある中学生が，「消費生活と経済のしくみ」の学習の際に作成したレポートの一部である。［ X ］には消費者行政を一元化するために2009年に設置された国の行政機関の名称を書け。また，［ Y ］には**資料１**，**資料２**を参考にして，適することばを**30字以上40字以内**で補い，これを完成させよ。ただし，**消費者**という言葉を使うこと。

私は，「消費者トラブルにあったとき，どう行動したらよいか」ということを［ X ］のWebサイトで調べました。**資料１**，**資料２**はそこにあった資料の一部です。これらの資料を見て，消費者トラブルにあったときに消費生活センターなどに相談することが大切だと思いました。そのように行動することで，［ Y ］社会の実現につながるからです。これからは社会に与える影響を自覚した責任ある行動をしていきたいと思います。

資料１

あなたの行動が社会を変える！

消費者が主役の「消費者市民社会」では，消費者の行動で社会を変えることが求められている。「消費者市民社会」の一員として，自分自身の行動を考えてみよう。

資料２

消費者トラブルの発生		消費者のとった行動		その結果
製品やサービスで事故にあった 契約トラブルにあった	➡	行動しない あきらめる	➡	不正な取引，製品等の事故が続く

令和２年度　鹿児島県公立高校入試問題　数　学

（解答…216Ｐ）

1　次の１～５の問いに答えなさい。

１　次の(1)～(5)の問いに答えよ。

(1)　$8 \div 4 + 6$ を計算せよ。

(2)　$\dfrac{1}{2} + \dfrac{9}{10} \times \dfrac{5}{3}$ を計算せよ。

(3)　$2\sqrt{3} + \sqrt{27} - \dfrac{3}{\sqrt{3}}$ を計算せよ。

(4)　３つの数 a，b，c について，$ab < 0$，$abc > 0$ のとき，a，b，c の符号の組み合わせとして，最も適当なものを下の**ア**～**エ**の中から１つ選び，記号で答えよ。

	a	b	c
ア	＋	＋	－
イ	＋	－	＋
ウ	－	－	＋
エ	－	＋	－

(5)　下の図のような三角柱がある。この三角柱の投影図として，最も適当なものを下の**ア**～**エ**の中から１つ選び，記号で答えよ。

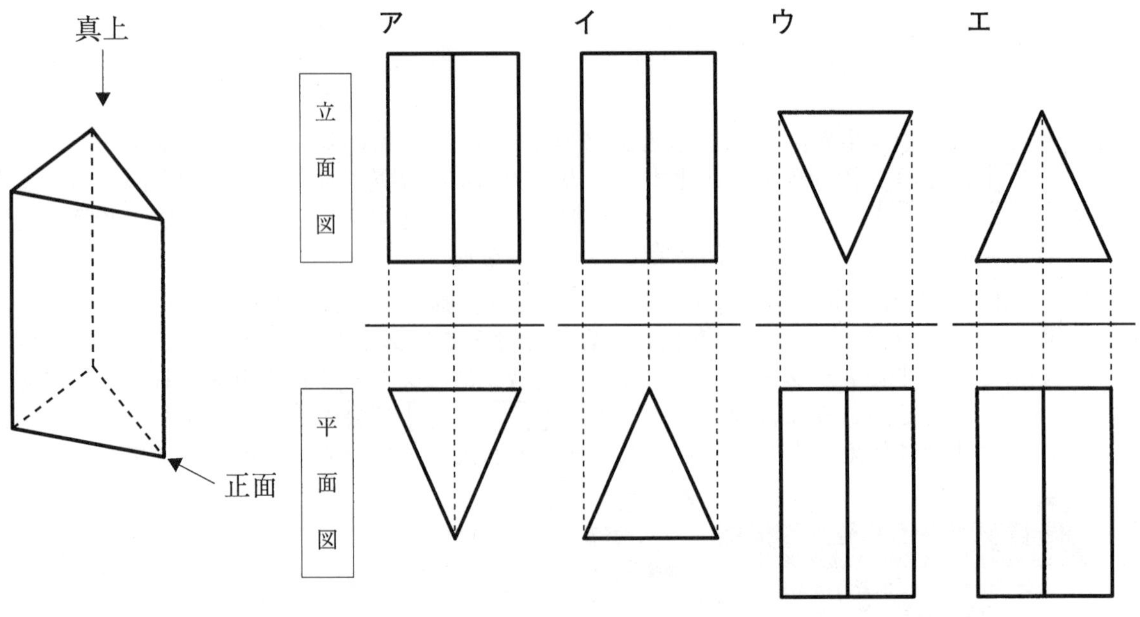

2　y は x に反比例し，$x=2$ のとき $y=-3$ である。このとき，y を x の式で表せ。

3　$\sqrt{7}$ より大きく，$\sqrt{31}$ より小さい整数をすべて書け。

4　次のように，1から6までの数字がくり返し並んでいる。左から100番目の数字は何か。

1，2，3，4，5，6，1，2，3，4，5，6，1，2，3，4，5，6，…

5　国土地理院のまとめた「日本の山岳標高一覧（1003山）」に掲載されている鹿児島県の標高1000 m以上の山〈山頂〉は8つある。8つの中で最も高いものは屋久島にある宮之浦岳であり，その標高は1936 mである。下の表は，残り7つの山〈山頂〉の標高を示したものである。標高を1.5倍したときに，宮之浦岳の標高を上回るものはどれか，下の**ア**～**キ**の中からあてはまるものをすべて選び，記号で答えよ。

	山名〈山頂名〉	標高（m）
ア	紫尾山	1067
イ	霧島山〈韓国岳〉	1700
ウ	霧島山〈新燃岳〉	1421
エ	御岳	1117
オ	高隈山〈大《おお》箆《の》柄岳《がらだけ》〉	1236
カ	高隈山〈御岳〉	1182
キ	永田岳	1886

（国土地理院「日本の山岳標高一覧（1003山）」から作成）

2 次の**1**～**5**の問いに答えなさい。

1 右の図のように，AB ＝ AC である二等辺三角形ABCと，頂点A，C をそれぞれ通る 2 本の平行な直線 ℓ，m がある。このとき，$\angle x$ の大きさは何度か。

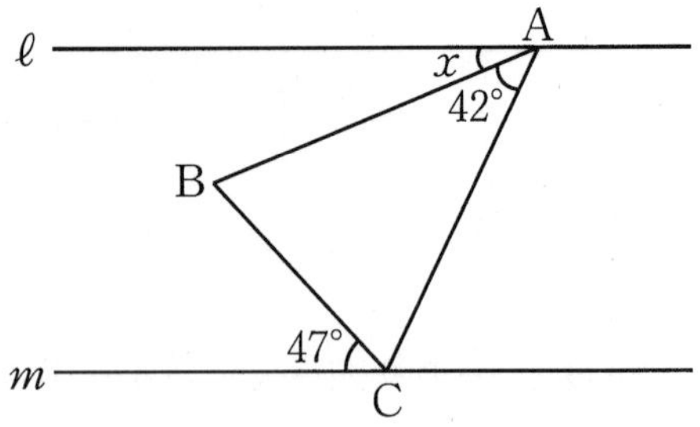

2 硬貨とくじを用いて，次のルールでポイントがもらえるゲームを行う。

> ① 硬貨を 2 枚投げて，表が出た枚数を数える。
> ② 当たりが 1 本，はずれが 1 本入っているくじがあり，その中から 1 本ひく。
> ③ ②で当たりをひいた場合は，(①の表が出た枚数)×200 ポイント，はずれをひいた場合は，(①の表が出た枚数)×100 ポイントがもらえる。

たとえば，硬貨は表が 2 枚出て，くじは当たりをひいた場合は 400 ポイントもらえる。
このゲームを 1 回行うとき，ちょうど 200 ポイントもらえる確率を求めよ。

3 次の比例式で，x の値を求めよ。

$$x : (4x - 1) = 1 : x$$

4 右の図のように，3 点 A，B，C がある。この 3 点 A，B，C を通る円周上において，点 B を含まない $\overset{\frown}{\mathrm{AC}}$ 上に $\angle \mathrm{ABD} = \angle \mathrm{CBD}$ となる点 D を，定規とコンパスを用いて作図せよ。ただし，点 D の位置を示す文字 D を書き入れ，作図に用いた線も残しておくこと。

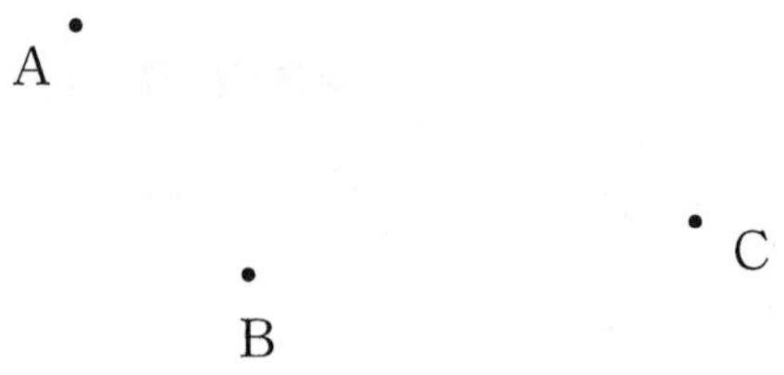

5 A さんと B さんの持っている鉛筆の本数を合わせると 50 本である。A さんの持っている鉛筆の本数の半分と，B さんの持っている鉛筆の本数の $\frac{1}{3}$ を合わせると 23 本になった。A さんと B さんが最初に持っていた鉛筆はそれぞれ何本か。ただし，A さんと B さんが最初に持っていた鉛筆の本数をそれぞれ x 本，y 本として，その方程式と計算過程も書くこと。

3 A～Dの各組で同じ100点満点のテストを行ったところ，各組の成績は右の**表**のような結果となった。ただし，A組の点数の平均値は汚れて読み取れなくなっている。また，このテストでは満点の生徒はいなかった。なお，**表**の数値はすべて正確な値であり，四捨五入などはされていない。次の**1**～**3**の問いに答えなさい。

表

組	人数	平均値	中央値
A	30	[redacted]	59.0
B	20	54.0	49.0
C	30	65.0	62.5
D	20	60.0	61.5

1 B組とC組を合わせた50人の点数の平均値を求めよ。

2 下の図は，各組の点数について階級の幅を10点にしてヒストグラムに表したものである。たとえば，A組のヒストグラムでは50点以上60点未満の生徒は5人いたことを表している。B～Dの各組のヒストグラムは，それぞれ①～③の中のどれか1つとなった。次の(1)，(2)の問いに答えよ。

A組

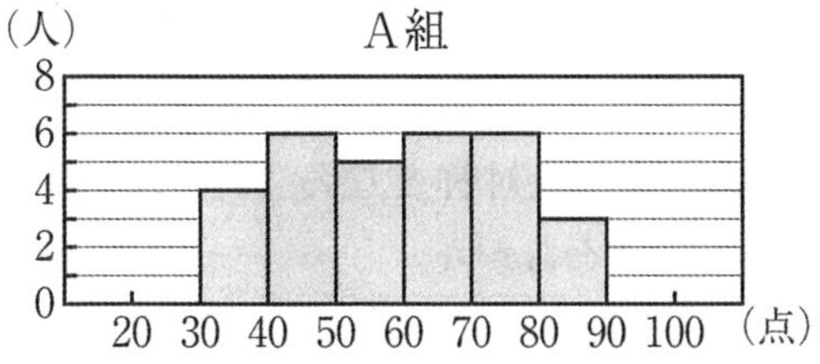

①

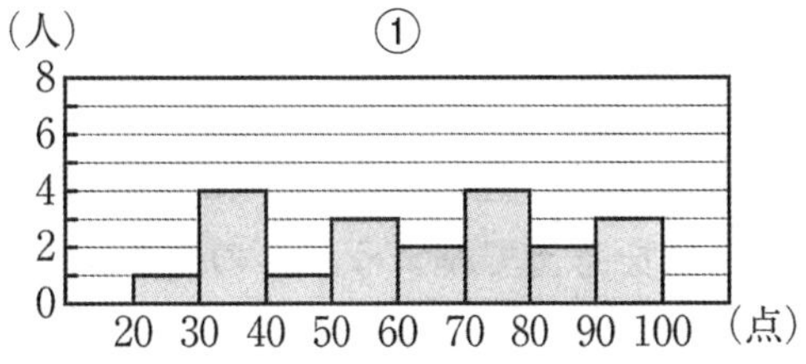

②

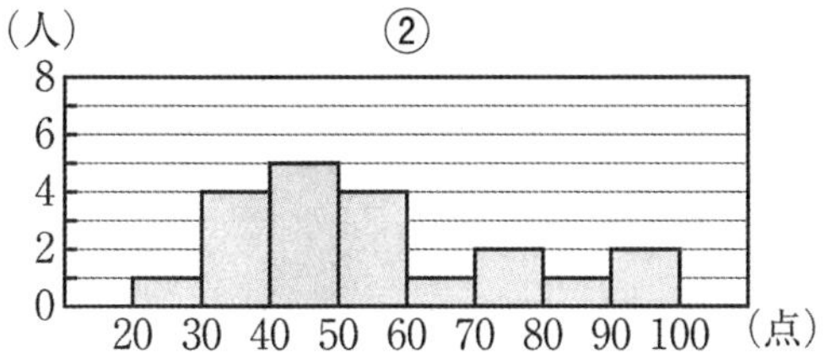

③

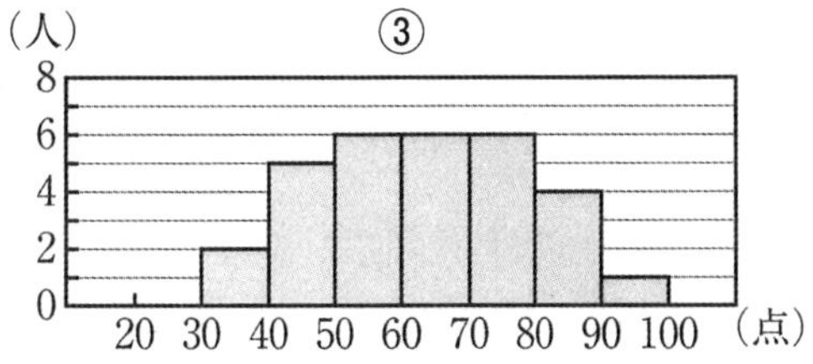

(1) C組のヒストグラムは［ア］，D組のヒストグラムは［イ］である。［ア］，［イ］にあてはまるものを，①～③の中から1つずつ選べ。

(2) A組のヒストグラムから，A組の点数の平均値を求めよ。ただし，小数第2位を四捨五入して答えること。

3 B組の生徒のテストの点数を高い方から並べると，10番目と11番目の点数の差は4点であった。B組には欠席していた生徒が1人いたので，この生徒に後日同じテストを行ったところ，テストの点数は76点であった。この生徒を含めたB組の21人のテストの点数の中央値を求めよ。

4 次の会話文は「課題学習」におけるグループ活動の一場面である。ひろしさんとよしこさんのグループは，**写真**の観覧車を題材に数学の問題をつくろうと考えた。以下の会話文を読んで，次の**1**～**3**の問いに答えなさい。

写真

ひろし：この観覧車は直径 60 m，ゴンドラの数は 36 台で，1 周するのにちょうど 15 分かかるんだって。この観覧車を題材に，円に関する問題がつくれそうな気がするけど。

よしこ：まず，観覧車を円と考え，ゴンドラを円周上の点としてみよう。また，観覧車の軸を中心 O とすると，36 個の点が円周上に等間隔に配置されている**図 1** のように表されるね。ここで隣り合う 2 つのゴンドラを，2 点 X，Y とすると…。

図 1

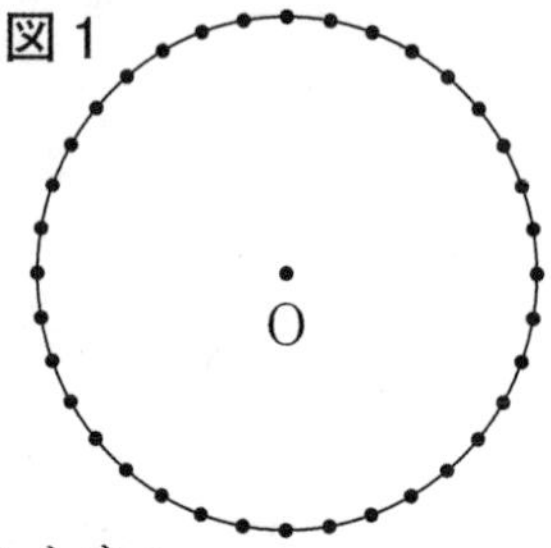

ひろし：まず，角の大きさが求められそうだね。∠XOY の大きさはいくらかな。

よしこ：図をかいて，計算してみるね。……わかった。∠XOY の大きさは **ア** 度だね。

ひろし：いいね。じゃあ点 O を対称の中心として，点 Y と点対称となるように点 Z をとるときを考えてみよう。このとき ∠XZY の大きさはいくらかな。

よしこ：実際に図をかいて角の大きさを測ってみたら，さっきの ∠XOY の半分になったよ。そういえば，<u>1 つの弧に対する円周角は，その弧に対する中心角の半分である</u>って習ったよね。

ひろし：つまり，式で表すと $\angle XZY = \frac{1}{2}\angle XOY$ となるんだね。

よしこ：面白いね。では次はどこか 2 つのゴンドラの距離を求めてみようよ。いま，最高地点にあるものをゴンドラ①，5 分後に最高地点にあるものをゴンドラ②とする。この 2 つのゴンドラの距離を求めよ，なんてどうかな。さっきの**図 1** だとどうなるかな。

ひろし：2 点間の距離だね。1 周 15 分だから。……できた。2 点間の距離は **イ** m だ。

先　生：ひろしさんとよしこさんのグループはどんな問題を考えましたか。なるほど，観覧車を円と考え，角の大きさや距離を求める問題ですね。答えも合っていますね。次はどんな問題を考えてみますか。

よしこ：はい。面積を求める問題を考えてみます。点 O を対称の中心として，ゴンドラ②と点対称の位置にあるゴンドラをゴンドラ③とするとき，ゴンドラ①，②，③で三角形ができるから…。

ひろし：せっかくだから観覧車の回転する特徴も問題に取り入れたいな。でもゴンドラが移動するとごちゃごちゃしそうだし。先生，こんなときはどうしたらいいんですか。

先　生：図形の回転ですか。たとえば，ある瞬間のゴンドラ①の位置を点Pとし，t 分後のゴンドラ①の位置を点P′とするなど，文字でおいてみてはどうですか。もちろん，観覧車は一定の速さで，一定の方向に回転していますね。

ひろし：わかりました。ゴンドラ②，③も同様に考えて，問題をつくってみます。

1　[ア]，[イ] に適当な数を入れ，会話文を完成させよ。

2　会話文中の下線部について，次の問いに答えよ。

図2は，線分 BC を直径とする円 O の周上に点 A をとったものである。**図2**において，$\angle ACB = \frac{1}{2}\angle AOB$ が成り立つことを証明せよ。

図2

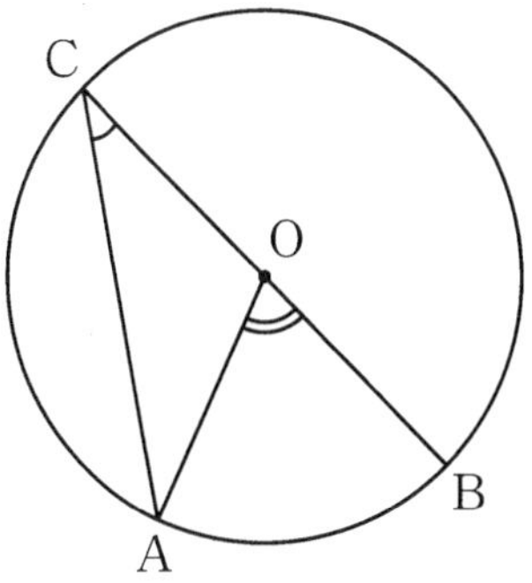

3　会話文中に出てきたゴンドラ①，②，③について，ひろしさんとよしこさんは次の問題をつくった。

> ある瞬間のゴンドラ①，②，③の位置をそれぞれ点P，Q，Rとする。観覧車が回転し，ある瞬間から t 分後のゴンドラ①，②，③の位置をそれぞれ点P′，Q′，R′とする。線分QRとP′R′が初めて平行になるとき，3点P，O，P′を結んでできる三角形の ∠POP′ の大きさと t の値をそれぞれ求めよ。また，そのときの△PP′Q の面積を求めよ。

この問題について，次の(1)，(2)の問いに答えよ。

(1)　3点P，O，P′を結んでできる三角形の ∠POP′ の大きさと t の値をそれぞれ求めよ。

(2)　△PP′Q の面積は何 m^2 か。

5 右の図は，2つの関数 $y=\frac{1}{2}x^2$ …① と $y=-x^2$ …② のグラフである。点Pは x 軸上を動き，点Pの x 座標を t とする。ただし，$t>0$ とする。図のように，点Pを通り x 軸に垂直な直線が関数①のグラフと交わる点をQ，関数②のグラフと交わる点をRとする。また，点Oは原点である。次の**1**～**3**の問いに答えなさい。

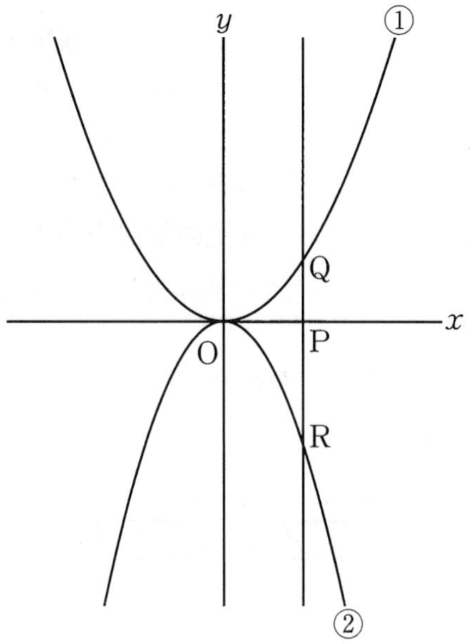

1 $t=2$ のとき，点Qの座標を求めよ。

2 $QR=\frac{27}{8}$ になるとき，t の値を求めよ。

3 点Rを通り，x 軸に平行な直線が関数②のグラフと交わる点のうち，Rでない点をSとする。△OSRが直角二等辺三角形となるとき，次の(1)，(2)の問いに答えよ。

(1) 点Rの座標を求めよ。

(2) 直線ORと関数①のグラフの交点のうち，Oでない点をTとする。△QTRを直線TRを軸として1回転させてできる立体の体積を求めよ。ただし，円周率は π とし，求め方や計算過程も書くこと。

令和５年度　公立高校入試実戦問題　第１回　理　科　（解答…220P）

（解答…220P）

1　次の各問いに答えなさい。答えを選ぶ問いについては記号で答えなさい。

1　ハチュウ類について述べた次の文中の①，②について，それぞれ正しいものはどれか。

> カメなどのハチュウ類は，①（ア　えら　　イ　肺）で呼吸をする。また，からだの表面は②（ア　うろこ　　イ　しめった皮膚）でおおわれている。

2　机の上の筆箱に横向きに力を加え，筆箱が机の面と接しながら運動するとき，机の面から運動をさまたげる向きに力がはたらく。このような力を何というか。

3　鉄と硫黄の混合物を加熱してできる物質の物質名を書け。

4　ある日の午前７時の気温は２℃，湿度は100％，午前９時の気温は８℃，湿度は90％であった。この日の空気１m^3中にふくまれる水蒸気の質量は，午前７時と午前９時では，どちらの時刻が何ｇ多かったか。気温と飽和水蒸気量の関係を示した**表１**をもとに求めよ。

表１

気温〔℃〕	飽和水蒸気量〔g/m^3〕
2	5.6
4	6.4
6	7.3
8	8.3
10	9.4

5　身のまわりの物質の分類について述べたものとして適当なものを二つ選べ。

ア　鉄は無機物であり，紙は有機物である。

イ　銀は単体であり，酸素は化合物である。

ウ　マグネシウムは金属であり，炭素は非金属である。

エ　塩素は純粋な物質であり，塩化ナトリウムは混合物である。

6　図のように，抵抗器を電池につないで電流を流した。電流計は300 mAを，電圧計は1.5 Vをそれぞれ示したとき，この抵抗器で消費された電力は何Ｗか。

図

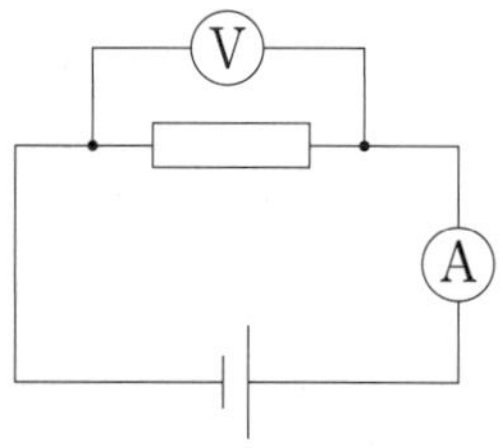

7　顕微鏡を使って観察を行うとき，顕微鏡の倍率を100倍から400倍にしたときの顕微鏡の視野の広さと明るさの変化について，最も適当なものはどれか。

ア　視野は広くなり，明るくなる。　　イ　視野はせまくなり，明るくなる。

ウ　視野は広くなり，暗くなる。　　エ　視野はせまくなり，暗くなる。

8　**表２**は，ある日発生した地震について，Ｘ，Ｙ，Ｚの地点での記録をまとめたものである。ここから読みとれる初期微動継続時間と震源からの距離の関係をグラフに表せ。ただし，発生するＰ波，Ｓ波はそれぞれ一定の速さで伝わるものとする。

表２

地点	震源からの距離	地震発生からＰ波が届くまでの時間	地震発生からＳ波が届くまでの時間
X	20km	４秒	７秒
Y	40km	８秒	14秒
Z	100km	20秒	35秒

2　次のⅠ，Ⅱの各問いに答えなさい。答えを選ぶ問いについては記号で答えなさい。

Ⅰ　次は，植物のつくりとはたらきについての，先生とたかしさんの会話である。

先　　　生：葉のついたホウセンカの根を赤インクで色をつけた水につけて，根から吸収された水の通り道を確かめてみましょう。

たかしさん：茎の内部の赤く染まる部分を観察するのですね。

先　　　生：そうです。茎を通って葉に運ばれた水の一部は，そのあと，気孔から出ていきます。

たかしさん：このときの水の流れによって，水や養分をからだ全体に運んでいるのですね。ところで，植物での水の役割はそれだけなのですか？

先　　　生：たかしさん。植物が養分をつくるうえでの水の大切な役割を忘れていませんか？

1　図は，このときに観察した茎の一部を示したものである。この観察で赤く染まった部分の名称を答えよ。また，赤く染まった部分は，図のア～エのどれか。

図

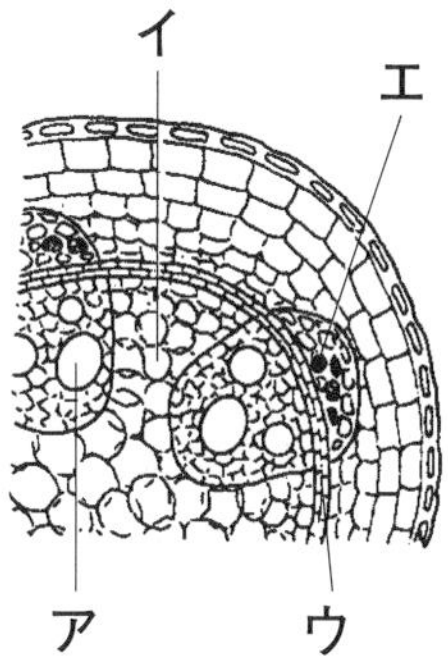

2　根から吸収された水が，気孔から水蒸気となって出ていく現象を何というか。

3　下線部について，植物が養分をつくるうえで，水にはどのような大切な役割があるか。

Ⅱ　図は，ヒトの血液の循環のようすを模式的に示したものであり，図中の矢印（⟶）は，血管中を流れる血液の向きを示している。

図

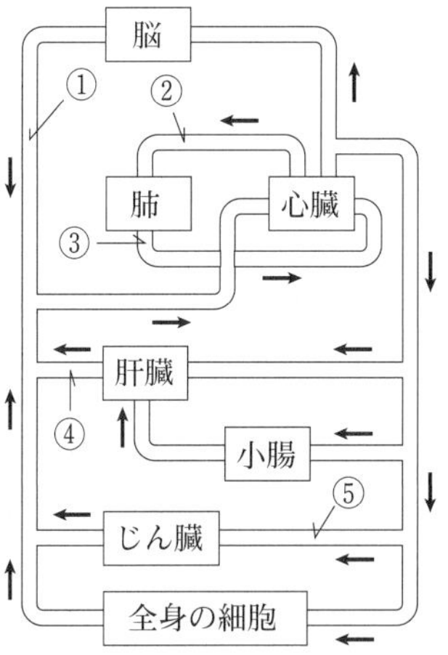

1　心臓から送り出された血液が流れる血管を何というか。

2　図中の①～⑤の血管のうち，酸素を多くふくむ血液が流れている血管の組み合わせとして最も適当なものはどれか。

ア　②，③　　　イ　③，⑤

ウ　①，②，④　　エ　①，④，⑤

3　ヒトの血液や血管について述べているものとして最も適当なものはどれか。

ア　赤血球は，肺の中で一度血管から出て肺胞に入り，そこで物質の交換を行った後，再び血管中に戻る。

イ　血しょうは，毛細血管のすきまからしみ出て，細胞のまわりを満たす組織液になる。

ウ　小腸の柔毛で吸収された養分のうち，ブドウ糖とモノグリセリドは毛細血管に入り，アミノ酸と脂肪酸はリンパ管に入る。

エ　血液にとけこんだ，からだに有害な物質は，じん臓で分解され無害な物質となって，体外に排出される。

3 次のⅠ，Ⅱの各問いに答えなさい。答えを選ぶ問いについては記号で答えなさい。

Ⅰ　図のように，導線を円形に巻いたコイルを用いて回路をつくり，x，y，zの順に，コイルの上から棒磁石のN極を近づけたり遠ざけたりする実験を行った。すると，検流計の針は図のようになった。

図

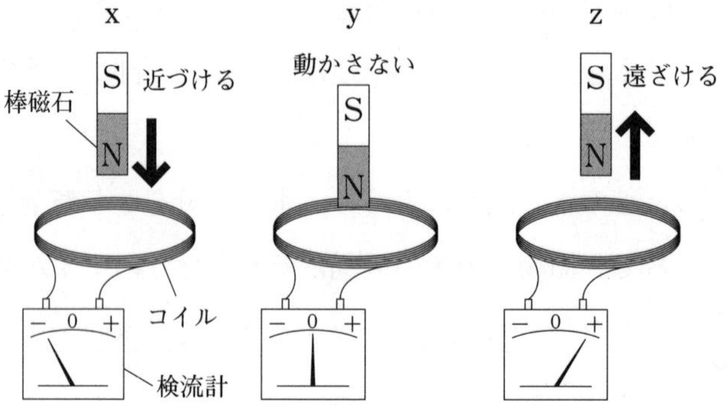

1　図のxやzのように，コイルに磁石を近づけたり遠ざけたりすると電流が流れた。このような現象を何というか。

2　図のyでは，検流計の針が0を指しており，電流は流れていないことがわかる。その理由を，「磁界」ということばを使って書け。

3　この実験について述べた次の文中の①，②について，それぞれ正しいものはどれか。

> 図のx～zでは，棒磁石による①（ア　上　　イ　下　）向きの磁界がコイルの中にできている。図のzで，検流計の針が＋側にふれたのは，この向きの磁界が②（ア　強く　イ　弱く　）なったからである。

4　この実験と同じ回路で，コイルの下から棒磁石のS極を近づけた。このときの検流計の針のふれとして最も適当なものはどれか。

ア　＋側にふれる。　　イ　0を指したまま動かない。　　ウ　−側にふれる。

Ⅱ　10度ごとの目盛りを入れた記録用紙の中心Oと半円形レンズの平らな面の中央をあわせて置き，入射角が30度になるように中心Oに光を当てると，屈折した光と①反射した光が観察された。図1は，このときの屈折した光の道すじを示したものである。次に，半円形レンズを時計回りにゆっくりと回転させていくと，屈折角が大きくなっていき，屈折角が②ある角度に達したとき，③屈折して空気中に出る光がなくなり，反射した光のみとなった。

図1

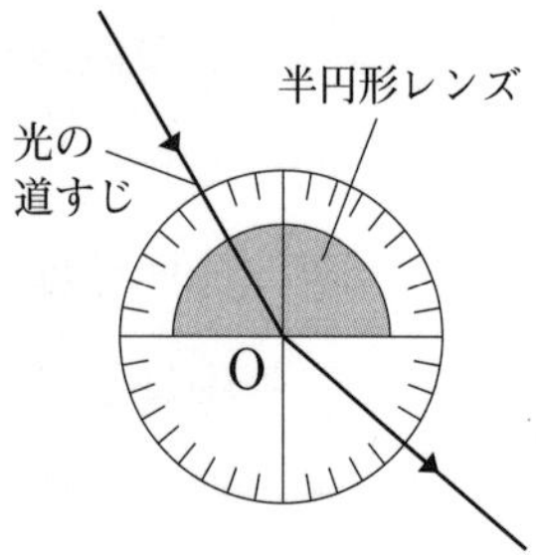

1　下線部①の光の道すじを解答用紙の図にかき加えよ。

2　下線部②の角度は何度か。

3　下線部③の現象を何というか。

4　**図2**のように，半円形レンズをさらに回転させて，平らな面に光を当てた。このとき，光の道すじは，**図2**の**ア**～**エ**のどれか。

図2

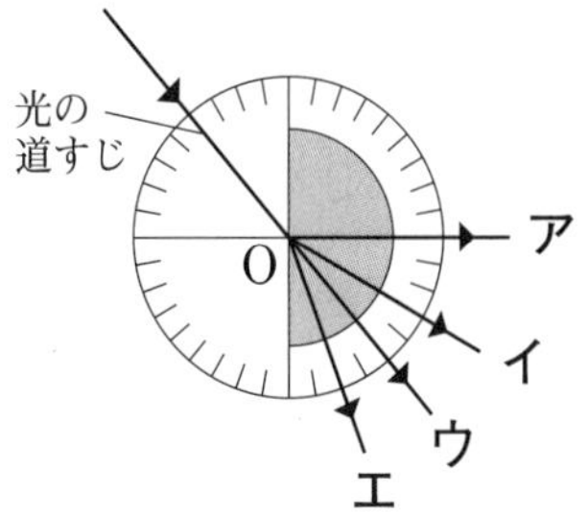

4　次のⅠ，Ⅱの各問いに答えなさい。答えを選ぶ問いについては記号で答えなさい。

Ⅰ　**図**のような実験装置を用いて，酸化銅と炭素の混合物を加熱したときの変化を調べる実験を行った。この実験で，酸化銅は酸素をうばわれ，銅に変わり，石灰水は白くにごった。

図

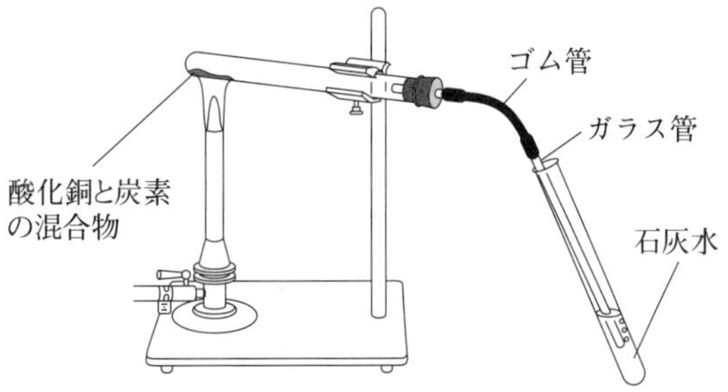

1　この実験で，炭素は酸化銅から酸素をうばった。同様に，酸化銅から酸素をうばうはたらきをもつ物質を二つ選べ。

ア　水素　　**イ**　二酸化炭素　　**ウ**　エタノール　　**エ**　水

2　酸化銅と炭素の混合物を加熱したときの化学変化を銅原子を(Cu)，酸素原子を(O)，炭素原子を(C)のモデルを用いて表すとき，次の［ a ］，［ b ］にあてはまるモデルをそれぞれかけ。

(Cu)(O)
(Cu)(O)　＋　(C)　→　［ a ］　＋　［ b ］

3　この実験で，石灰水が逆流することを防ぐために，加熱をやめる前に行う操作は何か。

4　**図**の実験装置を用いて，酸化銅4.10 g を完全に銅に変えたとき，得られる銅は何 g か。ただし，銅と酸素が結びついて酸化銅ができる場合に，結びつく銅の質量と酸素の質量との比は，4：1であるものとする。

Ⅱ　アンモニア水，うすい塩酸，炭酸水，食塩水，うすい水酸化ナトリウム水溶液のいずれかである水溶液A～Eがある。水溶液A～Eがそれぞれどの水溶液であるか調べるために，**実験１**～**実験３**を行った。**表**は，その結果をまとめたものである。

実験１　水溶液A～Eのそれぞれを別々の試験管に少量とり，においを確かめた。

実験２　水溶液A～Eのそれぞれを赤色のリトマス紙につけ，リトマス紙の色の変化を調べた。

実験３　水溶液A～Eのそれぞれを別々の蒸発皿に少量とり，ガスバーナーを用いてそれぞれの蒸発皿をじゅうぶんに加熱し，変化を調べた。

表

水溶液	A	B	C	D	E
実験１	刺激臭があった	なし	なし	刺激臭があった	なし
実験２	変化なし	変化なし	青色に変化	青色に変化	変化なし
実験３	何も残らなかった	何も残らなかった	白い固体が残った	何も残らなかった	白い固体が残った

１　水溶液A～Eは，すべて質量パーセント濃度１％の水溶液を用いた。質量パーセント濃度１％の水溶液100 gにふくまれる溶質の質量は何gか。

２　**実験１**で，気体のにおいをかぐときは，危険な気体もあるため，手であおぐようにしてかぐ。このようにするのはなぜか。

３　**実験２**で，赤色のリトマス紙を青色に変化させる水溶液の性質として最も適当なものはどれか。

ア　酸性　　**イ**　中性　　**ウ**　アルカリ性

４　水溶液Aはどれか。

ア　アンモニア水　　**イ**　うすい塩酸　　**ウ**　炭酸水

エ　食塩水　　**オ**　うすい水酸化ナトリウム水溶液

５　**実験３**の水溶液Eで，蒸発皿に残った白い固体を顕微鏡で観察すると，**図**のようないくつかの平面で囲まれた，規則正しい形をしていた。このようないくつかの平面で囲まれた，規則正しい固体を何というか。

図

5 次のⅠ，Ⅱの各問いに答えなさい。答えを選ぶ問いについては記号で答えなさい。

Ⅰ　**図1**は，ある地域の地図であり，実線は等高線を表している。たかしさんは，この地域の地下のようすを調べた。**図2**は，A～C地点のボーリング試料をもとにつくった柱状図であり，この地域で見られる凝灰岩の層は，同じ1枚の層であることがわかった。なお，B地点はA地点の真東，C地点はA地点の真南，D地点はC地点の真東である。ただし，この地域の地層はそれぞれ平行に重なって広がっており，地層の逆転や断層はないものとする。

図1

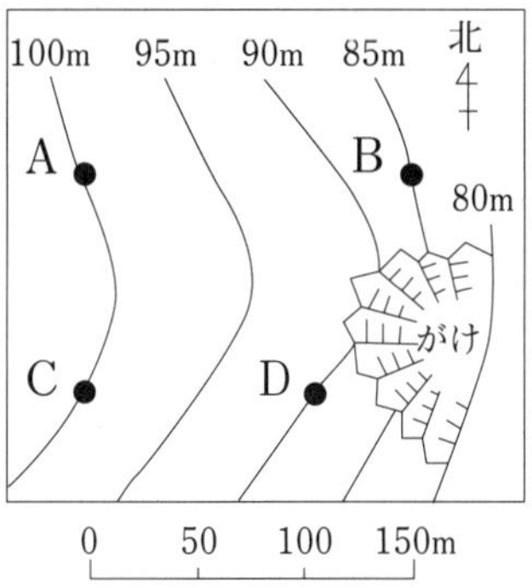

図2

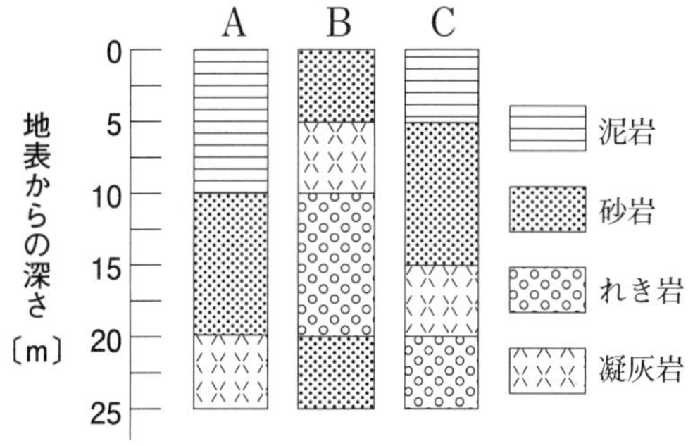

1　**図2**に見られる砂岩，泥岩，れき岩は，ふくまれる粒の大きさで区別される。砂岩，泥岩，れき岩を，ふくまれる粒の大きさの大きいものから順にならべよ。

2　A地点やC地点の砂岩の層では，アンモナイトの化石が発見され，中生代に堆積した地層であることがわかっていた。

(1)　このように，地層が堆積した地質年代を知る手がかりになる化石を何というか。

(2)　(1)の化石は，どのような特徴を持つ生物の化石か。

ア　限られた環境にしかすめない生物の化石

イ　どのような環境ででもすむことができる生物の化石

ウ　広い範囲に，短い期間だけ栄えていた生物の化石

エ　せまい範囲に，長い期間において栄えていた生物の化石

3　この地域の地層は，どの方向に低くなるように堆積していると考えられるか。

ア　東　　**イ**　西　　**ウ**　南　　**エ**　北　　**オ**　ほとんど傾いていない

4　**図1**中のD地点でボーリング調査を行うとき，地表から何m掘ったところで凝灰岩の層に達すると考えられるか。

Ⅱ　**図1**は，北半球での大気の動きを模式的に示したものである。また，**図2**は，夏の日本列島周辺の天気図である。

図1

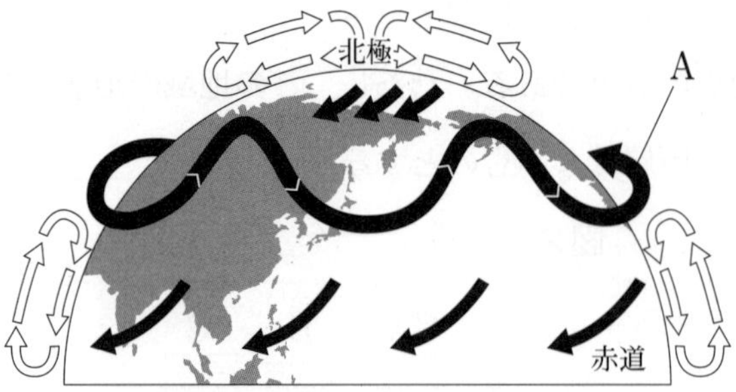

図2

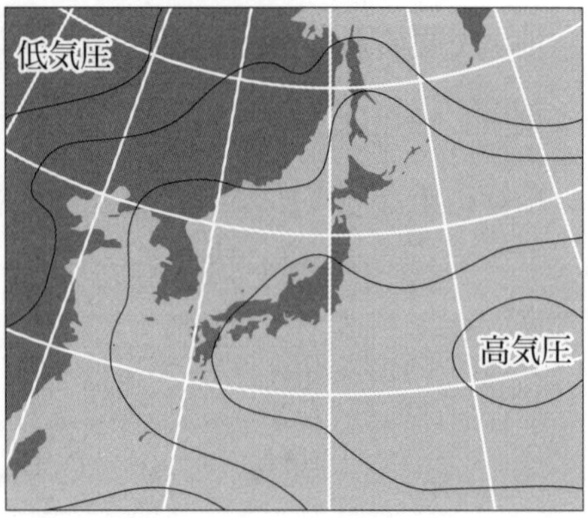

1　**図1**に示すような，地球全体の大気の動きは，おもに何のエネルギーにより生じているか。

2　**図1**のAの大気の動きを何というか。

3　**図1**のAは，日本列島周辺の気象にどのような影響を与えると考えられるか。

ア　台風の進行方向の左側では西から東の方向に風がふくことが多い。

イ　天気は西から東へと移り変わることが多い。

ウ　海に面した地域では海陸風がふき，風向きが１日のうちで変化する。

エ　春には南の風が強くふき，気温が上がる。

4　**図2**の低気圧の中心付近での気流と，風のふく方向について述べた次の文中の①，②について，それぞれ正しいものはどれか。

低気圧の中心では，①（**ア**　上昇　　**イ**　下降　）気流が起こっている。また，**図2**において，②（**ア**　太平洋からユーラシア大陸　　**イ**　ユーラシア大陸から太平洋　）に向かって風がふいていると考えられる。

5 ある中学校では、進路学習で地域の方に講演をお願いすることになり、下の講演の際に使う講師紹介の原稿を準備しました。あなたは、この原稿を書いた同級生から、Xの文とYの文のどちらか一方だけ残して、文章を短くしてほしいと頼まれました。あとの(1)～(5)の条件に従って、作文を書きなさい。

条　件

(1)　二段落で構成すること。

(2)　第一段落には、Xの文を残す場合と、Yの文を残す場合では、山村さんの中学時代の経験が今の職業にどのように生きていると聞き手に伝わるかをそれぞれ書くこと。

(3)　第二段落には、あなたはXの文とYの文のどちらを残したほうがいいと思うか、理由を含めて書くこと。

(4)　六行以上八行以下で書くこと。

(5)　原稿用紙の正しい使い方に従って、文字、仮名遣いも正確に書くこと。

講師紹介の原稿

　これから、私たちのためにお話をしてくださる山村さんを紹介します。

　山村さんは、八百年以上前から私たちの地域に受け継がれてきた、伝統的な織物の制作をしています。この織物は、藍で染めた色が美しく、全国的にも有名です。山村さんの作品は、古くから伝わる技術に、最新の技術を意欲的に取り入れた、新しい感覚の織物だと、高く評価されています。山村さんは高校卒業後、会社員として勤めていましたが、「自分が得意だったことや好きなことを仕事にしたい」と思い、会社を退職後、修業を積み、現在は私たちの学校の近くに工房を開いています。

　山村さんは、私たちの中学の大先輩で、私の祖父とは、幼い時からの友人だそうです。祖父の話によると、中学時代の山村さんは、

〈X野球部のレギュラーとして活躍したり、生徒会の役員を務め、様々な行事の運営をしたりするなど、いろいろなことに自分から挑戦する少年だったそうです。〉

〈Y学校の教科では、特に美術を得意とし、構図や色彩に工夫を凝らして制作された絵画は、先生方や友人たちから、とてもすばらしい作品だと言われていたということです。〉

　今日のお話の題は、「今の私を作った中学時代」です。

　では、山村さん、よろしくお願いいたします。

のちびどもはいいから、さあ、食べて」
「わあっ、すごい」思いがけない御馳走《ごちそう》に、弟は歓声をあげて、受け取るなり、頬《ほお》ばった。
家には小さい弟妹たちが、三人、母親の帰りを待っている。少年は白い大福のやわらかい手触りの快さを味わいながら、口に持っていくのをためらっていた。四年生の妹、一年生の弟、そして四つになったばかりの妹——それら小さい弟妹たちの顔が目先にちらつく……。
③少年は、つばきをごくりと呑《の》み込むと、「今、何だか食べたくないから、あとにする」そう言うと、母から新聞紙をもらって、それを包み、ポケットに押し込んだ。
——水がめに、水汲《く》んでおいたよ。おつゆの鍋《なべ》もかけてきたし。きょうはわかめ汁にするって、父さん言ってたよ——
弟は、口をもぐもぐさせながら、母にたてつづけに報告した。
道に併行《へいこう》して流れる用水堰の川音が、④快く少年の耳を打つ。頭を上げると、村々の農家の灯《あか》りが点々と輝いている。それは、少年が幼年時代、北海道の港町で見た(注)漁火《いさりび》のように美しかった。

（佐藤豊彦「大福餅」による。一部省略等がある。）

(注)　虫のすだき＝虫が集まって鳴くこと。　堰＝川の水をせき止めた所。
怪訝＝不思議で納得がいかないさま。　漁火＝魚を誘うためにたく火。

1　本文中の［　　］にあてはまる言葉として、最も適当なものを次から選び、記号で答えよ。

ア　夢中になる心　　イ　いらだった心
ウ　弱気になる心　　エ　たかぶった心

2　——線部①の理由として最も適当なものを次から選び、記号で答えよ。

ア　不安で帰りたい気持ちを、弟に悟られたくなかったから。
イ　兄として、いつも弟の言いなりになるのが嫌だったから。
ウ　母親なら、弟といっしょに待つように言うと思ったから。
エ　帰りの遅い母親のことが、何かと心配になっていたから。

3　次の文は、——線部②における弟の気持ちの変化を説明したものである。［Ⅰ］・［Ⅱ］にあてはまる言葉を、それぞれ十字以内で考えて補い、文を完成させよ。

百数え始める前は、［Ⅰ］と思っていたが、今は、数えたことで［Ⅱ］のでよかったと思っている。

4　——線部③とあるが、このときの少年はどのような気持ちであったと考えられるか。四十五字以内で書け。

5　——線部④とあるが、このときの少年の気持ちとして最も適当なものを次から選び、記号で答えよ。

ア　不安や寂しさで途方に暮れていた少年だが、疲れていても仕事のことを考えている母親の姿を見て、敬愛の念を抱いている。
イ　不安や寂しさに駆られていた少年だが、無邪気《むじゃき》な弟や優しい母親とのやりとりを通して、家族への温かな思いを抱いている。
ウ　不安や寂しさに耐《た》えていた少年だが、母親の前で無邪気に振舞う弟にかつての自分の姿を重ね、ほほえましく感じている。
エ　不安や寂しさで投げやりになっていた少年だが、母親の疲れた姿を前に、家族の中での自分の果たす責任を強く感じている。

——一つ、——二つ、——三つ……二人はゆっくり数え始めた。大きい石に弟が、小さい石に少年が腰掛けた。どちらからともなく座っていた。石膚《いしはだ》の冷んやりした感触が尻《しり》に伝わって広がった。先刻まで気に止まらなかった川音が、少年の耳を高く衝《つ》いた。

しかし、いっこうに母親らしい人影は見当たらない。不安がつのり、寂しさが増してくる。そうなればなるほど、そのことを口にするのがこわかった。

——八十九、——九十……お互いに、[　　]を見すかされまいと、バカでかい声で叫ぶように数え上げていた。百までは、もうすぐである。二人はもう投げやりになっていた。

——九十いーち、と言いかけたときだった。

「わぁい、待たせたなぁ。ごめん、ごめん」

耳許《みみもと》に母親の明るい声を聞いたのである。不意をつかれて、少年も弟もぎくっとした。振り返るとすぐ傍《かたわら》に母の笑顔があった。

大きくて重そうな荷を背負い、その上にやや小さいがずっしりした感じの袋を、もう一つかさねている。左手に手提げ袋まで持っている。

少年と弟は、夢中で数を数えているうちに、人通りの多い坂のある道の方に目が奪われ、右手の方を見忘れていたのであった。母はそっちの方から、ゆっくり近づいていたのであった。少年と弟は、お互いのうかつさに気付いて、思わず首をすくめて、笑い合った。

「どうした?」母親は顔に手をやりながら、「何か、顔についているかの」と(注)怪訝《けげん》そうに二人を見る。

「ううん、何でもなぁい」弟はそう言うと、いっそう高い声で笑い、兄もそれに応じた。その笑いは、先刻まで二人の胸底に重くのしかかっていた寂しさと不安のわだかまりを、いっぺんに吹きとばした。

「俺《おれ》、そのでかい奴《やつ》、背負うよ」

「ぼくも、小さいの、持つ」二人は母の背に寄った。

「うん、じゃあ、二人に頼むかな。小さい方はあずきだよ。見かけによらず重いのよ。大丈夫かな、耕ちゃん」

手にしていた布袋を少年に預けると、母親は背負い紐《ひも》を解き始めた。弟は兄が小さい石の上に置いた布袋をのぞく。

「これ、何、入っているの?」

「晩のおかずにと思ってね、目刺しを少し買ってきたの。あとは、途中で、知り合いの人からもらってきたリンゴだよ」

弟と母親のやりとりを聞きながら、少年は母親の背から大小二つの荷を次々に受け取って、大きい石の上に置いた。

「ああ、助かったァ。ほんとうに、どうもどうも」母親は他人に礼でも言うように、ていねいに繰り返した。

(待っててよかった)少年は、背に、ずしりと重い米の入った袋を背負い上げながら、うれしかった。

②「百数えてよかったね」先刻、心細そうに「もう、帰ろうよ」と言ったのも忘れて、弟ははずんだ声で言った。

「おなか、空《す》いたろう」そう言って母親は、懐《ふところ》から何か新聞紙に包んだものを出すと、ゆっくりほどき、「おいしいぞ、ほら」と二人の手に一つずつ伸べてよこした。

見ると紅白の大福餅《もち》である。最後に寄った母のおとくい先の農家で、初孫が生まれて用意したお祝いの餅だという。

「きっと、お前たち待ってると思って……よかった、よかった……家

3　次は、本文をもとに話し合っている先生と生徒の会話である。［Ⅰ］・［Ⅱ］に適当な言葉を補って会話を完成させよ。ただし、［Ⅰ］には三十五字以内でふさわしい内容を考えて現代語で書き、［Ⅱ］には本文中から最も適当な五字の言葉を抜き出して書くこと。

先生　「――線部②は『その家来は、帝の心にそわなかったために、追い出された』という意味ですが、それはなぜですか。」

生徒　「はい、この家来は、帝が［Ⅰ］ことを理由として、帝に対して『［Ⅱ］』と言ったからです。」

先生　「そのとおりです。よく理解できていますね。」

4　――線部③「直言あり」の意味として、最も適当なものを次から選び、記号で答えよ。

ア　遠慮せず自分の信じる意見を述べたのです。
イ　一瞬のひらめきで鋭く応答したのです。
ウ　熱意を込めて自説を展開したのです。
エ　簡明で筋道の通った説明をしたのです。

5　本文に述べられていることと最もよく合っているものを次から選び、記号で答えよ。

ア　帝は、「国のために直言する家来を自ら見つけ出すのが、仁帝としての務めである。」と言った家来の言葉を聞いて感銘を受け、一度追い出した家来を呼び戻した。
イ　帝は、「さきに直言した家来は忠臣であり、忠臣がいるのは帝が仁帝だからこそである。」と言った家来の言葉に心を動かされ、一度追い出した家来を呼び戻した。
ウ　帝は、「仁帝である帝には、さきに直言した家来のほかにも必ず忠臣がいるはずである。」と言った家来の言葉を信じ、追い出した家来を呼び戻そうとしなかった。
エ　帝は、「仁帝であることを望むなら、礼儀を心得ず直言した家来を許すべきではない。」と言った家来の言葉に納得し、追い出した家来を呼び戻そうとしなかった。

4

次の文章を読んで、あとの1～5の問いに答えなさい。

> 戦後間もないある夕暮れ、中学二年生の少年が三つ年下の弟と一緒に、行商帰りの母を迎えに行ったが、母は一向に現れないので、二人は遠くの人影が母親かどうかを当てくらべする遊びに夢中になっていた。

秋の夕闇はぐんぐん深くなっていくので、兄弟の当てっこ遊びはお互い外れる率が高くなる。風も涼しくなって、(注)虫のすだきが繁《しげ》くなっているのに気づくと、少年の心に不安が掠《かす》める。

――なにか事故があったんじゃないかな

――思うように売れないで、今晩は泊まって来るのでは……

二人はいつのまにか黙りがちになっていた。遊びに夢中になっている間は意識しなかったのに、激しい空腹を覚え、心細さがいっそうつのってくる。

「もう、帰ろう、兄《あ》んちゃん」弟がいう。

「もうか……」①少年はためらう。（売れゆきが思うようでなかったんだ。母さん、きっとそれで遅くなったんだ。疲れきってるんだ……）帰りたいという気持ちに誘《さそ》われながら、三つ年上らしい兄のためらいだった。

(注)堰《せき》のあたりでポトンという水音がした。とのさま蛙《がえる》でも跳び込んだのだろうか。少年はその音に促《うなが》されでもしたかのように、

「あと、百数えても来なかったら、帰ろう」と、きっぱり言った。

百数えたら、というかけの面白さにつられて弟は、うん、いいよ、と素直に応じたが、「ほんとに、百だよ」と言い添えた。

4 ――線部②とあるが、筆者はこのたとえを用いて、人類がどのようなことに直面する中で、どうすることが求められていると述べているか。「共同体」という語を用いて三十字以内で書け。

5 次の文は、――線部③について、この議論を筆者はなぜ「幼い議論」だというのかを説明したものである。[　　]にあてはまる言葉を、本文中の語句を用いて五十字以内で書き、文を完成させよ。

> サッカー戦術としては、[　　]のが理想的であり、どちらか一方を選ぶという単純なものではないから。

6 ――線部④とあるが、筆者は、生きる力とはどのようなものだと考えているか。最も適当なものを次から選び、記号で答えよ。

ア　専門的技能を持つ知的市民どうしが、知識や価値観を共有し合い深化させるための素養であり、新しい時代を創造する糸口となる力。

イ　他者と価値観を共有できる力と、責任を伴った自由な思考力とを兼ね備えた知的市民が持つ知恵であり、新しい時代では必須となる力。

ウ　総合的な認識力を得るために、インターネットなどの新たな情報源を活用する能力であり、知的市民が自立するためには不可欠な力。

エ　対象を包括的に認識し、最良の規範を作り上げていくためには欠かせない知的市民の教養であり、次世代を導く指導者には必要な力。

3　次の文章を読んで、あとの1～5の問いに答えなさい。

昔、帝あり。国を治めてのち、諸臣に《(家来の者たちに)》「我よく国を治む。賢帝なりや。」と問ふ。諸臣みな、帝に告げて、帝はなはだよく治むと言ふとき、一人の臣ありて、「帝、賢帝ならず。」と言ふ。帝、「いかなるゆゑか。」と問へば、「さきに隣国を打ち破りしとき、その国を帝の弟にあたへずして、子息に①あたへしゆゑなり。」と言ふ。②その臣、帝の心にかなはずして、追ひたてられけり。

そののち、また一人の臣に「我よく(注)仁帝なりや。」と問ふに、その臣、「はなはだよく仁なり。」と言ふ。帝、「いかなるゆゑか。」と問へば、「仁帝には忠臣あり。忠臣は直言あるなり。さきの臣、はなはだ③直言あり。これ忠臣なり。仁帝にあらずは得じ《(得られないでしょう)》。」と言ふ。すなはち、帝、これを感じて、さきの臣を召し返されぬ。

（「正法眼蔵随聞記」による）

(注)　仁帝＝いつくしみや、思いやりのある帝。

1　――線部①「あたへしゆゑなり」を現代仮名遣いに直して書け。

2　本文中に一か所「　」のついていない会話文がある。その言葉を、九字で抜き出して書け。

由と規範は矛盾する概念ではないのです。

倫理・規範・価値観の共有というのは、規範のやみくもな統一などではありません。そこには精神の自立が不可欠なのです。自立なき集団戦略は人間のものではありません。それは、小さくて単純な脳によるアリやハチの社会集団戦略に過ぎません。アリやハチにたとえられるような組織プレーを選択するということは、一人の人間による支配と洗脳を受け入れることを意味します。

すでに現役を引退してしまいましたが、日本サッカー界には中田英寿《なかたひでとし》という優れたサッカー選手がいました。彼のプレーには、ある特徴がありました。ボールを持ってドリブルする時、あるいはボールのないところでウ走っている時、あたりをきょろきょろと見回す姿が他の選手に比べて際立《きわだ》っていたのです。彼のこの行動が、周囲への彼の状況判断を的確にし、視野を広げ、プレーの選択肢を多くし、彼に自由をもたらしてくれたのです。

中田は豊富な選択肢を持っています。それはすなわち、彼がどのプレーを選ぶかによって、ゲームが決まる可能性があるということです。つまり、プレーの自由を手にするということは、ゲームを作る責任を背負うことでもあるのです。自由は責任と不可分なのです。そして、その責任は、最終的にチーム全体の利益を目指さなくてはいけないという点で、集団の規範と結びついています。

私たちの社会もこれと同じことです。自由と規範は両立すべきであるし、両者は責任というものを通じて深くつながっているのです。自由と規範が結びついて、人は初めて自立したと言えるでしょう。

視野が狭く、プレーの選択肢が多くない選手は、たとえどんなに特殊な技能を持っていようとも、ゲームをエ作ることはできません。同様に、たとえどんなに優れた専門家であっても、視野が狭く、世界のあらゆる問題を自分の問題として背負う気構えのない人には、文系・理系を問わず、世界を動かすことはできません。世界を本当に動かすのは、精神の自立と価値観の共有を両立させることに成功した、知的市民の成熟した連帯です。

知的市民が世の中を動かすのだとすれば、質の高い知的市民の養成が未来への鍵となります。必要なのは、知識や情報以上に、人類が集団として生き延びるための総合的な知恵です。これが新しい時代のリベラルアーツです。それは、脳が周囲の環境を総合的に認識するように、対象を全体的包括的《ほうかつてき》にとらえるための教養であり、④生きる力そのものです。リベラルアーツとは、世の中を動かすための必須《ひっす》の知恵、すなわち、共同体への責任を担《にな》った自由人の政治的素養なのです。

（岸田一隆「科学コミュニケーション　理科の〈考え方〉をひらく」による。一部省略等がある。）

（注）頑迷＝かたくなで正しい判断ができないこと。

1　＝線部**ア**～**エ**の中で活用の種類が異なるものを一つ選び、記号で答えよ。

2　本文中の［　　］にあてはまる語として最も適当なものを次から選び、記号で答えよ。

ア　しかし　**イ**　しかも　**ウ**　だから　**エ**　ただ

3　次の文は、――線部①について、そのような時代となっている一方で、現代の家庭のあり方はどのような状況になっていると述べられているかを説明したものである。［　　］に本文中から最も適当な十四字の言葉を抜き出して書き、文を完成させよ。

> 現代の家庭は細分化され、核家族化が進行することにより、かつては［　　］を次世代へ残せなくなった状況。

令和五年度　公立高校入試実戦問題　第一回　国語

1　次の1・2の問いに答えなさい。

1　次の――線部のカタカナは漢字に直し、漢字は仮名に直して書け。

(1) バス停にジュンジョよく並ぶ。　(2) 絵を見る目がコえる。

(3) カンチョウ時刻を調べて海へ行く。　(4) 勢力の均衡を保つ。

(5) 巧妙な手口で人を惑わす。　(6) 昨年の雪辱を果たす。

2　ひらがなの「は」のもととなった漢字を次から一つ選び、その記号を書け。

ア 派　イ 破　ウ 把　エ 波

2　次の文章を読んで、あとの1～6の問いに答えなさい。

かつて家庭ではさまざまなノウハウを蓄積し、明文化した「家訓」として、もしくは暗黙の知識や技能として、次の世代へと伝承していきました。精神の面でも「家風」といった形などをとって、受け継がれてゆくものがありました。［　　］、戦後、日本では核家族化が進み、そのような伝承の機会が著しく減少しました。ついに今や、①一人で生きていくことも困難ではない時代になってしまいました。現場感覚の細かいノウハウは、家庭からではなく、雑誌やインターネットから得る時代となりました。世帯の最小単位までの細分化は、大家族が伝承し育《はぐく》んできた規範を崩壊《ほうかい》させました。人間は倫理・規範・価値観を蓄積できていないどころか、急速に失いつつあるものの方が多いのかもしれません。

人間にとって最も基本的な共同体である家庭が細分化する一方、②地球はひとつの大きな方舟《はこぶね》になっています。人類が直面している困難の多くは、まさしく地球規模の問題です。ゆえにもし、解決に価値観の共有が必要なのだとすれば、地球規模での価値観共有やコミュニティ形成が必要だということになります。

地球を一色に染め上げようというのではありません。そうではなくて、人類共通の重大事については緩やかな共同体として連帯し、利他的行動へと導く社会性も、少しは進歩させた方がよいというのが、私の意見です。そのためにも、蓄積可能な情報や知識を扱う「情報伝達のコミュニケーション」以上に、蓄積できない倫理・規範・価値観を扱う「共感・共有のコミュニケーション」を生かすべきではないかと私は考えているのです。

倫理・規範・価値観の共有とか、コミュニティ形成とか、考えようによっては「迷信」や「ムラ社会」にも似た、前近代的な言葉を連ねてきました。このような言葉には反感をア持つ人もいるでしょう。これらの言葉には、その「外」にいる人への排他性をも感じさせます。そもそも、現代文明は、古くて(注)頑迷で強制的でカビ臭《くさ》い価値観からの自由や、狭くて不合理で脱出困難な共同体の束縛《そくばく》からの自由をイ求めてきたのではないでしょうか。近代科学はそうした戦いの成果のひとつだったのではないでしょうか。

このような「自由か、共同体か」のような二者択一の議論は、サッカー戦術に関して昔の日本で交わされていた③「個人技か、組織か」という幼い議論を思い出させます。現実には、現代のサッカーは昔に比べて大きく成熟しており、世界のどこを見ても、「個人の自由」か「集団戦略」かのどちらかに大きく傾いているチームなど存在しません。一流のチームであれば、個人個人が自分の頭で自由に考えて責任を持ってプレーし、それがつながってチーム全体が統一された一つの有機体のように機能する、ということが当たり前のようにできています。自

令和５年度　公立高校入試実戦問題　第１回　英　語　（解答…222 P）

1　**聞き取りテスト**　放送の指示に従って，次の１～７の問いに答えなさい。英語は１から４は１回だけ放送します。５以降は２回ずつ放送します。メモをとってもかまいません。

1　これから，Sayuri と Mike との対話を放送します。Sayuri が両親からもらったプレゼントとして最も適当なものを，下の**ア**～**エ**の中から一つ選び，その記号を書きなさい。

ア

イ

ウ

エ

2　これから，John と John の母親との対話を放送します。John が対話の後にすることとして最も適当なものを，下の**ア**～**エ**の中から一つ選び，その記号を書きなさい。

ア　数学の勉強　　**イ**　机の片づけ　　**ウ**　英語の宿題　　**エ**　テレビゲーム

3　これから，Rika と Hill 先生との対話を放送します。 下は Rika がこの前の日曜日に書いた日記です。対話を聞いて，（　　　）に適切な英語１語を書きなさい。

Today, I enjoyed (　　　) and taking pictures of some birds at Hikari Park. It was fun.

4　あなたは英語の授業で Hiroki のスピーチを聞こうとしています。下の**ア**～**ウ**を話の展開に従って並べかえ，その記号を書きなさい。

ア

イ

ウ

5　あなたは英語の授業で Betty のスピーチを聞こうとしています。スピーチの内容にないものとして最も適当なものを下の**ア**～**エ**の中から一つ選び，その記号を書きなさい。

ア　Betty が住んでいた国　　**イ**　Betty の将来の夢
ウ　Betty がいつ来日したか　　**エ**　Betty の趣味

6　あなたは英語の授業で Shota の動物愛護センター（the Animal Welfare Center）での思い出についてのスピーチを聞こうとしています。スピーチの後に，その内容について英語で二つの質問をします。

(1)　質問を聞いて，その答えを英語で書きなさい。

(2)　質問を聞いて，その答えとして最も適当なものを下の**ア**～**ウ**の中から一つ選び，その記号を書きなさい。

ア　We can go to the Animal Welfare Center when we want some dogs.
イ　We need to play and walk with our dogs every day.
ウ　We should think about having an animal before we get one.

7　これから，中学生の Shinji と Lucy との対話を放送します。その中で，Shinji が Lucy に質問をしています。Lucy に代わってその答えを英文で書きなさい。２文以上になってもかまいません。書く時間は１分間です。

2 次の１～４の問いに答えなさい。

1　次は，Emi と留学生の Mike との対話である。下の①，②の表現が入る最も適当な場所を対話文中の〈　ア　〉～〈　エ　〉の中からそれぞれ一つ選び，その記号を書け。

①　I know.　　②　I have a lot of work to do.

Emi :　You look so busy.　〈　ア　〉
Mike :　Yes.　〈　イ　〉
Emi :　Well, I can help you.　What are you doing now ?
Mike :　I'm doing my science homework.　It is very difficult.
Emi :　〈　ウ　〉 I did it last night.　It was so difficult.　You should use the textbook.
Mike :　I don't have it now.
Emi :　That's OK.〈　エ　〉 You can use mine.

2　次の①～④の英語の説明として最も適当なものを，下の ＿＿＿ 内の［説明］で示しているア～エの中からそれぞれ一つ選び，その記号を書け。

①　hungry　　②　popular　　③　kind　　④　tired

［説明］
ア　liked by a lot of people
イ　feeling that you want to sleep or get rest
ウ　saying or doing things that show that you care about other people
エ　feeling that you want to eat something

3　次は，Takeru と留学生の Cathy との電話での対話である。①～③について，［例］を参考にしながら，（　　　）内の語に必要な２語を加えて，英文を完成させよ。ただし，文頭に来る語は，最初の文字を大文字にすること。

［例］　A：Oh, you have a nice cap.
　　　　B：Yes.（ like ）very much.　　　　（答）　I like it

Takeru :　Hello ?
Cathy :　Hello.　This is Cathy.　①（ talk ） to Masaki ?
Takeru :　I'm sorry.　He is not here now.　Do you ②（ leave ） a message ?
Cathy :　No, thank you.　I ③（ call ） again.

4　留学生の Sam からあなたにメッセージが届いた。以下のメッセージへの返事を 15 ～ 20 語の英語で書け。英文は２文以上になってもかまわない。ただし，Yes または No で書き始めること。

Sam

Hi !　I went to the library and read an interesting book today.
Do you often read books when you have free time ?

3　次のⅠ～Ⅲの問いに答えなさい。

Ⅰ　次は，中学生の Mao が書いた英文である。これを読み，あとの問いに答えよ。

In the old days*, it took a long time to go to foreign countries from Japan. In 1860, it took more than a month to get to America when Japanese people went there by ship. Now, it takes only about nine hours by plane to go there. It has become easier to visit other countries. Look at this graph. It shows the number of travelers*. In 2017, about 28,690,000 foreign people came to Japan. And about 17,889,000 Japanese went to other countries.

Long ago, there were no TVs, internet or SNS, so it was difficult to get news about other countries in a short time*. But now, we can see and hear a lot of things about the world on TV, internet and SNS. So we can say [　　　　]. We can know about foreign countries easily. We need to understand foreign people, and we need to be understood* by them, too.

注　in the old days　かつては　　traveler(s)　旅行者　　in a short time　短い時間で
　understood　understand の過去分詞

1　下線部 this graph として最も適当なものを下の**ア**～**エ**の中から一つ選び，その記号を書け。

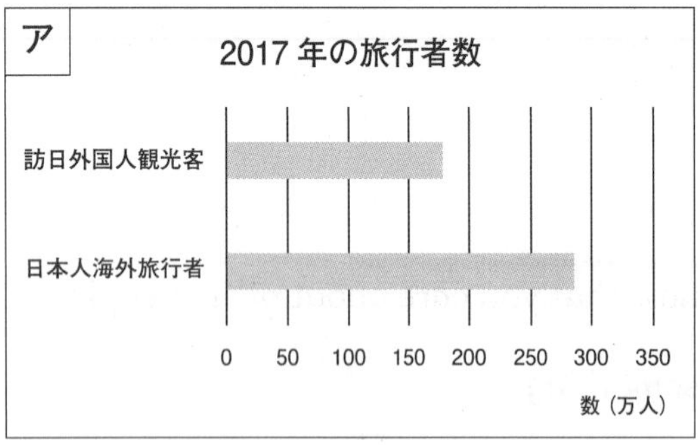

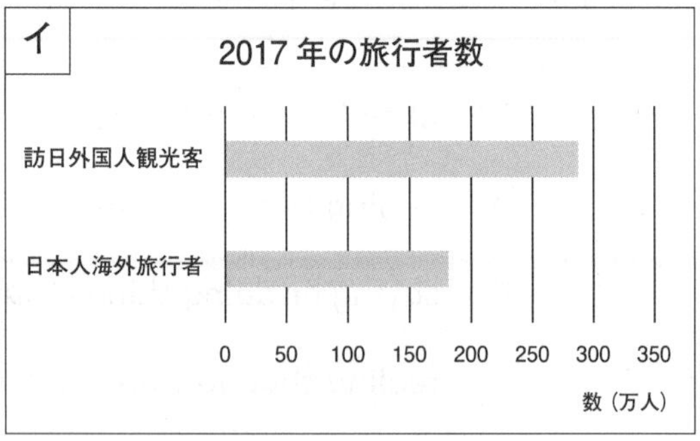

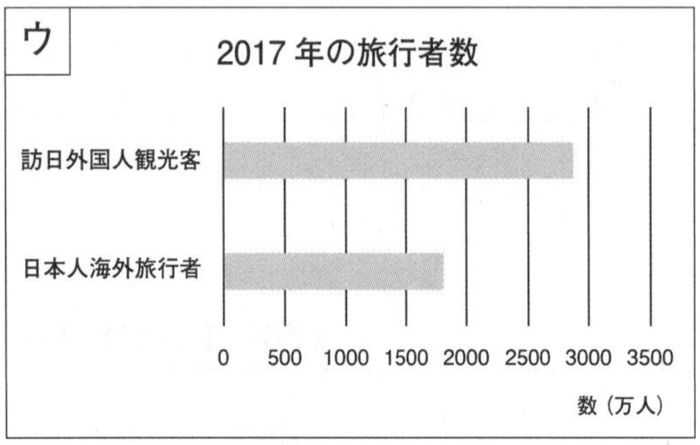

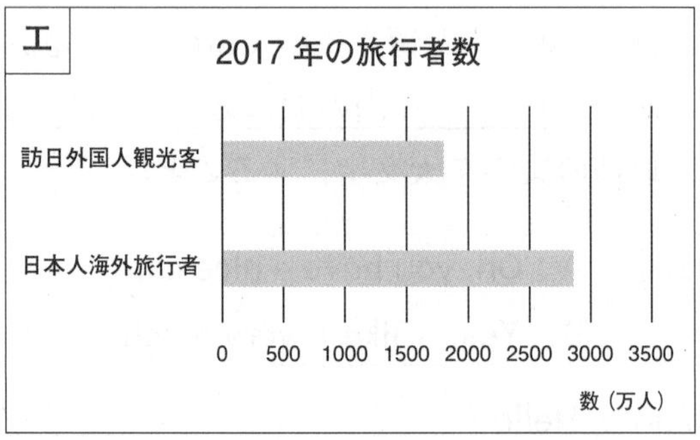

2　本文の内容に合うように [　　　　] に入る最も適当なものを下の**ア**～**エ**の中から一つ選び，その記号を書け。

ア　communication is important　　　イ　the world is becoming smaller

ウ　going to other countries is fun　　エ　we should learn about foreign countries

Ⅱ　アメリカに留学している中学生の Haruto は，博物館の案内（museum guide）を見ながら，中学生の Nancy と話をしている。次の対話文を読み，あとの問いに答えよ。

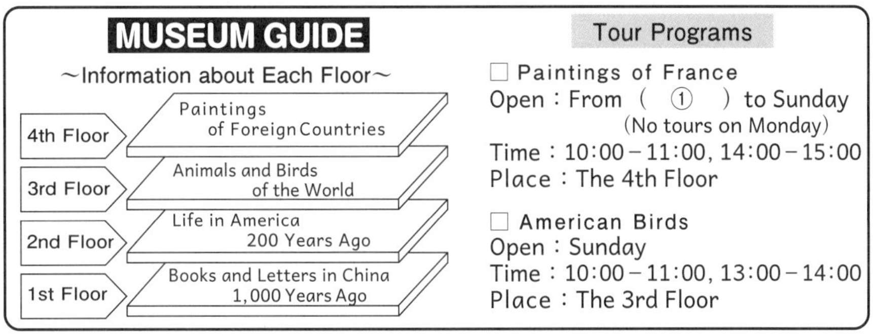

Haruto : Wow, this museum is very big !

Nancy : Yes. Many people come here every day.

Haruto : What can we see ?

Nancy : We can see many things. Well, this museum is famous for its paintings* of France.

Haruto : Really ? I like paintings of foreign countries very much.

Nancy : I see. How about going to the fourth floor* to see them first ? It's 9:40 now, so we can join the first tour*.

Haruto : That's a good idea. What can we do after that ?

Nancy : We can also join* the tour of American birds.

Haruto : Good. I'm also interested in American history and culture. Are there any tours about them in this museum ?

Nancy : Well, this museum doesn't have any tours about them, but I'm sure we can find something interesting on the second floor.

Haruto : OK. Why don't we go there before joining the tour of American birds ?

Nancy : Sure. Oh, it's 9:50 now. Let's go !

注　painting(s)　絵画　　floor　階　　tour(s)　ツアー　　join　参加する

1　（　①　）に入る最も適当な英語１語を書け。

2　二人が行く階の順番として最も適当なものを下のア～エの中から一つ選び，その記号を書け。

ア　The 4th floor → The 2nd floor → The 1st floor

イ　The 4th floor → The 2nd floor → The 3rd floor

ウ　The 4th floor → The 3rd floor → The 1st floor

エ　The 4th floor → The 3rd floor → The 2nd floor

Ⅲ　次の英文は，中学生の Naoko が，英語の授業で行ったスピーチである。次の英文を読み，Naoko がこのスピーチの中で伝えたかったこととして最も適当なものを，□ の中のア～エの中から一つ選び，その記号を書け。

I want to learn about flowers*. They are small, but they are important to people. For example, we often give someone flowers as presents. Through* flowers, we can show people our love.

When I was a little child, my father and mother often took me to the mountains. My father usually didn't talk much, but in the mountains, he was different. When he was walking with me, he taught me many things about flowers. His stories about them were very interesting, and I asked him many questions about them. We enjoyed talking. My mother looked very happy then.

My father sometimes picked* small flowers in our garden* and made pressed flowers*. Later, he gave them to me. One day my mother said to me, "When your father was young, he often gave me pressed flowers. He didn't talk much, but I understood* his feelings through the flowers. I felt very happy." Flowers have been very special to me since I was a little child.

注　flower(s)　花　　through　～を通して　　picked　摘んだ　　garden　庭
　　pressed flower(s)　押し花　　understood　understand の過去形

ア	The reason that Naoko's father likes flowers.
イ	Naoko's best presents from her friends.
ウ	Naoko's family likes to learn about flowers.
エ	Flowers have been special to Naoko.

4　次の英文を読み，1～5の問いに答えなさい。

Shiho was a member of the English club at her school. One day, Mr. Kimura, a teacher of Shiho's junior high school, came to her and said, "Two American students will visit our school next month. They don't understand Japanese, so please show them around the school in English." "OK. I will talk about ①it with my friends," Shiho said.

A few days later, Shiho said to Mr. Kimura, "I'll try. Yumi will help me. We will make an English map* of our school, and show the American students around in English with it." "That's good. They will be glad if you do so. You can use easy English," Mr. Kimura said and smiled.

On the day of the American students' visit, Shiho and Yumi started to show them around the school. Shiho said to the students, "It's cleaning time. We clean our school every day." One of the American students, Mary, asked, "Do you ?" Shiho answered, "Yes. We clean many places in our school." "I see. Your school is very clean," said Mary. Shiho said, "Thank you. Does your school have cleaning time, too ?" "No, we don't have cleaning time," Mary answered. Shiho was surprised to hear that. Then Shiho and Yumi took them to the library and the computer room.

Finally, they went to the school kitchen*. Shiho said, "Our school lunch is cooked here." The other American student, Tom, asked Shiho, "Where do you eat your school lunch ?" "We eat our school lunch in our classroom," Shiho answered. Tom said, "Really ? We usually eat our lunch at the cafeteria*." Shiho was surprised again to hear that. Tom asked, "Do you like your school lunch ?" "Yes, we enjoy eating our school lunch together," Shiho answered. ②Shiho thought that there are differences* between Japanese schools and American schools.

When the American students left the school, Tom said to Shiho, "Thank you very much for showing us around. We enjoyed visiting your school. I'm getting interested in* Japanese school life. Do you have an e-mail address*? I'll be happy if you send me an e-mail. Here is my e-mail address."

Shiho was very glad when she got his e-mail address. She wanted to tell him a lot about her school in ③her first e-mail. She hoped that his e-mail would come soon after she sent him hers.

注 map　地図　　prepare　準備する　　school kitchen　給食室　　cafeteria　食堂
differences between ～ and ...　～と…の間の違い　　get interested in ～　～に興味がわく
e-mail address　メールアドレス

1　次のア～ウの絵は，本文のある場面を表している。本文の内容に合わないものを一つ選び，その記号を書け。

2　下線部①の具体的な内容として最も適当なものを，下のア～エの中から一つ選び，その記号を書け。

ア　アメリカからの生徒に英語で学校を案内すること。
イ　アメリカからの生徒に日本語を教えること。
ウ　英語クラブのメンバー全員でアメリカの学校に行くこと。
エ　アメリカの学校の生徒を日本に招待すること。

3　下線部②に関して，Shiho が知った日本とアメリカの学校で異なる二つの点について，それぞれの国を比較しながら日本語で書け。

4　下線部③のメールとなるように, Shiho に代わって下の□内に15語程度の英文を書け。2文以上になってもかまわない。

Hi, Tom. This is Shiho. How are you ?

□

Shiho

5　本文の内容に合っているものを下のア～オの中から二つ選び，その記号を書け。

ア　Mr. Kimura came to Shiho's school with some American students.
イ　Shiho and Yumi made an English map of their school for the American students.
ウ　Mary was very surprised when she saw that Shiho's school was not clean.
エ　Shiho went to the library after going to the school kitchen.
オ　Shiho told Tom that she liked eating her school lunch with her friends.

令和５年度　公立高校入試実戦問題　第１回　社　会

（解答…225Ｐ）

1　次のⅠ～Ⅲの問いに答えなさい。答えを選ぶ問いについては一つ選び，その記号を書きなさい。

Ⅰ　**略地図１～４**を見て，１～５の問いに答えよ。ただし，略地図の縮尺は同じでない。

略地図１

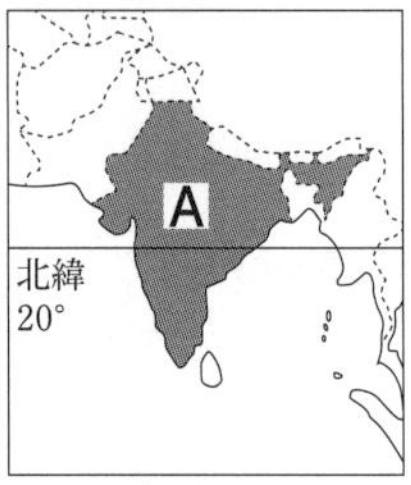

略地図２

略地図３

略地図４

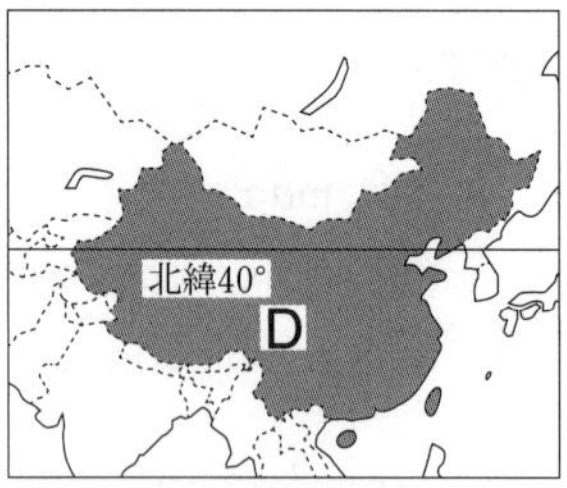

１　**略地図１～４**中に**Ａ～Ｄ**で示した国のうち，一つだけ別の大陸に属する国として最も適当なものはどれか。

２　**略地図１**中の**Ａ**国で最も多くの人々が信仰している宗教は何か。

３　**略地図２**中の**Ｂ**国に関して，⑴，⑵の問いに答えよ。

⑴　**Ｂ**国で使われている言語は，ヨーロッパの言語の一つである。この言語は何か。

⑵　**Ｂ**国では，さとうきびやとうもろこしなどの植物を原料とする燃料の開発が進んでいる。この燃料を何というか。

資料１　Ｃ国と日本の比較

	調べた項目	Ｃ国	日本
ア	面積（万㎢）	1,710	38
イ	人口（万人）	14,587	12,686
ウ	就業人口に占める第一次産業就業人口の割合（％）	5.9	3.4
エ	国土に占める農地の割合（％）	12.7	11.8
オ	第一次産業従事者一人あたりの農地面積（ha）	52.6	2
カ	穀物の輸出量（万ｔ）	1,956	26

（日本国勢図会 2019/20 年版から作成）

４　**略地図３**中の**Ｃ**国に関して，⑴，⑵の問いに答えよ。

⑴　**資料１**の**ア～カ**の項目のうち，二つの項目から，「**Ｃ**国は日本の40倍以上の農地面積がある」ことがわかる。その二つの項目を選べ。

⑵　**資料２**は，**Ｃ**国で見られる住居である。この住居に見られる工夫について述べた次の文の［　　　　］に適することばを補い，これを完成させよ。

資料２

タイガとよばれる針葉樹林が広がる地域では，タイガの下に永久凍土とよばれる一年中凍ったままの土がある。しかし，夏の高温や暖房を使うことで［　　　　］のを防ぐため，高床式になっている。

５　次の**ア～エ**は，**略地図１～４**中の**Ａ～Ｄ**国のいずれかの国について述べたものである。**Ａ**国について述べたものとして最も適当なものはどれか。

ア　この国は1990年代に革命がおこり，現在の国の体制になった。開発が遅れた国土の東側は人口密度が低い。石油の産出量は，世界でも有数である。

イ　この国は，増え続ける人口に対して人口抑制政策を実施している。沿海部には外国企業が多数進出し，内陸部との間に経済格差がみられる。

ウ　この国には，毎年多くの観光客が訪れるカーニバルで有名な都市がある。日本から最も遠い国の一つであるが，かつて多くの日本人が移住した。

エ　この国には，長い一枚の布を体に巻く伝統的な女性の衣装がある。人々は，数十種類のスパイスを混ぜて料理をつくり，手を使って食べる習慣がある。

Ⅱ　次の**略地図**や**地形図**を見て，１～３の問いに答えよ。

略地図

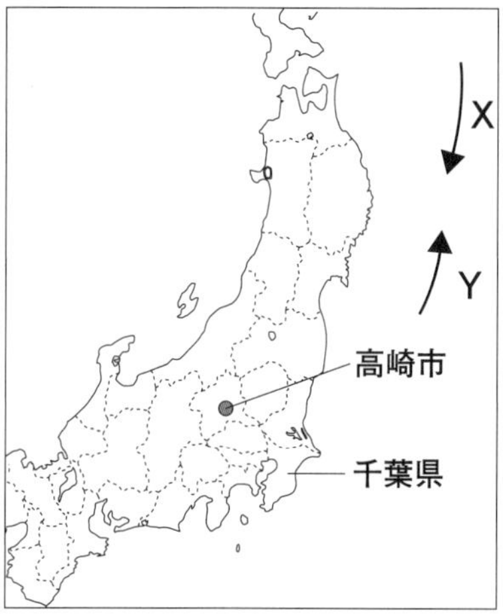

地形図

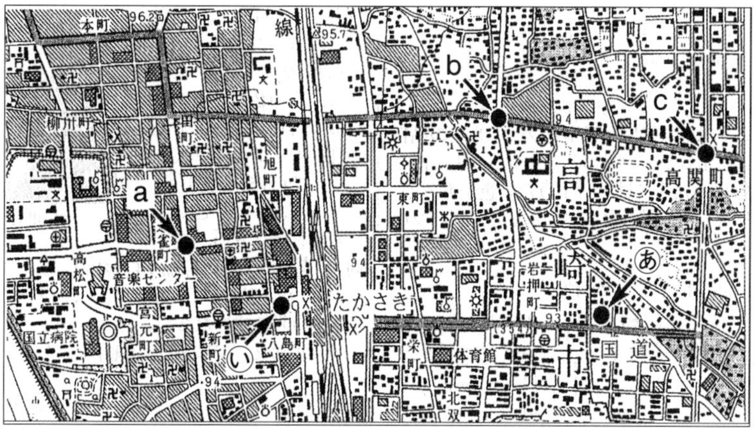

（1：25,000 地形図「高崎」の一部）

１　**略地図**中の三陸海岸の沖合は，ＸとＹの海流がぶつかる好漁場になっている。ＸとＹの海流名として最も適当なものを，それぞれ選べ。

ア　リマン海流　　イ　千島海流　　ウ　対馬海流　　エ　日本海流

２　**略地図**中の**千葉県**の農業の特色について述べた次の文の□□□に適することばを，**漢字２字**で書け。

> **千葉県**は，大消費地の近くに位置しており，野菜，鶏卵，飲用牛乳などの生産が多い。このような農業の形態は□□□農業とよばれる。

３　**略地図**中の**高崎市**に関して，**地形図**は**高崎市**の一部を示したものである。(1)～(3)の問いに答えよ。

(1)　**地形図**中のａ地点から見て，市役所はどの方位にあるか。八方位で書け。

(2)　**地形図**中のｂとｃの交差点は，地図上では直線距離で３cm離れている。実際は何ｍか。

(3)　**地形図**中のㇵとㇱの地点にはコンビニエンスストアがある。ㇵ地点の店には広い駐車場があり，ㇱ地点の店には駐車場がない。これに関する次の文の［　①　］，［　②　］に適することばを，**地形図**を参考にして補い，これを完成させよ。

> **地形図**を見ると，ㇵ地点の店が広い駐車場を設けているねらいとしては，［　①　］ことが考えられる。また，ㇱ地点の店には駐車場がないが，多くの人に利用されていると考えられる。それは［　②　］からである。

Ⅲ　**資料**は，ある河川の流域の町で見られる表示板の一部である。その町が**資料**のような表示板を設置するのはなぜか。その理由を**30字以上40字以内**で書け。ただし，**情報**，**被害**ということばを使うこと。

資料

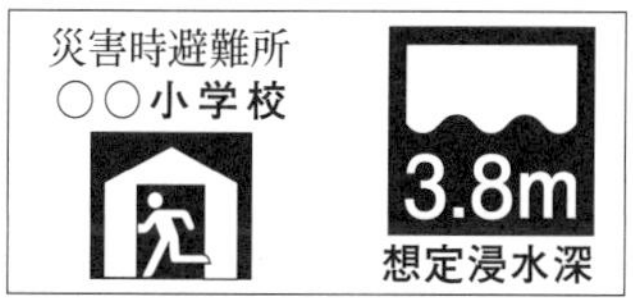

※想定浸水深とは，河川がはんらんした場合に想定される浸水の深さのこと。

2 次のⅠ～Ⅲの問いに答えなさい。答えを選ぶ問いについては一つ選び，その記号を書きなさい。

Ⅰ　次の略年表を見て，1～6の問いに答えよ。

時代	主なできごと
奈良	ⓐ平城京がつくられる
平安	藤原頼通がⓑ平等院鳳凰堂を建てる
鎌倉	ⓒ新しい仏教が広まる
室町	ⓓキリスト教が伝わる
安土・桃山	豊臣秀吉が百姓から刀ややりなどを取り上げる □ を行う
江戸	ⓔ絵踏が行われる

1　略年表中の □ にあてはまる最も適当なことばを書け。

2　ⓐに関して，⑴，⑵の問いに答えよ。

⑴　ⓐに都がつくられる以前のわが国と外国の関係について述べた次のア～エを，年代の古い順に並べよ。

ア　聖徳太子が初めて遣隋使を派遣する。
イ　倭の奴国王が中国に使いを送る。
ウ　白村江の戦いで大軍を送り大敗する。
エ　卑弥呼が中国に使いを送る。

⑵　ⓐに都がおかれた時代の地方の政治のしくみについて述べた次の文の ① ， ② にあてはまることばの組み合わせとして最も適当なものはどれか。

> 朝廷は，中央の貴族を ① として地方の国々に派遣し，政治を行わせた。また，九州に ② を置いて九州地方をまとめるとともに，唐などとの外交の窓口とした。

ア（①　国司　　②　多賀城）　　イ（①　国司　　②　大宰府）
ウ（①　守護　　②　多賀城）　　エ（①　守護　　②　大宰府）

3　ⓑが建てられた場所として最も適当なものは，**略地図**中のア～エのうちどれか。

略地図

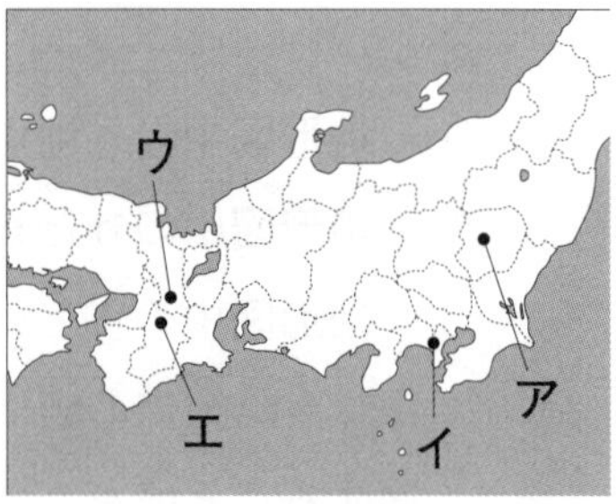

4　ⓒに関して，**資料1**は，当時広まった二つの宗派と開いた人，その教えの一部を示している。当時の人々の間に新しい仏教が広まった理由を，**資料1**からわかる二つの宗派に共通してみられる特徴に着目して書け。

資料1

宗派	開いた人	教えの一部
浄土宗	法然	一心に「南無阿弥陀仏」と念仏をとなえれば，救われる。
曹洞宗（禅宗）	道元	ひたすら座禅に打ち込めば，さとりを開くことができる。

5　ⓓに関して，このころ，ヨーロッパで広まった，人間の個性や自由を表現しようとする古代ギリシャ，ローマの文化を理想とした，文芸復興とよばれる新しい風潮を何というか。**カタカナ**で書け。

6　ⓔに関して，**資料2**は絵踏のようすをえがいており，**資料3**はその際に使われていたものである。幕府が絵踏を行った目的を書け。

資料2

資料3

Ⅱ　次の文を読み，１～６の問いに答えよ。

日本の近代工業は，明治初期においては政府によるⓐ近代的な国家を築くための新しい政策を進める中で育成された。近代化の政策をきっかけとして，西洋の文化を取り入れる動きも活発になり，人々の間に［①］の風潮が広まった。明治後期になると，軽工業を中心にⓑ産業革命がおき，国内の工業生産は飛躍的に増大していった。また，日本が近代国家のしくみを整えたことを背景に，ⓒ1894年にはイギリスとの条約改正に一部成功した。

第一次世界大戦が始まると，日本の輸出は急激に増加し，工業は急成長をとげた。しかし，大戦後は，関東大震災やヨーロッパの産業の回復，ⓓ世界恐慌の影響などにより，ⓔ日本経済は混乱し，国民生活も苦しくなっていった。

第二次世界大戦後，日本は民主的な国家として再出発した。そして，1950年に冷戦の影響を受けておきた［②］戦争によって経済が復興し，やがて高度経済成長期を迎えた。

１　［①］，［②］にあてはまる最も適当なことばを書け。ただし，［①］は**漢字４字**で書くこと。

２　ⓐに関して，明治政府の政策として最も適当なものはどれか。

　ア　治安維持法の制定　　イ　廃藩置県の実施
　ウ　シベリア出兵　　エ　日米修好通商条約の締結

３　世界で最初にⓑがおきたイギリスで，技術者ワットが改良した動力装置は何か。

４　ⓒに関して，条約改正にイギリスが応じた理由を書け。ただし，**南下**ということばを使うこと。

５　ⓓについて述べた次の文の［Ｘ］には，共通してあてはまる最も適当な国を下の**ア**～**エ**から選び，［Ｙ］には，適する輸出品名を書け。

［Ｘ］で世界恐慌が始まったため，［Ｘ］向けの［Ｙ］の輸出がふるわず，養蚕業での収入が減り，日本の農家も大打撃を受けた。

　ア　ドイツ　　イ　フランス　　ウ　イギリス　　エ　アメリカ

６　ⓔに関して，次の**Ａ**～**Ｃ**は，このころの日本の国民生活に関して述べたものである。**略年表**中の**ア**～**エ**のうち，**Ａ**～**Ｃ**があてはまる時期として最も適当なものをそれぞれ選べ。

　Ａ　空襲が激しくなると，都市部の小学生は親もとを離れ，地方の農村などに集団で疎開させられた。
　Ｂ　議会の承認なしに国の産業・経済や国民生活全体を政府が統制できる国家総動員法が制定された。
　Ｃ　金融恐慌がおこり，銀行の倒産が続いた。多くの銀行が経営危機になり，取りつけさわぎがおきた。

略年表

年代	主なできごと
1919	ベルサイユ条約が結ばれる
	↕ア
1921	ワシントン会議が開かれる
	↕イ
1933	日本が国際連盟を脱退する
	↕ウ
1941	太平洋戦争が始まる
	↕エ

Ⅲ　**資料１**は，1956年から約７年の歳月をかけて建設された日本最大級のダムである黒部ダムである。当時，**資料２**，**資料３**をもとに，このような大規模なダムが建設された背景を書け。

資料１

資料２

日本の事業所数（製造業）

	事業所数
1951 年	166,347
1955 年	187,101

（総務省ホームページから作成）

資料３　日本の最大需要電力と供給能力

	最大需要電力（kw）	供給能力（kw）
1955 年	9,331	9,168

（「数字で見る日本の 100 年」から作成）

3　次のⅠ～Ⅲの問いに答えなさい。答えを選ぶ問いについては一つ選び，その記号を書きなさい。

Ⅰ　次は，ある中学生が，奄美大島・徳之島などの世界遺産登録のニュースを聞いて，わが国の世界遺産について調べて作成したものの一部である。１～６の問いに答えよ。

日本の主な世界遺産	
登録名	内容
[①]地域の仏教建造物	現存する最古の木造建築を含め，聖徳太子と関連の深い文化財
古都京都の文化財	ⓐ平安時代から江戸時代までの各時代を代表する文化財
ⓑ日光の社寺	徳川家の権威と力を示す東照宮などの文化財
石見銀山遺跡とその文化的景観	ⓒ島根県にあり，ⓓ江戸時代初期に大量の銀を産出した日本最大の銀山
知床	[②]に面した半島と周辺海域の独特な生態系

１　[①]にはある寺院の名称が入る。[①]に入る寺院の名称として最も適当なものはどれか。

ア　中尊寺　　イ　唐招提寺

ウ　金剛峯寺　　エ　法隆寺

２　[②]と**略地図**中の[②]に共通してあてはまる海洋の名称を書け。

３　ⓐに関して述べた次のア～エを年代の古い順に並べよ。

ア　最澄が，比叡山に延暦寺を建てた。

イ　足利義満が，北山に金閣を建てた。

ウ　徳川慶喜が，二条城で大政奉還を行った。

エ　藤原頼通が，宇治に平等院鳳凰堂を建てた。

４　ⓑの位置を，**略地図**中のあ～えから一つ選べ。

５　**資料１**は，ⓒにある旧吉田村における全人口，15歳未満の人口，65歳以上の人口の推移を示したものである。旧吉田村のような人口の移り変わりがみられ，人口構成上の問題が生じている地域は，内陸の山間地や離島などに多い。このような地域を何というか。

６　次の文は，ⓓのころにつくられた問屋制家内工業と工場制手工業のしくみについて述べたものである。**資料２**も参考に，[　　　]に適することばを補い，これを完成させよ。

> 問屋制家内工業は，地主や商人が原料や道具などを農民に貸して，家で製品に加工させ，それを買い取るしくみであるのに対し，工場制手工業は，地主や商人が[　　　]しくみである。

略地図

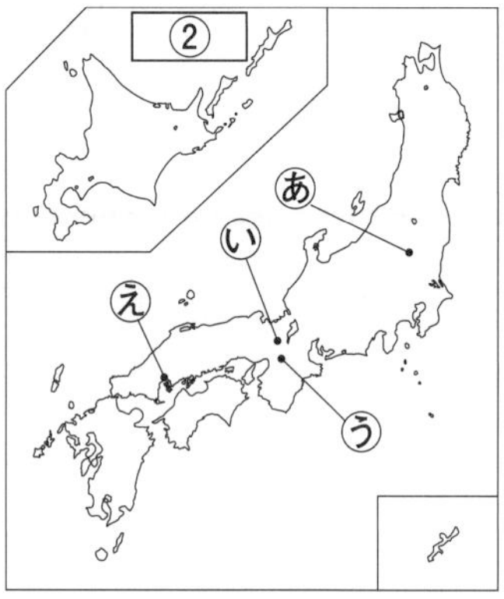

資料１

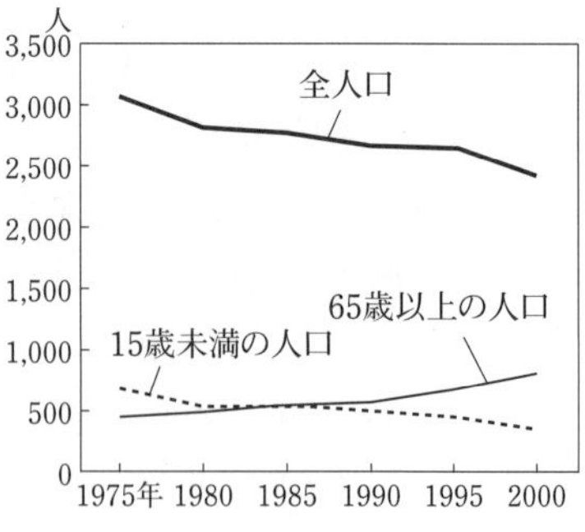

(「旧吉田村資料」から作成)

資料２

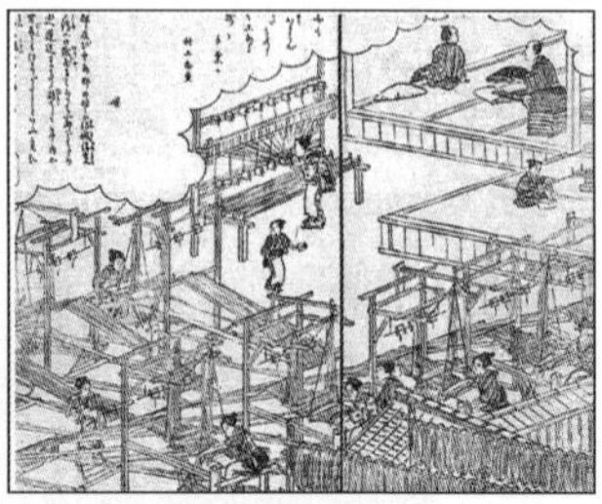

Ⅱ　ある中学生は，社会の授業で「旅行に行きたい世界の国々」について発表することになり，世界を模式的に示した**略地図**と**メモ**を作成した。１～６の問いに答えよ。

略地図

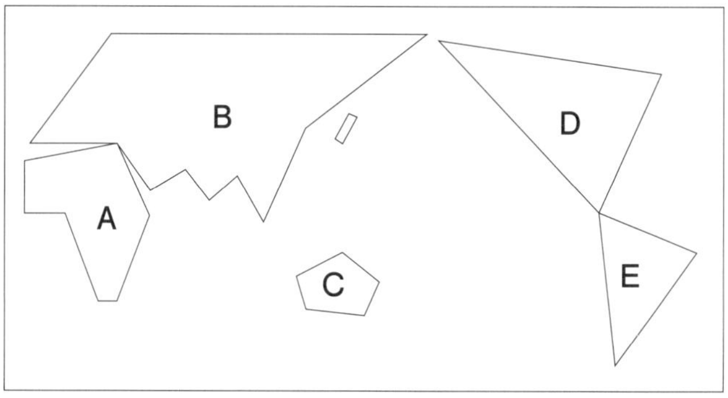

メモ

Cの大陸で夏のクリスマスを体験する

↓

ⓐドイツで，ⓑライ麦でつくったパンやじゃがいも，ソーセージを食べる

↓

喜望峰でⓒバスコ・ダ・ガマの航路を確かめる

↓

ⓓアマゾン川流域で環境破壊の問題を調べる

↓

ニューヨークにあるⓔ自由の女神像を見に行く

1　ⓐなどの国々の憲法をもとに作成し，1889年に発布されたわが国の憲法の名前を書け。

2　ⓑに関して，**資料１**は，ライ麦とじゃがいもの世界の総生産量とその国別割合を表したものである。**資料１**から読み取れることとして最も適当なものはどれか。

ア　ドイツとロシアはライ麦とじゃがいもの生産量がそれぞれ上位５位以内である。

イ　ライ麦の生産量の上位５か国とじゃがいもの生産量の上位５か国には同じ国が一つだけある。

ウ　ライ麦とじゃがいもの生産量は，それぞれ上位３か国で生産の50％以上を占めている。

エ　ドイツのライ麦の生産量とポーランドのライ麦の生産量の合計は，ドイツのじゃがいもの生産量より少ない。

資料１

ライ麦の総生産量と国別割合　　**じゃがいもの総生産量と国別割合**

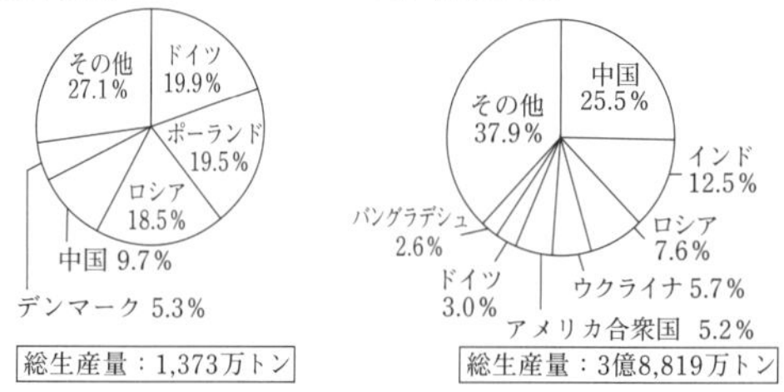

（データブックオブザワールド 2020年版から作成）

3　ⓒが活躍したころ，ペルーでは**資料２**のような石造建築技術を持つ国が栄えていた。この国の名前を書け。

4　ⓓの地域では，**資料３**のような，いろいろな種類の高い木や低い木が何層も重なる密林が見られる。このような密林が分布する地域の気候にはどのような特色があるか書け。

5　ⓔは，アメリカの独立100周年を記念してフランスから贈られたものである。このことに関して，アメリカの独立戦争の軍最高司令官であり，アメリカの初代大統領に選ばれた人名を書け。

6　**メモ**は，ある中学生が，**略地図**のＡ～Ｅの各大陸を一度ずつ訪れる旅行のコースを書いたものである。ある中学生は各大陸をどのような順で訪れるのか。Ｃに続けて記号を書け。

資料２　**マチュピチュ遺跡**

資料３

Ⅲ　**資料**は，2016年の中部地方の９県における製造品出荷額の総計と，そのうちの電子部品・デバイス・電子回路の出荷額を示したものである。ある中学生は，**資料**中の９県について，製造品出荷額の総計に占める電子部品・デバイス・電子回路の出荷額の割合を**図**のように示した。残りのＡ，Ｂの県について，**資料**をもとに**図**の**凡例**に従って解答欄の地図を完成させよ。

資料

県名	製造品出荷額等の総計（億円）	電子部品・デバイス・電子回路の出荷額（億円）
新潟	47,480	3,328
富山	37,044	3,252
石川	28,807	3,724
福井	20,773	3,038
山梨	22,762	2,066
長野	58,986	7,388
岐阜	54,634	1,716
静岡	162,569	2,850
愛知	451,718	6,113

（データでみる県勢 2019年版から作成）

図

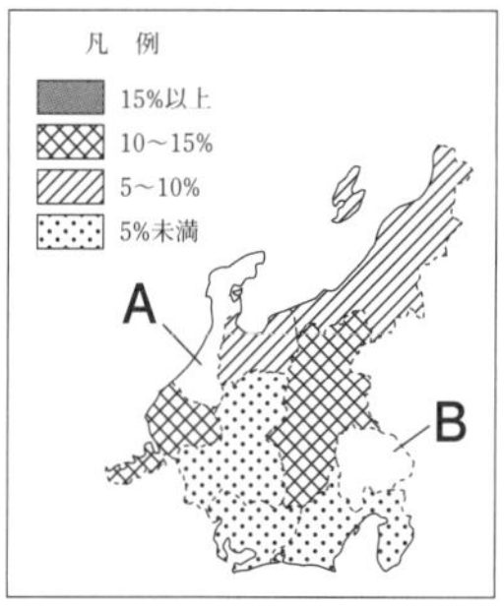

令和５年度　公立高校入試実戦問題　第１回　数　学

（解答…226Ｐ）

1　次の１～５の問いに答えなさい。

１　次の(1)～(5)の問いに答えよ。

(1)　$12\times(10-3)$ を計算せよ。

(2)　$\dfrac{7}{9}+\dfrac{1}{3}\div\dfrac{3}{5}$ を計算せよ。

(3)　$2(x+1)-3(x-2)$ を計算せよ。

(4)　$a=-2$，$b=3$ のとき，$-3a^2b$ の式の値を求めよ。

(5)　１次方程式　$3x+2(x+6)=-8$ を解け。

2　本体価格が1000円の商品を，本体価格の３割引きの価格で１個買い，消費税10％を加えて支払ったときの代金は何円か。

3　下の表について，y が x に比例するとき，［①］，［②］にあてはまる数をそれぞれ求めよ。

x	-3	-2	0	2	［②］
y	［①］	4	0	-4	-7

4　下の図で，２直線 ℓ，m は，$\ell \parallel m$ である。このとき，$\angle x$ の大きさは何度か。

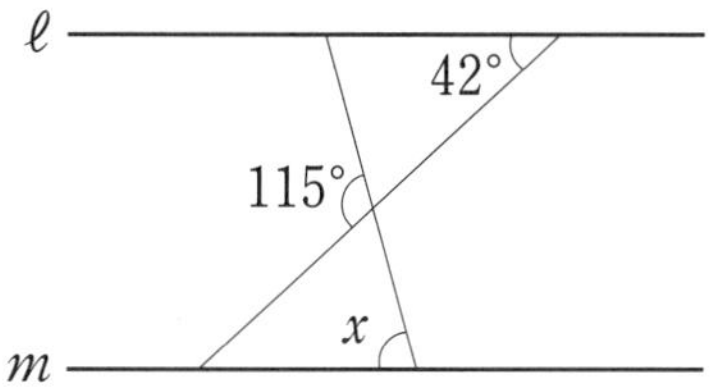

5　下の図は，中心角が135°のおうぎ形を示したもので，弧の長さは 6π cmである。このとき，おうぎ形の半径は何cmか。なお，π は円周率とする。

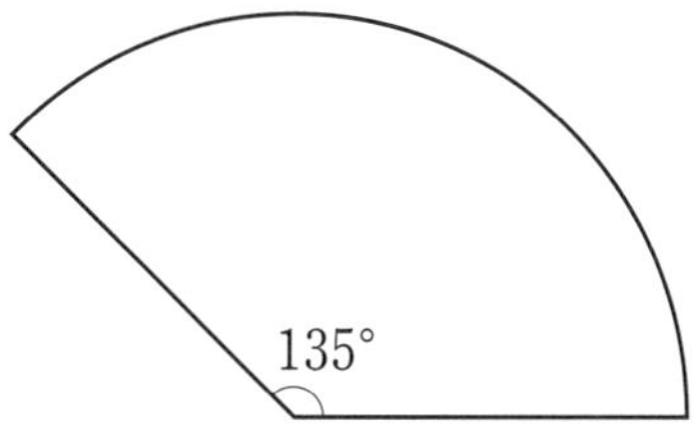

2 次の**1**～**5**の問いに答えなさい。

1　5の平方根を根号を用いて表せ。

2　1から100までの自然数のうち，6と8の公倍数にあたる数は全部で何個あるか。

3　右の図のような直方体について，次の式は何を表しているか説明せよ。また，単位も示すこと。

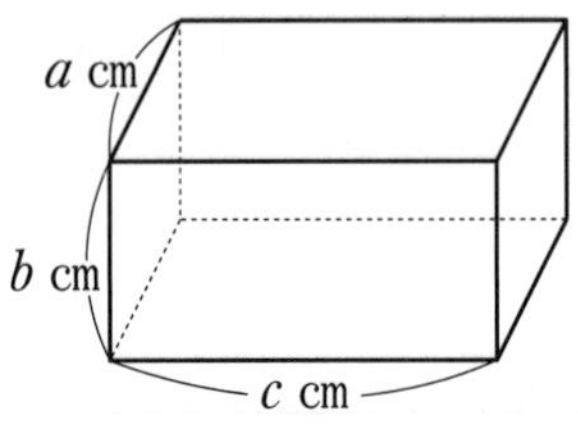

$$2(ab + bc + ac)$$

4　ある美術館の入館料は，大人2人と子ども1人で2100円，大人1人と子ども3人で2300円である。このとき，大人1人と子ども1人の入館料はそれぞれいくらか。大人1人の入館料をx円，子ども1人の入館料をy円として，その方程式と計算過程も書くこと。

5　下の図は，直線ℓと2点A，Bを示したものである。このとき，2点A，Bを通り，直線ℓ上に中心のある円Oを，定規とコンパスを用いて作図せよ。ただし，円Oの中心の位置を示す文字Oも書き入れ，作図に用いた線は残しておくこと。

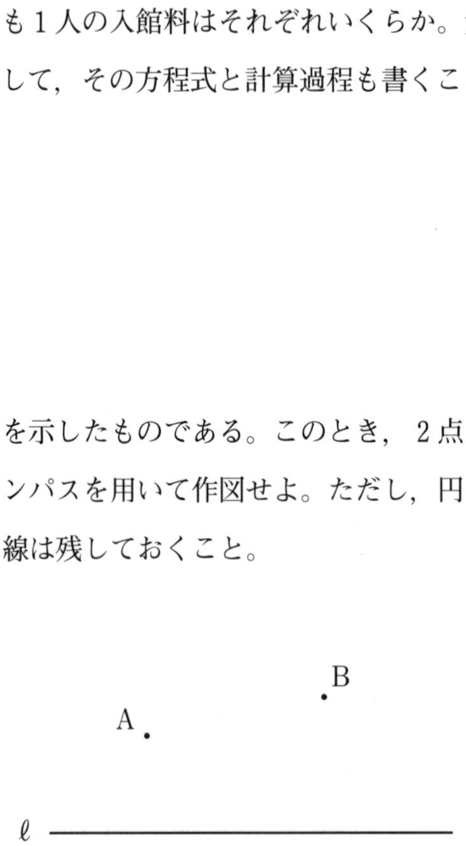

3 次のⅠ，Ⅱの問いに答えなさい。

Ⅰ　右の図のように，A，Bの２つの筒状の容器があり，A，Bどちらの容器にも１，２，３，４の数字が１つずつ書かれた４本の棒が入っている。この容器A，Bの中からそれぞれ１本ずつ棒を取り出すとき，容器Aから取り出した棒に書かれた数をa，容器Bから取り出した棒に書かれた数をbとし，a，bを用いて作ったxについての１次方程式 $ax-b=5$ について考える。なお，どの棒を取り出す場合も同様に確からしいものとする。

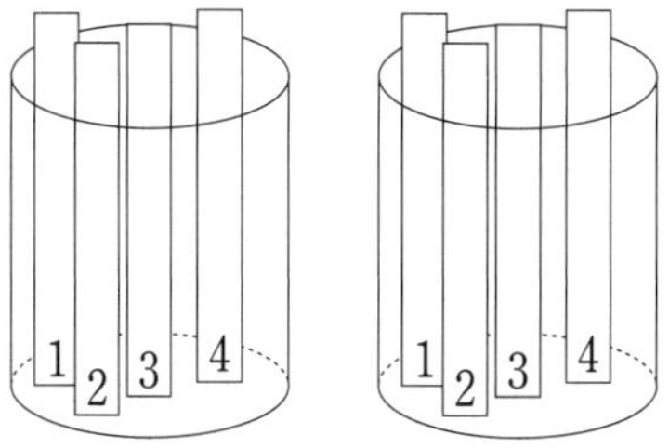

容器A　　容器B

１　$x=4$となるときのa，bの組み合わせを求めよ。

２　$ax-b=5$の解が自然数となる確率を求めよ。

Ⅱ　ある中学校では，３年１組の男子20人と３年２組の男子20人の50ｍ走の記録を小数第１位の値まで測定した。**図１**，**図２**は，その結果を組ごとにヒストグラムで表したものであり，例えば，３年１組には7.4秒以上7.8秒未満の男子が５人いることがわかる。その結果をもとに，組ごとに１人50ｍずつ走るリレーについて考える。

図１　３年１組男子

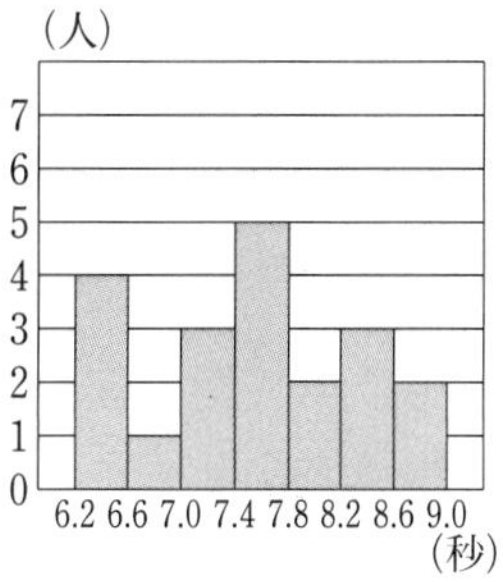

図２　３年２組男子

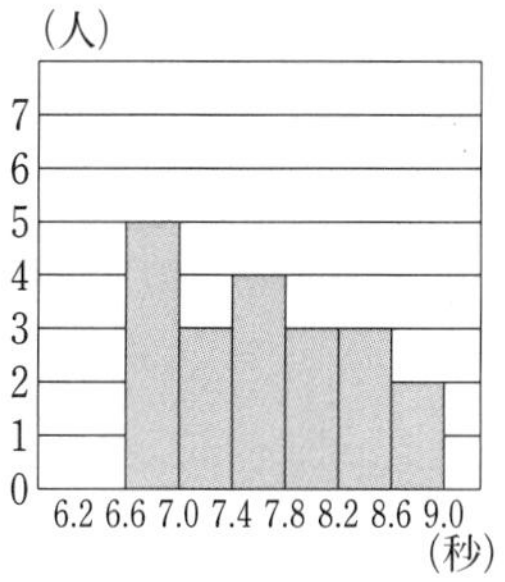

１　組ごとに20人全員が走るリレーを１回行ったとき，どちらの組が速そうかを判断する場合，どのような値を用いるのが最も適当か。次の**ア**～**エ**の中から１つ選び，記号で答えよ。

ア　最頻値　　**イ**　平均値　　**ウ**　中央値　　**エ**　範囲

２　組ごとに速い方から２人，遅い方から２人の計４人の選手を選び，その４人が１チームとなって走る。**図３**はこのとき遅い方から選んだ２人の選手の実際の記録を示したものである。どちらの組が有利だと判断できるか。**図１**～**図３**をもとに，有利だと判断した方の組を⬭で囲め。また，そのように判断した理由を，**図１**～**図３**を比較して具体的に説明せよ。

図３　遅い方から選んだ２人の記録（秒）

	３年１組	３年２組
１人目	8.8	8.7
２人目	8.6	8.7

4 右の図は，正方形ABCDを示したものであり，対角線BD上の点をPとし，点A，Cとそれぞれ結ぶ。また，辺ABの中点をQとし，PとQを結ぶ。このとき，次の1～4の問いに答えなさい。

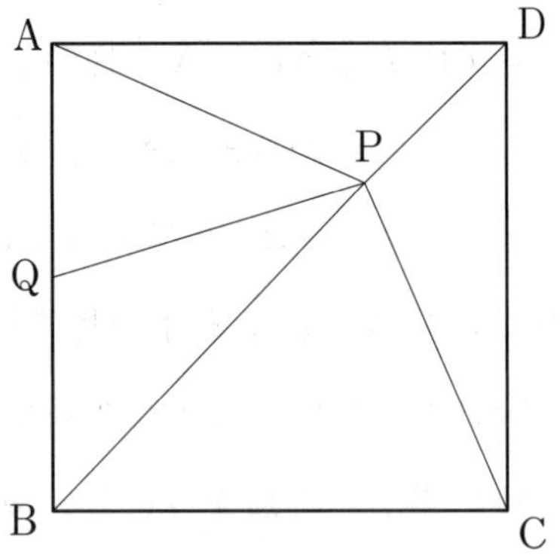

1　△APD ≡△CPDであることを証明せよ。

2　∠DAP＝20°のとき，∠CPBの大きさは何度か。

3　△APD，△AQPの面積が等しくなるとき，線分BPと線分PDの長さの比を，最も簡単な整数の比で表せ。

4　AB＝6㎝，BP：PD＝3：2とする。また，対角線ACと対角線BDの交点をRとし，点Qと結ぶ。このとき，△PQRの面積は何㎠か。

5 下の図は，関数 $y=2x-6$ のグラフである直線 ℓ と x 軸，y 軸との交点A，Bを示したものであり，直線 ℓ 上の x 座標が2である点をPとする。このとき，次の1～3の問いに答えなさい。

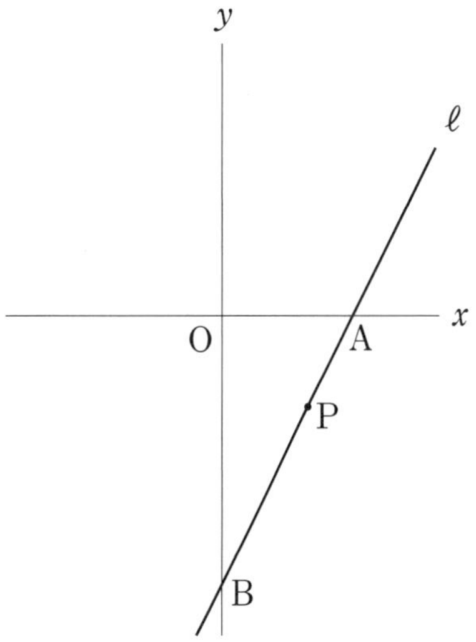

1　点Aの x 座標を求めよ。

2　△AOPの面積を求めよ。

3　点Pと原点Oについて対称な点をQとする。点Qを通り，直線 ℓ に平行な直線を m とし，直線 m と y 軸との交点をCとする。このとき，次の(1)，(2)の問いに答えよ。

(1)　直線 m の式を求めよ。

(2)　直線 ℓ 上に x 座標が3より大きい点Rをとる。四角形PRCQの面積が四角形PACQの面積の2倍になるとき，点Rの x 座標を求めよ。ただし，点Rの x 座標を t とし，t についての方程式と計算過程も書くこと。

令和５年度　公立高校入試実戦問題　第２回　理　科　（解答…230Ｐ）

1　次の各問いに答えなさい。答えを選ぶ問いについては記号で答えなさい。

1　**図１**は，ある日の天気図の一部である。**図１**から読みとれることとして最も適当なものはどれか。

図１

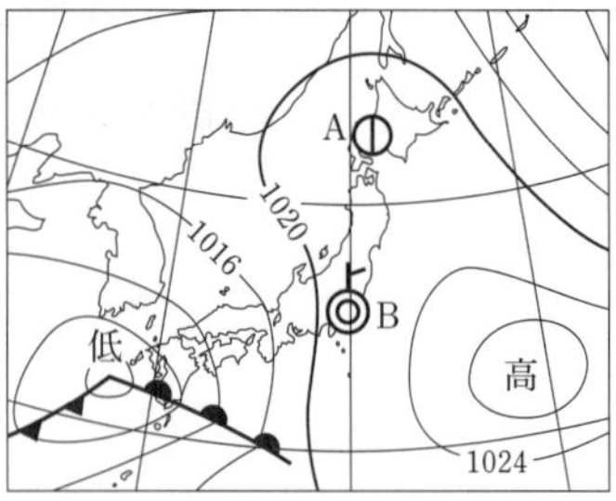

ア　Ａ地点の天気はくもりである。
イ　Ｂ地点の風力は２である。
ウ　九州南部には温暖前線がある。
エ　本州東側の海上には低気圧がある。

2　**表**は，実験操作で気をつけることのうち，その一つを示したものである。この中で，**適当でないもの**はどれか。

表

	ア	イ	ウ	エ
操作	ガスバーナーに火をつける。	固体と液体の混合物をろ過する。	上皿てんびんで一定の質量の薬品をはかる。	こまごめピペットで必要な量の液体をとる。
気をつけること	 マッチの炎を近づけてからガス調節ねじを開く。	 ろうとのあしのとがった方をビーカーのかべにつける。	薬包紙  両方の皿に薬包紙を置く。	 ゴム球の部分を３本の指で持つ。

3　打ち上げ花火の光が見えてから，音が聞こえるまでの時間を測定したところ，4.0秒だった。花火が光ったところから音を聞いたところまでの距離は何ｍか。ただし，音の速さを 340 m/s とする。

4　次の**ア**～**エ**は，ヒキガエルの発生のようすをスケッチしたものである。**ア**～**エ**を発生の順に並びかえたとき，２番目になるものはどれか。

ア

イ
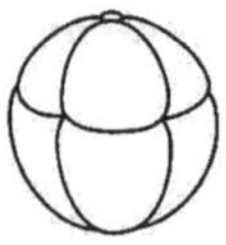
ウ
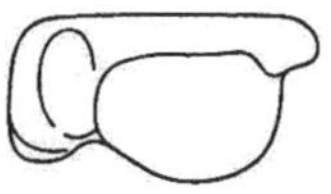
エ

5　次の文中の［ a ］，［ b ］にあてはまることばを書け。

図２

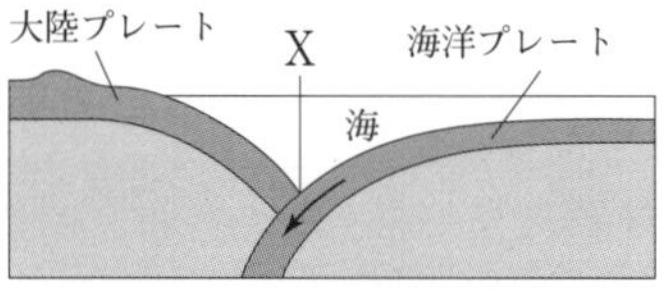

> 海洋プレートが大陸プレートの下にしずみこむ場所では，その境界に**図２**のＸで示した［ a ］とよばれる深い溝がつくられる。また，プレートの動きによって，地下には大きな力がはたらいている。その力に地下の岩盤がたえきれなくなると，その部分の岩盤が壊れて地震が起こり，地面のくいちがいである［ b ］ができることがある。

6　うすい塩酸を電気分解したときの化学変化を化学反応式で書け。

7　始祖鳥は，セキツイ動物のどのグループとどのグループの特徴をもっているか，二つ書け。

8　**図３**のように，動滑車と定滑車を使って，5.0 Ｎの重力がはたらいているおもりをゆっくりと引き上げる実験を行った。次の文中の［ a ］，［ b ］にあてはまる数値を書け。ただし，糸や動滑車の質量，糸と滑車の間にはたらく摩擦，糸ののび縮みは考えないものとする。

図３

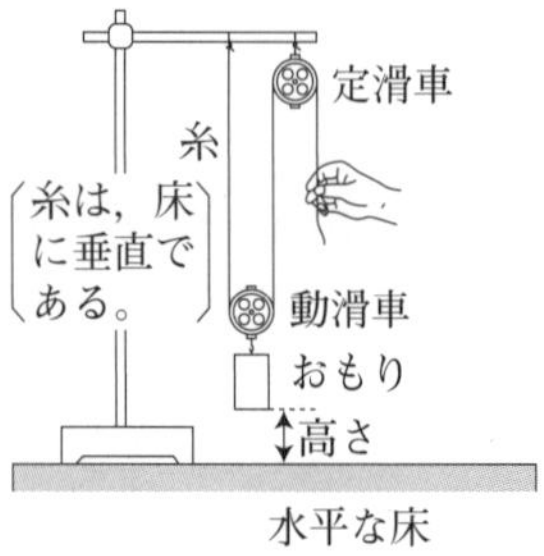

> 糸を［ a ］cm引くと，10cmの高さにあったおもりは，40cmの高さまで引き上げられた。このとき，手がおもりＡにした仕事は［ b ］Ｊである。

2 次のⅠ，Ⅱの各問いに答えなさい。答えを選ぶ問いについては記号で答えなさい。

Ⅰ　**図1**，**図2**のように，電球を並列と直列につないだ回路をつくり，**実験1**～**実験3**を行った。ただし，電球P～Sは，それぞれ同じ大きさの電圧が加わったとき，同じ大きさの電流が流れる電球である。

図1

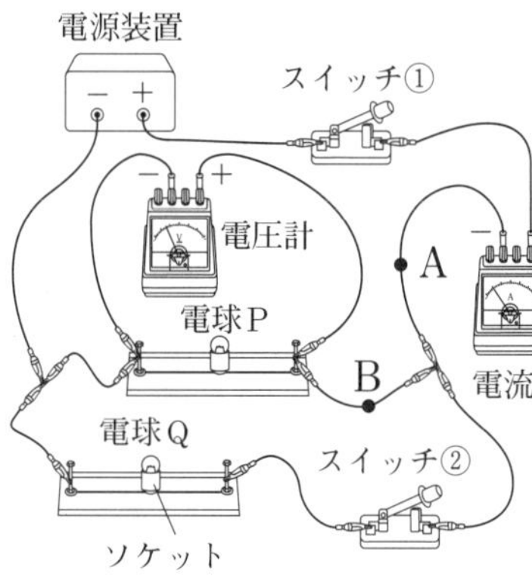

図2

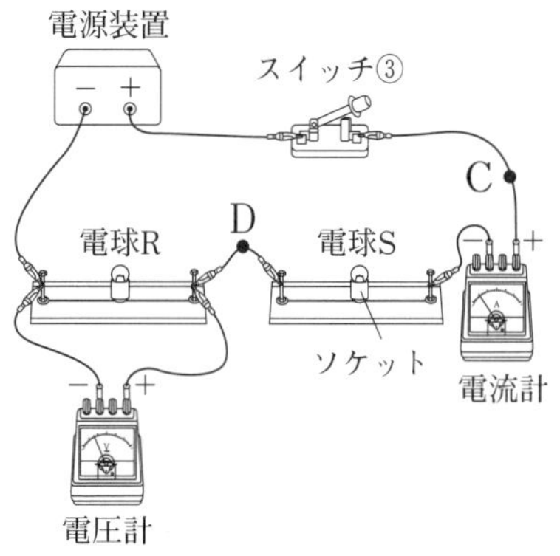

実験1　**図1**，**図2**の回路でスイッチをすべて閉じ，電源装置の電圧の大きさを3.0 Vとして，電流を流した。

実験2　**図1**，**図2**の回路で，電球Q，Sをソケットからはずしてスイッチをすべて閉じ，電源装置の電圧の大きさを3.0 Vとして，電流を流した。

実験3　**図1**，**図2**の回路で，スイッチ①，③は閉じて，スイッチ②は開き，電源装置の電圧の大きさを3.0 Vとして電流を流した。すると，**図1**の電流計は0.5 A，電圧計は3.0 Vを示していた。

1　**実験1**で，点A～Dを流れる電流の大きさをa～dとするとき，a～dの関係を正しく表しているものはどれか。

ア　a＞b＞c＝d　　　**イ**　a＞b＞c＞d

ウ　a＝c＝d＞b　　　**エ**　a＝b＝c＝d

2　**実験2**で，電球P，Rの明かりのつき方の組み合わせとして最も適当なものはどれか。

ア　電球P　ついている　　電球R　ついている

イ　電球P　ついている　　電球R　消えている

ウ　電球P　消えている　　電球R　ついている

エ　電球P　消えている　　電球R　消えている

3　**実験3**で，電球Pが消費した電力は，電球Rが消費した電力の何倍か。

4　家庭において，コンセントにつないだ電気器具は，電源に対してそれぞれ並列につながれている。もし，電気器具が電源に対してそれぞれ直列につながれていると，どのような不都合な点があるか。一つ書け。

Ⅱ　図1のように，光学台に，光源，物体，焦点距離が12cmの凸レンズ，スクリーンを一直線に並べて，凸レンズの位置を固定した。次に，スクリーンにきれいな像がうつるように，物体とスクリーンを動かした。

図1

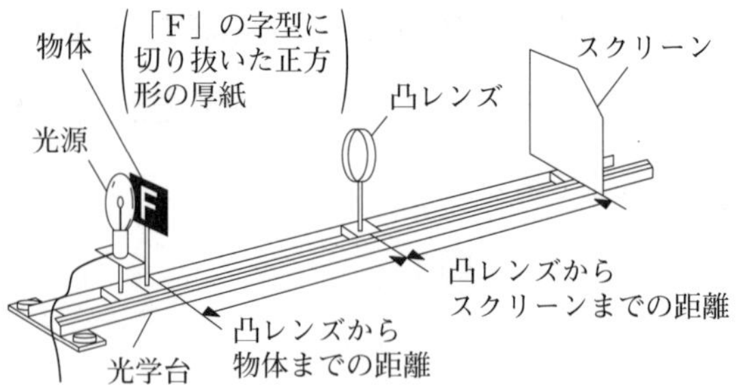

図2

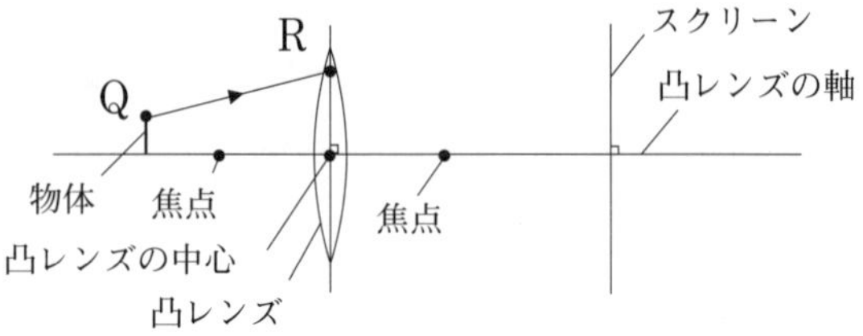

1　実験で，スクリーンにできた像の大きさが物体と同じ大きさになったとき，凸レンズからスクリーンまでの距離は何cmであったか。

2　**図2**において，凸レンズによってスクリーンに物体の像ができるとき，点Qから点Rに進んだ光は，凸レンズを通ってどのように進むか。解答欄の図に実線（——）でかけ。なお，作図に用いる補助線は破線（----）でかき，消さずに残すこと。

3　次の文中の①，②について，正しいものをそれぞれ選べ。

> 物体を凸レンズから遠ざけるとき，スクリーンにきれいな像をうつすには凸レンズからスクリーンまでの距離を①（**ア**　長く　　**イ**　短く）する必要があり，そのときの像の大きさは，物体の位置を変更する前と比べて②（**ア**　大きく　　**イ**　小さく）なる。

4　実験で，凸レンズから物体までの距離を12cmより短くすると，スクリーンに像はできないが，凸レンズを通して虚像を見ることができる。虚像が見える現象として最も適当なものはどれか。

ア　カメラで，物体の写真をとる。　　　　**イ**　虫めがねで，日光を1点に集める。
ウ　光ファイバーを用いて，情報を送る。　　**エ**　虫めがねで，花を拡大して観察する。

3　次のⅠ，Ⅱの各問いに答えなさい。答えを選ぶ問いについては記号で答えなさい。

Ⅰ　マツの花と葉を用いて，次の**観察**と**調査**を行った。

観察　**図1**のようなマツの枝の部分を用意し，雌花を観察すると，① むき出しになった胚珠が見られ，子房は見られなかった。また，② 雄花を軽くたたいてとり出した小さな粒をスライドガラスにのせ，水を1滴落としてカバーガラスをかけ，顕微鏡で観察すると，**図2**のように見えた。次に，枝から葉を1枚とり，スライドガラスにそのままのせ，葉の気孔を顕微鏡で観察すると，**図3**のように，よごれている気孔が見られた。

図1

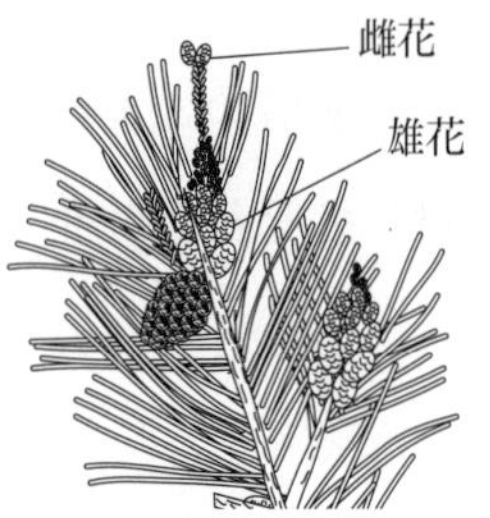

図2

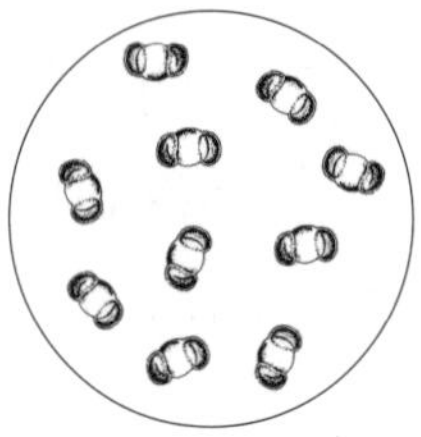

図3

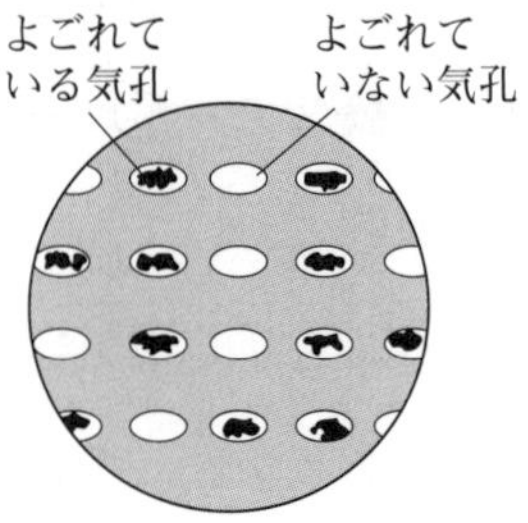

調査　ある町の地点A～Dの周囲における住宅の密集の度合いをそれぞれ調べ，度合いの高い所と低い所に分けたところ，結果は**図４**のようになった。次に，地点A～Dの自動車の交通量（台数）を午前８時から午後６時まで調べ，１時間当たりの交通量をそれぞれ求めた。**表１**は，その結果をまとめたものである。さらに，地点A～Dにあるマツから葉を10枚ずつとり，葉１枚当たり50個の気孔を顕微鏡で観察した。50個の気孔のうち，よごれている気孔の数を調べ，その数を地点ごとに葉10枚で平均した。**表２**は，その結果をまとめたものである。

図４　地点A～Dの位置と住宅の密集の度合い

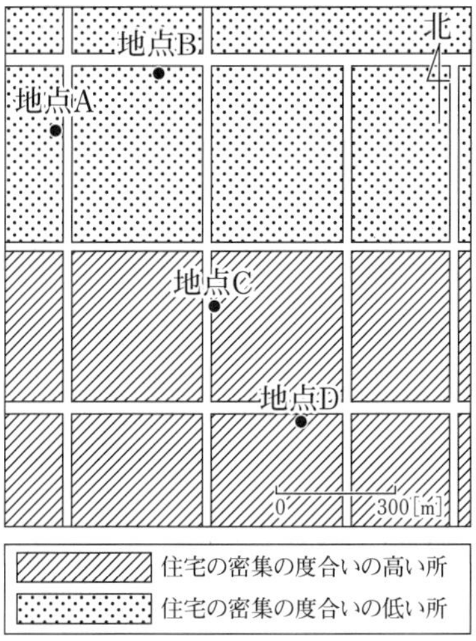

表１　自動車の交通量（台数）

調査地点	１時間当たりの交通量
地点A	37
地点B	1023
地点C	34
地点D	1016

表２　50個の気孔のうち，よごれている気孔の数

調査地点	葉10枚で平均した値
地点A	3.5
地点B	26.5
地点C	3.3
地点D	27.0

1　下線部①のような特徴をもつ植物の組み合わせとして正しいものはどれか。

ア　スギ，トウモロコシ　　　**イ**　アブラナ，タンポポ

ウ　イチョウ，ソテツ　　　**エ**　イヌワラビ，スギナ

2　次の文中の［ a ］，［ b ］にあてはまることばを書け。

下線部②の粒は，［ a ］である。また，この粒がマツの雌花の胚珠につき，胚珠全体が発達すると，［ b ］になる。

3　この調査における，「住宅の密集の度合い」，「自動車の交通量」，「よごれている気孔の数」の調査結果から，最も関係が深いと考えられる組み合わせはどれか。また，選んだ組み合わせにおいて，二つの間にはどのような関係があるか，調査結果にもとづいて説明せよ。

ア　「住宅の密集の度合い」と「自動車の交通量」

イ　「自動車の交通量」と「よごれている気孔の数」

ウ　「住宅の密集の度合い」と「よごれている気孔の数」

Ⅱ　うすいデンプン溶液10cm^{3}に，だ液を１cm^{3}加え，10分間40℃に保った。この溶液を２つの試験管A，Bに分け，試験管Aにはヨウ素液を，試験管Bにはベネジクト液を加えて，それぞれの溶液のようすの変化を調べた。すると，試験管Aでは反応が見られなかったが，試験管Bでは反応が見られた。**図**は，実験のようすを模式的に示したものである

図

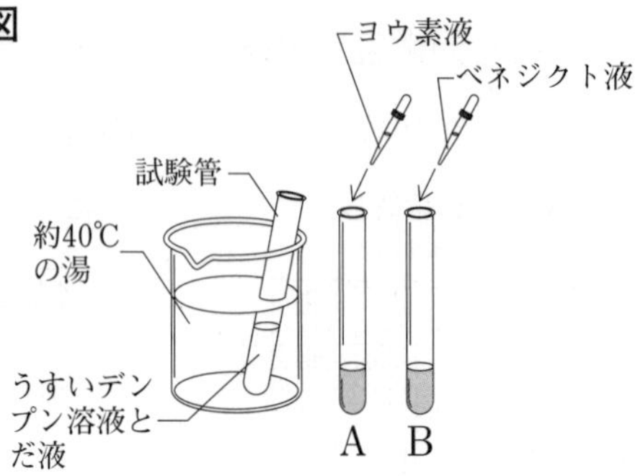

1　ベネジクト液との反応を調べるときは，ベネジクト液を加えた後，ある操作が必要である。どのような操作を行えばよいか。

2　だ液にふくまれるアミラーゼのように，食物を分解し，吸収されやすい物質にするものを何というか。

3　実験の試験管A，Bの結果から，どのようなことがわかるか。「デンプン」ということばを使って書け。

4　口の中でだ液と混ぜ合わせられたデンプンは，消化管の中を送られ，消化されてからだに吸収される。デンプンが消化されてできた物質は，吸収されたあと，はじめはどの器官に運ばれるか。

4　次のⅠ，Ⅱの各問いに答えなさい。答えを選ぶ問いについては記号で答えなさい。

Ⅰ　**図**のように，うすい塩酸を入れたビーカーと薬包紙にのせた石灰石の粉末1.0 gを，いっしょに電子てんびんにのせて全体の質量を測定した。次に，ビーカーをのせたまま，石灰石の粉末を塩酸に加えたところ気体が発生した。気体が発生しなくなるまで十分に反応させた後，薬包紙とともに全体の質量を測定した。石灰石の質量を変えて，同様の実験を全部で５回行った。**表**は，その結果をまとめたものである。ただし，ビーカー，薬包紙，うすい塩酸の質量は一定であるものとする。

図

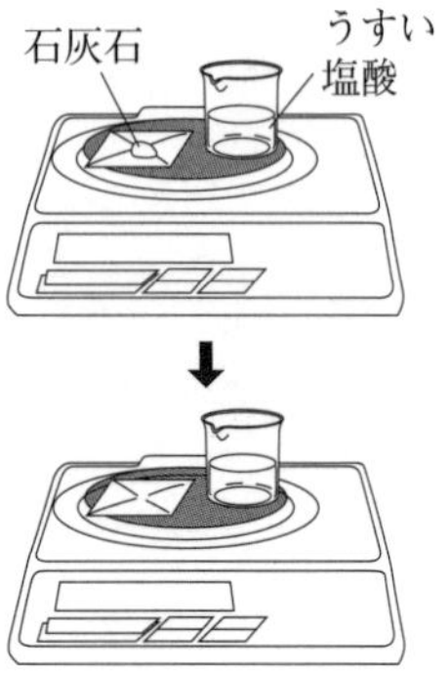

表

	1回目	2回目	3回目	4回目	5回目
加えた石灰石の質量	1.0 g	2.0 g	3.0 g	4.0 g	5.0 g
反応前の全体の質量	133.42 g	134.42 g	135.42 g	136.42 g	137.42 g
反応後の全体の質量	132.98 g	133.54 g	134.10 g	134.88 g	135.88 g
反応後の石灰石のようす	すべて反応してとけた。	すべて反応してとけた。	すべて反応してとけた。	一部，反応せずに残った。	一部，反応せずに残った。

1　実験で発生した気体は何か。化学式で答えよ。

2　化学変化が起こる前と後では，物質全体の質量は変わらない。この法則を何というか。

3　１回目の実験で発生した気体の質量は何ｇか。

4　この実験で用いたうすい塩酸には，最大で何ｇの石灰石が反応するか。

Ⅱ　銅を用いて，次の**実験１**，**実験２**を行った。

実験１　**図１**のような正方形の銅板の点線の部分を切りとり，**ア**～**エ**のところにロウでマッチ棒を立てた。次に，**図１**の銅板の×の位置を，**図２**のように加熱してしばらくすると，ロウがとけてマッチ棒が倒れた。

図１

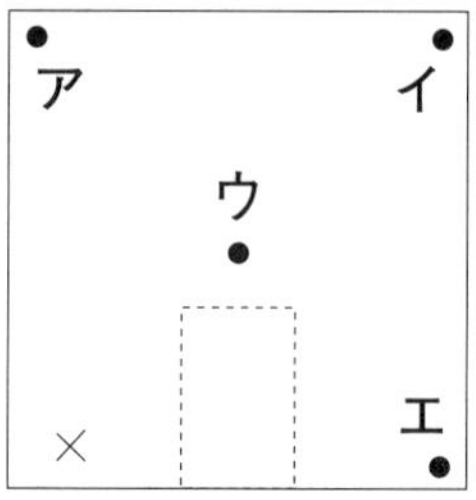

図２

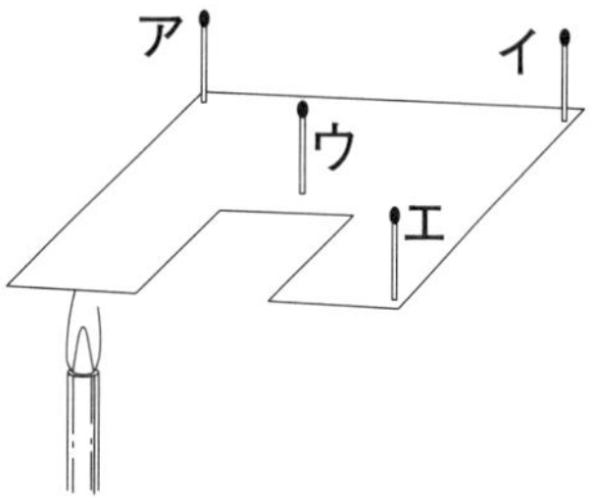

実験２　５つの班で，それぞれ異なる質量の銅の粉末をはかりとった。次に，**図３**のように，はかりとった銅の粉末をステンレス皿の上に広げ，銅の粉末をくり返し加熱した後，加熱後の全体の質量を測定した。**表**は，その結果をまとめたものである。

図３

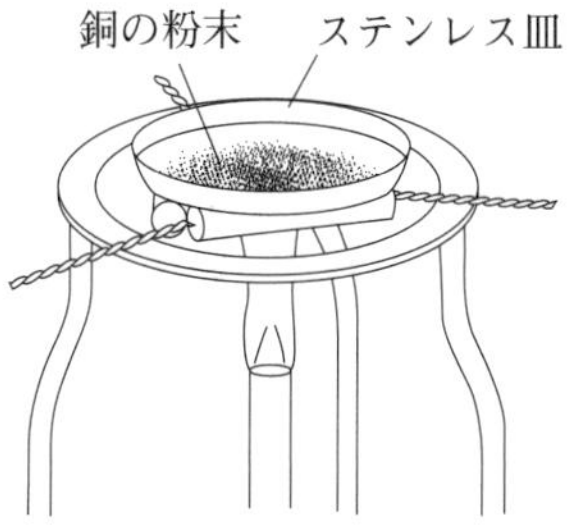

表

班	1班	2班	3班	4班	5班
はかりとった銅の粉末の質量〔g〕	2.00	0.80	1.00	0.40	1.20
ステンレス皿の質量〔g〕	32.50	32.40	32.40	32.50	32.60
反応後の全体の質量〔g〕	35.00	33.40	33.65	33.00	34.10

1　**実験１**で，２番目に倒れたマッチ棒は**ア**～**エ**のどの位置か。

2　**図３**の装置で物質を加熱したとき，銅と同じように加熱した後の質量が加熱する前より大きくなる物質として最も適当なものはどれか。

ア　鉄　　**イ**　酸化銀　　**ウ**　塩化ナトリウム　　**エ**　炭酸水素ナトリウム

3　**実験２**の結果から，銅の粉末の質量と，結びついた酸素の質量の関係を表すグラフをかけ。ただし，銅の粉末の質量〔g〕を横軸，結びついた酸素の質量〔g〕を縦軸とし，縦軸の(　　　)には適当な数値を書き入れよ。ただし，実験から求められる値をすべて「•」で記入すること。

4　**実験２**で，新たに3.40 gの銅の粉末をはかりとり，加熱した。加熱を止めて，反応後の質量をはかったところ，ステンレス皿の上に残った物質の質量は4.12 gであった。このとき，残った物質にふくまれる，酸素と反応していない銅の粉末は何ｇか。

5 次のⅠ，Ⅱの各問いに答えなさい。答えを選ぶ問いについては記号で答えなさい。

Ⅰ　理科室にある石灰岩，チャート，安山岩，れき岩，花こう岩，砂岩の６種類の岩石の標本をルーペで観察し，**表**のように，Ａ～Ｃのグループに分けた。また，**図**は，Ａグループの岩石の１つを観察したときのスケッチである。

表

Ａグループ	見られる粒の多くが角ばっている岩石
Ｂグループ	見られる粒の多くが丸みを帯びている岩石
Ｃグループ	はっきりとした粒が見られない岩石

図

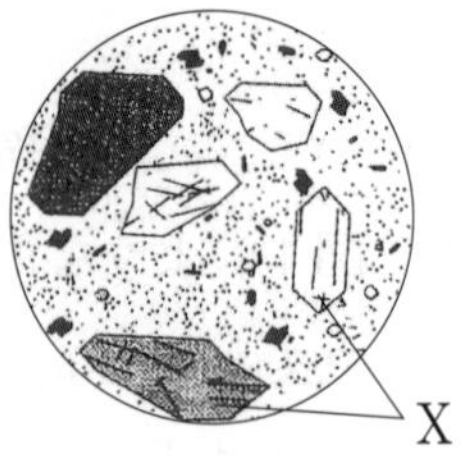

1　岩石を手に持って，ルーペで観察するとき，ルーペの使い方として最も適当なものはどれか。

ア　ルーペと岩石を，同時に前後に動かして観察する。

イ　ルーペを目に近づけ，岩石だけを前後に動かして観察する。

ウ　目からルーペを離し，ルーペだけを前後に動かして観察する。

エ　目からルーペを離し，岩石だけを前後に動かして観察する。

2　**図**のＸのように，まばらにふくまれる比較的大きな黒色や白色の鉱物を何というか。

3　Ａグループの岩石に見られる粒の多くが角ばっているのに対して，Ｂグループの岩石に見られる粒の多くが丸みを帯びているのはなぜか。

4　Ｃグループに分けられた岩石を二つ選べ。

ア　石灰岩　　**イ**　チャート　　**ウ**　安山岩

エ　れき岩　　**オ**　花こう岩　　**カ**　砂岩

Ⅱ　**表**は，太陽系の８つの惑星のうち地球に近い金星と火星の特徴を地球と比較したものである。このうち，金星は真夜中には観測できないが，明け方または夕方ごろに明るく輝いて見える。

表

惑星の名前	直径（地球の直径を１とする）	太陽からの距離（地球から太陽までの距離を１とする）	公転の周期〔年〕
金　星	0.95	0.72	0.62
地　球	1	1	1.00
火　星	0.53	1.52	1.88

1　金星が真夜中に観測できないのはなぜか。

2　金星と火星について述べた次の文中の①，②について，それぞれ正しいものはどれか。

> 金星と火星はどちらもおもに①（**ア**　岩石　　**イ**　ガス）からできており，８つの惑星の中で②（**ア**　地球　　**イ**　木星）型惑星と呼ばれるなかまにふくまれる。

3　**図**は，ある日の太陽，金星，地球の位置関係を，地球の北極側から見て表したものである。**図**で，この日に日本から金星が観測できる時間帯は明け方，夕方のどちらか。また，このとき天体望遠鏡で見える金星の見え方を示す線を解答用紙の図の点線（------）をなぞって実線（———）でかけ。ただし，この天体望遠鏡では上下左右が逆に見えるものとする。

図

4　金星と火星がどちらも地球から最も離れた位置にあるとする。このとき，地球から金星までの距離は地球から火星までの距離の何倍になるか。小数第２位まで答えよ。

5　あるクラスでは、授業で食事の大切さについて学習しました。次は、食事の目的や役割について意見を出し合ったときの様子です。読んで、あとの(1)~(4)の条件に従って、作文を書きなさい。

先　生　今日の授業で、朝ごはんの大切さや、食事と運動との関わり、食事の時間の過ごし方などさまざまな視点で食事について学習しました。今日の授業を通して、皆さんは、食事にはどのような目的や役割があると感じましたか。

Aさん　私は、食事の最も大切な目的は、エネルギーや栄養を補給することだと思います。勉強するにも運動するにもエネルギーや栄養は欠かせないからです。

Bさん　食事は、心や体をいやしたりリラックスさせたりするのに役立つものであると思います。おいしいものを食べて元気が出るという話を聞いたことがあるからです。

Cさん　食事を通して、人と人とのコミュニケーションを促進《そくしん》することができると思います。食材や食べたもののおいしさについても話題にすることができるからです。

先　生　そうですね。食事にはさまざまな目的や役割があると感じたようですね。ほかに意見のある人はいますか。

条　件

(1) 一段落で構成すること。

(2) あなたが共感する意見を、Aさん、Bさん、Cさんの意見の中から一つ選び、それを選んだ理由をあなたの体験したことを交えて書くこと。

(3) 六行以上八行以下で書くこと。

(4) 原稿用紙の正しい使い方に従って、文字、仮名遣いも正確に書くこと。

「兼三にゃ、まだ生きとってもらわんならん…。」

ひとりごとのようにぼそっとつぶやくと、敬二郎さは棒きれをついて、農道を下っていった。

「やるな、敬二郎さ。」

闇の中に消えていく敬二郎さの背中を見て、健さんが言った。

「九十歳で、ああしぶくはできん。」

「え、九十…。」

おれは、驚いた。敬二郎さは、毎日(注)つかんたいらまで歩いて登ってきているのだ。

「この村には、しぶいおとながいっぱいいる。かなわん…。」

④健さんは、真顔でつぶやいた。

おれは黙って、うなずいた。

（横沢彰「スウィング！」による。一部省略等がある）

(注)　耕うん機＝田畑を耕す機械。　畦＝田と田の間に土を盛り上げて作った境界。
つかんたいら＝地名。

1　本文中の□にあてはまる言葉として、最も適当なものを次から選び、記号で答えよ。

ア　しっかり　**イ**　うっかり
ウ　こっそり　**エ**　きっちり

2　――線部①とあるが、なぜ直は健さんに聞きかえすことができなかったのか。最も適当なものを次から選び、記号で答えよ。

ア　感情を高ぶらせている今の健さんに何に対して怒っているのかと聞きかえしても、返事が返ってくるとは思えなかったから。

イ　泣くところを見たこともない健さんが泣いているということはよほど悲しいことなのだと思われ、そっとしておきたかったから。

ウ　冷静さを失ってしまっている健さんの様子は気がかりだったが、今は耕うん機を起こすことを優先すべきだと思ったから。

エ　突き放した言い方をしていても実際には兼三さんのことが心配でたまらないという健さんの気持ちが伝わってきたから。

3　――線部②とあるが、直がなかなか立ちあがろうとしない耕うん機を見て、このように心の中で叫んだのはどうしてか。本文中の語句を用いて、三十五字以内で書け。

4　――線部③とあるが、兼三や大志郎が、トラクターでなく耕うん機にこだわったのはどうしてか。その理由を、「耕うん機」「トラクター」の二語を用いて、六十字以内で書け。

5　本文中には、兼三をいたわる敬二郎の気持ちが表情として表れている一文がある。その一文の最初の十字を抜き出して書け。

6　――線部④とあるが、このときの直の気持ちはどのようなものだと考えられるか。最も適当なものを次から選び、記号で答えよ。

ア　兼三さんの仕事を軽視してきた自分たちを反省し、裕福でなくても自然と共生するこの山村の暮らしにこそ真の豊かさがあるのだと実感している。

イ　兼三さんがあれほどまでに耕うん機にこだわった理由を教えられ、大人になることは己の信念を守り続けることなのだと自分に言い聞かせている。

ウ　兼三さんたち大人が先祖から受け継いできた村を必死で守ってきたということを知って、そんな大人たちに尊敬の念を表す健さんに共感している。

エ　兼三さんこそが頼りだという敬二郎さの切実な思いを聞き、兼三さんが退院するまでは健さんと二人でこの村を守っていこうと決意を固めている。

おれはロープを背中からまわしてにぎりしめ、力をこめて足を踏んばった。これを起こせれば、兼三さんは助かる。かってにそう決めつけて、力を振りしぼった。
しかし、力をこめると足が泥の中にずぶずぶ埋まった。足元がおぼつかなくて、転びそうになる。思うように力が出せない。田んぼに半分埋まっている耕うん機は、なかなか立ちあがろうとしない。
②(兼三さん、がんばってっ)
おれは、心の中で叫んだ。
「くっそおっ。」
健さんのうなり声が聞こえる。
おれは田んぼに倒れるくらい前のめりになって、ロープに体重をのせた。
健さんも少し向こうで、必死に引っぱっている。
おれはロープを引きながら、目の端に後ろの耕うん機を見た。
敬二郎さがハンドルをにぎり、ロープの引き具合に合わせて、耕うん機の車体の向きをととのえている。
耕うん機はじわりじわりと体勢を立てなおしてきた。突きだした片側の車輪が少しずつ水面に近づいてくる。そして、もう一つ力をこめた時、ばしゃんと田んぼの泥をはねて、両輪で立ちなおった。
「よう、やった。」
敬二郎さは表情も変えずにそう言った。耕うん機からロープをはずしてたぐり寄せると、ぬれたロープから水がしたたった。敬二郎さは一歩ずつ水面に足を差すような慣れた足はこびで、泥水をはねることもなく、畦に戻った。
「どこのうちもトラクターに替えた。」
畦の上で、敬二郎さがロープをたばねながら、ふと静かにつぶやいた。
「いまどき耕うん機で田んぼ仕事やっとるもんは、村の中でもほかにおらん。」

敬二郎さは息を吐くようにして言った。
「ち、おれの声、聞こえたかな。」と、健さんはきまり悪そうに舌を出して、□おれに目くばせした。
「③けんど、兼三も、直のおやじの大志郎も、トラクターでなく耕うん機にこだわった…。」
ふいに、敬二郎さが言った。「なんでか、わかるか?」と、闇の向こうで敬二郎さのぎょろっとした眼《め》が、おれたちを見た。
「え?」
おれは、きょとんとした。何を言おうとしているのかわからず、敬二郎さを見た。
健さんも、首をかしげた。
「山の小さい田んぼを荒らしたくないからだ。」
敬二郎さは、言った。
おれも健さんもだまって、敬二郎さを見つめた。
「山の小さい田んぼなんぞ、作ったって一文《いちもん》にもならん。」
「……。」
「けんど、田んぼを荒らせば、そこは山に戻る。いっぱい荒らせば、それだけ山が里へおりてくる。雑木も、やぶも、獣もおりてくる。先祖が年月かけて拓《ひら》いてきた村が、あっという間に山に帰っていく。ここで生活していくために、山の田んぼを簡単に荒らすわけにいかん。」
敬二郎さは、闇のどこかをじっくり見すえるようにして、一言一言かみしめるように語った。
「山の小さい田んぼにトラクターは入れん。耕うん機でないと、ここらの棚田は耕作できん。」
敬二郎さは、静かにつづけた。「あいつらは、耕うん機買って、人の荒らした小さい田んぼまで耕した。村を守るっちゅうことを本気で考えてきた。そんだけこの村を愛しとった。」
敬二郎さは、暗闇の田んぼにひっそりと居すわっている耕うん機を、目を細めて見つめた。

2　――線部①「名望の兄にしかざる」とあるが、「或人」は、名声と人望が兄にかなわない原因をどのように考えているか。それがわかる言葉を、本文中から十字程度で抜き出して書け。

3　――線部②「短」の意味として、最も適当なものを次から選び、記号で答えよ。

ア　欠点　**イ**　不正　**ウ**　失敗　**エ**　秘密

4　――線部④「弟大いに悦び」とあるが、その理由を二十字以内の現代語で書け。

5　次は、本文をもとに話し合っている先生と生徒の会話である。［Ⅰ］・［Ⅱ］に適当な言葉を補って会話を完成させよ。ただし、［Ⅰ］は十五字以内、［Ⅱ］は三十字以内でそれぞれふさわしい内容を考えて現代語で書くこと。

先生　「――線部⑤『人の耳目を驚かせし事』について考えてみましょう。どうして人々は驚いたのでしょうか。」

生徒　「はい。弟が改心したからです。」

先生　「そうですね。具体的にはどのように変わりましたか。」

生徒　「はい。まず、［Ⅰ］。そうして、兄と優劣をつけがたいという名声を得てからも思い上がった態度が改まり、［Ⅱ］ようになりました。」

先生　「そうですね。実はこの話には、孟子が徳による支配を重んじ、武力による支配を否定した、という話が付け加えられているんですよ。徳が人々の心を動かすという考えは紀元前の昔からあったのですね。」

4

次の文章を読んで、あとの**1**～**6**の問いに答えなさい。

> 農作業をしていた兼三《けんぞう》さんが田んぼで倒《たお》れて病院に運ばれた後、中学三年生のおれ(直《なお》)が、駆けつけた健さんとともに、田んぼに横倒しになった(注)耕うん機を起こそうとしている。

耕うん機は重い車体を揺らしたが、かなり深く埋《う》まっているために、起きあがろうとしない。何度やってもだめだった。

「くそっ。」

健さんがやけになったように、声を荒らげた。

「いまどき、耕うん機なんかで走りまわってるから、ぶっ倒れるんだよっ。」

田んぼの中に横倒しになってしまった耕うん機のことを言っているのか、仕事中に倒れた兼三さんのことを言っているのか、よくわからなかったけど、健さんの声が泣いているようで①おれは聞きかえすこともできなかった。兼三さんの容態のことがずっと気になっていた。

「どした。」

ふいに、暗闇の向こうに声がした。ゆったりとした声で、敬二郎さ《(さん)》だとわかった。山の畑の帰りらしかった。事情を話すと、敬二郎さは棒きれの杖《つえ》をつきながらやってきた。

「そうか…。心配だの…。」

敬二郎さは、ゆっくりうなずいた。

「この年寄りが助けになるかどうか、わからんけんど。」

ぼそぼそ言いながら、敬二郎さは杖とかついでいた袋を(注)畦《あぜ》にゆっくり置いた。袋の中から、たばねられたロープを取りだした。敬二郎さは、ほぐしたロープを慣れた手つきで耕うん機の車体にからめてしばり、その二つの端をおれと健さんにわたした。そっちとあっちだと、おれたちの立つ位置を指示して、自分はハンドルに軽く手をそえた。

「そうれ、引け…。」

静かな調子で、言った。

3　次の文章は、**(一)**段落から**(三)**段落までの内容をまとめたものである。 Ⅰ には、最も適当な十三字の言葉を**(一)**段落から**(三)**段落までの本文中から抜き出して書き、 Ⅱ には三十五字以内の言葉を考えて補い、文章を完成させよ。

> 私たちの一生や存在は社会や家族との関係のなかで条件づけられ、決定されている。他人の立場に身をおくことはお互いを理解するために大切なことだが、それは一定の限度のなかでできることであって、動かせない過去を持つ限り、自分は自分でしかありえない。それゆえ、自分の一生とは Ⅰ ということになる。しかし、それはすべてが決定され、自由な選択ができないということではない。動かせない過去とさまざまな条件があるにしても、多くの可能性や選択の余地が残されている。また、過去の出来事をどのように意味づけるかは、人それぞれの今後と大きくかかわっている。さらにいえば、 Ⅱ ということになる。

4　**(五)**段落は、**(四)**段落に対してどのような関係にあるか。最も適当なものを次から選び、記号で答えよ。

ア　**(四)**段落の内容に即して、さらに具体例を補足している。
イ　**(四)**段落の内容を離れて、新たな話題を提示している。
ウ　**(四)**段落の内容を受けて、さらに論を展開している。
エ　**(四)**段落の内容に関して、新たな視点を示し比較している。

5　——線部とあるが、生が動揺にさらされたとき、私たちはどうするようになると筆者は述べているか。「充実感」という語を用いて、六十五字以内で書け。

3

次の文章を読んで、あとの**1**～**5**の問いに答えなさい。

一弟《いってい》ありて(ある所に弟がいて)、その兄と同じく学問をなして、①名望の兄にしかざるを恥ぢて、ややもすれば人に対して兄の②短をいふ。或人《あるひと》これを③教へていふ、「(注)足下《そくか》と(注)令兄《れいけい》と、博学ひとしく詩文(詩と文章)ひとしく、手かきすることまで(巧みに字を書くこと)、何一つも令兄に劣りたる事なくて、名望令兄にしかざるは、(注)徳行のおよばざる故なり。もし足下、令兄に勝たんとおぼさば、今より心を改めて徳行を修めなば、やがて令兄よりも上に立ちなんこと必せり。」といふ。④弟大いに悦《よろこ》び、日夜言行を慎み(昼も夜も言動を慎み)、二年ばかりも経て、二難《になん》の誉れ(優劣をつけがたい兄弟という名声)あるに至りしかば、弟の(注)驕慢《けうまん》いつのまにかやみて、兄をそしる事なきのみならず、兄を敬ひ仕へて、⑤人の耳目を驚かせし事あり。

(「筆のすさび」による)

(注)　足下＝自分と同等、または、それ以下の相手に用いる敬称。あなた。
令兄＝他人の兄を敬って言う語。
徳行＝道徳的にすぐれた品性のある行い。
驕慢＝思い上がって人を見下し、勝手なことをすること。また、そのさま。

1　——線部③「教へていふ」を現代仮名遣いに直して**すべてひらがな**で書け。

ての選択や決断のようなものばかりではない。選択や決断は、もっと目立たないかたちで私たちの日常的な生活のなかでも求められることである。テレビのチャンネルを選ぶことだって選択であり、テレビを見ていていつ立とうかと思うのだって決断である。選択し、決断することは、私たちが惰性に流されるのではなく、自覚的に生きようとすれば、いつでも伴ってくる。だからそれは、毎日毎日の生活のなかでたえず新鮮なものを見出すこと、またそういうあり方を積み重ねていくことにも結びつくのである。一人一人が職業のうちにせよ、社会的な活動のうちにせよ、趣味のうちにせよ、自分の歩む道を見出すことができれば、各人それぞれの一生は、いっそう自分のものになる。そして、選択も決断も意志的努力も、思い、考えることなしにはありえないわけだ。　(四)

　私たちは、生きることを離れてはよく思い、考えることはできず、また、思い、考えることを離れてはよく生きることができない。しかしそうはいっても、私たちは生きていくなかでいつでも同じように思い、考えるのではない。とくにわが身をふりかえったり自分のことを考えたりするときと、それほど自分を意識せず、かえりみずに生きているときがある。では、どういうときに私たちはとくに自分のことをかえりみ、自覚的にものを考えるようになるのか。それはいままで自明なもの、不動なもの、確実なものとしておよそ疑うことのなかった自分の考えの前提や基盤が揺らいでみえてきたり、さまざまなつまずきに会ったりして、私たちの生がなにほどかにせよ動揺にさらされたときであろう。人の一生でいえば年齢の変わり目、時代でいえば転換期には自分と環境との関係が不安定になるので、とくにそのような状態になりやすいわけだ。私たちが環境との安定した関係のうちにあるとき、また社会の支配的な価値観を信じ、そのうちに生きがいを見出しているとき、ほとんど自分をかえりみないですむ。　(五)

　ところが、これまで不動なものと思っていた社会の支配的な価値観が揺らいだり、あるいは私たちがその価値基準の支配するところに生きがいや意味を見出しえなくなったりするときがある。その場合私たちは、どうしても自分をかえりみざるをえない。そして、なんとかして考え方や生き方の確実な基礎を見出そうとすることになるだろう。このように考え方や生き方の確実な基礎を見出そうとするとき、当然私たちは、これまで自明なもの、不動なもの、確実なものとされてきたあれこれをあらためて問いなおし、疑うようになる。それは批判のための批判でもなければ、懐疑のための懐疑でもない。あくまでそれは、確実な基礎を求めて私たちが現実のなかで積極的に考え、充実感をもって生きていくためのものである。　(六)

（中村雄二郎「哲学の現在――生きること考えること――」による）

(注)　退っ引きならない＝自分ではどうすることもできない。
　　　ひっきょう＝つまり。

1　══線部「ない」と働きが同じものを次から一つ選び、記号で答えよ。

ア　私と彼は面識がない。　**イ**　その話は面白くない。
ウ　参加者が去年より少ない。　**エ**　今日の光景を忘れない。

2　本文中の□にあてはまる語として最も適当なものを次から選び、記号で答えよ。

ア　ただし　**イ**　また　**ウ**　しかし　**エ**　だから

令和五年度　公立高校入試実戦問題　第二回　国語

（解答…228P）

1　次の１・２の問いに答えなさい。

１　次の――線部のカタカナは漢字に直し、漢字は仮名に直して書け。

(1)　明日の天気はカイセイのようだ。
(2)　世界記録をヤブる。
(3)　計画のコンカンを揺るがす。
(4)　しょう油を醸造する。
(5)　町が廃れる。
(6)　運命に翻弄される。

２　行書で書かれた次のＡ〜Ｅについての説明のうち、最も適当なものをあとのア〜エの中から選び、記号で答えよ。

ア　Ａ・Ｂでは、どちらにも点画の省略が見られる。
イ　Ｂ・Ｃでは、どちらにも点画の省略が見られる。
ウ　Ｃ・Ｄでは、どちらにも筆順の変化が見られる。
エ　Ｄ・Ｅでは、どちらにも筆順の変化が見られる。

2　次の文章を読んで、あとの１〜５の問いに答えなさい。

〔(一)〜(六)は段落番号を示す。〕

私たち一人一人の一生、一人一人の存在は、現実の社会関係のなかで、家族関係のなかで、さまざまに条件づけられ、決定されている。自分の生まれた国、生まれた社会、生まれた時代、生まれた境遇、等々によって、私たちはそれぞれ、自分の意志や意向とかかわりなく、一定の過去を背負っている。［　　］、その延長上におのおの自分の歩いてきた道がある。そこには、ひとそれぞれの(注)退《の》っ引《ぴ》きならない生がある。　(一)

たとえ自分から見て他人の置かれている立場がどんなに羨ましくとも、また逆に、他人の不幸な境遇にどんなに同情しても、私たちは個人として他人とすっかり入れかわることはできない。他人の立場に身をおくということは、私たち人間の相互理解のために大切な行為であり、人間の重要な特性の一つである。けれどもそれは、一定の限度のなかで可能であるにすぎない。(注)ひっきょう自分は自分でしかありえない。自分は自分だけで成り立っているのではなく、他人たちとの関係性のうちに成り立っているにしても、それでも自分は自分でしかありえないのだ。　(二)

こうして、私たちの一人一人にとって、自分の一生とは、まず、ほかには成り替われない一生ということになる。しかし、だからといって、それはなにもかもすべてが決定されていて、自由な選択がまったくできないということではない。これまでの過去については、また条件づけとしては、動かすことができないにしても、いいかえれば、それぞれに固有の過去を背負い、幾重にも条件づけられてはいても、その上でなお多くの可能性や選択の余地が残されている。また、たとえ一人一人の背負っている過去は動かせないとはいっても、それは事実としてのことにすぎない。一人一人がその過去を、過去の諸事実を、どのような意味をもったものにするかは、現在の、またこれからの問題である。さらに、今後の可能性ということになれば、生きていくそのときどきの各人の道の選び方や決断、それに意志的な努力によって大きくかわりうるのである。　(三)

いま、各人の道の選び方や決断といったが、それはなにも、右すべきか左すべきかというような、はっきりした人生の重大な岐路《きろ》に立っ

令和５年度　公立高校入試実戦問題　第２回　英　語　（解答…231 P）

1　**聞き取りテスト**　放送の指示に従って，次の１～７の問いに答えなさい。英語は１から４は１回だけ放送します。５以降は２回ずつ放送します。メモをとってもかまいません。

1　これから，Ken と Ken の母親との対話を放送します。Ken が持っていくものとして最も適当なものを下のア～エの中から一つ選び，その記号を書きなさい。

ア

イ

ウ

エ

2　これから，John と Naomi との対話を放送します。二人が対話をしている時刻として最も適当なものを下のア～エの中から一つ選び，その記号を書きなさい。

ア　16:15　　イ　16:45　　ウ　17:15　　エ　17:45

3　これから，Kana と Tom との対話を放送します。下はその対話の後で，Kana が友人の Keiji と話した内容です。対話を聞いて，(　　　)に適切な英語１語を書きなさい。

Kana : Hi, Keiji.　Tom's birthday is (　　　) 3rd.　Why don't we go to buy a birthday present for him ?

Keiji : Oh, his birthday is coming soon.　Let's go.

4　あなたは先生による一日遠足のスケジュールの説明を聞こうとしています。下のア～ウをスケジュールの流れに従って並べかえ，その記号を書きなさい。

ア

イ

ウ

5　これから，カナダから日本に遊びに来る Lisa が Keiko に残した留守番電話のメッセージを放送します。メッセージの内容にないものとして最も適当なものを下のア～エの中から一つ選び，その記号を書きなさい。

ア　福岡からの交通手段　　イ　待ち合わせ場所

ウ　今いる場所　　エ　東京を出発する時刻

6　あなたは英語の授業で Ayako のスピーチを聞こうとしています。スピーチの後に，その内容について英語で二つの質問をします。

(1)　質問を聞いて，その答えを英語で書きなさい。

(2)　質問を聞いて，その答えとして最も適当なものを下のア～ウの中から一つ選び，その記号を書きなさい。

ア　Because she wants to tell foreign people about Japanese festivals.

イ　Because she wants to talk with Mary more in English.

ウ　Because she wants to enjoy many festivals all over the world.

7　これから，中学生の Satoshi と留学生の Jenny がオンラインで行った対話を放送します。その中で， Jenny が Satoshi に質問しています。Satoshi に代わって，その答えを英文で書きなさい。２文以上になってもかまいません。書く時間は１分間です。

2 次の1～4の問いに答えなさい。

1 Nick と Sayaka が話している。下の①，②の表現が入る最も適当な場所を対話文中の〈 ア 〉～〈 エ 〉の中からそれぞれ一つ選び，その記号を書け。

① How will we go ?	② Sure.

Nick : Hi, Sayaka. Shall we go to the movies this Sunday ?
Sayaka : 〈 ア 〉 Which movie do you want to see ?
Nick : 〈 イ 〉 I want to see "Star Wars." Is that OK ?
Sayaka : OK. 〈 ウ 〉
Nick : How about taking a bus ?
Sayaka : That sounds good. Let's take the bus at the bus stop by our school at noon. 〈 エ 〉
Nick : OK. See you.

2 次は, Miku と留学生の Bob との対話である。（ ① ）～（ ③ ）に, 下の［　　　］内の［説明］が示す英語1語をそれぞれ書け。

Miku : Hi ! Are you in any club activities ?
Bob : Yes. I'm a （ ① ） of the English club at my school. How about you ?
Miku : I'm not in a club. But I'm interested in speaking English.
Bob : That's nice ! Our club will have a party next （ ② ）. So will you come if I （ ③ ） you ?
Miku : Of course. I will.

［説明］① a person who is in a group
② the day of the week that comes after Wednesday
③ to ask someone to come to an event

3 次は, Akiko とニュージーランドに住む友人の Emily との電話での対話である。①～③について，［例］を参考にしながら，（　　）内の語に必要な2語を加えて，英文を完成させよ。ただし，（　　）内の語は必要に応じて形を変えてもよい。また，文頭に来る語は，最初の文字を大文字にすること。

［例］ A：What were you doing when I called you yesterday ?	
B：（ study ） in my room.	（答） I was studying

Akiko : Hello ?
Emily : Hello. This is Emily. Akiko, I am going to go to your town next month.
Akiko : Oh, really ? I'm so happy.
Emily : Your town has a beautiful lake, right ? I want to go there.
Akiko : OK ! I will ①（ take ） the lake.
Emily : Oh, thanks. And, there is one more thing I want to do in Japan.
Akiko : What is it ?
Emily : I want to make *sushi*. It is one of the popular Japanese food in my country.
Akiko : I see. I will show you ②（ make ） it. ③（ learn ） it from my grandfather before.
Emily : Thanks. I can't wait. Bye.
Akiko : Bye.

4　アメリカにいる友人の Tony からあなたにメールが届いた。下のメールの内容を踏まえて，あなたが Tony にすすめたい都道府県を○で囲み，その理由を 20 ～ 30 語の英語で書け。英文は２文以上になってもかまわない。

I want to visit Japan next year. I'm interested in Kyoto and Okinawa. I want to go to one of them. Which place is better to visit ? Please tell me your idea.

3　次のⅠ～Ⅲの問いに答えなさい。

Ⅰ　次の英文は，中学生の Masato が英語の授業で行った発表である。英文を読み，あとの問いに答えよ。

I went to Australia last year to visit my friend, Jim. I was interested in Australia and was excited to visit another country for the first time*. Jim lives in a big house in the countryside*, and it was very interesting for me to stay with him. I learned many things about life in Australia. For example, Jim's parents said, "In some areas of Australia it hasn't rained a lot during the last few months. So we ______ too much water." I was surprised* to hear that because it often rains in Japan.

In Jim's town, it usually doesn't rain a lot from May to September. So people there really need to save* water. But in January they have much more* rain than the other months. I understood their problem and decided to take a short shower*.

I didn't think much about saving water before I went to Australia. People in Australia care about* the environment a lot. I want to start studying about the environment.

注　for the first time　初めて　　countryside　田舎　　surprised　驚いて　　save　～を節約する
much more　はるかに多くの　　take a shower　シャワーを浴びる
care about ～　～のことを気にする

1　下線部 Jim's town の降水量を示すグラフとして最も適当なものを下のア～エの中から一つ選び，その記号を書け。

ア
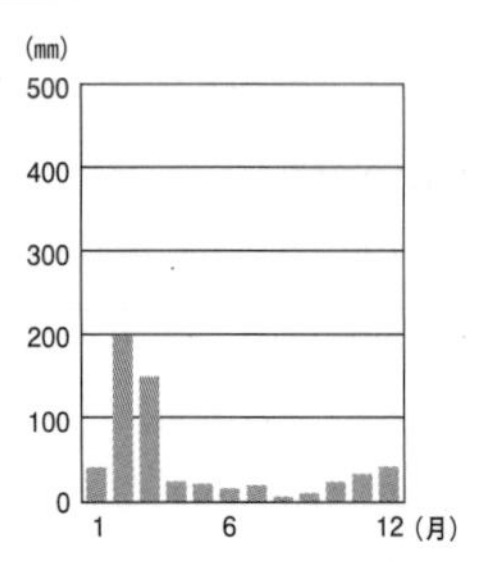

イ
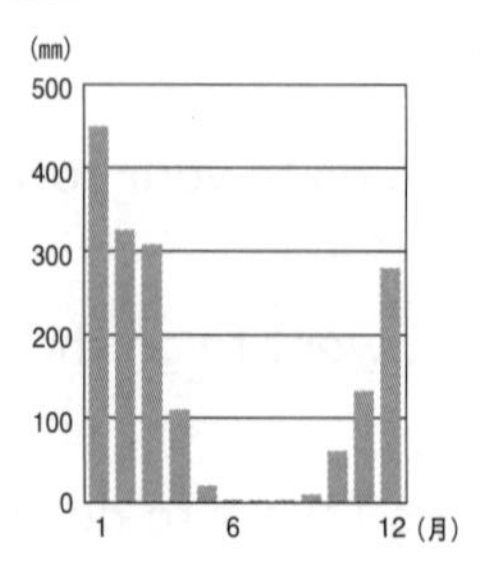

ウ
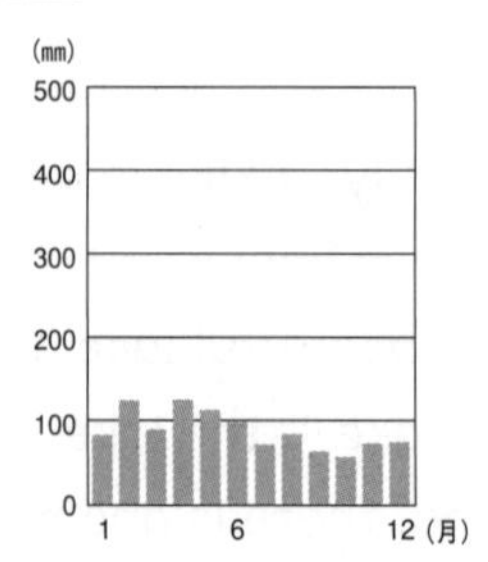

エ
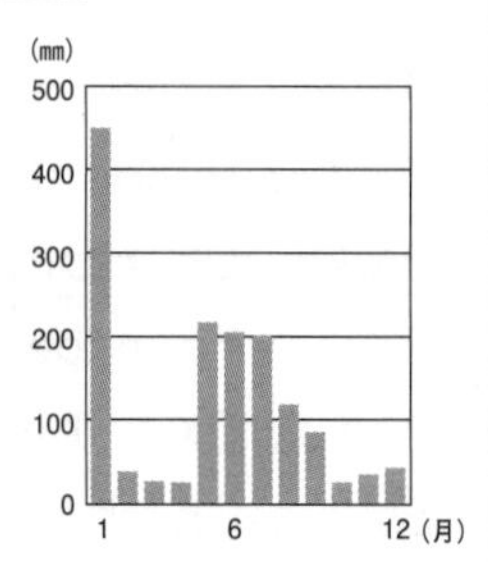

2　本文の内容に合うように ______ に適切な英語を補って英文を完成させよ。

Ⅱ　中学生の John は，インターネットでの買い物 (online shopping) についての新聞記事を見ながら，父親と話をしている。次の対話文を読み，あとの問いに答えよ。

Online Shopping : Useful or Risky*?

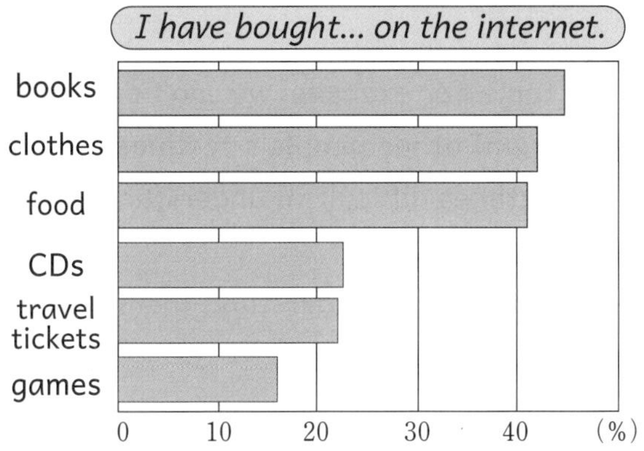

Users' Opinions

◇**Online shopping is useful because...**
- we can do shopping* at home.
- we can buy things at a low* price.

◇**Online shopping is risky because...**
- the things we get and the images* on the internet are sometimes different.
- our information may be leaked*.

注　risky　危険な　　do shopping　買い物をする　　low　低い　　image(s)　画像　　leak　～を漏らす

John : Dad, what are you doing on the internet ?

Dad : I'm buying a plane ticket. I often buy the things that I need on it. Many people who use the internet have bought something on it.

John : Oh, really ? I have never done that. What do they buy on the internet ?

Dad : Look at this newspaper article*. I often buy CDs on the internet. They are as popular as (①). Your mother often buys clothes on the internet, and they are second after (②). The number of people who buy (③) is less than the other five.

John : I see. I want to buy something on the internet, too. But first, I must understand that online shopping is not only useful but also risky.

Dad : That's right.

注　article　記事

1　(①) ～ (③) に入る最も適当なものを下のア～エの中からそれぞれ一つ選び，その記号を書け。

ア　newspapers　　イ　books　　ウ　games　　エ　travel tickets

2　新聞記事や対話文の内容に合っているものを下のア～エの中から一つ選び，その記号を書け。

ア　John doesn't want to buy anything on the internet because it is risky.

イ　The images on the internet and the things we get may be not the same.

ウ　John's dad is doing online shopping for the first time.

エ　Clothes are not as popular as food in online shopping.

Ⅲ　次は，中学生の Haruka が授業中に読んだスピーチである。英文を読み，本文の表題として最も適当なものをア～エの中から一つ選び，その記号を書け。

Do you use e-mail ? We can send e-mail messages on the internet. I often use e-mail at home to send messages to my friend Bob. He lives in America. Why is it so useful and popular all over the world today ?

First, we can get e-mail messages faster than letters. So Bob can get my e-mail message

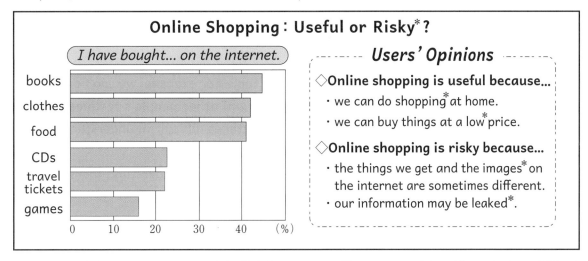

very soon after I send it to him. Second, I think sending e-mail messages isn't as expensive as sending letters. Third, the time difference* between Japan and America is not a problem when we use e-mail. It is not good to call people very late at night, so we need to think about the right time to call people who live in other countries. If we use e-mail, we can send messages at any time.

E-mail is very useful, but it has some problems, too. For example, we can't communicate with people directly* by e-mail. We often understand other people's feelings from their faces or voices when we talk to them. But it is sometimes difficult to understand their true feelings from only their e-mail messages.

E-mail has good and bad points. I think it is important to understand them well to use e-mail in the right way.

注　time difference　時差　　directly　直接に

ア　The Problems of Using the Internet
イ　The Easiest Way to Communicate with People
ウ　How to Send E-mail Messages
エ　Good and Bad Points of Using E-mail

4　次の英文を読み，１～６の問いに答えなさい。

Jenny Brown is eight years old and loves her grandmother. Jenny's house is far from her grandmother's and they can't often see each other.

One day Jenny said, "Dad, next Sunday is grandma's birthday. I want to have a birthday party for her. I think if we can have a party at a nice restaurant, she will be happy. What do you think ?" "That's a good idea. There is a nice restaurant near the station. It is called 'Lobster King*.' I know the owner* well. He is also a very good chef. Let's have the party there. I will make a reservation* for you." "Thank you, Dad."

Her father called the restaurant and talked about the party to a server*. "I'm very sorry, Mr. Brown, but the owner isn't here now. I understand your daughter's idea, but we will be closed next Sunday," said the server. Mr. Brown was sad to hear that and said, "I see. Thank you. Please say hello to* the owner."

He called some other restaurants but couldn't make a reservation. He told Jenny about ①the situation*. Jenny started to cry. "Dad, what should we do ?" "Jenny, don't worry. I'll find a restaurant."

Jenny's father was looking for restaurants on the internet. Then, the phone rang*. It was from Mr. Smith, the owner of 'Lobster King.' "Hello, Mr. Brown. I have heard from the server that your daughter wants to have her grandmother's birthday party here next Sunday." "②Yes... but your restaurant will be closed..." "How many people will come to your party ?" "Four." "I see. We will have my father's birthday party here on that day. How about having two birthday parties together ? It will be a lot of fun if we have more people." "Really ? Did you ask your father ?" "Yes. He says two happy things will make people happier. So please come to my restaurant. It will be a buffet-style* party." "Thank you very much, Mr. Smith."

"Jenny, good news ! We can have the party at 'Lobster King.' It will be a big one."

"Really ? How did you do it ?" He told Jenny about the conversation* on the phone. Jenny was very happy. ③She wrote a letter to her grandmother.

The two birthday parties started and many people were there. Jenny gave a present to her grandmother. Mr. Brown said to his daughter, "Jenny, the owner's father is a nice man. Please remember that ④his kind words helped us have a party today." Then, she walked to the owner's father. "Thank you very much for your kindness. I'm happy to have a nice party for my grandmother. Happy birthday !" Everyone there was smiling and happy.

注 Lobster King ロブスター・キング（レストラン名） owner 店主
make a reservation 予約する server 接客係 say hello to ～ ～によろしく言う
situation 状況 rang （電話が）鳴った buffet-style ブュッフェ形式の
conversation 会話

1 次のア～ウの絵は，本文のある場面を表している。本文の内容に合わないものを一つ選び，その記号を書け。

ア

イ

ウ

2 下線部①の具体的な内容を 40 字程度の日本語で書け。

3 下線部②に関して，このときの Brown さんの心情として最も適当なものを下のア～エの中から一つ選び，その記号を書け。
ア Smith さんの店が予約でいっぱいだと聞きショックを受けている。
イ Smith さんが久々に電話をかけてきてくれたことに感謝している。
ウ Smith さんの店で誕生日パーティーを開けないことを残念に思っている。
エ Smith さんが誕生日パーティーに参加しないことを不満に思っている。

4 下線部③の手紙となるように，Jenny に代わって下の［　　　］内に 15 語程度の英文を書け。2 文以上になってもかまわない。

To grandma

［　　　　　　　　　　　　　　　　］

Jenny

5 下線部④が指す内容として最も適当な英語 7 語を本文中から抜き出して書け。

6 本文の内容に合っているものを，下のア～オの中から二つ選び，その記号を書け。
ア Jenny's father knew that the server of 'Lobster King' was also a very good chef.
イ Mr. Brown called 'Lobster King' because he wanted to tell the server about the owner.
ウ Jenny's father was sad because the server didn't answer his question.
エ Mr. Brown kept looking for a restaurant until he received a call from Mr. Smith.
オ Two birthday parties were held together and made everyone there happy.

令和５年度　公立高校入試実戦問題　第２回　社　会　　（解答…235Ｐ）

1　次のⅠ～Ⅲの問いに答えなさい。答えを選ぶ問いについては一つ選び，その記号を書きなさい。

Ⅰ　次の略地図や資料を見て，１～６の問いに答えよ。

略地図１

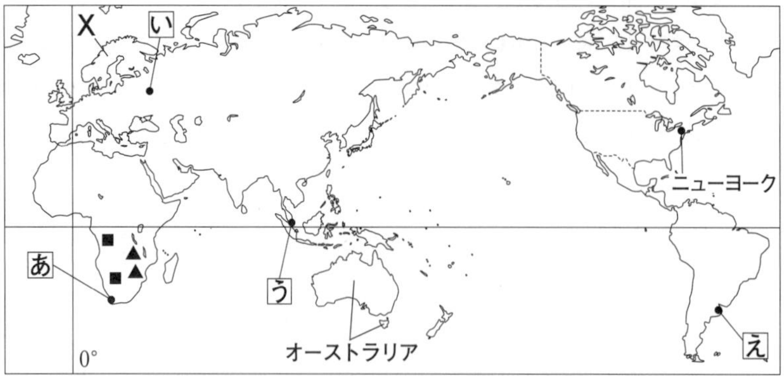

略地図２

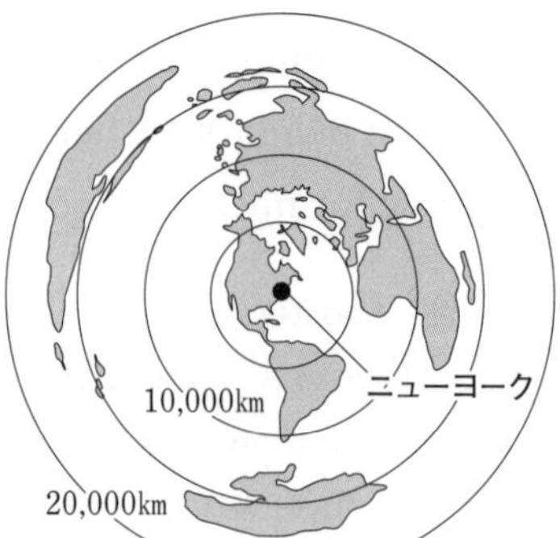

１　**略地図１**中の あ ～ え の都市のうち，**ニューヨーク**からの距離が最も遠い都市はどこか。**ニューヨーク**からの距離と方位が正しい**略地図２**を参考にして あ ～ え から一つ選べ。

２　**略地図１**中の**Ｘ**で示した半島について述べた次の文の □ に適することばを書け。

Ｘの半島では，□ にけずられてできた湖や湾が多く見られる。

３　**略地図１**中の**オーストラリア**やロシアなどで見られる，石油や天然ガスなどを輸送するために設けられた管のことを何というか。

４　**略地図１**中の▲はクロム，■はマンガンの産出地をそれぞれ示している。クロムやマンガンなどの金属は，埋蔵量が非常に少なかったり，経済的・技術的に純粋なものを取り出すのが難しかったりするために何とよばれるか。**カタカナ５字**で書け。

５　**資料１**は，地域別（アジア，ヨーロッパ，アフリカ，北アメリカ，南アメリカ，オセアニア）の人口，１次エネルギーの供給，とうもろこしの生産の割合を示したものである。アフリカにあてはまるものとして最も適当なものは，**資料１**中の**ア**～**エ**のうちどれか。

資料１　地域別の人口，１次エネルギーの供給，とうもろこしの生産の割合

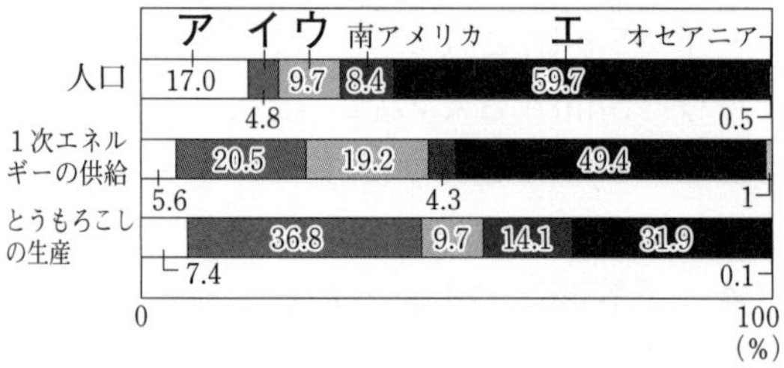

（データブックオブザワールド2020年版などから作成）

６　**資料２**は，アフリカにある３か国の主な輸出品の割合を示したものである。**資料２**について述べた次の文の □ に適することばを補い，これを完成させよ。ただし，**変動**，**安定**ということばを使うこと。

資料２から，この３か国は，特定の鉱産資源や農作物を多く輸出していることがわかる。そのため，これらの国々には，□ という経済の問題点がある。

資料２

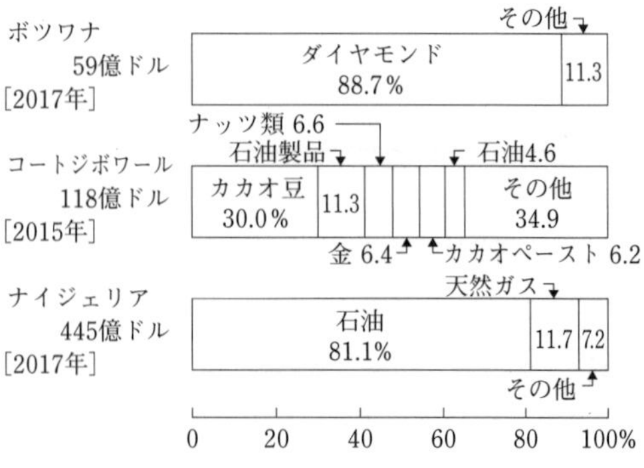

（国連資料から作成）

Ⅱ　次の略地図や資料を見て，１～６の問いに答えよ。ただし，略地図の縮尺は同じでない。

A県　越後山脈が東部に位置し，豪雪地帯である。日本一長い川や水俣病が発生した川がある。

B県

日本の標準時の基準となる都市がある。<u>1995年におきた災害</u>で，大きな影響を受けた。

C県

県の大部分が東京大都市圏に含まれる。日本最大の貿易港の成田国際空港がある。

D県

中京工業地帯に含まれ，機械工業，製鉄，石油化学工業が発展している。

１　**A**県の［　　　］にあてはまるものとして最も適当なものは，**資料１**の**ア**～**エ**のうちどれか。

資料１　本州の四つの県
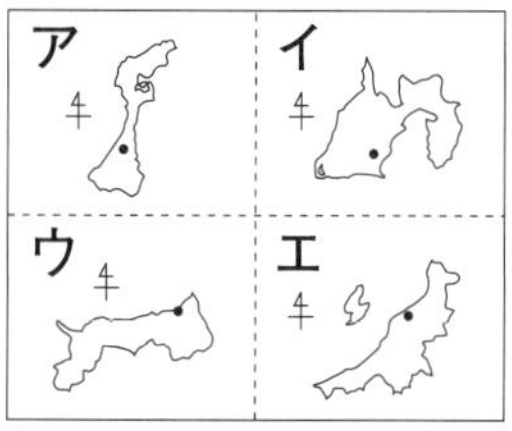

※・は県庁所在地を表す。
※**ア**～**エ**の縮尺は異なる。

２　**A**～**D**県のうち，同じ地方に属する県の組み合わせとして最も適当なものはどれか。また，その地方名を書け。

ア　**A**県と**B**県　　**イ**　**B**県と**D**県

ウ　**C**県と**D**県　　**エ**　**A**県と**C**県

３　**資料２**は，東京と**A**県の県庁所在地**X**の気温と降水量を表したものである。**X**の降水量が冬に多くなる理由を，風の名称と風向きにふれながら簡潔に書け。

資料２
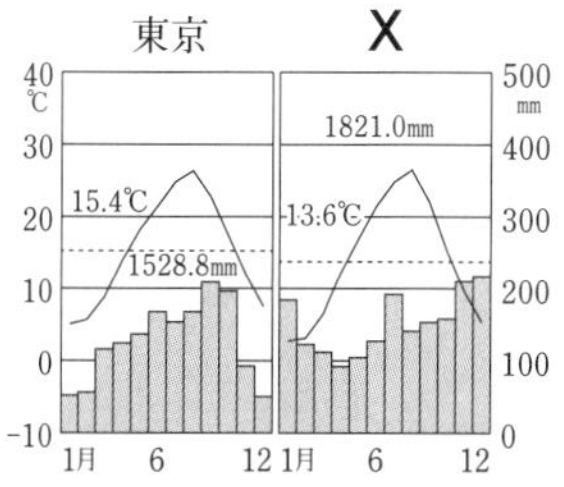

（理科年表から作成）

４　**B**県の下線部の災害として最も適当なものはどれか。

ア　台風　　**イ**　地震　　**ウ**　洪水　　**エ**　火山の噴火

５　**C**県について述べた次の文の［①］，［②］に適することばをそれぞれ書け。

> **C**県には，流域面積が日本最大の［①］が流れており，川が刻む広大な台地は，富士山などの火山灰が堆積した赤土の［②］におおわれている。

６　**資料３**は，**D**県の北部において，工場が集まっている二つの場所に着目して作成した地図である。**資料３**を参考に，石油製品と化学製品の工場や，電気機器と輸送用機器の工場が，それぞれどのような場所に多く建設されているかについて述べた次の文の［　　　］に適することばを補い，これを完成させよ。

> 石油製品と化学製品の工場は，海外からの大量の原材料を用いるので，輸入に適する臨海部に多く建設され，電気機器と輸送用機器の工場は，［　　　］。

資料３
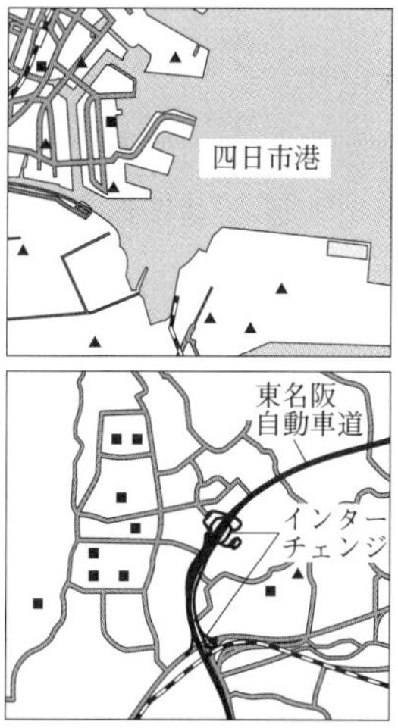

▲は，主な石油製品と化学製品の工場。
■は，主な電気機器と輸送用機器の工場。

Ⅲ　ある中学生は，**資料１**，**資料２**を見て，ぶどうの収穫量が上位ではない神奈川県で，ワインの生産が盛んであることに疑問をもった。この疑問に対する答えの一つとして考えられることを，**資料３**を参考にして書け。ただし，**横浜港**ということばを使うこと。

資料１　ワインの生産量（2015年）

順位	県名	生産量（kL）
1	神奈川県	32,161
2	山梨県	23,761
3	栃木県	22,970
4	岡山県	6,500
5	長野県	4,703

（国税庁資料から作成）

資料２　ぶどうの収穫量（2015年）

順位	県名	収穫量（t）
1	山梨県	41,400
2	長野県	28,300
3	山形県	18,200
4	岡山県	16,300
5	福岡県	8,330

（農林水産統計から作成）

資料３

> 原材料名：濃縮ぶどう果汁（外国産）
> 内　容　量：720mL
> アルコール分：11.5％
> ○○○○○株式会社

（神奈川県の工場で製造されたワインのラベルから作成）

2　次のⅠ～Ⅲの問いに答えなさい。答えを選ぶ問いについては一つ選び，その記号を書きなさい。

Ⅰ　次の略年表を見て，１～７の問いに答えよ。

時代	主なできごと
飛鳥	ⓐ十七条の憲法が出される
奈良	ⓑ大宰府が置かれる
平安	ⓒ平安京に都が置かれる
ⓓ鎌倉	源頼朝が征夷大将軍に任命される
室町	□が水墨画を完成させる
ⓔ安土桃山	豊臣秀吉が太閤検地を行う
江戸	ⓕ徳川吉宗が享保の改革を行う

１　□にあてはまる最も適当な人名を書け。

２　ⓐに関して，**資料１**の□に適することばを，**漢字１字**で書け。

資料１　十七条の憲法の一部

> 一に曰く，□をもって貴しとなし，さからうことなきを宗とせよ。
> 二に曰く，あつく三宝を敬え。三宝とは仏・法・僧なり。

３　ⓑに関して，**略地図**中の**ア**～**エ**のうち，大宰府が置かれていた場所として最も適当なものはどれか。

略地図

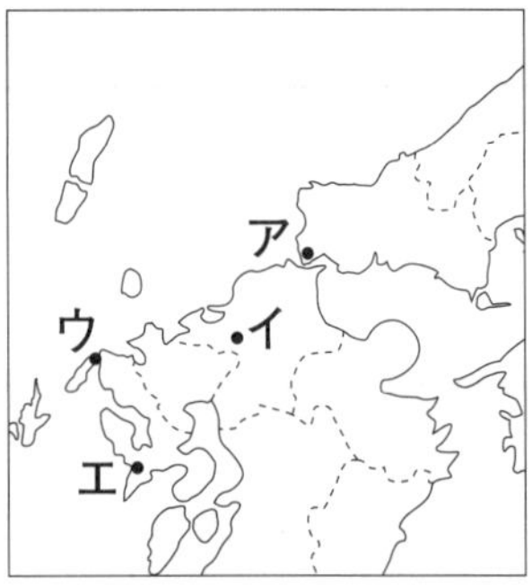

（--------は現在の県境を示す）

４　ⓒに関して，平安時代初期の仏教に最も関係の深いものとして最も適当なものはどれか。

ア　念仏を唱えれば極楽浄土に往生できるという教えが広まった。
イ　天皇は仏教の力で国を鎮め守ろうとして国分寺を建てた。
ウ　武士や庶民の間に，わかりやすく実行しやすい教えが広まった。
エ　山奥の寺での修行が重んじられ，貴族のために祈《き》祷《とう》も行われた。

５　ⓓに関して，鎌倉幕府が成立してから滅亡するまでの間におきたできごとを，次の**ア**～**エ**から三つ選び，年代の古い順に並べよ。

ア　御成敗式目が定められた。
イ　弘安の役がおきた。
ウ　徳政令を求めた農民が土一揆をおこした。
エ　朝廷を監視するために京都に六波羅探題を設置した。

資料２

６　**資料２**は，ⓔの時代につくられた城である。このような城で，高くそびえ，支配者の権威を表した建物を何というか。

７　ⓕが政治を行ったころの農村の暮らしの変化について述べた次の文の□に適することばを補い，これを完成させよ。ただし，**商品作物**，**貨幣**ということばを使うこと。

> 徳川吉宗が政治を行っていたころ，農村では，自給自足に近かった農村のくらしが大きく変化した。農民は，新しい農具や肥料を購入するために，**資料３**のような□。

資料３

紅花　　綿　　菜種

Ⅱ　次は，ある中学生が歴史的なできごとについてまとめた表である。１～５の問いに答えよ。

A	イギリスの近代革命	17世紀半ばのイギリスでは，専制政治を行う国王を議会が追放し，オランダから新しい国王を迎え，「権利（の）章典」が制定された。
B	新政府の改革	1871年，新政府はⓐ廃藩置県を行った。また，新しい国づくりのため，ⓑ富国強兵とよばれる政策を行い，近代化の基礎を築いた。
C	立憲国家の成立	1889年，大日本帝国憲法が発布された。翌年には，第一回衆議院議員選挙が実施され，衆議院と［①］からなる帝国議会が開かれた。
D	第一次世界大戦	1914年に第一次世界大戦が勃発した。終戦後の1920年に，世界平和と国際協調のためのⓒ国際連盟が誕生した。
E	戦後の改革	［②］を最高司令官とする連合国軍最高司令官総司令部（GHQ）の指令のもと，さまざまな戦後改革が行われた。

１　［①］，［②］にあてはまる最も適当なことばと人名を書け。

２　Aに関して，この革命の名称を書け。

３　ⓐとはどのような政策か説明せよ。ただし，**中央集権国家**，**県令**ということばを使うこと。

４　ⓑに関して，この政策が行われたころのわが国の子どもたちに関するできごとについて述べたものとして最も適当なものはどれか。

ア　教育基本法が制定され，新しい教育の原則が示された。

イ　空襲が激しくなり，大都市の子どもたちが地方に集団で疎開させられた。

ウ　義務教育が６年に延長され，小学校の就学率が100％近くに達した。

エ　欧米にならって，６才以上のすべての男女に学校教育を受けさせる学制が定められた。

５　ⓒに関して，**資料**は，国際連盟に加盟してからのわが国の外交と政治の動きを示したものである。(1)，(2)の問いに答えよ。

資料

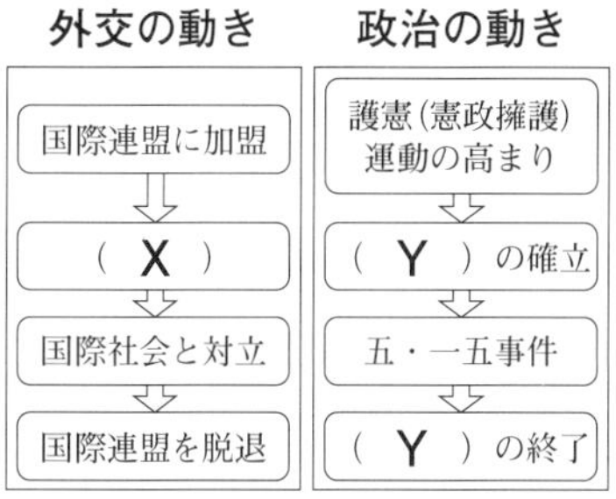

(1)　**資料**中のXとYにあてはまることばの組み合わせとして最も適当なものはどれか。ただし，**資料**中のYには共通することばが入る。

ア　（X　満州事変　　Y　立憲政治）

イ　（X　満州事変　　Y　政党政治）

ウ　（X　日中戦争　　Y　立憲政治）

エ　（X　日中戦争　　Y　政党政治）

(2)　**資料**中の時期のある年に，日本で普通選挙法が成立した。その同じ年に日本で制定され，第二次世界大戦直後に廃止された法律名を書け。また，その法律が制定された目的として最も適当なものはどれか。

ア　社会主義の運動の活発化を取り締まるため。

イ　労働者の団結権や争議権を認めるため。

ウ　国民を強制的に戦争に動員できるようにするため。

エ　満20歳になった男子に兵役を義務付けるため。

Ⅲ　**資料**は，江戸時代の田沼意次，松平定信，水野忠邦の政策をまとめたものである。**資料**を参考に，田沼意次の政策の財政上の特徴を説明せよ。

資料

田沼意次の政策	松平定信の政策	水野忠邦の政策
・長崎での貿易を奨励し，銅や海産物を輸出した。 ・株仲間の結成を奨励し，特権を与えるかわりに営業税を納めさせた。	・旗本や御家人が商人からしていた借金を帳消しにした。 ・江戸に出てきていた農民を村に帰し，ききんに備え米を蓄えさせた。	・物価の上昇をおさえるため，営業を独占している株仲間に解散を命じた。 ・江戸に出かせぎに来ている農民を故郷の村に帰らせた。

3 次のⅠ～Ⅲの問いに答えなさい。答えを選ぶ問いについては一つ選び，その記号を書きなさい。

Ⅰ　あるクラスでは，テーマを設定し，調べ学習を行うことになった。次の表は，その内容の一部を示したものである。**1**～**6**の問いに答えよ。

1班のテーマ「わが国の選挙」 ・ⓐ選挙の原則
2班のテーマ「わが国の社会保障制度」 ・ⓑ社会保障制度の四つの柱
3班のテーマ「地方自治」 ・ⓒ住民が行政を監視できるしくみ ・ⓓ地方の財政
4班のテーマ「裁判所の仕事について」 ・ⓔ裁判所のもつ権限 ・ⓕ三審制とは何か

1　ⓐに関して，現在の選挙における原則として，満18歳に達したすべての国民に選挙権を認める原則，一人が平等に一票ずつもつ原則，議員などを直接選出する原則のほか，あと一つはどのような原則があるか，簡単に書け。

2　ⓑに関して，わが国の社会保障制度は，社会保険，公的扶助，社会福祉，公衆衛生の四つの柱からなっている。わが国の社会保障制度のなかで，次の①，②の文で示したことがらが共通してかかわるものとして最も適当なものはどれか。

①　Kさんは，歯の治療にかかった費用の一部だけを負担した。
②　Kさんの祖父は，公的年金である国民年金を受給している。

ア　社会保険　　イ　公的扶助　　ウ　社会福祉　　エ　公衆衛生

3　ⓒに関して，地方公共団体から任命された市民が，市民の立場から行政の内容を判断・評価し，必要に応じて地方公共団体に対して改善を求めるしくみを何というか。

4　ⓓに関して，**資料1**は鹿児島県と東京都の歳入の内訳の一部を表している。**資料1**中の**X**～**Z**は，国庫支出金，地方税，地方交付税交付金のいずれかである。**X**～**Z**にあてはまる項目の組み合わせとして最も適当なものはどれか。

資料1

(2016年度)　(単位　億円)

	鹿児島県	東京都
X	1,750	53,180
Y	2,742	0
Z	1,380	3,491

(データでみる県勢2019年版から作成)

ア　(X　国庫支出金　　Y　地方交付税交付金　　Z　地方税)
イ　(X　地方税　　Y　地方交付税交付金　　Z　国庫支出金)
ウ　(X　国庫支出金　　Y　地方税　　Z　地方交付税交付金)
エ　(X　地方税　　Y　国庫支出金　　Z　地方交付税交付金)

5　ⓔに関して，裁判所は，法律や国の行為などが憲法に反していないかどうかを判断する権限を持っている。この権限を何というか。

6　ⓕに関して，日本では，**資料2**のように，第一審の裁判所の判決に不服がある場合，第二審の裁判所に控訴し，さらに上告することができる三審制を採用している。その理由を書け。

資料2

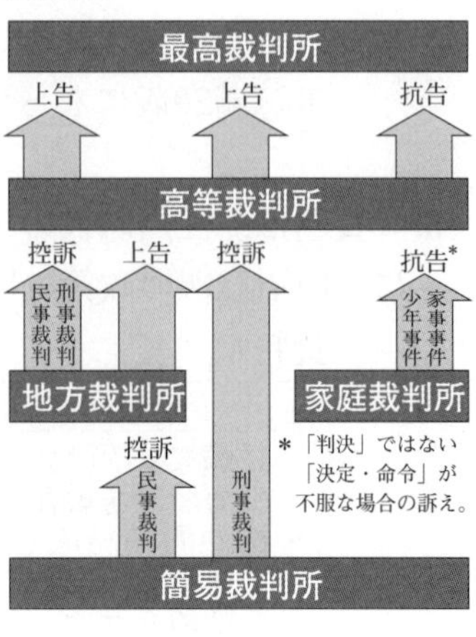

Ⅱ　次のＡ～Ｆの文を読んで，１～６の問いに答えよ。

Ａ　地球環境問題の解決に向けて，国家をこえた地球規模での取り組みが行われている。
Ｂ　1950 年代以降，わが国では東海道新幹線をはじめ，社会資本の整備が急速に進められた。
Ｃ　私たちが納める税金には，直接税と間接税がある。
Ｄ　消費者の安全と権利を守るために，さまざまな法律や制度が定められている。
Ｅ　銀行は，家計や企業からお金を預かる一方，家計や企業へのお金の貸し出しも行う。
Ｆ　日本は，国際貢献の一つとして，［　　　］(政府開発援助）を行っている。

１　［　　　］にあてはまる政府開発援助の略称を，**アルファベット**で書け。

２　Ａに関して，次の文中の［　　　］に共通して適することばを書け。

これからの日本は，ほとんどの資源や廃棄物の再利用を徹底する［　　　］になることが求められている。このため，2000年に［　　　］形成推進基本法が制定された。

３　Ｂに関して，社会資本に関して述べた文として**誤っているもの**はどれか。
ア　主に国や地方公共団体が社会資本を整備している。
イ　上下水道や公園，学校は社会資本に含まれる。
ウ　空港や港湾，高速道路は社会資本に含まれる。
エ　民間企業が活動するための資金を社会資本という。

４　Ｃに関して，税金のなかで，累進課税が適用される税はどれか。
ア　たばこ税　　イ　所得税　　ウ　消費税　　エ　関税

５　Ｄに関して，**資料１**は，1962年に，アメリカのケネディ大統領が示した消費者の四つの権利である。この考え方は，日本の消費者運動に大きな影響をあたえた。日本で1968年に制定され，2004年に改正された，消費者の権利を明確化するとともに企業と行政の責任を定めた法律を何というか。**漢字６字**で書け。

資料１

①安全である権利
②知る権利
③選ぶ権利
④意見を反映させる権利

６　Ｅに関して，**資料２**は，銀行と個人・企業間の貸し付けや預金の流れを示している。銀行の貸し付けに対する利子Ｘと，預金に対する利子Ｙとでは，どちらの利子率が高いか，その記号を書け。また，ＸとＹの利子率が異なる理由を書け。

資料２

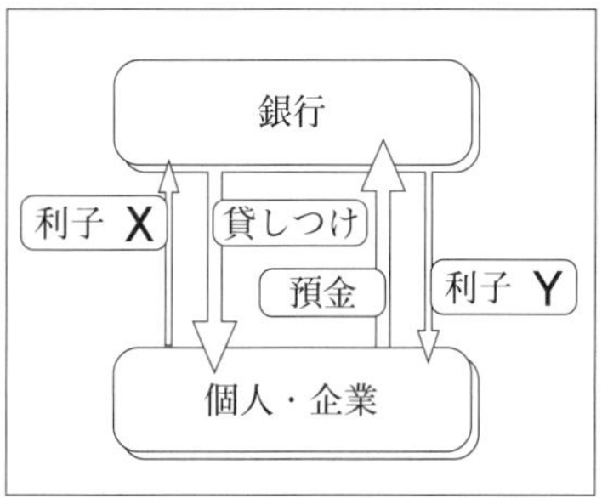

Ⅲ　**資料**は，日本，フランス，ドイツ，アメリカの弁護士１人あたりの国民数の推移を示したものである。**資料**から読み取れる日本の特徴を，日本の国民１人あたりの弁護士数の傾向と，その数の変化についてふれて，**40字以上50字以内**で書け。

資料　**日本，フランス，ドイツ，アメリカの弁護士１人あたりの国民数の推移**

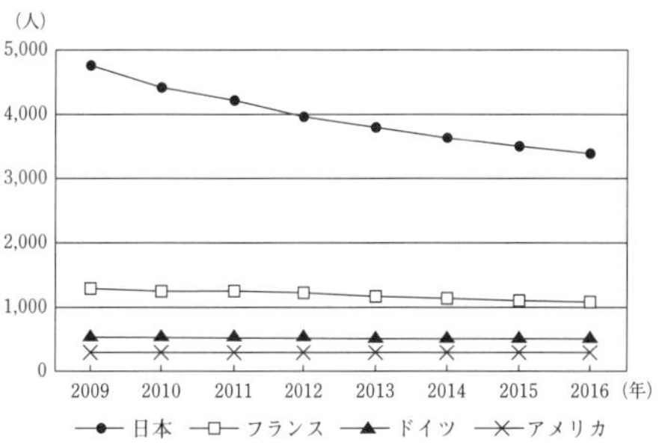

(弁護士白書 2016 年版から作成)

令和５年度　公立高校入試実戦問題　第２回　数　学　（解答…236Ｐ）

1　次の**１**～**５**の問いに答えなさい。

1　次の(1)～(5)の問いに答えよ。

(1)　$4 \times (5+2)$ を計算せよ。

(2)　$\frac{1}{12}+\frac{2}{3}\div\frac{8}{9}$ を計算せよ。

(3)　$\frac{6}{\sqrt{3}}-4\sqrt{3}$ を計算せよ。

(4)　$\sqrt{12-n}$ が自然数となる自然数 n の値をすべて求めよ。

(5)　右の図において，四角錐OABCDは，すべての辺の長さが等しい正四角錐である。この正四角錐を，４つの辺OA，AB，AD，OCで切って開いたとき，その展開図として正しいものを，次の**ア**～**エ**の中から１つ選び，記号で答えよ。

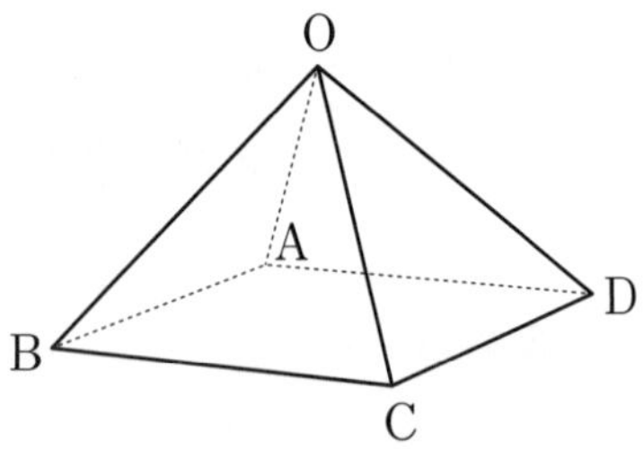

ア

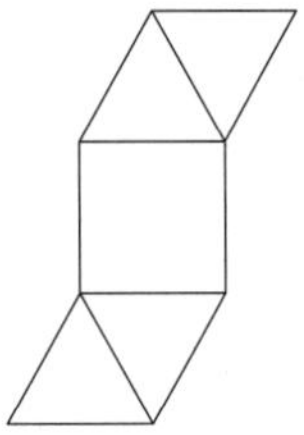

イ

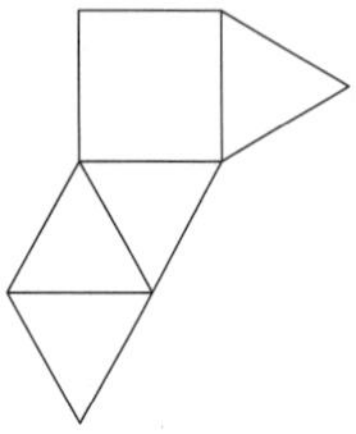

ウ

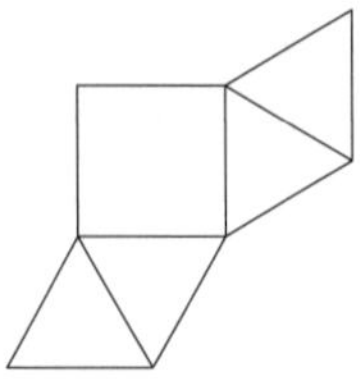

エ

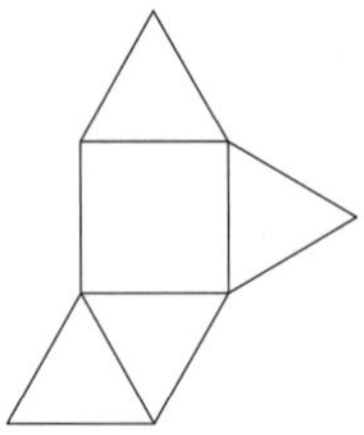

2　自転車で10分間に 3 ㎞進んだ。同じ速さで12㎞の道のりを進んだときにかかる時間は何分か。

3　2 つの直線 $y = 2x + 1$ と $y = -x + 7$ の交点の座標を求めよ。

4　下の図の円Oで，直径 AB と弦 CD が平行である。このとき，$\angle x$ の大きさは何度か。

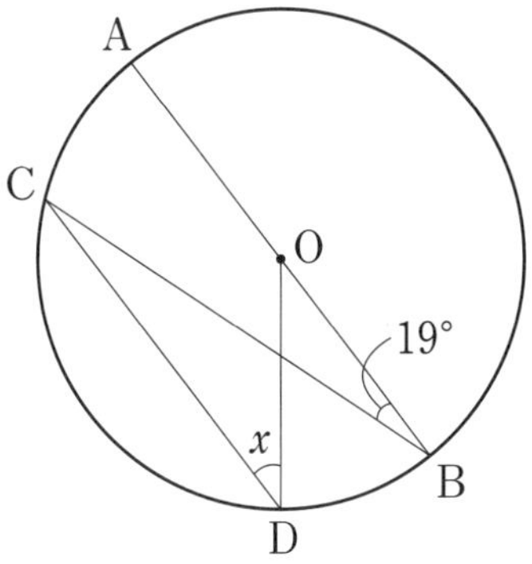

5　下の表は，ある図書館のある週の月曜日から金曜日までの 5 日間の利用者数を，120人を基準にして，それより多い場合は正の数，少ない場合は負の数で示したものである。最も利用者数が多い曜日は，最も利用者数の少ない曜日の何倍か。ただし，答えは小数第 2 位を四捨五入して求めること。

曜　　日	月	火	水	木	金
120 人を基準にした利用者数(人)	＋18	－9	－6	＋5	＋11

2 次の**1**～**4**の問いに答えなさい。

1 毎分6Lずつ水を入れると15分でいっぱいになる容器がある。この容器に，毎分xLずつ水を入れるとき，いっぱいになるまでにかかる時間をy分とする。このとき，yをxの式で表せ。

2 下の表は，Aさんが所属している柔道部の男子部員12人全員が，鉄棒で懸垂をしたときの回数を示したものである。このとき，次の(1)，(2)の問いに答えよ。

懸垂の回数の記録（回）

6	5	8	3	3	4	5	24	28	3	7	6

(1) 範囲を求めよ。

(2) 四分位範囲を求めよ。

3 右の図は，3点A，B，Cを示したものである。2点A，Cから等しい距離にある点のうち，点Bに最も近い点をPとする。このとき，点Pを，定規とコンパスを用いて作図せよ。ただし，点Pの位置を示す文字Pも書き入れ，作図に用いた線は残しておくこと。

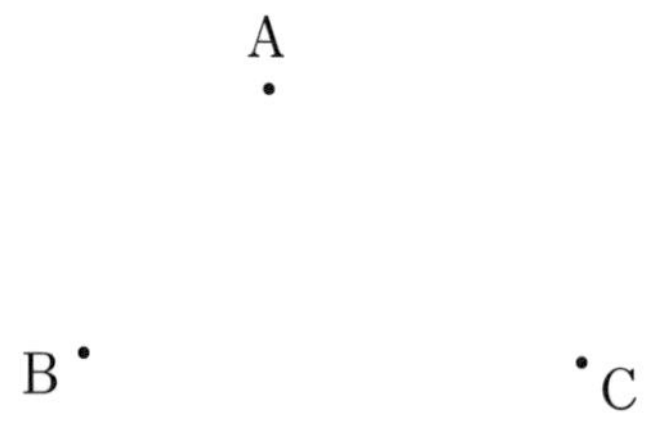

4 ある中学校で古紙を集めた。集めた古紙は全部で460kgあり，そのうち60kgが段ボールで，残りは新聞紙と雑誌であった。これらをすべて，右の表の金額で交換している業者に回収してもらうと，その金額の合計は5800円であった。集めた新聞紙の重さと雑誌の重さはそれぞれ何kgか求めよ。ただし，集めた新聞紙の重さを$x$kg，集めた雑誌の重さを$y$kgとして，その方程式と計算過程も書くこと。

古紙1kgあたりの交換金額	
新聞紙	13円
雑誌	11円
段ボール	15円

3 下の図は，関数 $y = ax^2$ …①のグラフと，このグラフ上の２点A，Bを通る直線 ℓ を示したものであり，直線 ℓ と y 軸との交点をCとする。点Aの座標は(６，９)，点Bの x 座標は－２であり，点Oは原点である。このとき，次の**１**～**４**の問いに答えなさい。

１　a の値を求めよ。

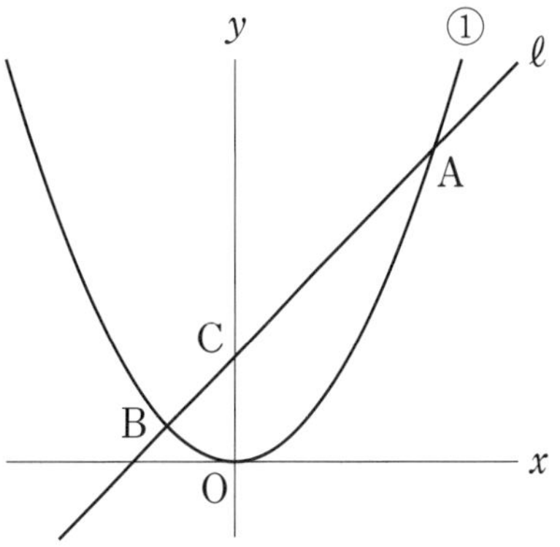

２　直線 ℓ の式を求めよ。

３　△OABの周上において，x 座標，y 座標がともに整数となる点の個数を求めよ。

４　関数①のグラフ上の点で，x 座標が t（$0 < t < 6$）である点をPとする。Pを通り，y 軸に平行な直線と直線 ℓ との交点をQ，Pを通り，x 軸に平行な直線と関数①のグラフとの交点をRとする。また，Rを通り，y 軸に平行な直線と x 軸との交点をSとする。四角形RSPQが平行四辺形となるとき，t の値を求めよ。ただし，t についての方程式と計算過程も書くこと。

4 図**1**のように，点Aから2㎝離れた点Bに線分をひき，線分ABをひいた方向に対して左にa°だけ向きを変えて，点Bから長さ2㎝の線分BCをひく。次に，線分BCをひいた方向に対して左にa°だけ向きを変えて，点Cから長さ2㎝の線分をひく。このように，線分をひき終わった点で，線分をひいた方向に対して左にa°だけ向きを変えて，長さ2㎝の線分をひくことをくり返す。このとき，ひかれた線分によってできる図形について，次の**1**～**3**の問いに答えなさい。ただし，aは整数とする。

図1

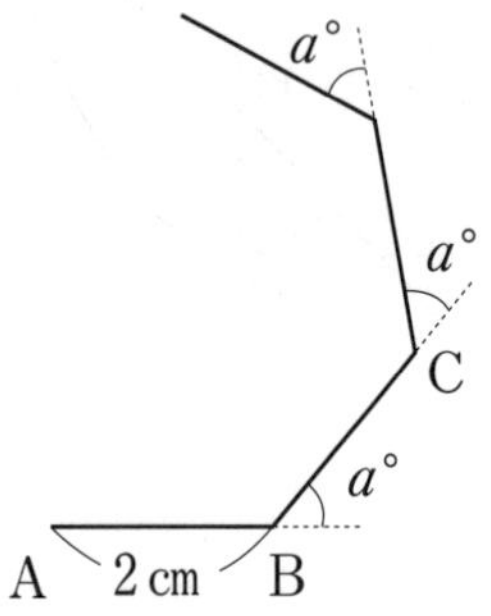

図2

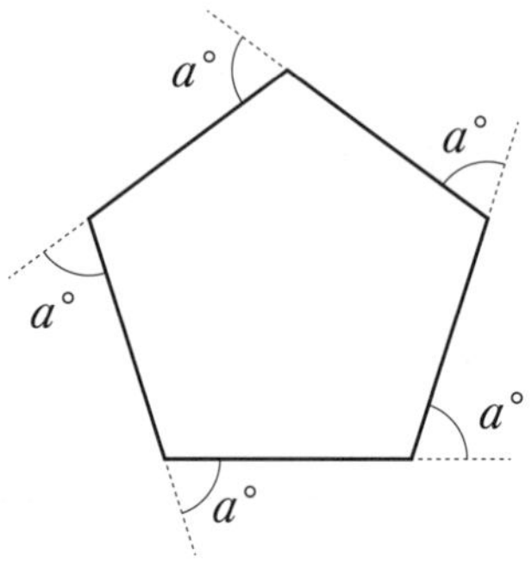

1 図**2**のように，正五角形ができるとき，aの値を求めよ。

2 aの値によって，いろいろな正多角形ができる。$10 \leqq a \leqq 30$のとき，1辺の長さが2㎝の正多角形は何通りできるか。

3　AさんとBさんは，この図形に関する次の**【課題】**について考えた。下の**【会話】**は，２人が話し合っている場面の一部である。このとき，次の(1)，(2)の問いに答えよ。

【課題】

> 大小２つのさいころを同時に１回だけ投げたとき，出た目の数の和と10°の積をa°とする。このとき，最も大きいaの値を求めよ。また，<u>ひかれた線分によってできる図形が，１辺の長さが２cmの正多角形になる確率を求めよ</u>。

【会話】

A：まずは例を１つ考えてみようか。

B：そうだね。じゃあ，大きいさいころの目の数が５で，小さいさいころの目の数が２のとき，aの値はいくらかな。

A：aの値は[ア]になるよ。

B：正解。さいころには１から６までの目があるから，最も大きいaの値は[イ]になるよ。

A：そうだね。では，もう１つの**【課題】**についてだけど，ひかれた線分によってできる図形が，１辺の長さが２cmの正多角形になるのはどんなときかな。

B：大小２つのさいころの目の数の和が[ウ]になるときだね。

(1)　**【会話】**の中の[ア]，[イ]にあてはまる数を求めよ。また，[ウ]にあてはまる適当なことばを書け。

(2)　**【課題】**の中の下線部について，ひかれた線分によってできる図形が，１辺の長さが２cmの正多角形になる確率を求めよ。

5 右の図は，AD∥BC の台形 ABCD を示したものである。対角線 AC，BD の交点を E，線分 DE の中点を F とし，線分 CF の延長と辺 AD との交点を G とする。このとき，次の **1**～**3** の問いに答えなさい。

1 △FDG ∽ △FBC であることを証明せよ。

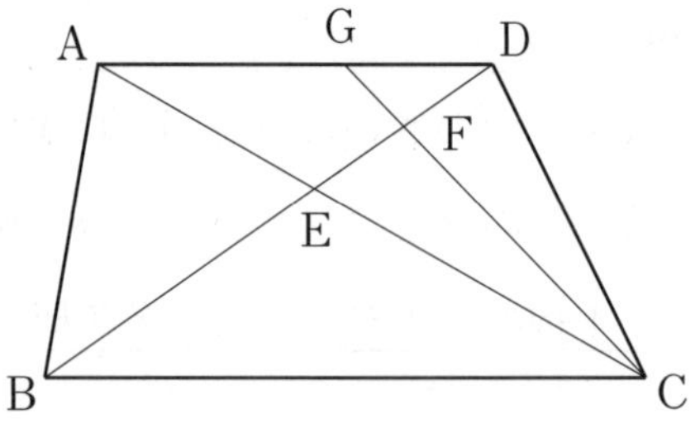

2 AD＝6 cm，BC＝12 cm，CD ⊥ BD，∠ADB＝30° のとき，次の (1)，(2) の問いに答えよ。

(1) ∠DAC の大きさは何度か。

(2) 線分 ED の長さは何cmか。

3 線分 BE 上に BH：HE＝2：3 となる点 H をとり，A と H を結ぶ。△AHE と △CFE の面積の比を，最も簡単な整数の比で表せ。ただし，求め方や計算過程も書くこと。

2023年受験用

鹿児島県高校入試問題集

公立編

正答例と解説

令和四年度　鹿児島県公立高校入試問題　国　語

正答例

1　1　(1)　粉薬　　(2)　裁（く）
　　(3)　鉱脈　　(4)　かたず
　　(5)　しっと　　(6)　ひた（る）
　2　十四（画）

2　1　エ
　2　Ⅰ　思い込みや古い常識
　　Ⅱ　自分とは異なる他者との対話
　3　イ，エ
　4　（自分がどう生きるのかを問わなければ，）学校で学べるさまざまな知識どうしをうまく結びつけることができず，学んだ知識を自分の人生や生き方に役立てることもできないということ。
　5　ア

3　1　ようよう　　2　エ　　3　ウ
　4　Ⅰ　門口三尺掘れ
　　Ⅱ　諸肌を脱いで汗水を流している
　　Ⅲ　一文稼ぐことがどれほど大変か

4　1　エ　　2　イ
　3　Ⅰ　呼出の新弟子
　　Ⅱ　新弟子の方が上手になるかもしれないという不安
　4　ア
　5　篤は，ずっと目標としてきた直之さんから，この一年の努力や成長を認められたことで自信が芽生えたから。

5　私は、私が住む奄美大島の伝統工芸品である大島紬を未来に残したい。しかし作り手の高齢化が進み、後継者が育たないと聞くので、将来技術が途絶えてしまう恐れがあると思う。

　この問題を解決するために、大島紬の良さをＳＮＳで発信したいと思う。少しでも若い世代に関心をもってもらい、次世代の担い手を見つけることが大切だと考えるからだ。

配　点

1　1　2点×6　　2　2点　　計14点
2　1　2点　　2　4点×2　　3　4点
　4　7点　　5　5点　　計26点
3　1　2点　　2　3点　　3　3点
　4　Ⅰ，Ⅱ　3点×2　　Ⅲ　4点　　計18点
4　1　3点　　2　3点　　3　Ⅰ　3点　　Ⅱ　4点
　4　4点　　5　6点　　計23点
5　9点

解　説

1　<漢字・書写>

1(4)　固唾をのむ＝事の成り行きを見守って緊張している様子のこと。

2　点画の省略があるが，「閣」という漢字である。

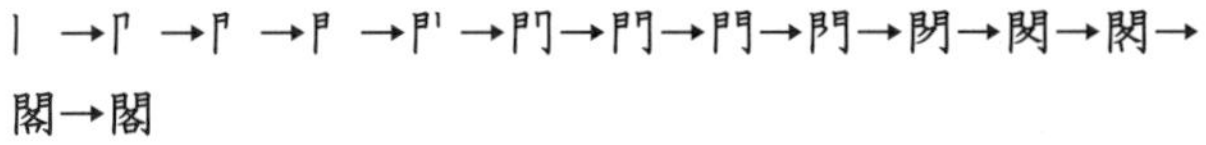
閣→閣

2　<論説文>

1 a　空欄前後で「自分がこれまでに出会った人」「ニュース番組や書籍を通じて知った人たち」という選択肢を並べて述べているので，選択の接続詞「または」「あるいは」に絞られる。また，空欄前後の内容を入れかえても文意が通ることからも選択の接続詞が入ると分かる。
　イ　すなわち（接続詞）＝言い換え
　ウ　しかも（接続詞）＝添加（累加）
　b　空欄後の「遺伝子治療」は空欄前の「専門的な知識」の具体例なので，例示の「たとえば」が適当。
　ア　一方（接続詞）＝対比
　イ　要するに（副詞）＝言い換え
　ウ　なお（接続詞）＝補足

2 Ⅰ　二つ目の空欄後に着目し，「一人だけで気がつくことは難しい」と似た表現を探すと，第四段落に「自分の思い込みや古い常識に，自分だけで気がつくことはなかなか難しい」とある。
　Ⅱ　第五段落に「それに気がつかせてくれるのが，自分とは異なる他者との対話」とある。「それ」とは，［ Ⅰ ］の答えである「自分の思い込みや古い常識」であることをおさえる。「十三字」もヒント。

3　――線部②直後に「哲学は一般の人が，一般的な問題について考えるための学問です」とあるのでイが適当。また，第十一段落に「哲学のもうひとつの重要な仕事は，それぞれの専門的な知識を，より一般的で全体的な観点から問い直すこと」とある。「問い直す」は「再検討する」と言い換えられるのでエも適当。

4　――線部③をわかりやすく言い換える問題である。「扇の要」の説明に「外れるとばらばらになってしまう」とあるため，「さまざまな知識は扇の要を失」うとは，「学校で学べるさまざまな知識」がばらばらになり，知識どうしをうまく結びつけることができないということ。また，筆者は「自分の人生や生き方と，教育機関で教えるような知識やスキルを結びあわせること」「生活と知識を結びつけること」が「哲学の役割」だと述べており，「自分がどう生きるのかと問う」ことが哲学だとも述べているので，この問いがなければ，「生活と知識を結びつけること」ができないと考えているのである。つまり，「自分がどう生きるのかと問う」という哲学の問いがなければ，「学校で学べるさまざまな知識」を「生活」，「自分の人生や生き方」と結びつけて役立てることができないということである。これらの内容を指定字数以内でまとめればよい。

5　横断的＝異なる分野・種類などを超えたつながりがあるさま。
　総合的＝個々の物事を一つにまとめるさま。
　プロゴルファーになるために，「栄養学」というゴルフとは異なる分野を学ぶのでアが適当。エの「曲想」とは楽曲の構想，テーマのこと。

3 ＜古文＞

（**口語訳**）ある時，夜が更けて樋口屋の門をたたき，酢を買いに来る人がいた。（その音が）戸を隔てて奥へはかすかに聞こえた。下男が目を覚まして，「どれほどですか」と言う。（客は）「ごめんどうでしょうが一文分を」と言う。（下男は）①寝たふりをして，その後は返事もしないので，（客は）しかたなく帰った。

夜が明けると②亭主は，③あの男（下男）を呼び付けて，何の用もないのに「門の出入り口を三尺掘れ」と言う。お言葉に従って久三郎（下男）は，衣の上半身全部を脱いで，鍬を取り，堅い地面に苦労して，身体から汗水を流して，④少しずつ掘った。その深さが三尺ほどになった時，（亭主が）「銭があるはずだ，まだ出ないのか」と言う。（下男は）「小石・貝殻以外ほかに何も見えません」と申し上げる。（亭主は）「それほど骨を折っても銭が一文も手に入らない事を，よく理解して，これからは一文の商売も大事にすべきだ」（と言う。）

1　「**ア段＋う**」は「**オ段＋う**」に直す。

2②　後で「かの男」に対して「門口三尺掘れ」と命じていることから考える。また，(注)にもあるように「樋口屋」には「樋口屋の店主」という意味があることもおさえる。

③　「かの」は「あの」という意味なので，「かの男」は前に登場した人物を指す。「亭主」から「門口三尺掘れ」と命じられていることからも，「下男」だと分かる。

3　「そら寝」とは寝たふりをすること。――線部①は「酢を買ひにくる人」が一文分の酢を注文したときの「下男」の行動であることからも考える。

4Ⅰ　「亭主」が「かの男」に命じた内容を「**六字**」で探す。空欄後で**生徒B**が「かの男は鍬を使って，堅い地面に苦労しながら亭主の言いつけに従いました」と発言していることからも考える。

Ⅱ　「かの男」が作業に臨んでいる描写を探すと，「諸肌ぬぎて～身汗水なして，やうやう掘りける」とある。「身汗水なして（身体から汗水を流して）」という表現から「かの男」の大変な様子が読み取れる。

Ⅲ　「亭主」が「かの男」に伝えたかったのは「それ程にしても銭が一文ない事，よく心得て，かさねては一文商も大事にすべし」ということである。「亭主」は，「酢を買ひにくる人」が一文分しか酢を注文しなかったため寝たふりをして売らなかった「かの男」に，一文を手にすることの大変さを，身をもってわからせたのである。それを**生徒C**が「商売をする上での心構え」とまとめていることにも着目する。

4 ＜小説文＞

1　**ア**，**イ**，**ウ**は**受け身**の助動詞「られる」。**エ**は「いることができる」と言い換えられるので，**可能**の助動詞「られる」である。

2　――線部①直前の「本当だよ。嘘ついてどうすんだよ」という達樹の発言に着目する。「呼出の新弟子」が新しく入るという自分の話を，「だってそれ，本当っすか」と篤に疑われたことに不満を抱き，「眉間に皺を寄せた」のである。

3Ⅰ　空欄直後の「が入門してくる」と似た表現を探すと，一つ前の段落に「新弟子が入ってくる」とある。この「新弟子」を「**六字**」で表わした言葉を探せばよい。

Ⅱ　空欄直後の「を感じて」に着目する。「新弟子が入ってくる」ことに対して篤がどのように感じているかを探すと，「その新弟子は～自分より上手くこなすかもしれないと**不安**になり」とある。

4　新弟子が入ることで不安になっている篤に対して，直之さんは「一年間，逃げずにやってきただろ。ちゃんと，お前は頑張ってたよ」「お前なら，これからもちゃんとやっていける」と励ましている。その励ましを聞いた篤に「あの……ありがとうございます」と感謝の言葉を言われ，励ますことができたのだと思い「少しだけ笑ってみせた」のである。**イ**，**ウ**は全体的に誤り。「篤の素直な態度に感動している」とまでは言えないので**エ**も不適。

5　篤は，新弟子が入ることに対して「自分より上手くこなすかもしれないと不安」になっていたが，「同い年なのに仕事ができて，しかも頼りがいのある直之さん」に認められ，「**胸がすっと軽く**」なっている。このことから，「こんな俺でも，大丈夫」と自分に自信が持てるようになったので「一年後はまだわからないことだらけ」でも「不安に思わな」くなったと読み取れる。

5 ＜作文＞

Cさんの「過去から現在へと引き継がれてきたすばらしい自然・歴史・文化」を「未来に残していくために，私たちができることを考えていきましょう」という提案を踏まえて書く。

［**採点基準の例**］

(1)　**第一段落**…４点

未来に残したいと思う具体的なものと，それを引き継いでいく際に想定される問題点について明確に書けているかを４点（良い），２点（不明瞭），０点（書けていない）の３段階に評価する。

(2)　**第二段落**…５点

第一段落であげた問題を解決するための取り組みを明確に書けているかを５点（優れている），４点（良い），２点（不明瞭），０点（書けていない）の４段階に評価する。

(3)　**段落指定を守っていないもの**…減点２点

(4)　**行数を満たしていないもの**…減点３点

(5)　**表記**…最大減点４点（一か所ごとに減点１点）

①　原稿用紙の使い方の誤り。

②　誤字脱字，符号の用法の誤り。

③　用語や文の照応の不適切なもの。

④　文体が統一されていないもの。

令和４年度　鹿児島県公立高校入試問題　理科

正答例

1　1　①　ア　②　イ(完答)　2　ウ
3　エ　4　①　ア　②　イ(完答)
5(1)　**斑状組織**　(2)　**分解者**　(3)　**発熱反応**
(4)　6(Ω)

2

2 についてはⅡのみ掲載。

Ⅱ　1　**交流**
2　**コイルの内部の磁界が変化すると，その変化にともない電圧が生じてコイルに電流が流れる現象。**
3　**棒磁石をより速く動かす。**
4　ウ

3　Ⅰ　1(1)　**赤血球**
(2)　a　**血しょう**　b　**組織液**(完答)
2(1)　ア　13(本)　イ　26(本)
ウ　26(本)　(完答)
(2)　AA，Aa(順不同・完答)
Ⅱ　1　a　**胸部**　b　6(完答)
2　記号　ア　名称　**花弁**(完答)
3(1)　B，C(順不同・完答)
(2)　【試験管(A)と比べることで，】
光が当たってもタンポポの葉がなければ，二酸化炭素は減少しないことを確かめるため。

4　Ⅰ　1　**P波**
2(1)　C
(2)

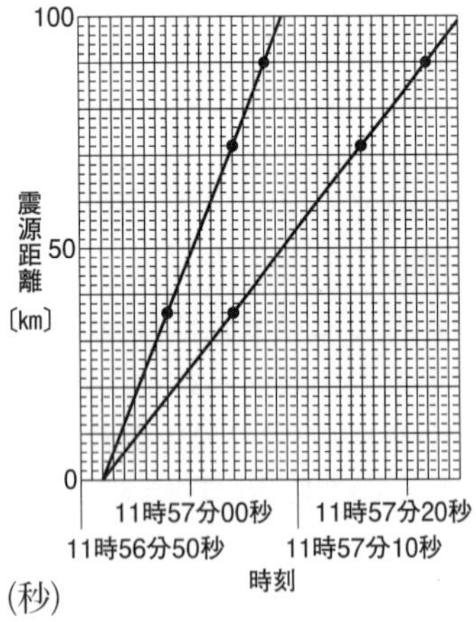

(3)　21(秒)
Ⅱ　1　**移動性高気圧**
2　エ　3　イ
4　**冷たく乾燥している。**

5　Ⅰ　1　**電解質**　2　イ
3

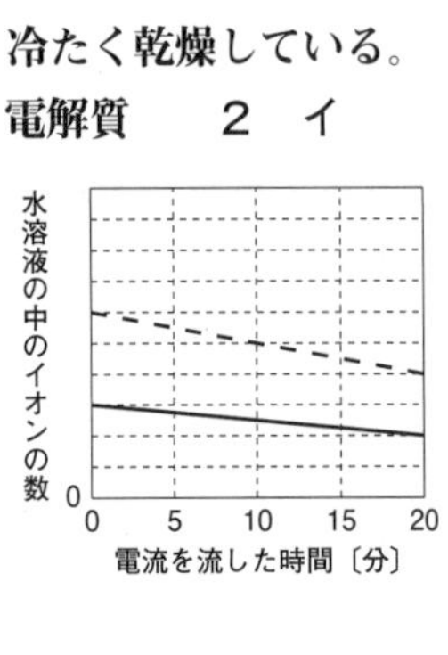

4　$2HCl \rightarrow H_2 + Cl_2$
Ⅱ　1　ウ
2　ア
3　$\frac{W-28}{7}$ (g/cm³)
4　A，B(順不同・完答)

配点

1	4，5(1)		3点×2	他	2点×6	計18点
2	Ⅰは9点分	Ⅱ4	3点	他	2点×3	計18点
3	Ⅰ2(2)，Ⅱ3(2)		3点×2	他	2点×6	計18点
4	Ⅰ2(3)，Ⅱ4		3点×2	他	2点×6	計18点
5	Ⅱ3，4		3点×2	他	2点×6	計18点

解説

1　＜4分野総合＞

1　凸レンズを通して，物体の反対側にできる像を実像という。虚像は，物体と同じ向きに見えるが，実像は，上下左右が逆になる。

2　フェノールフタレイン溶液は，アルカリ性の水溶液に加えると赤色に変化するので，灰汁はアルカリ性であることがわかる。pHは，酸性やアルカリ性の強さを表すのに用いられ，その値は中性では7，酸性では7より小さい値になり，アルカリ性では7より大きい値になる。

3　ア：ハイギョ同様に肺とえらをもった魚類であるユーステノプテロンにみられる特徴。イ：ハチュウ類の特徴。ウ：鳥類とハチュウ類の両方の特徴をもつ始祖鳥の特徴。

4　地球は，北極点の真上から見ると，反時計回りに約24時間で1回自転しているので，1時間では
360÷24＝15〔°〕回転していると考えられる。

5(1)　安山岩は，火成岩の中の火山岩である。火山岩の斑状組織に見られる石基に囲まれた比較的大きな鉱物を斑晶という。また，火成岩の中の深成岩は，大きな鉱物が集まった等粒状組織というつくりをしている。おもな深成岩と火山岩の名称と色の特徴は下表のようになっている。

マグマのねばりけ	弱い	⟷	強い
色	黒っぽい	⟷	白っぽい
火山岩	玄武岩	安山岩	流紋岩
深成岩	はんれい岩	閃緑岩	花こう岩

(2)　分解者は，生物の死がいや排出物を食べ，有機物を二酸化炭素と水などの無機物にまで分解する。分解者のはたらきによって生じた無機物は生産者によって再び利用される。

(3)　発熱反応とは逆に，周囲から熱をうばう化学変化を吸熱反応という。

(4)　$\text{抵抗〔Ω〕}=\frac{\text{電圧〔V〕}}{\text{電流〔A〕}}$
乾電池を直列につなぐと，回路全体の電圧の大きさは1.5＋1.5＝3.0〔V〕になる。よって，回路全体の抵抗の大きさは，$\frac{3.0}{0.5}$＝6〔Ω〕

2　＜電気の世界＞

Ⅱ1　一定の向きに流れる電流を直流という。交流電流

には，変圧器を用いて電圧を簡単に変えられるという利点がある。

2　電磁誘導が起きたときに流れる電流を誘導電流という。

3　電磁誘導によって流れる誘導電流の大きさは，磁界の変化が大きいほど大きくなる。

4　**実験2**では，コイルの上側に磁石のN極が近づくときに誘導電流が生じ，磁石がコイルの中を通過するときは誘導電流が生じないが，磁石のS極がコイルの下側から遠ざかるときに誘導電流が生じる。このとき誘導電流の向きは逆になる。

3　**＜生物総合＞**

Ⅰ 1　ヒトの血液のおもな成分は下表のようになっている。

成分	形	はたらき
赤血球	中央がくぼんだ円盤形。	酸素を運ぶ。
白血球	球形のものが多い。状況により変形するものがある。	細菌などの異物を分解する。
血小板	赤血球や白血球よりも小さく不規則な形。	出血した血液を固める。
血しょう	液体。	養分や不要な物質などを運ぶ。

(1)　血液の成分のうち，酸素を全身に運ぶはたらきをするものを赤血球という。赤血球にふくまれるヘモグロビンという成分には，酸素の多いところでは酸素と結びつき，酸素の少ないところでは酸素をはなすという性質がある。

(2)　血しょうには，全身の細胞に栄養を運ぶはたらきや，細胞の活動によって発生した二酸化炭素やアンモニアなどの不要な物質を運ぶはたらきがある。

2(1)　有性生殖では，生殖細胞をつくられるときに，染色体の数が親の体細胞の半分になる減数分裂が行われる。親の染色体の数は26本なので，生殖細胞である精子の染色体の数は26÷2＝13〔本〕
生殖細胞が受精してできる受精卵の染色体の数は，減数分裂前の細胞と同じになるので，26本。受精卵は体細胞分裂によって細胞の数をふやすので，**イ**と**ウ**の細胞の染色体の数は26本。

(2)　親(雌)の遺伝子の組み合わせにはＡＡ，Ａａ，ａａの3つが考えられるが，子の遺伝子の組み合わせから，Ａが1つ以上ふくまれていることがわかるので，ＡＡ，Ａａの可能性が考えられる。

Ⅱ 1　昆虫は，無セキツイ動物の節足動物に分類され，6本のあしは胸部にある。

2　外側から，**エ**：がく，**ア**：花弁，**ウ**：おしべ，**イ**：めしべである。

3(1)　石灰水は，空気中の二酸化炭素と反応して白くにごる。試験管Ａでは，タンポポの葉が光合成と呼吸を行っているが，光合成の方が盛んに行われているため二酸化炭素が少なくなっていて石灰石は白くにごらない。試験管Ｂでは，タンポポの葉は呼吸のみを行っているので，二酸化炭素が増加し，石灰水が白くにごる。試験管Ｃでは，二酸化炭素の量は変化しないが，**実験**の②で息をふきこんでいるので，石灰水が白くにごるために十分な二酸化炭素があると考えられる。

(2)　ある実験に対して，影響を知りたい条件以外を同じにして行う実験のことを対照実験という。試験管Ｃは，試験管Ａとタンポポの葉の有無だけが異なっているので，結果の違いがタンポポの葉のはたらきによるものであることを明らかにできる。

4　**＜大地の変化・天気とその変化＞**

Ⅰ 1　地震のゆれを観測するとき，初めに記録される小さくこきざみなゆれを初期微動，その後に記録される大きなゆれを主要動という。初期微動を伝える波をＰ波，主要動を伝える波をＳ波という。

2(1)　地震のゆれ初めの時刻が同じ地点を結ぶと，震央を中心とした同心円状になる。これは震源で発生したゆれがほぼ一定の速さで大地を伝わるからである。また，ゆれの大きさも震源から離れるほど小さくなり，震度の分布もほぼ同心円状になる。

(3)　初期微動継続時間は，震源距離に比例する。震源距離126㎞の地点における初期微動継続時間をx秒とおくと，地点Ａの初期微動継続時間は6秒なので，$36:6=126:x$　$x=21$　よって，21秒

Ⅱ 1，2　Ａの天気図は，高気圧と低気圧が交互に並んでいて，数日おきに天気が変わることから春や秋の特徴的な天気を表していることがわかる。このとき，移動している高気圧を移動性高気圧といい，ユーラシア大陸の南東部で発生し，偏西風の影響で西から東へ動いていく。また，移動性高気圧と次の移動性高気圧の間は気圧の谷となり，低気圧ができるため，同じ天気が長続きしにくい。

3　日本列島付近に発生する低気圧は，中心で地上から上空に向かって空気が移動する上昇気流が起こり，地表付近では，周辺から中心に向かって反時計回りに空気がふきこんでくる。また，日本列島付近に発生する高気圧は，中心で上空から地表に向かって空気が移動する下降気流が起こり，地表付近では，中心から周辺に向かって時計回りに空気がふき出している。

4　南北方向に等圧線がせまい間隔で並んでいることから，冬の時期に特徴的な西高東低の気圧配置であることが読みとれる。冬になると，ユーラシア大陸上のシベリア高気圧が発達し，シベリア気団からの冷たくて乾燥した季節風が日本列島にふく。この季節風は，日本海の上空を通過するときに，海面からの水蒸気をふくみながら日本列島にわたり，日本海

側に多くの雪を降らせる。

5 ＜化学変化とイオン・身のまわりの物質＞

Ⅰ１ 塩化銅などの電解質の物質は，水にとけて陽イオンと陰イオンに電離するため，電流が流れる。非電解質の物質は，水にとけても電離しないため電流が流れない。

２ 塩素は，黄緑色で，特有の刺激臭をもつ気体で，毒性があり，殺菌作用や漂白作用がある。**ウ**は水素の特徴で**エ**は酸素の特徴である。

３ 塩化銅の電離の式より，この実験で，電流を流す前の水溶液中には，銅イオンと塩化物イオンが１：２の割合で存在していると考えられる。この水溶液に電流を流すと，陽極と陰極では次のような反応が起きる。

陽極：$2Cl^- \rightarrow Cl_2 + 2e^-$

陰極：$Cu^{2+} + 2e^- \rightarrow Cu$

陽極と陰極を移動する電子の数が同じであることから，塩化物イオン２個が塩素分子になるとき，銅イオン１個が銅原子になっていると考えられるので，銅イオンのグラフは，電流を流す前の水溶液中のイオンの数が塩化物イオンの$\frac{1}{2}$で，塩化物イオンの数が２目盛り分減る間に，銅イオンは１目盛り分減るグラフになる。

４ 塩酸の電気分解では，陽極で塩素が，陰極で水素が発生する。

Ⅱ１ 状態変化では，物質の状態や体積は変化するが，粒子の数そのものは変化しないので，質量は変化しない。また，物質が別の物質に変化したり，無くなったりすることもない。エタノールに熱を加えると，エタノールの分子の運動が激しくなり，分子どうしの間隔が広くなることで体積が大きくなったと考えられる。

２ 蒸留の実験では，温度計の球部は，枝の高さにして，出てくる蒸気の温度をはかる。

３ **物質の密度〔g/cm³〕＝$\frac{\text{物質の質量〔g〕}}{\text{物質の体積〔cm}^3\text{〕}}$**

水28.0 cm³の質量は，28.0×1＝28.0〔g〕なので，エタノールの質量は$W-28$と表せる。よって，エタノールの密度は$\frac{W-28}{7}$〔g/cm³〕

４ 試験管A～Eに集めた液体の密度は，

A：$\frac{1.2}{1.5}=0.8$〔g/cm³〕

B：$\frac{2.7}{3.2}=0.84375$〔g/cm³〕

C：$\frac{3.3}{3.6}=0.916\cdots$〔g/cm³〕

D：$\frac{2.4}{2.4}=1.0$〔g/cm³〕

E：$\frac{2.4}{2.4}=1.0$〔g/cm³〕

図３より，エタノールの質量パーセント濃度が60％以上の混合物の密度は0.89 g/cm³より小さくなることがわかるので，試験管Aと試験管Bが適当。

令和４年度　鹿児島県公立高校入試問題　英語

正答例

1 １ ア　２ ウ　３ Saturday

４ ウ→イ→ア　５ イ

６ ⑴ The young girl did.　⑵ ウ

７ I want to clean the beach with my friends.

2 １ ① エ　② イ

２ ① breakfast　② climb　③ March

３ ① I like them　② He has visited

③ It was built

４ (例) You should buy（Ⓧ・Y）because **it is bigger than Y. You can carry a lot of things in the bag. Also, you don't have to worry about the thing in the bag if it starts to rain.**

3 Ⅰ １ ア　２ be careful of Amami rabbits

Ⅱ １ イ

２ ② イ　③ ウ　④ ア　(完答)

Ⅲ エ

4 １ イ

２ They didn't have enough time to talk with each other.

３ エ

４ 笑顔で話せば相手もうれしく感じ，親切にすれば相手も優しくしてくれるということ。

５ Thank you for everything you've done for me. You're the best mother in the world.

６ イ，ウ　(順不同)

配点

1	７ ４点	他 ３点×７		計25点
2	４ ７点	他 ２点×８		計23点
3	Ⅰ，Ⅱ１ ３点×３	他 ４点×２		計17点
4	２，４ ４点×２	５ ５点	他 ３点×４	計25点

解説

1 ＜聞き取りテスト台本・訳＞

＜チャイムの音四つ＞

これから，英語の聞き取りテストを行います。問題用紙の２ページを開けなさい。

英語は**１**番から**４**番は１回だけ放送します。**５**番以降は２回ずつ放送します。メモをとってもかまいません。

(約３秒間休止)

では，**１**番を始めます。まず，問題の指示を読みなさい。

(約13秒間休止)

それでは放送します。

Alice : Hi, Kenji. Did you do anything special last weekend ?

Kenji : Yes, I did. I watched a baseball game with my father at the stadium.

Alice : That's good. Was it exciting ?

Kenji : Yes ! I saw my favorite baseball player there.

(約10秒間休止)

訳　A：こんにちは，健二。先週末は何か特別なことをしたの？　K：うん，したよ。僕はスタジアムで父と野球の試合を見たよ。　A：それはいいわね。それはわくわくした？　K：うん！　僕はそこで僕の好きな野球選手を見たよ。

次に，**2**番の問題です。まず，問題の指示を読みなさい。（約 13 秒間休止）

それでは放送します。

David : I want to send this letter to America. How much is it ?

Officer : It's one hundred and ninety yen.

David : Here is two hundred yen. Thank you. Have a nice day.

Officer : Hey, wait. You forgot your 10 yen.

David : Oh, thank you. （約 10 秒間休止）

訳　D：僕はこの手紙をアメリカに送りたいのです。それはいくらですか？　O：それは 190 円です。　D：どうぞ 200 円です。ありがとうございます。良い一日を過ごしてください。　O：あの，待って。あなたは 10 円を忘れていますよ。　D：ああ，ありがとうございます。

次に，**3**番の問題です。まず，問題の指示を読みなさい。（約 20 秒間休止）

それでは放送します。

Takeru : I'm going to see a movie this Friday. Do you want to come with me ?

Mary : I'd like to, but I have a lot of things to do on Friday. How about the next day ?

Takeru : The next day ? That's OK for me. （約 15 秒間休止）

訳　T：僕は今週の金曜日に映画を見るつもりなんだ。僕と一緒に来たい？　M：行きたいけれど，私は金曜日はすることがたくさんあるの。その次の日はどう？　T：その次の日？　それは僕には大丈夫だよ。

問題文の訳

H：こんにちは，メアリー。**土曜日**に私と買い物に行ける？

L：まあ，ごめんなさい。私はその日は武と映画を見に行くつもりなの。

次に，**4**番の問題です。まず，問題の指示を読みなさい。（約 15 秒間休止）

それでは放送します。

Here is the weather for next week. Tomorrow, Monday, will be rainy. You'll need an umbrella the next day too, because it will rain a lot. From Wednesday to Friday, it will be perfect for going out. You can go on a picnic on those days if you like. On the weekend, the wind will be very strong. You have to be careful if you wear a hat. I hope you will have a good week. （約 10 秒間休止）

訳　来週の天気です。明日，月曜日は雨でしょう。あなたはその翌日も傘が必要です，なぜなら雨がたくさん降るからです。水曜日から金曜日まで，外出には最適でしょう。よろしければそれらの日にはピクニックに行けます。週末，風がとても強いでしょう。もしあなたが帽子をかぶるなら気をつけなければなりません。あなたが良い一週間を過ごすことを願っています。

次に，**5**番の問題です。まず，問題の指示を読みなさい。（約 18 秒間休止）

それでは放送します。

Welcome to English Camp. We are going to stay here for two days. Please work hard with other members and enjoy this camp. Let's check what you are going to do today. First, you have group work. It will start at 1:20 p.m. In your groups, you'll play games to know each other better. Then, you'll enjoy cooking at three. You will cook curry and rice with teachers. After that, you will have dinner at five and take a bath at seven. You have to go to bed by ten. During the camp, try hard to use English. Don't use Japanese. That's all. Thank you. （３秒おいて，繰り返す。）（約 10 秒間休止）

訳　イングリッシュキャンプへようこそ。ア私たちはここに２日間滞在します。他のメンバーと一生懸命に活動して，このキャンプを楽しんでください。エあなたたちが今日何をする予定なのかを確認しましょう。最初に，あなたたちはグループ活動があります。それは午後１時 20 分に始まります。グループ内で，あなたたちはおたがいをより良く知るためにゲームをします。それから，あなたたちは３時に料理するのを楽しみます。あなたたちは先生たちとカレーライスを作ります。そのあと，あなたたちは５時に夕食を食べて，７時にお風呂に入ります。あなたたちは 10 時までに就寝しなければいけません。ウキャンプの間中，英語を使うために一生懸命に努力してください。日本語を使ってはいけません。以上です。ありがとうございました。

※各記号の該当箇所は波線部参照。

次に，**6**番の問題です。まず，問題の指示を読みなさい。（約 20 秒間休止）

それでは放送します。

I want to talk about something that happened last week. On Tuesday, I saw an old woman. She was carrying a big bag. It looked heavy. I was just watching her. Then a young girl ran to the old lady and carried her bag. The girl looked younger than me. She helped the old woman, but I didn't. "Why didn't I help her ?" I thought.

The next day, I found a phone on the road. I thought someone would be worried about it. So I took it to the police station. A man was there. He looked at me and said, "I think that's my phone. Can I see it ?"

Then he said, "Thank you very much." His happy face made me happy too.

This is my story. It is important to be like the young girl.

Question (1): Who helped the old woman?

(約7秒間休止)

Question (2): What is Shohei's message in this speech?

(約7秒間休止)

では，2回目の放送をします。

(最初から質問(2)までを繰り返す。) (約15秒間休止)

訳 私は先週起きたことについて話したいと思います。火曜日に，私は年配の女性を見ました。彼女は大きなかばんを運んでいました。それは重そうに見えました。私はただ彼女を見ているだけでした。そのとき若い女の子がその年配の女性に駆け寄り，彼女のかばんを運びました。彼女は私より若く見えました。彼女はその年配の女性を助けましたが，私は助けませんでした。「なぜ私は彼女を助けなかったのか？」と私は思いました。

翌日，私は道で電話を見つけました。私は誰かがそれについて心配しているだろうと思いました。だから私はそれを交番に持っていきました。一人の男性がそこにいました。彼は私を見て「あれは私の電話だと思います。それを見てもいいですか？」と言いました。それから彼は「どうもありがとうございます」と言いました。彼のうれしそうな顔は私のことも幸せにしました。

これが私の話です。その若い女の子のようになることは大切です。

(1) 誰が年配の女性を助けましたか？

(正答例の訳) **若い女の子が助けました。**

(2) このスピーチでの翔平のメッセージは何ですか？

ア 私たちは若い女の子たちに親切にすべきだ。

イ 私たちは他人からの助けを待つべきだ。

ウ 私たちはもしできるなら他人を助けるべきだ。

次に，7番の問題です。まず，問題の指示を読みなさい。

(約15秒間休止)

それでは放送します。

Kazuya: Hi, Cathy. Have you ever done any volunteer activities in America?

Cathy: Yes, of course. Do you want to do a volunteer activity in high school?

Kazuya: Yes, I do.

Cathy: What do you want to do?

Kazuya: (   )

(約3秒おいて，繰り返す。) (約1分間休止)

訳 K：やあ，キャシー。君は今までアメリカで何かボランティア活動をしたことがあるかい？ C：ええ，もちろん。あなたは高校でボランティア活動をしたいの？ K：うん，したいよ。 C：何をしたいの？ K：(正答例の訳) **僕は友達と浜辺をそうじしたいよ。**

＜チャイムの音四つ＞

これで，聞き取りテストを終わります。次の問題に進みなさい。

2 ＜英文表現＞

1 K：サム，君は昨年の夏に東京オリンピックを見た？ S：うん，僕はたくさんの試合を見たよ。それらのいくつかはオリンピックの歴史の中で初めて行われたんだよね？ 僕はその試合で本当にわくわくしたよ。 K：君は何のスポーツが好きなの？ S：僕はサーフィンが好きだよ。オーストラリアでは，僕はよくサーフィンに行ったよ。②**君はどう？** K：僕の好きなスポーツはテニスだよ。 S：おお，君はテニスが一番好きなんだね。僕もオーストラリアでは兄(弟)と一緒にしたよ。ええと，僕は次の日曜日はひまなんだ。①**一緒にプレーしないかい？** K：いいよ！ 僕は次の日曜日が待ちきれないよ！ またそのときにね。 S：またね。

2 Y：こんにちは，トム。元気？ T：元気だけれど，少しお腹がすいたよ。僕は今朝遅く起きたから，①**朝食**を食べることができなかったんだ。 Y：まあ，なんてこと！ 次の日曜日の朝は何か食べるのを覚えておいてね。 T：わかってるよ，裕子。僕たちはまた山を②**登る**ために霧島に行く予定だね。君は僕たちが前回いつそこに行ったか覚えている？ Y：ええ。私たちはそこに③**3月**に行ったわ。それは春の初めだったわ。

① 人々が起床したあと朝に食べる食べ物

② より高い，もしくは最も高い場所に上がること

③ 1年の3番目の月

3 S：やあ，ルーシー。君は何の本を読んでいるところなの？ おお，それらは歴史の本かい？ L：そうよ。①**私はそれらが好きなの**。それらはとてもおもしろいわ。 S：それなら，たぶん君はこれを気に入るだろうよ。これは出水の古い家の写真だよ。 L：わあ！ それはとても美しいわね。あなたがこの写真を撮ったの？ S：いいや，僕の父が撮ったよ。彼は写真をとるためにそこを何度も②**訪れたことがある**よ。僕はそれがそこで最も古い建物だと聞いているよ。 L：その家はどのくらい古いの？ S：それは250年以上前に③**建てられた**んだよ。 L：わあ，私はそれをすぐに見たいわ。

4 L：こんにちは！ 私はかばんを買いたいの。XとYのどちらを買うべきかしら？ あなたの助言をください！

(正答例の訳)

あなたはXを買うべきよ，なぜなら**それはYよりも大きいからよ。あなたはそのかばんでたくさんのものを運ぶことができるわ。また，もし雨が降り出しても，あなたはかばんの中のものを心配する必要もないわ。**

3 ＜英文読解・概容把握＞

Ⅰ 奄美大島と徳之島は昨年世界自然遺産になりました。アマミノクロウサギはこれらの島だけに住んでいて，

それらは今絶滅の危機にいます。最大の理由の一つが自動車事故です。**このグラフ**は，過去20年間で毎月いくつのアマミノクロウサギについての自動車事故が起きたのかを示しています。アマミノクロウサギは秋から冬に最も活発なため，9月は8月の2倍の数の自動車事故があります。12月には多くの人が運転するため，その月に最も事故がおきました。この写真を見てください。そこの人々はそれらを保護し始めました。彼らは島のいくつかの場所にこの標識を置きました。それは「車の運転手はここでは**アマミノクロウサギに気をつけなければ**ならない」ということを意味しています。それらのために何かすることは私たち全員にとってとても大切です。

Ⅱ　E：こんにちは，美香！　私は明日に水族館を訪れることを楽しみにしているわ。私はすべてを確認したいわ。最初に，私は入るためにいくら払うべきなの？　M：私たちのクラスには40人の生徒がいて，私たちは全員14歳か15歳だから，みんな①**600**円払うべきよ。でも私たちの学校がすでに払ったから，あなたはそれを明日払わなくていいわ。　E：わかったわ。ありがとう。次に，私たちの明日の計画を確認しましょう。私たちは午前9時30分に水族館の前で会う予定よ。午前中に，私たちのクラスの全員が「イルカの訓練」と「海の動物についての話」を見る予定よ。午後に，私たちは何をするか選ぶことができるわ。そして，私たちは水族館を午後2時30分に出る予定ね。　M：その通りよ。あなたは午後に何をしたい？　E：私はそこでのすべてのイベントを楽しみたいわ。だから，12時30分に②「**サメのえさやり**」を見ましょう。それのあとに私たちは③「**海の動物に触ろう**」を楽しんで，それから私たちは④「**イルカショー**」を見るわ。　M：それは一番いい計画ね！私たちは帰る前にすべてのイベントを楽しむことができるわ！

1　エレンと美香は14歳か15歳であり，20人以上の団体で水族館を訪れるため，利用案内の「6-15 years old」の「Groups(20 or more)」にあたる金額を払うことがわかる。

Ⅲ　今日，プラスチック汚染は世界で最も大きな問題の一つになり，多くの人々がプラスチック製品を使うことは良くないと考えています。その代わりとして，彼らはより多くの紙製品を発展させ，使い始めています。鹿児島では，あなたたちは私たちの身の回りのもので作られた新しい種類の紙製品を買うことができます。知っていますか？

例は「竹の紙のストロー」です。それらは竹の紙で作られているのでとても特別です。それらはまた紙ストローよりも丈夫です。今，あなたたちはそれらを鹿児島のいくつかの店で買うことができます。

なぜストローを作るために竹が使われるのでしょう？　いくつかの理由があります。鹿児島には多くの竹があり，鹿児島県は日本での竹の最大の生産地です。鹿児島の人々は竹の扱い方をよく知っています。だから，多くの種類の竹製品がそこで作られます。竹の紙はそれらの一つです。

そのストローは私たちがプラスチック汚染をやめるのを助けるでしょうか？　その答えは「はい！」です。もしあなたが竹製品を使い始めたら，あなたはプラスチック汚染の問題について考える機会を得るでしょう。私たちの身の回りにあるものを使うことで，私たちはプラスチック製品を使うのをやめることができます。そして私たちは私たちの社会をより住み良い場所にすることができます。他に何かあなたたちが使える物がありますか？　それについて考えましょう。

対話文の訳

S：このスピーチで最も大切な点は何ですか？　A：**私たちは世界のプラスチック汚染を止めるために私たちの身の回りの物をもっと使うべきです。**　S：いいですね！　その通りです！　それが要点ですね。

4　＜長文読解＞

サラの家の冷蔵庫には小さなホワイトボードがある。初めは，彼女の母親がそれにその日の彼女の予定だけを書くために買ったが，今はサラにとって特別な意味を持っている。

サラが小さな子どもだったとき，彼女は家でできる限り彼女の両親の手伝いをした。彼女の両親は看護師として働いていた。サラは彼女の両親はすることがたくさんあることをわかっていた。

サラが中学1年生になったとき，彼女は女子サッカー部でサッカーを始めた。彼女の生活は大きく変わった。彼女はとても忙しくなった。サラと彼女の母親はよく一緒に買い物に行っていたが，サラが部に加わってからはできなかった。彼女は良い選手になるためにとても一生懸命にサッカーの練習をした。

ある朝，彼女の母親は悲しそうで「私たちはおたがいに話す十分な時間がないわね？」と言った。サラはそれは他の中学生にとっても同じだろうと思ったので大きな問題だとは思わなかった。しかしあとで，①**彼女は母親の悲しそうな顔を何度も思い出した**。

サラは次の月曜日にサッカーの試合がある予定だった。彼女は母親に「私の初めての試合を見に来てくれる？」とたずねた。彼女の母親は彼女の予定を確認して「行けたらいいのだけれど，私は行けないわ。私は仕事に行かなくてはいけないわ」と言った。そしてサラは「お母さんは良い看護師かもしれないけれど，良い母親ではないわ」と言った。彼女はそれは意地が悪いとわかっていたが，自分を止めることができなかった。

試合の日，彼女はホワイトボードに「幸運を。良い試合をしてね！」という母親からのメッセージを見つけた。サラがそれを見たとき，彼女は母親への彼女の言葉を思い出した。「それらは彼女をとても悲しくさせたわ」とサラは思った。②**彼女は彼女自身のことが好きではなかった**。

2週間後，サラは3日間病院で職場体験学習をした。

それは彼女の母親がかつて働いた病院だった。看護師たちは笑顔で患者を手伝ったり，彼らに話しかけたりしていた。彼女は彼らのようになりたかったが，患者とうまくコミュニケーションをとることができなかった。

最後の日，昼食の後に，③彼女は彼女の問題について看護師のジョンに話した。彼は彼女の母親の友達だった。「私には患者とうまくコミュニケーションをとることが難しいです」とサラは言った。「それは簡単だよ。もし君が彼らと話すときにほほえめば，彼らは幸せになるよ。もし君が彼らに親切にすれば，彼らは君にやさしくするよ。僕は君のお母さんを思い出すよ。彼女はいつも彼女の周りの人々のことを考えていたよ」とジョンは言った。サラが彼の言葉を聞いたとき，彼女は母親の顔を思い出した。彼女は「お母さんはいつも忙しいけれど，毎日夕食を作って私を学校に送ってくれるわ。彼女は私のためにたくさんのことをしているわ」と思った。

その夜，彼女は台所に行ってペンをとった。彼女はホワイトボードに④母親への初めてのメッセージを書くつもりだった。初め，彼女は何を書くべきかわからなかったが，サラは母親のうれしそうな顔を本当に見たかった。だから彼女はまた書こうと決めた。

翌朝，サラは母親に会うことができなかった。「お母さんは家を早く出なければいけなかったわ。たぶん彼女はまだ私のメッセージを読んでいないわ」と彼女は思った。

その日の夕方，サラは台所のホワイトボードを見た。それに書かれた言葉はサラのものではなかった，代わりに彼女は母親の言葉を見つけた。「あなたのメッセージをありがとう。私はそれを読んで本当にうれしかったわ。また書いてね。」サラはホワイトボードの上に母親の笑顔を見た。

今，サラと彼女の母親はおたがいにもっと頻繁に話すが，彼女たちはホワイトボードにメッセージを書き続けている。それは少し古くなったが，サラと母親の間のかけ橋として働いている。彼らは数年間はそれが必要かもしれない。サラはいつかそれなしで母親に彼女の本当の気持ちを示すことができることを願っている。

4　本文訳波線部参照。

5　(正答例の訳) お母さん，**あなたが私のためにしてくれたことすべてに感謝しているよ。あなたは世界で一番のお母さんだよ。**　サラ

6　ア　サラと彼女の母親は，初めから彼らの予定を書くためにしばしばホワイトボードを使った。

イ　サラは彼女の部でサッカーをし始める前は，家で彼らの両親が家で何かするのを手伝っていた。

ウ　病院での職場体験学習の間，サラは彼女の最後の日の昼食後にジョンと話した。

エ　サラはホワイトボードに彼女の母親への初めてのメッセージを書いたが，彼女の母親は彼女に答えなかった。

オ　サラは今は彼女の母親と話すことができるから，ホワイトボードにメッセージは書かない。

令和４年度　鹿児島県公立高校入試問題　社　会

正答例

1 Ⅰ１　アルプス　　２　南緯30度

３　ア　　４　イ　　５　小麦

６(1)（１番目）イギリス　　（２番目）ドイツ

(2)　風力発電と太陽光発電の発電量の割合がともに増加している。

Ⅱ１　２　　２　カルデラ

３　ウ　　４(1)　栽培　　(2)　排他的経済水域

５　太平洋や日本海から吹く湿った風が山地によってさえぎられ，乾いた風が吹くから。

Ⅲ（記号）Ｙ

（理由）航空機で輸送するのに適した，比較的重量が軽い品目がみられるから。

2 Ⅰ１　参勤交代　　２　イ

３　金剛力士像（漢字５字）

４　輸入した品物を他の国や地域へ輸出

５　エ　　６　ウ→イ→エ→ア

Ⅱ１　①　伊藤博文　　②　世界恐慌

２　ウ　　３　樋口一葉　　４　三国協商

５　ア　　６　エ→ア→ウ

Ⅲ　政府が地主のもつ農地を買い上げ，小作人に安く売りわたしたことで，自作の農家の割合が増えた。

3 Ⅰ１　公共の福祉　　２　エ

３　ユニバーサルデザイン

４　国民のさまざまな意見を政治に反映できる

５　ウ　　６　イ

Ⅱ１　18　　２　消費者契約法

３Ｘ　供給量が需要量を上回っている

Ｙ　下がる

４　ア　　５　２万４千

Ⅲ　予約販売にすることによって，事前に販売する商品の数を把握し，廃棄される食品を減らすことができるから。(50字)

配　点

1	Ⅲ　4点　　Ⅱ５　3点　　他　2点×12	計31点
2	Ⅰ６　Ⅱ６　Ⅲ　3点×3　　他　2点×11	計31点
3	Ⅲ　4点　　Ⅰ６　Ⅱ３　3点×2 他　2点×9	計28点

解　説

1　＜地理総合＞

Ⅰ２　㋒の緯線は，アフリカ大陸のコートジボワールやガーナが面しているギニア湾，シンガポールのやや南，南アメリカ大陸の北部のアマゾン川河口を通っていることから緯度０度の赤道。問題文から㋐～㋓の緯線の間隔は30度なので，㋓は赤道から南に30度に位置しているので，南緯30度。

３　Ｂはオーストラリアであり，多様な人々が共存し，

それぞれの文化を尊重する**多文化社会**を築こうとしている。**イ**－カナダ北部に住む先住民族，**ウ**－ニュージーランドの先住民族，**エ**－メキシコや西インド諸島の国々から仕事と高い賃金を求めてアメリカに移り住んできた，スペイン語を話す移民。

4　**C**の地域の一部は，**アンデス山脈**が連なる山岳地帯となっている。**イ**－**高山気候**であり，標高が高くなると気温が下がるため，同じ緯度でも，標高が低い地域と比べて気温が低くなる。**ア**－温帯の**地中海性気候**であり，地中海沿岸では，冬に雨が多く降り，夏は雨が少なく乾燥する，**ウ**－降水量が多く，温暖な気候の東アジアから南アジアであり，稲作が盛んである，**エ**－**焼畑農業**は，森林を焼いて農地を作り，焼いてできた灰を肥料にする農業。

5　**D**はグレートプレーンズやプレーリーの一部であり，小麦やとうもろこしの栽培が行われている。**資料１**から，ロシア，カナダが上位であることと，とうもろこしがすでに出ていることから小麦。

6⑴　**資料２**の2010年と2018年の再生可能エネルギーの占める割合は，中国が7.4，ドイツが20.5，インドが2.6，イギリスが28.6増加している。

⑵　**資料３**から，２か国とも，再生可能エネルギーの風力発電と太陽光発電の占める割合は増えているが，水力発電の占める割合は，イギリスは増えており，ドイツは減っていることに着目する。

Ⅱ**１**　近畿地方は，大阪府，京都府，兵庫県，滋賀県，三重県，奈良県，和歌山県の７府県。そのうち，海に面していないのは，奈良県と滋賀県の２県。

3　**ウ**－**D**の福岡県であり，明治時代に官営の**八幡製鉄所**がつくられ，**北九州工業地域**として工業を発展させてきた一方で，大気汚染や水質汚濁などの**公害**が発生した。北九州市内の多くの企業は，公害を克服する環境保全に取り組み，先進的なリサイクル技術を開発し，エコタウンとして世界からも注目される地域になった。**ア**－**B**の長野県で行われている抑制栽培，**イ**－**A**の青森県，**エ**－**C**の愛知県であり，**中京工業地帯**の中心地。

4⑴　**資料１**の「魚や貝などを，いけすなどを利用して大きくなるまで育てて出荷する」のは**養殖漁業**。

⑵　排他的経済水域では，沿岸国が鉱産資源や水産資源などを利用することができる。**領海**は，領土に接する12海里以内の海域。

5　**資料２**，**資料３**から，夏は，太平洋側からの湿った南東の季節風が吹き，四国山地より南の高知市では夏の降水量が多いが，四国山地をこえると瀬戸内海側に乾いた風が吹く。冬は，日本海側からの湿った北西の季節風が吹き，中国山地より北の鳥取市では冬に雨や雪が多く降るが，中国山地をこえると瀬戸内海側に乾いた風が吹くので，高松市は年間を通して降水量が少ない。

Ⅲ　電子機器やその部品などのように，軽くて高価な工業製品の輸送には，主に航空機が利用され，重くて体積が大きい石油や鉄鋼などの原材料や，工業製品の輸送には，安く大量に運べる大型船による海上輸送が利用されており，それぞれ重要な役割を担っている。

2　**＜歴史総合＞**

Ⅰ**１**　参勤交代は，第３代将軍**徳川家光**のときに**武家諸法度**に加えられて制度化された。江戸幕府は，幕府と藩が全国の土地と民衆を支配するしくみである**幕藩体制**を確立して，全国の大名を統制した。

2　三つの条件のうち，一つ目のたて穴住居は縄文時代に盛んにつくられ，弥生時代にも引き継がれた。二つ目の中国の歴史書は「漢書」地理志であり，「倭は100ほどの国に分かれていた」のは弥生時代のようす。三つ目の銅鐸は弥生時代を中心につくられ，古墳時代初頭も使われていたとされている。

5　**元禄文化**は，上方を中心に栄えた，町人を担い手とする文化であり，**化政文化**は，江戸を中心に栄えた，庶民を担い手とする文化。**葛飾北斎**は化政文化の時期に活躍し，風景画に優れた作品を残した。**尾形光琳**は元禄文化の時期に活躍し，大和絵の伝統を生かした新しい装飾画をえがいた。

6　**ウ**－奈良時代であり，一般の人々に布教して歩き，人々のために橋やため池をつくったのは**行基**→**イ**－平安時代であり，武士として初めて**太政大臣**になり，日宋貿易のために，航路や港を整備したのは**平清盛**→**エ**－室町時代であり，初めて世界一周を成し遂げたのは**マゼラン**の船隊→**ア**－江戸時代後期であり，ロシアの使節ラクスマンが，大黒屋光太夫らの漂流民を送り届けた。

Ⅱ**１**①　伊藤博文は自らヨーロッパへ調査に行き，君主権の強いドイツやオーストリアなどで憲法について学び，帰国後は憲法制定の準備を進め，伊藤が中心になって憲法の草案を作成した。

②　アメリカは，世界恐慌に対応するため，ローズベルト大統領の下，**ニューディール（新規まき直し）政策**を始め，積極的に公共事業をおこして失業者を助けた。イギリスやフランスなどは，本国と植民地との関係を密接にし，それ以外の国からの輸入に対する関税を高くした。このように，関係の深い国や地域を囲い込んで，その中だけで経済を成り立たせる仕組みを**ブロック経済**という。

2　**ウ**－1873年に**徴兵令**が出され，満20歳になった男子は，士族と平民の区別なく兵役の義務を負うことになった。**ア**－1867年に**王政復古の大号令**が出され，天皇を中心とする政府の樹立が宣言された。**イ**－1854年に幕府は**日米和親条約**を結び，下田と函館の２港を開くことなどを認め，長い間続いた鎖国体制がくずれ，日本は開国することになった。**エ**－1889年に天皇が国民に与えるという形で**大日本**

帝国憲法が発布され，憲法では，主権が天皇に存在することを基本原理とし，国家の統治権を一手ににぎる国家元首と規定された。

4　1914年，日本は**日英同盟**を理由にドイツに宣戦布告し，連合国（協商国）側として参戦した。

5 X　**吉野作造**は，政治の目的を一般民衆の幸福や利益に置き，一般民衆の意向に沿って政策を決定することを主張した（**民本主義**）。

Y　**野口英世**は，細菌学者でノーベル賞の候補にも挙がったが，現在のガーナで黄熱病の研究中に自らも感染し，命を落とした。

6　**エ－高度経済成長期**である1964年に開催され，このときに東海道新幹線も開通した**→ア**－1973年に第四次中東戦争がおこったことで**石油危機**が発生し，これによって高度経済成長が終わった**→ウ**－1979年に国際連合の総会で「女子差別撤廃条約」が採択され，日本でも1985年に男女雇用機会均等法が施行され，女性の社会進出を後押しする風潮が次第に高まった。**イ**－1946年に行われ，有権者の割合も大幅に増えた。

Ⅲ　農地改革はGHQによる民主化政策の一つであり，他に以下のような政策が行われた。

- 日本の経済を支配してきた財閥が解体された（**財閥解体**）。
- 選挙権が満20歳以上の男女に与えられた。
- **日本国憲法**が制定され，**国民主権・基本的人権の尊重・平和主義**の三つを基本原理とした。
- 民主主義の教育の基本を示す**教育基本法**が作られ，**教育勅語**は失効した。

3　＜公民総合＞

Ⅰ 1　人権には，他人の人権を侵害しない範囲で保障されるという限界がある。また，人権は，多くの人々が同じ社会で生活するために制限されることがある。こうした人権の限界や制限を，日本国憲法では，社会全体の利益を意味する「**公共の福祉**」という言葉で表現している。

2　自由権には，**精神の自由**，**身体の自由**，**経済活動の自由**がある。**ア**－経済活動の自由，**イ－請求権**，**ウ－個人情報保護法**に関する内容。

3　生活に不便な障壁をなくすことを**バリアフリー**，どんな人にも使いやすい製品のデザインのことを**ユニバーサルデザイン**といい，いずれも障がいの有無にかかわらず，社会の中で普通の生活を送る**ノーマライゼーション**を実現するための考え方である。

4　衆議院の任期は4年で解散があり，参議院の任期は6年で3年ごとに半数を改選している。このように衆議院は参議院に比べて任期が短く解散もあり，国民の意見と強く結びついているため，国会でのいくつかの議決では，衆議院が参議院より優先される**衆議院の優越**が認められている。

5 X　法律の**違憲審査**は，国会が制定した法律や，内閣が作る命令，規則，処分が憲法に違反していないかどうかを裁判所が判断すること。

Y　**国民審査**は，最高裁判所長官が適任であるかどうかを国民が判断すること。

6　**資料**の中に検察官と被告人がいることから，**資料**は刑事裁判のようすを表している。**イ**－裁判員が参加するのは地方裁判所で行われる刑事裁判の第一審のみである。**ア**，**ウ**－民事裁判の内容，**エ**－被害者参加人は，裁判所から許可を受ければ，被告人質問を行うことができる。

Ⅱ 2　消費者の保護について，欠陥商品で消費者が被害を受けたときの企業の責任についてまとめた**製造物責任法**（**PL法**）や，契約上のトラブルから消費者を保護する**消費者契約法**などの法律も制定された。

3　**資料1**の横軸（数量）に着目すると，**P**円のときの需要曲線の数量（消費者が買いたい量）が，供給曲線の数量（生産者が売りたい量）よりも少ないことがわかる。商品の量に対して「買いたい」と思う人が少ない場合には価格が下がる。一方，商品の量に対して「買いたい」と思う人がたくさんいる場合，つまり需要量が供給量を上回っている場合には，価格が上がる。需要量と供給量が一致すると価格の変化は収まり，市場は需要と供給の均衡が取れた状態になる。需要量と供給量が一致し，市場の均衡が取れた価格を**均衡価格**という。

4　国と国との間で，関税といった，自由な輸出入をさまたげる仕組みをできるだけ減らし，貿易を活性化することを，**貿易の自由化**という。よって，問題文のまとめの「国内農業を守るために，関税の税率を引き上げる。」という内容は，**資料2**中の「自由貿易を制限」に当てはまる。また，**資料2**中の「小さな政府」は，政府の役割を安全保障や治安の維持などの最小限にとどめること，「大きな政府」は，政府が社会保障や教育，雇用の確保など，さまざまな役割を担うことを表しており，問題文のまとめの「社会保障を充実させるために，消費税の税率を引き上げる。」という内容は，**資料2**中の「大きな政府」に当てはまる。

5　問題では，為替相場が1ドル＝120円から100円に変動して**円高**となっている。このとき，1台240万円の自動車のアメリカでの販売価格は240万円÷100円＝2万4千ドルとなり，1ドル＝120円のときの販売価格である2万ドルよりも高くなり，円高になると輸出が中心の企業には不利になる。**円安**のときは逆になる。

Ⅲ　**SDGs**は，地球規模の課題を17の領域に分け，課題の解決に向けて，2030年までに達成することを目指した目標。**資料2**から，必要な分の季節商品を作ることで無駄が減り，食品ロスをなくすことができる。

令和４年度　鹿児島県公立高校入試問題　数学

正答例

1 1(1)　27　(2)　$\frac{5}{6}$　(3)　4
(4)　30(個)　(5)　8(倍)
2　$(b=)\frac{3a+5}{2}$　3　$\frac{1}{4}$
4　25(度)　5　ウ

2 1　$25a \leqq y \leqq 0$　2　イ，エ(順不同)
3

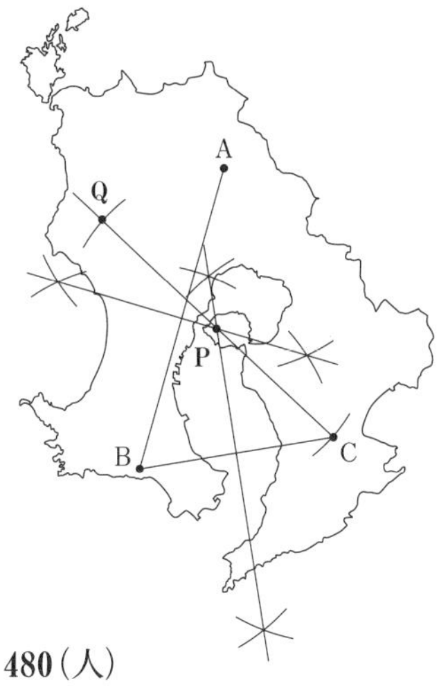

4(1)　(約)480(人)
(2)　(方程式と計算過程)

$$\begin{cases} x+y=100-(8+27+13) \cdots ① \\ 10\times 8+30\times x+50\times y+70\times 27+90\times 13 \\ =54\times 100 \cdots ② \end{cases}$$

①から　$x+y=52$　……③
②から　$3x+5y=226$　……④
③×3　$3x+3y=156$
④　$-)\ 3x+5y=226$
$-2y=-70$
$y=35$　……⑤
⑤を③に代入して，
$x+35=52$
$x=17$
答　$(x=)17$，$(y=)35$

3 1　24
2(1)　$3 \leqq a \leqq 6$
(2)　$Q(a-1,\ a+1)$
(3)　(求め方や計算過程)
点Pのx座標をaを用いて表す。
点Pのy座標は4であるから①に代入して
$4=-x+2a$
$x=2a-4$
△APQの面積は
$(2a-4-2)(a+1-4)\times\frac{1}{2}=(a-3)^2$
よって，△APQの面積が△ABCの面積の$\frac{1}{8}$であるとき
$(a-3)^2=24\times\frac{1}{8}$
$a-3=\pm\sqrt{3}$
$a=3\pm\sqrt{3}$
$3 \leqq a \leqq 6$であるから，$a=3+\sqrt{3}$
答　$(a=)3+\sqrt{3}$

4 1　60(度)　2　(EG：GD＝)2：1
3　(証明)
△BDFと△EDCにおいて，
△EBDと△FDCは正三角形だから，
BD＝ED　…①
DF＝DC　…②
∠BDE＝60°，∠FDC＝60°であるから，
∠BDF＝120°，∠EDC＝120°
したがって，∠BDF＝∠EDC　…③
①，②，③より，
2組の辺とその間《はさむ》の角がそれぞれ等しいから，
△BDF≡△EDC
4　$6\sqrt{7}$(cm)　5　$\frac{7}{4}$(倍)

5 1　白(色)，31(cm)
2(1)ア　n　イ　$\frac{n}{2}$　ウ　$\frac{n}{2}$　エ　$5n$
(2)　(求め方や計算過程)
長方形$2n$の右端の色紙は赤色であるから，
赤色の色紙は青色の色紙よりも1枚多い。
白の色紙をn枚，赤の色紙を$\frac{n+1}{2}$枚，
青の色紙を$\left(\frac{n+1}{2}-1\right)$枚使うから，
長方形$2n$の横の長さは，
$n\times 1+\frac{n+1}{2}\times 3+\left(\frac{n+1}{2}-1\right)\times 5$
$=5n-1$
答　$5n-1$(cm)

配点

1	3点×9		計27点
2	1，2，4(1)　3点×3	3，4(2)　4点×2	計17点
3	1，2(1)，(2)　3点×3	2(3)　4点	計13点
4	1，2，4　3点×3	3，5　4点×2	計17点
5	1，2(2)　4点×2	2(1)　8点	計16点

解説

1 ＜計算問題・小問集合＞

1(1)　×と÷の計算を，＋と－の計算より先にする。
$4\times 8-5=32-5=27$

(2)　×と÷の計算を，＋と－の計算より先にする。
$\frac{1}{2}+\frac{7}{9}\div\frac{7}{3}=\frac{1}{2}+\frac{7}{9}\times\frac{3}{7}$
$=\frac{1}{2}+\frac{1}{3}=\frac{3}{6}+\frac{2}{6}=\frac{5}{6}$

(3)　乗法公式$(x+a)(x-a)=x^2-a^2$より，
$(\sqrt{6}+\sqrt{2})(\sqrt{6}-\sqrt{2})$
$=(\sqrt{6})^2-(\sqrt{2})^2$
$=6-2=4$

(4)　2けたの自然数のうち最も大きい数は99
99÷3＝33より，99までの自然数のうち，3の倍数は33個あり，そのうち，3，6，9と，1けたの自然数である3の倍数が3個含まれるので，
全部で，33－3＝30(個)ある。

(5)　中点連結定理より，三角すいABCDと三角すいAEFGは相似な立体であり，相似な立体の体積比は相似比の3乗に等しい。相似比は2：1だから，体積比は$2^3:1^3=8:1$より，8倍。

2　$3a-2b+5=0$
$3a$，$+5$を移項し，$-2b=-3a-5$
両辺を-2で割ると，$b=\frac{3a+5}{2}$

3　全ての組み合わせは
$\sqrt{2\times6}=\sqrt{12}=2\sqrt{3}$，$\sqrt{2\times7}=\sqrt{14}$
$\sqrt{2\times8}=\sqrt{16}=\underline{4}$，$\sqrt{2\times9}=\sqrt{18}=3\sqrt{2}$
$\sqrt{4\times6}=\sqrt{24}=2\sqrt{6}$，$\sqrt{4\times7}=\sqrt{28}=2\sqrt{7}$
$\sqrt{4\times8}=\sqrt{32}=4\sqrt{2}$，$\sqrt{4\times9}=\sqrt{36}=\underline{6}$
$\sqrt{6\times6}=\sqrt{36}=\underline{6}$，$\sqrt{6\times7}=\sqrt{42}$
$\sqrt{6\times8}=\sqrt{48}=4\sqrt{3}$，$\sqrt{6\times9}=\sqrt{54}=3\sqrt{6}$
の12通りあり，$\sqrt{ab}$が自然数となる組み合わせは下線をひいた3通り。よって，その確率は$\frac{3}{12}=\frac{1}{4}$

4　右図のように点Oと点Cを結ぶと，OB＝OCより，**△OBCは二等辺三角形**となる。

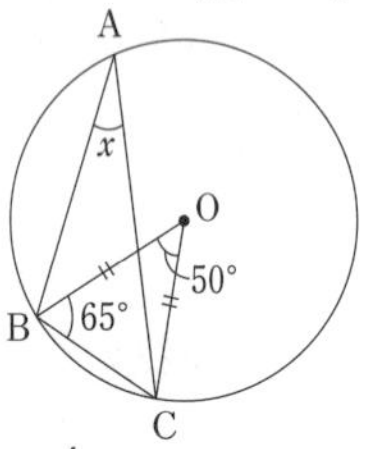

∠COB
$=180^\circ-65^\circ\times2=50^\circ$
円周角は同じ弧に対する中心角の$\frac{1}{2}$の大きさだから，
$\angle x=\frac{1}{2}\angle COB=\frac{1}{2}\times50^\circ=25^\circ$

5　選手数と女性の選手数の割合から，各年の女性の人数を求めると，
1964年は，5151×0.13＝669.63より，約670人
2021年は，11092×0.49＝5435.08より，約5440人
5440÷670＝8.11…より，約8倍となるから答えは**ウ**

2 ＜関数・図形・作図・資料の整理＞

1　$a<0$より，右図のような下に開いたグラフとなる。
xの変域に0を含むので，
最大値は$x=0$のとき$y=0$
最小値は$x=-5$のとき，
$y=a\times(-5)^2=25a$
よってyの変域は，$25a\leqq y\leqq 0$

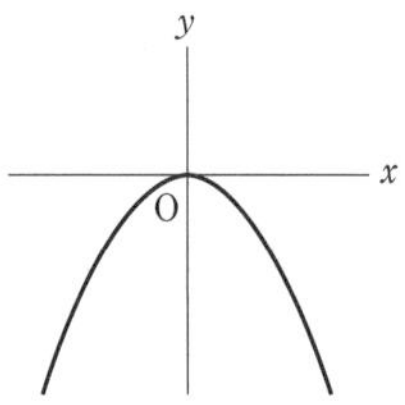

2　実際に平行四辺形をかいて考えてみるとよい。
次の①～⑤のいずれかを満たすとき，四角形は平行四辺形になる。
①2組の対辺がそれぞれ平行である。
②2組の対辺がそれぞれ等しい。
③2組の対角がそれぞれ等しい。
④2つの対角線がそれぞれの中点で交わる。
⑤1組の対辺が平行で等しい。

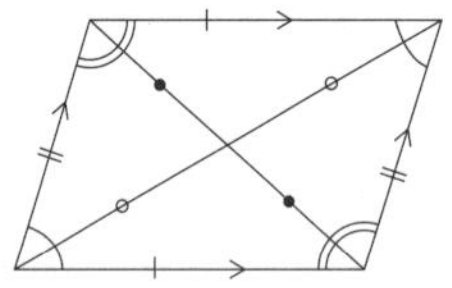

3　3点から等距離にある点は，3点を通る円の中心である。よって，線分AB，BC，ACのいずれか2本の線分の垂直二等分線をひき，その交点をPとすればよい。また，点対称移動したとき，対応する点は，対称の中心を通る直線上にあり，対称の中心までの距離が等しい。よって，点Pを中心とし，点Cを通る円と，直線CPの交点をQとすればよい。

4(1)　**表**から，抽出された100人のうち，学習時間が60分以上の生徒の人数は，27＋13＝40(人)
A市の中学生1200人において，学習時間が60分以上の生徒の人数を約a人と推定すると，
$a:1200=40:100$，$100a=48000$，$a=480$
よって，A市の中学生1200人における学習時間が60分以上の生徒の人数は約480人と推定できる。

(2)　階級値を利用して平均値を求める。
$\frac{\textbf{(階級値)×(度数)の和}}{\textbf{(総度数)}}$**＝平均値**であることと，各階級の度数の和＝総度数から，2つの式が立式できるので，その2式から連立方程式をつくる。

3 ＜関数＞

1　2点A，Bのy座標がいずれも4であることから，辺ABを底辺と考えると，高さは，点Cのy座標と点A，Bのy座標との差となる。
底辺は，$8-2=6$
高さは，$12-4=8$
$\triangle ABC=\frac{1}{2}\times6\times8=24$

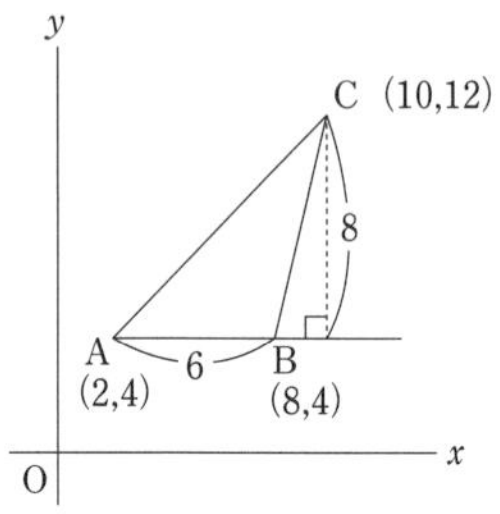

2(1)　直線①が線分ABの両端である点A，Bを通るとき，aの値は最小，最大となる。
・点Aを通るとき，直線①の式に点Aの座標を代入し，$4=-2+2a$，
$2a=6$，$a=3$
・点Bを通るとき，直線①の式に点Bの座標を代入し，$4=-8+2a$，$2a=12$，$a=6$
よって，aの範囲は，$3\leqq a\leqq 6$

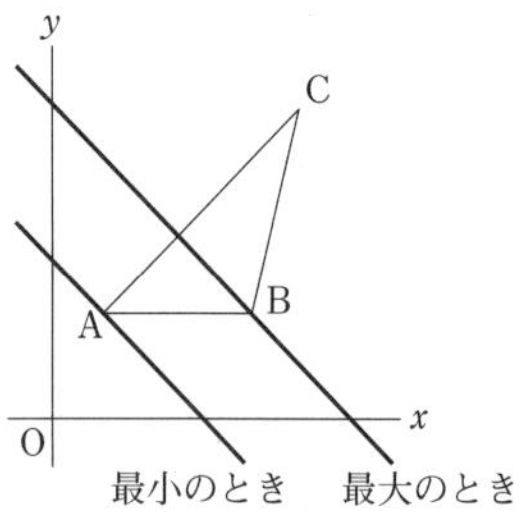

(2)　点Qは直線①と直線ACとの交点である。
直線ACの式を$y=mx+n$とおき，点A，Cの座標をそれぞれ代入すると，
$4=2m+n$…①，$12=10m+n$…②
②−①より，$8=8m$，$m=1$
$m=1$を①に代入し，$4=2\times1+n$，$n=2$
よって直線ACの式は，$y=x+2$
これと直線①の交点より，$-x+2a=x+2$
$2x=2a-2$，$x=a-1$
直線ACの式に$x=a-1$を代入し，
$y=a-1+2=a+1$　Q$(a-1,\ a+1)$

(3)　1と同様に考えて，△APQの辺APを底辺とすると，高さは，点Qのy座標と点A，Bのy座標との差となる。また，(2)と同様に考えて，点Pは直線①と直線ABの交点であることから求めるとよい。

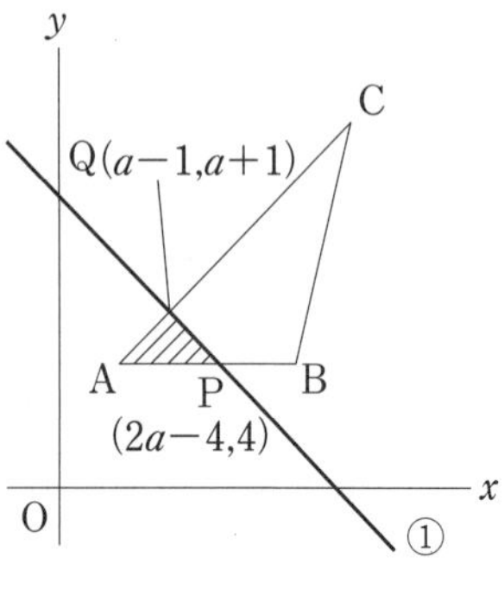

4 ＜平面図形＞

1　△ＥＢＤ，△ＦＤＣがともに正三角形であることから，∠ＥＤＢ＝∠ＦＤＣ＝60°
∠ＥＤＦ＝180°－60°－60°＝60°

2　△ＧＥＢと△ＧＤＦにおいて，
∠ＥＢＤ＝∠ＦＤＣだから，
同位角が等しいことより，
ＥＢ∥ＦＤ
平行線の錯角は等しいから，
∠ＥＢＧ＝∠ＤＦＧ…①
∠ＧＥＢ＝∠ＧＤＦ…②

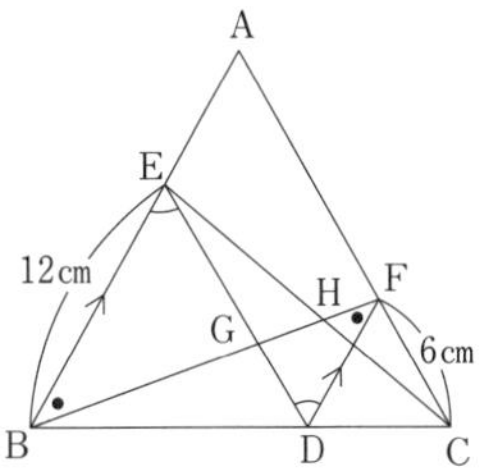

①，②より，２組の角がそれぞれ等しいから，
△ＧＥＢ∽△ＧＤＦ
相似比は，ＥＢ＝12cm，ＤＦ＝６cmより，２：１
よって，ＥＧ：ＧＤ＝２：１

3　(大きさの等しい角)＋(共通の角)に着目するとよい。
ここでは，△ＥＢＤ，△ＦＤＣが正三角形であり，
∠ＢＤＥ＝∠ＦＤＣ＝60°，∠ＥＤＦは共通だから，
∠ＢＤＦ＝∠ＥＤＣである。

4　点Ｆから辺ＢＣに垂線をひき，その交点をＩとすると，△ＦＤＩは**30°，60°，90°の三角形**となり，
ＤＩ＝３cm，ＦＩ＝$3\sqrt{3}$cmとなる。
また，ＢＩ＝ＢＤ＋ＤＩ＝12＋３＝15(cm)
三平方の定理より，

$$BF=\sqrt{BI^2+FI^2}$$
$$=\sqrt{15^2+(3\sqrt{3})^2}$$
$$=\sqrt{252}=6\sqrt{7}\ (\mathrm{cm})$$

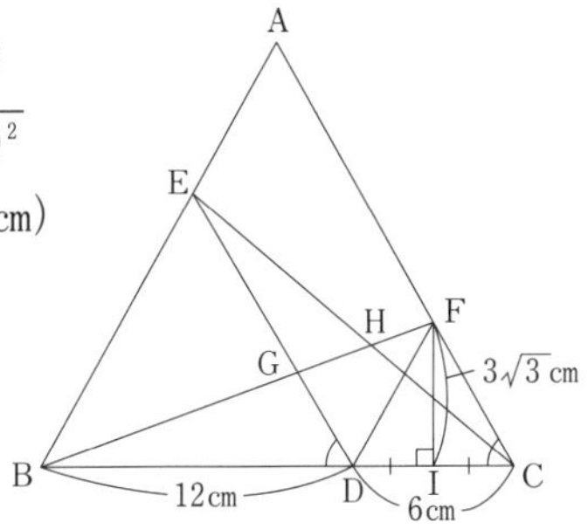

5　△ＢＤＧと△ＥＨＧにおいて，
△ＢＤＦ≡△ＥＤＣより，
∠ＧＢＤ＝∠ＧＥＨ　……①
対頂角は等しいから，
∠ＢＧＤ＝∠ＥＧＨ　……②
①，②より，２組の角がそれぞれ等しいから，
△ＢＤＧ∽△ＥＨＧ
２より，
ＥＧ：ＥＤ＝ＥＧ：(ＥＧ＋ＧＤ)＝２：３
$EG=\frac{2}{3}ED=\frac{2}{3}\times12=8$ (cm)
また，ＢＧ：ＢＦ＝ＢＤ：ＢＣ＝２：３より，
$BG=\frac{2}{3}BF=\frac{2}{3}\times6\sqrt{7}=4\sqrt{7}$ (cm)
よって，△ＢＤＧと△ＥＨＧの相似比は，
$BG:EG=4\sqrt{7}:8=\sqrt{7}:2$
ここで，**相似な図形の面積比は相似比の２乗**となるから，△ＢＤＧと△ＥＨＧの相似比は，
$(\sqrt{7})^2:2^2=7:4$　よって，△ＢＤＧの面積は，
△ＥＨＧの面積の$\frac{7}{4}$倍。

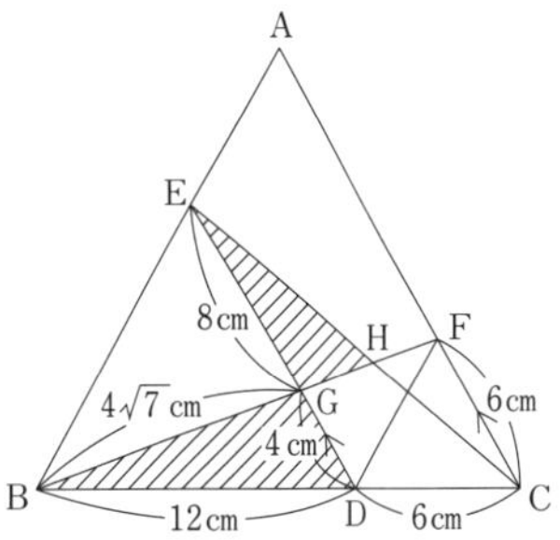

5 ＜文字式＞

1　長方形４をつくったあとの並べ方は，再び長方形１からの並べ方を繰り返していくことに着目する。
長方形13は，13÷４＝３あまり１より，長方形４までの長方形を３つ分並べたあとに，長方形１を並べたものと同じだから，右端の色紙は白色である。また，長方形４の横の長さは，１＋３＋１＋５＝10(cm)であることから，長方形13の横の長さは，
10×３＋１＝31(cm)
長方形12

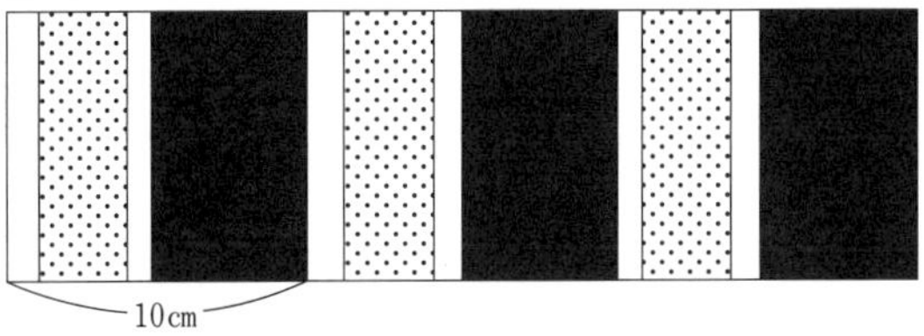

2(1)　長方形２ｎとあることから，偶数番目の図形について着目していくと，長方形２($n=1$のとき)では白の色紙が１枚，長方形４($n=2$のとき)では２枚…となることから，長方形２ｎの白の色紙はn枚(＝ ア)となる。
nが偶数の場合について同様に考えると，２nはつねに４の倍数となることから，長方形２ｎは，長方形４の図形を繰り返しつなげてできる図形となる。長方形４の図形の中には赤色，青色の紙は１枚ずつあるから，$n=2$のとき，それぞれ１枚，$n=4$のとき，それぞれ２枚…となるから，nが偶数のとき，それぞれ$\frac{n}{2}$枚（＝ イ ， ウ ）使うことになる。
色紙の枚数と各色紙の横の長さから，長方形２ｎの横の長さは，$1\times n+3\times\frac{n}{2}+5\times\frac{n}{2}=5n$ (cm)

(2)　会話文の偶数を奇数に置きかえて考えるとよい。
$n=1$のとき長方形２，$n=3$のとき長方形６，$n=5$のとき長方形10…となる。
$n=1$のとき，赤色は１枚，青色は０枚，$n=3$のとき，赤色は２枚，青色は１枚，$n=5$のとき赤色は３枚，青色は２枚と，つねに青色は赤色より１枚少ない。赤色の枚数だけに着目すると，
$n=1$のとき１，$n=3$のとき２，$n=5$のとき３…より，$\frac{n+1}{2}$(枚)と表せる。青色はこれより１枚少ないから，$\frac{n+1}{2}-1$(枚)となる。
それぞれの色紙の枚数をnを用いて表すことができるので，あとは横の長さを求めればよい。

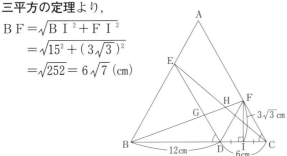

令和三年度　鹿児島県公立高校入試問題　国　語

正答例

[1] 1 ⑴ 貯蔵　⑵ 耕（す）
⑶ 額　⑷ えんがわ
⑸ しょうち　⑹ と（ぐ）
2 十（画）

[2] 1 ウ　2 イ
3 Ⅰ 勝てない場所
Ⅱ できるだけ競争しなくても生きられる
4 すぐに苦手だと決めてチャレンジをやめてしまうと，得意なことや本当の面白さに気づかず，自分の可能性を広げられなくなってしまうから。
5 エ

[3] 1 こう　2 イ　3 ウ
4 Ⅰ 賢人
Ⅱ 自分のものにしよう
Ⅲ 利益に執着している

[4] 1 エ
2 Ⅰ きつい言葉
Ⅱ 対等な立場で先生を説得する
3 ア　4 ウ
5 自分たちの意見を精一杯伝えたが，先生からなかなか返事が返ってこないため，説得がうまくいったかわからず不安な気持ち。

[5] （選択した特徴） X

　私はXのように主観的な感想があると、辞書を編集した人の考え方がわかるので、ただ調べ物をするだけではなく、読み物としてのおもしろさがある点がよいと思った。

　しかし、感想は個性が出るので、だれもが共感できない内容が含まれる点が問題だ。言葉の説明とは別の箇所に、辞書を編集した人の感想として掲載したほうがよいと思う。

配　点

[1] 1 2点×6　2 2点　計14点
[2] 1 2点　2 3点　3 Ⅰ 4点　Ⅱ 5点
4 7点　5 5点　計26点
[3] 1 2点　2 3点　3 3点
4 Ⅰ，Ⅲ 3点×2　Ⅱ 4点　計18点
[4] 1 3点　2 Ⅰ 3点　Ⅱ 4点
3 3点　4 3点　5 7点　計23点
[5] 9点

解　説

[1] ＜漢字＞

2 点画の省略，筆順の変化があるが，「被」という漢字である。「しめすへん」と「ころもへん」の行書は同じ形である。

[2] ＜論説文＞

1 ――線部①とウは連体修飾語であることを示す助詞の「の」である。アは主語であることを示す助詞の「の」である。**「が」に置き換えることができる**。イは連体詞「この」の一部，エは「～のもの」と置き換えられる助詞の「の」である。

2 魚類の間での「戦いに敗れた敗者たち」が「他の魚たちのいない川」に逃げ延びたという事実に対して，[a]の後で「塩分濃度の低い川は棲めるような環境ではなかった」と他の魚たちがいなかった理由について当然の内容を挙げていることから，[a]は「もちろん」が適当。[b]は，直前で，両生類の進化について「未知のフロンティアを目指す闘志にみなぎっています」としているが，直後で両生類は「勇気あるヒーローではありません」と**否定**していることから，**打ち消しの意味を伴って使われる「けっして」**が適当。

3 Ⅰ 空欄前後に着目する。「各々の生物たちが戦って」「見つけ」たものが何かを探すと，「たくさんのチャレンジをしていけば，たくさんの**勝てない場所**が見つか」るとある。

Ⅱ 戦いの結果「ナンバー1になれるオンリー1のポジション」を見つけて，「『できるだけ戦わない』という境地と地位にたどりついた」とあるので，この部分を指定字数内でまとめる。

4 第四段落で，学校で習う科目について，「得意な科目の中に苦手な単元があるかもしれませんし，苦手科目だからと言ってすべてが苦手なわけではなく，**中には得意な単元が見つかる**かもしれません」とし，第七段落では算数・数学について「計算問題が面倒くさいというだけで，『苦手』と決めつけてしまうと，数学の**本当の面白さに出会うことはない**かもしれません」として，「得意なことを探すためには，すぐに苦手と決めて捨ててしまわないことが大切」だと述べている。

5 筆者は「敗者が進化を遂げた」という考えについて，海水魚から淡水魚への進化，淡水魚から両生類への進化，そして赤ちゃんを産んで育児する哺乳類への進化，二足歩行をする人類への進化などの具体例を挙げている。**エ**は，生物が多く行き交うことで負けていた植物Dが，「踏まれても耐えられる葉や茎をもつ」という進化を遂げた点で筆者の考えに最も近いと言える。**ア**は進化における生物間の戦いの内容ではないので不適。**イ**は，本文中では生まれつきの性質については述べられていないので不適。**ウ**は持っていた性質が退化したという本文とは反対の内容なので不適。

[3] ＜古文＞

（**口語訳**）中国の育王山の僧が二人，仏や僧に施す金銭や品物をめぐり争って騒いでいたので，アその寺の長老である，大覚連和尚が，この僧二人を戒めて言うには，「イある俗人（出家していない人）が，他人の銀を百両預かって置いたところ，ウこの銀の持ち主が死んだ後，エその（持ち主の）子にこれを与えた。子は，これを受け取らなかった。『親は，既に（私に）与えないで，①あなたに託したのだ。（銀は）あなたの物だ』と言った。その俗人は，『私はただ預かっただけだ。譲り得たわけではない。親の物は子の物になるべきだ』と言って，また（銀を）返した。②お互いに言い争って（銀を）取ることはなく，しまいには公の役所で判断をお願いすると，『共に賢人である』とした。『（どちらの）言うことも筋が通っている。するべき

こととして（銀は）寺に寄付して，亡くなった者の菩提を助けよ』と判断した。この話は，私が直接見聞きしたことである。僧にならず俗世間で生活する人が，何といっても利益に執着しない。欲望や執着を断ち切って僧になり，仏道修行をする人が，世俗の財産を争っている」として，寺の決まりに従って（二人を）追放した。

1　語頭以外の**ハ行**は**ワ行**に直す。

2　——線部①は，「かの主（親）」が銀を与えた人を指す。「子」が「親，既に与へずして」と自分に与えたわけではないという発言をしていることから判断する。

3　「かの主」が「ある俗」に預けた銀について，「子」は「親，既に与へずして，そこに寄せたり。それの物なるべし」とし，「ある俗」は「譲り得たるにはあらず。親の物は子の物とこそなるべけれ」として，お互いに相手の物だと考えている。**ア**は，「親の銀を少し譲ろう」が不適。**イ**は本文とは反対の内容なので不適。**エ**は「相手と平等に分け合いたかった」が不適。

4 Ⅰ　「ある俗」と「子」に対する評価は，「官の庁」が下している。その場面に着目すると『共に賢人なり』とある。

Ⅱ　「ある俗」と「子」が銀を自分のものではないと互いに主張した様子と，僧二人が「布施を争」う様子が対比されていることから，僧二人は互いに自分のものだと主張していたといえる。

Ⅲ　「ある俗」と「子」が「利養を貪ら」ないのに対し，欲望を断ち切るべき人が布施を争っていることから，僧二人が利益に執着しているといえる。

4　＜小説文＞

1　「**食い下がる**」とは，**強い相手に粘り強く立ち向かう**という意味。冒頭にあるように，私や加奈たちは，文化祭の廃止の撤回を求めている。——線部①の前で加奈はだまりこんだが，「でも，私たち考えたんです」の後に，自分たちが考えたことを伝えていることから，廃止の撤回の交渉をしようとしている様子が読み取れる。**ア**は「取りつくろおう」とはしていないので不適。**イ**は「真意を質問しよう」，**ウ**は「反抗してさらに文句を言おう」がそれぞれ不適。

2 Ⅰ　直後の「現状」とは，文化祭には予算があり，今の文化祭には見合う価値がないというものである。これについて，笹村先生は「あなたたちの文化祭の価値はゼロ円」ときつい言葉を投げかけている。

Ⅱ　直後の「きっかけ」と同じ意味の言葉を探すと，本文中に「とっかかり」とある。笹村先生は現状に気づかせた上で，「私たちが対等に話すとっかかり」を作ってくれたのである。

3　加奈は，「本当のことを言ってくれて，ありがとうございます」という私の言葉を聞いた後，「はっとしたように，先生を見上げ」て，「ご指摘，本当にありがとうございます。～私たちの向上心と，自主性」と言い，「声がいつもの調子に戻り」，先生の言葉にも返答していることから，落ち着いて対応している様子が読み取れる。**イ**は「杏に助けられたことが恥ずかしく」，**ウ**は「安心して得意げ」，**エ**は「不安を感じて周りが見えなくなっている」がそれぞれ不適。

4　——線部④の後に，生徒たちの不満そうな様子が描かれている。「『自分たちの文化祭なのにどうして』って気持ち」や「『やりたくない，めんどうくさい』と思いつつ『取り上げられるのはヘンだ』と思っていた」という様子から，面倒だが自分たちの文化祭を先生が取り上げるのはおかしいと思っていることが読み取れる。**ア**は「文化祭の廃止は賛成」，**エ**は「予算がないから中止にするのはおかしい」がそれぞれ不適。**イ**は「勉強しなくていい時間を奪うな」と思っている人もいるので不適。

5　私や加奈たちは，文化祭の廃止の撤回を求めて，先生方が廃止を決めた理由について自分たちなりに考えたことを話したり，文化祭を『やりたくないのに，やりたい』というほかの生徒たちの気持ちを踏まえてできることを伝えたりして，自分たちの思いをぶつけている。それを伝えた後，「**先生は長いことだまった。何を考えているのかは分からなかった**」とあることから，自分たちの思いが伝わったのか，先生は納得しているのかがわからず不安になっていると読み取れる。

5　＜作文＞

〰〰線部**X**・**Y**の一つを選択し，特徴の良い点と問題点を書く問題である。太郎さんと母親の会話の内容や，これまで辞書を引いた時の体験や言葉の使い方に関して見聞きしたことを踏まえて考えると，まとめやすくなる。

［採点基準の例］

(1)　**第一段落**…４点
　選択した特徴の良いと思われる点を明確に書けているかを３段階に評価する。

(2)　**第二段落**…５点
　選択した特徴によって生じる問題点を明確に書けているかを３段階に評価する。

(3)　**段落指定を守っていないもの**…減点２点

(4)　**行数を満たしていないもの**…減点３点

(5)　**表記**…最大減点４点（一か所ごとに減点１点）
　①　原稿用紙の使い方の誤り。
　②　誤字脱字，符号の用法の誤り。
　③　用語や文の照応の不適切なもの。
　④　文体が常体または敬体で統一されていないもの。

［別解］

（選択した特徴）Ｙ

　私は、時代の移り変わりに伴う言葉の変化が反映されている点がよいと思った。現代的な意味や用例が載っていることで、若者にも親しみやすい辞書になるだろう。

　しかし、本来の言葉の意味が薄れたり、現代的な意味や用例を知らない年代の人が混乱したりする点が問題だ。どの年代の人も理解できるよう使用場面を紹介するといいと思う。

令和３年度　鹿児島県公立高校入試問題　理科

正答例

1　1　**地層**　　2　**イ，ウ**(順不同・完答)
3　a　**電子**　　b　**陽子**　　c　**中性子**(完答)
4　**全反射**　　5　**火成岩**　　6　**C**
7　①　**イ**　　②　**ア**(完答)
8　力の大きさ　**150**〔N〕　　距離　**80**〔cm〕(完答)

2　I　1　**二酸化炭素**
2
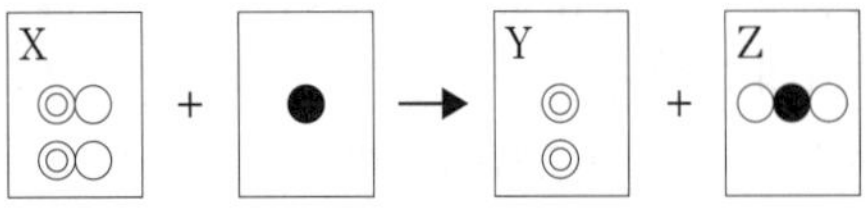

3　**試験管Aに空気が入り，銅が酸化されるのを防ぐため。**
4　質量　**5.10**〔g〕　　物質　**炭素，銅**(完答)
II　1　**エ**　　2　$H^{+}+OH^{-}\rightarrow H_2O$
3　**NaCl**
4　a　**変わらない**　　b　**ふえる**(完答)

3　I　1　**胞子**
2　**子房がなく，胚珠がむきだしになっている。**
3　①　**ア**　　②　**イ**(完答)　　4　**ア**
II　1　**養分からエネルギーがとり出されている**
2(1)　**ウ，エ**(順不同・完答)
(2)　a　**肝臓**　　b　**尿素**
c　**じん臓**(完答)
3　**表面積が大きくなっているから。**

4　I　1　**衛星**　　2　**エ**　　3　**d**　　4　**イ**
II　1　**温度計に日光が直接あたらないようにするため。**
2　右図
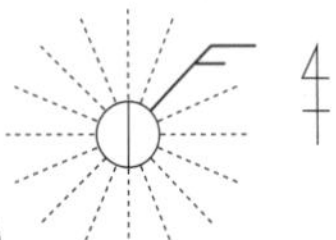
3　a　**膨張**　　b　**下**(完答)
4　**強い雨が，短時間に降る。**

5　I　1　**1.2**〔g/cm³〕　　2　**2.0**〔N〕
3
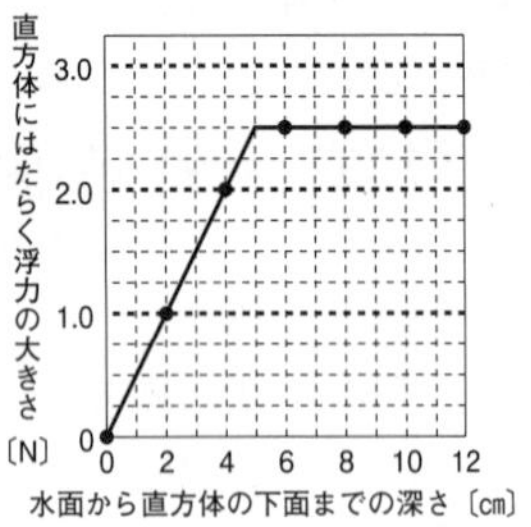

4　記号　**ウ**
理由　**直方体にはたらく重力が浮力より大きいため。**(完答)
II　1　**エ**　　2　**オームの法則**
3　電圧　**3.0**〔V〕　　電力　**0.75**〔W〕(完答)
4　**大きな電流が流れ，発熱量が大きくなる**

配点

1	3，8	3点×2	他	2点×6	計18点
2	I 4，II 4	3点×2	他	2点×6	計18点
3	I 4，II 2(2)	3点×2	他	2点×6	計18点
4	I 4，II 2	3点×2	他	2点×6	計18点
5	I 3，II 3	3点×2	他	2点×6	計18点

解説

1　＜４分野総合＞

2　アの葉緑体，エの細胞壁は，植物の細胞のみに見られるつくりである。

3　陽子を⊕，電子を⊖，中性子を●で表すものとすると，ヘリウム原子の構造は右の図のようになる。

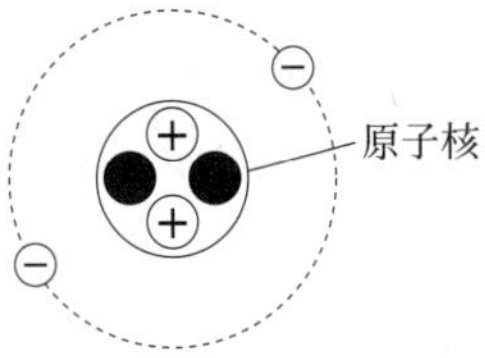

5　安山岩などの火山岩と花こう岩などの深成岩をまとめて火成岩という。

6　**質量パーセント濃度〔%〕＝$\frac{\text{溶質の質量〔g〕}}{\text{溶液の質量〔g〕}}$×100**
A　$\frac{2.0}{102}\times 100 = 1.96\cdots$〔%〕
B　$\frac{2.0}{100}\times 100 = 2$〔%〕
C　$\frac{3.0}{203}\times 100 = 1.47\cdots$〔%〕
よって，Cの質量パーセント濃度が最も低い。

7　からだをつくる細胞が分裂する細胞分裂を，特に体細胞分裂という。有性生殖で生殖細胞がつくられるときに行われる特別な細胞分裂を減数分裂という。

8　**仕事〔J〕＝力の大きさ〔N〕×力の向きに動いた距離〔m〕**
20〔cm〕＝0.2〔m〕，40〔cm〕＝0.4〔m〕
仕事の原理より，てこを使った仕事で，物体がされた仕事と人がした仕事は等しい。物体がされた仕事は，300×0.2＝60〔J〕　棒の右はしに下向きに加えた力の大きさをx Nとおくと，$x\times 0.4 = 60$　$x = 150$
よって，150 N　棒の右はしに下向きに力を加えている間，てこはつり合っているので，左のうでと右のうでの「力の大きさ×支点からの距離」は等しくなる。支点から棒の右はしまでの距離をy cmとおくと，
$300\times 40 = 150\times y$　$y = 80$　よって，80cm

2　＜化学変化と原子・分子・化学変化とイオン＞

I 2　試験管Aの中で起こった化学変化の化学反応式は以下の通りである。
$2CuO+C\rightarrow 2Cu+CO_2$

4　**図2**より，酸化銅4.00 gと炭素粉末0.30 gが過不足なく反応し，3.20 gの銅が生成され，1.10 gの二酸化炭素が発生することがわかる。酸化銅6.00 gと過不足なく反応する炭素粉末の質量をx gとおくと，
$4.00 : 0.30 = 6.00 : x$　$x = 0.45$　よって，0.45 g
また，酸化銅6.00 gから生成される銅の質量をy gとおくと，$4.00 : 3.20 = 6.00 : y$　$y = 4.80$　よって，4.80 g　つまり，酸化銅6.00 gと炭素粉末0.45 gが過不足なく反応し，4.80 gの銅が生成されることがわかる。反応せず，試験管Aの中に残る炭素粉末の質量は，0.75－0.45＝0.30〔g〕　したがって，試験管Aの中にある加熱した後の固体の物質とは，銅と炭素であり，その質量は，
4.80＋0.30＝5.10〔g〕

II 1　塩酸は酸性の水溶液であり，酸性の水溶液にマグネシウムを入れると，水素が発生するので**エ**が適当。塩酸の溶質である塩化水素は，水にとかしたとき

に電流が流れる電解質なので**ア**は不適。無色のフェノールフタレイン溶液を赤色に変える，赤色リトマス紙を青色に変えるのはアルカリ性の性質なので**イ**，**ウ**は不適。

3　塩酸と水酸化ナトリウム水溶液とを混ぜ合わせて中性にした水溶液は塩化ナトリウム水溶液となる。このときに起こる化学変化の化学反応式は以下の通りである。$HCl+NaOH \rightarrow NaCl+H_2O$

4　塩化水素と水酸化ナトリウムの電離の化学反応式はそれぞれ以下の通りである。

$HCl \rightarrow H^{+}+Cl^{-}$　　$NaOH \rightarrow Na^{+}+OH^{-}$

塩酸に水酸化ナトリウム水溶液を加えていったときのイオンのモデルは下の図の通りである。

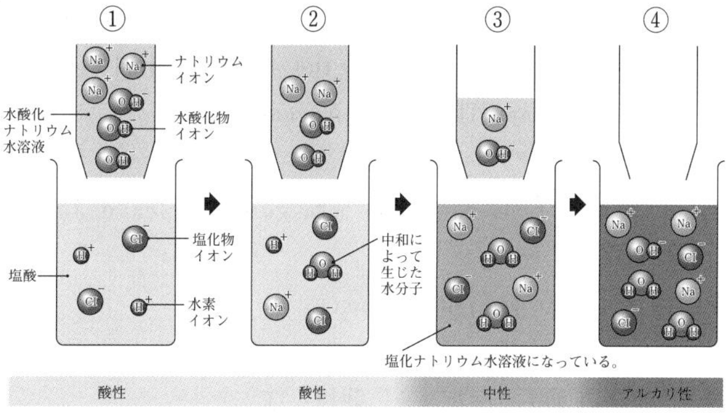

塩酸に水酸化ナトリウム水溶液を加えていくと，ビーカー内に存在している水素イオンは，水酸化物イオンと結びついて水分子になるため，水素イオンは減っていく。しかし，ナトリウムイオンがふえていくので，水溶液が中性になる(①～③)までビーカー内の溶液に存在している陽イオンの数は，はじめ(①)のビーカー内の溶液に存在している陽イオンの数から変化しない。中性になった後，さらに水酸化ナトリウム水溶液を加えていく(④)と，ナトリウムイオンの数がふえていくので，ビーカー内の溶液に存在している陽イオンの数は，はじめ(①)のビーカー内の溶液に存在している陽イオンの数よりふえる。

表より，加えたうすい水酸化ナトリウム水溶液の体積の合計が12.0 cm³のとき，水溶液は中性になることがわかるので，12.0 cm³までが上の図の①～③にあたり，12.0 cm³より多いと④にあたる。

3　＜生物総合・動物の生活と生物の変遷＞

Ⅰ　ゼニゴケはコケ植物，スギナはシダ植物，マツは裸子植物，ツユクサは被子植物の単子葉類，エンドウは被子植物の双子葉類の離弁花類に分類される。

2　被子植物は，胚珠が子房につつまれている。

3　単子葉類は子葉が1枚で，葉脈は平行に通り，茎の横断面を見ると，維管束はばらばらになっている。根は，たくさんの細いひげ根からなる。双子葉類は子葉が2枚で，葉脈は網目状に通り，茎の維管束は，輪の形に並んでいる。根は，太い1本の主根と，そこからのびる側根からなる。

4　Ａａの遺伝子をもつ種子が，自家受粉をしたときの遺伝子の組み合わせは右の表の通りである。

	A	a
A	ＡＡ	Ａａ
a	Ａａ	ａａ

よって，ａａの種子は，$800\times\frac{1}{4}=200$〔個〕

Ⅱ**1**　酸素を使って養分からエネルギーをとり出すとき，二酸化炭素と水ができる。

2(1)　**ア**のアミラーゼは，だ液にふくまれデンプンを分解する。**イ**のリパーゼは，すい液にふくまれ脂肪を分解する。**ウ**，**エ**はそれぞれすい液，胃液にふくまれる消化酵素である。

4　＜地球と宇宙・天気とその変化＞

Ⅰ**2**　新月から月の形は以下のようになる。①が新月，③が上弦の月，⑤が満月，⑦が下弦の月である。月は地球のまわりを約1か月かけて反時計まわりに公転しているので，**図1**の月は，3日後新月となる。

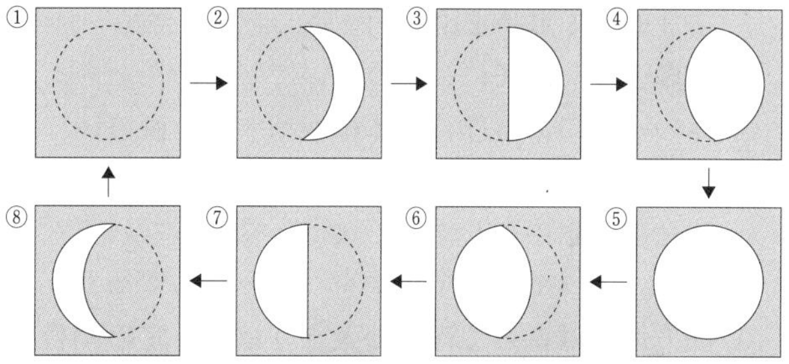

3　北の空の星は，北極星を中心に反時計回りに回転して見え，東の空の星は右ななめ上の方向に，西の空の星は右ななめ下の方向に移動して見える。

4　**図3**は，天体望遠鏡で観察した金星の像なので，実際は金星の左半分が光っている。また，金星が半分光っている形に見えるときは，地球と金星を結ぶ直線と太陽と金星を結ぶ直線がほぼ垂直に交わることから，金星は左下の図の位置にあると考えられる。

金星の公転周期は0.62年なので，0.62年で360°反時計回りに回転移動する。2か月($\frac{1}{6}$年)で移動する角度をx°とおくと，$0.62:360=\frac{1}{6}:x$　$x=96.7$…　2か月で金星は，およそ96.7°反時計回りに移動する。また，地球は2か月で$360\times\frac{1}{6}=60$°反時計回りに移動する。よって，2か月後の金星と地球は右下の図の位置にあると考えられる。2か月後，光って見える部分が大きくなり，地球と金星の距離は遠くなるため小さく見える。したがって，**イ**が適当。

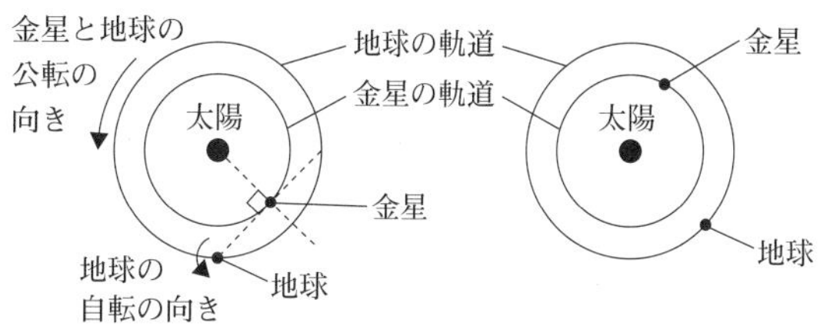

Ⅱ**2**　風向は風のふいてくる方向のことをさす。ひもが南西の方位にたなびいていることから，風は北東の方位からふいてきていると考えられる。天気・風力を表す記号は，右上の表の通りである。

天気	快晴	晴れ	くもり	雨	雪
記号	○	⦶	◎	●	⊗
雲量	0〜1	2〜8	9〜10		

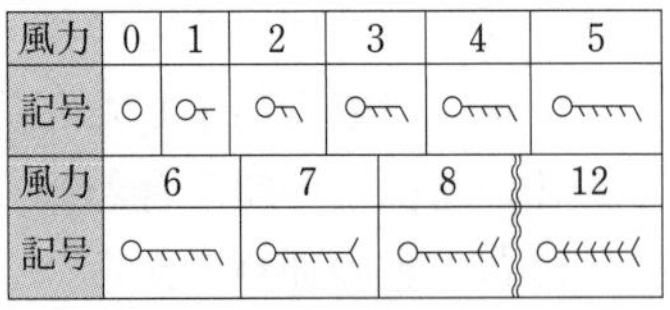

4　前線Xは温暖前線，前線Yは寒冷前線である。温暖前線の通過にともなって降る雨は，寒冷前線の通過にともなって降る雨に比べて，弱い雨が長時間降り続くことが多い。

5　＜運動とエネルギー・電気の世界＞

Ⅰ1　**物質の密度〔g/cm³〕＝$\frac{\text{物質の質量〔g〕}}{\text{物質の体積〔cm}^3\text{〕}}$**

直方体の体積＝5×5×10＝250〔cm³〕

よって，$\frac{300}{250}$＝1.2〔g/cm³〕

2　質量300 gの物体にはたらく重力の大きさは3.0 Nである。**表**より，水面から直方体の下面までの深さが8 cmのときのばねばかりの値は1.0 Nなので，直方体にはたらく浮力の大きさは，

3.0－1.0＝2.0〔N〕

3　**表**より，面Xに糸をつないでしずめたとき，直方体の水中にある部分の体積が増すと，直方体にはたらく浮力の大きさは一定の割合で大きくなり，直方体全部が水中にしずんだ後は，変わらないことがわかる。よって，面Yに糸をつないでしずめたときの直方体にはたらく浮力の大きさは，一定の割合で大きくなり，水面から直方体の下面までの深さが5 cmのところで，直方体全部が水中にしずむので，直方体にはたらく浮力の大きさは変わらなくなる。

4　**図3**のとき，直方体は静止しているので，糸が直方体を引く力と直方体にはたらく浮力の2つの合力と直方体にはたらく重力がつりあっている。糸を切るので，糸が直方体を引く力がなくなり，直方体にはたらく重力が浮力より大きいため直方体はしずむと考えられる。

Ⅱ1　**図1**のXは，抵抗に並列につないであるので電圧計であり，Pは電源の－極側なので－端子である。

3　**電圧〔V〕＝抵抗〔Ω〕×電流〔A〕**

電力〔W〕＝電圧〔V〕×電流〔A〕

図2より，抵抗器Aと抵抗器Bの抵抗の大きさは，

抵抗器A　$\frac{2.0}{0.1}$＝20〔Ω〕

抵抗器B　$\frac{3.0}{0.1}$＝30〔Ω〕

図4より，抵抗器Aに流れる電流の大きさは0.15 A。抵抗器Aに加わる電圧の大きさは，

20×0.15＝3.0〔V〕　**図3**は並列回路であり，並列回路では，各抵抗器にそれぞれ加わる電圧の大きさと回路全体に加わる電圧の大きさは等しいので，抵抗器Bに加わる電圧の大きさも3.0 V。抵抗器Bに流れる電流の大きさは，$\frac{3.0}{30}$＝0.10〔A〕　並列回路の回路全体に流れる電流の大きさは，各抵抗器を流れる電流の大きさの和になるので，

0.15＋0.10＝0.25〔A〕　よって，回路全体の電力は，3.0×0.25＝0.75〔W〕

令和3年度　鹿児島県公立高校入試問題　英語

正答例

1　1　ウ　2　エ　3　Tuesday

4　ウ→イ→ア　(完答)

5　イ

6　(1)　イ　(2)　help each other

7　(例)　I started cooking for my family.

2　1　①　エ　②　ア

2　①　history

②　walk

③　choose

④　we have to arrive

3　How many English classes

4　(例)　November 15 is not good for our class because we have the school festival on that day. How about November 22 ?

3　Ⅰ　1　ア　2　エ

Ⅱ　1(1)　Because he was going to leave Japan soon.

(2)　He felt nervous.

2　talking with people in English

Ⅲ　1番目　ウ　2番目　エ

4　1　ウ→ア→イ　(完答)

2　ア

3　**・野鳥にえさを与えると，食べ物を探さなくなるから。**

・人間が食べる物の中には，野鳥にはよくないものもあるから。

4　エ

5　grow plants they like

6　イ，エ　(順不同)

7　(例)　We can recycle newspapers. If we stop cutting trees, we can protect the homes of wild animals.

配　点

1	7　4点　他　3点×7	計25点
2	2④，3　3点×2　4　7点　他　2点×5	計23点
3	Ⅱ2，Ⅲ　3点×3　他　2点×4	計17点
4	2，4　2点×2　3　4点　7　5点 他　3点×4	計25点

解　説

1　＜聞き取りテスト台本・訳＞

＜チャイムの音四つ＞

これから，英語の聞き取りテストを行います。問題用紙の2ページを開けなさい。

英語は1番から4番は1回だけ放送します。5番以降は2回ずつ放送します。メモをとってもかまいません。

(約3秒間休止)

では，1番を始めます。まず，問題の指示を読みなさい。

(約13秒間休止)

それでは放送します。

Justin : Keiko, what do you want to be in the future ?

Keiko : I want to be a doctor in the future.

Justin : That's a nice dream !

Keiko : Thank you. I want to work at a hospital to help sick people.

（約 10 秒間休止）

訳　J：恵子，君は将来は何になりたいの？　K：私は将来医者になりたいわ。　J：それはすてきな夢だね！　K：ありがとう。私は病気の人々を助けるために病院で働きたいわ。

次に，**2**番の問題です。まず，問題の指示を読みなさい。　（約 13 秒間休止）

それでは放送します。

Yumi : Alex, hurry up ! Our bus will leave soon.

Alex : What time will the bus leave the station ?

Yumi : It will leave at 9:40.

Alex : OK. Let's go !

（約 10 秒間休止）

訳　Y：アレックス，急いで！　私たちのバスはすぐに出発するわ。　A：何時にそのバスは駅を出発するの？　Y：それは 9 時 40 分に出発するわ。　A：わかった。行こう！

次に，**3**番の問題です。まず，問題の指示を読みなさい。　（約 20 秒間休止）

それでは放送します。

Saki : John, we will study at the library with Lucy on Monday.

John : I'm sorry, Saki. I'll be busy on that day. I want to go on Tuesday.

Saki : OK. You want to go on Tuesday, right ? I will ask Lucy about it later.

John : Thank you, Saki.

（約 15 秒間休止）

訳　S：ジョン，私たちは月曜日にルーシーと図書館で勉強するつもりよ。　J：ごめん，早紀。僕はその日は忙しいんだ。僕は火曜日に行きたいよ。　S：わかったわ。あなたは火曜日に行きたいのね？　私はそれについて後でルーシーにたずねるわ。　J：ありがとう，早紀。

問題文の訳

S：こんにちは，ルーシー。ジョンは**火曜日**に図書館に行きたいの。あなたはその日に来られる？

L：いいわよ！

次に，**4**番の問題です。まず，問題の指示を読みなさい。　（約 15 秒間休止）

それでは放送します。

Hello, everyone. Please look at this picture. These are rice balls my grandfather and grandmother made. They are rice farmers. This summer, I went to their house. A small machine was flying over the rice field. Then, I remembered a lesson at school. The teacher said, "There are fewer farmers, so more machines will help farmers in the future." I think a lot of machines will work around us. We have to learn how to live with machines.　（約 10 秒間休止）

訳　こんにちは，みなさん。この写真を見てください。これらは私の祖父母が作ったおにぎりです。彼らは米農家です。今年の夏，私は彼らの家に行きました。小さな機械が田んぼを飛び回っていました。そのとき，私は学校での授業を思い出しました。先生は「農家の人数が少ないので，将来はより多くの機械が農家を助けるでしょう」と言いました。私はたくさんの機械が私たちの周りで働くだろうと思います。私たちは機械とどのように暮らすかを学ばなくてはなりません。

次に，**5**番の問題です。まず，問題の指示を読みなさい。　（約 13 秒間休止）

それでは放送します。

You learned about problems of the Earth this week. Now I want you to make a speech. First, give your speech next Friday. Second, make a speech about something you can do for the Earth. Third, please use some pictures with your speech. Do you have any questions ?　（3 秒おいて，繰り返す。）（約 10 秒間休止）

訳　あなたたちは今週地球の問題について学びました。さて，私はあなたたちにスピーチをしてもらいたいと思います。初めに，来週の金曜日にスピーチをしてください。二つ目に，あなたたちが何か地球のためにできることについてスピーチしてください。三つ目に，あなたたちのスピーチで何枚かの写真を使ってください。何か質問はありますか？

次に，**6**番の問題です。まず，問題の指示を読みなさい。　（約 20 秒間休止）

それでは放送します。

I want to talk about my father. He works at a space center. He started working there eight years ago. He works with a lot of people. Some people can speak English very well. Other people know a lot about science. Everyone helps each other when there is a problem.

One day, a woman at the space center had a problem with her computer. My father was able to help her because he knew a lot about computers. She was very glad.

From my father's story, I have learned it is important to help each other. Thank you.

Question (1) : How long has Kazuki's father worked at the space center ?　（約 7 秒間休止）

Question (2) : Kazuki has learned an important thing. What has he learned ?

(約7秒間休止)

では，2回目の放送をします。

(最初から質問(2)までを繰り返す。)(約15秒間休止)

訳 私は私の父について話したいと思います。彼は宇宙センターで働いています。彼は8年前にそこで働き始めました。彼は多くの人々と働いています。とても上手に英語を話す人々もいます。科学について多くのことを知っている人々もいます。問題があるときは，みんながおたがいに助け合います。

ある日，宇宙センターの女性が彼女のコンピューターに問題を抱えました。私の父はコンピューターについて多くのことを知っていたので，彼女を助けることができました。彼女はとても喜びました。

私の父の話から，私はおたがいに助け合うことが大切だと学びました。ありがとうございました。

(1) 和樹の父親は宇宙センターでどのくらい働いているか？

ア 5年間。　**イ 8年間。**

ウ 10年間。　エ 11年間。

(2) 和樹は大切なことを学んだ。彼は何を学んだか？

(正答例の訳) 彼は**おたがいに助け合う**ことは大切だと学んだ。

次に，7番の問題です。まず，問題の指示を読みなさい。　(約15秒間休止)

それでは放送します。

Olivia : During the winter vacation, I started reading English books.

Akira : Oh, really ? I also started doing something new.

Olivia : What did you do, Akira ?

Akira : (　　　　　　　　　　)

(約3秒おいて，繰り返す。)(約1分間休止)

訳 O：冬休みの間，私は英語の本を読み始めたわ。 A：おお，本当に？ 僕も何か新しいことをし始めたよ。 O：何をしたの，明？ A：(正答例の訳) **僕は家族のために料理をし始めたよ。**

＜チャイムの音四つ＞

これで，聞き取りテストを終わります。次の問題に進みなさい。

2 ＜英文表現＞

1　A：ケビン，私たちは来週の日曜日に博の誕生日パーティーをするつもりよ。②**私たちに参加する？** K：うん，喜んで。 A：よかった。私たちは明日学校で彼のために誕生日カードを作るつもりよ。私たちはカードに私たちの写真を貼るわ。 K：いいね。僕の写真を持ってくるべきかな？ A：ええ，お願いするわ。 K：わかった。①**他に何かある？** A：いいえ，結構よ。彼にメッセージを書きましょう。またそのときにね。 K：またね。

2　R：エミリー，次の土曜日はあなたが私たちの町である，みどり町に来てから最初の休日ね。 E：ええ。私はこの町の多くの場所に行きたいわ。 R：これを見てちょうだい。私たちは一緒にこの町のいくつかの場所を訪れることができるわ。 E：まあ，それはいいわ。梨花，このツアーについて私にもっと教えて。 R：いいわよ。初めに，私たちはひばり城に行くわ。私たちはその①**歴史**を学ぶことができるわ。私たちはたくさんの桜を見ることもできるわ！ そして，私たちはかみや商店街に行くわ。私たちは②**歩き**回って，買い物と昼食を楽しむことができるのよ。 E：おもしろそうね。そのあとに私たちは何をするつもりなの？ R：私たちはながはまビーチに行くつもりよ。私たちは魚釣り，バレーボール，サイクリングから一つの活動を③**選ぶ**わ。 E：わあ，私は待ちきれないわ。ああ，そのツアーは何時に始まるの？ R：9時よ。でも④**私たちは8時40分までにみなみ駅に着かないといけないわ**。 E：わかった。私はあなたと行くつもりよ。それは楽しいでしょうね。

3　E：雄二，あなたはとても上手に英語を話すわ。あなたは一週間に**いくつの英語の授業**があるの？

Y：僕たちは4つの英語の授業があります。僕は学校で英語を勉強することを楽しんでいます！

※ Yujiが英語の授業数を答えていることから，数を聞く表現が入ることがわかる。

4　親愛なるサイモン，

メールを送ってくれてありがとうございます，しかしビデオ通話の日を変更することはできますか？ **11月15日に私たちは文化祭があるので，その日は私たちのクラスにとって都合がよくないのです。11月22日はどうですか？** すぐにお返事をください。

あなたの友人，陸

3 ＜英文読解・概容把握＞

I 〈テレビ番組表〉

11：30 Green Park
赤ちゃんゾウが母親と歩くことを学ぶ。

12：30 Visiting Towns
有名なテニス選手が小さな町を訪れる。

14：00 Music！ Music！ Music！
人気歌手たちがたくさんの歌を歌う。

15：00 Try It！
リッキーが新しいサッカーチームを作ることを決める。

16：30 Find Answers
どちらのチームがゲームに勝つのか？

18：00 News London
ロンドンからのニュース，スポーツ，天気。

1　太郎は動物について学びたい。彼はどの番組を見るか？

ア Green Park　イ Visiting Towns

ウ Try It！　エ Find Answers

2　太郎はサッカーの試合のニュースについての番組

を見たい。何時にその番組は始まるか？

ア　11：30　　イ　12：30
ウ　14：00　　**エ　18：00**

※18：00からの「News London」では，スポーツについてのニュースが放送されるため，サッカーの試合についてのニュースを見るためには，その番組を見ればよいことがわかる。「News London」は18：00に始まるため，答えは**エ**になる。

Ⅱ　私の母は高校の英語の先生だ。彼女の友人のジョーンズさんがもうすぐ日本を発つ予定だった。だから彼女は来月私たちの家で彼のためのパーティーを計画した。彼女は私に「あなたはパーティーに参加する？」と言った。

私はうまく英語を話せないとわかっていたので，すぐにはいと言うことができなかった。私は人々と英語で話すことは私にとって難しいと思った。だから私は家で母と練習した。彼女は「あなたは質問が理解できないときは『Pardon？（何ですか？）』や『Would you say that again, please？（もう一度言ってくださいますか？）』と言わなくてはいけないわ。あなたが理解できないときに何かを言うことは大切よ」と言った。私はときどき母の質問が理解できなかったときに「Pardon？」と言った。彼女は質問の仕方も見せてくれた。

ついに，その日が来た！　パーティーの朝，私は自分の英語が上達していると思わなかったので，緊張した。ジョーンズさんが来て，午後2時にパーティーが始まった。

彼は私にたくさんの質問をした。私は彼の質問が理解できなかったとき，「Pardon？」と言った。彼は私にもう一度とてもゆっくりと質問をしたので，ついに私は理解した。そして，私は彼にいくつかの質問をした。彼は答えた！　私は彼と話をしてうれしかった。私の母もうれしそうだった。私は**人々と英語で話すこと**は難しくないと感じた。今，私は英語が大好きだ。

1⑴　なぜ武志の母はジョーンズさんのためのパーティーを計画したのか？
（正答例の訳）**彼がもうすぐ日本を出発する予定だったから。**

⑵　パーティーの朝，武志はどのように感じたか？
（正答例の訳）**彼は緊張した。**

Ⅲ　みなさん，おはようございます。あなたは電車とバスは好きですか？　私はそれらが大好きです。さて，私は2009年から2014年までにそれらを利用した人々の数について話します。このグラフを見てください。多くの人が鹿児島中央駅でＪＲを利用しました。私たちは2010年から2011年までに最も大きな変化を見つけることができます。2011年には，約1500万人が電車を利用しました。その年に鹿児島中央駅から博多駅まで九州新幹線が走り始めた。だから私は多くの人々が新幹線を利用し始めたのだと思います。さて，私はバスについて話します。次のグラフを見てください。多くの人々がバスを利用しましたが，バスの利用者の数はほぼ毎年減りました。私は多くの人々が車を使ったのだと思います。ご清聴ありがとうございました。

※小春が最初に示したグラフは，2010年と2011年との差が最も大きく，2011年に約1500万人になっているものである。2つ目に示したグラフは，ほぼ毎年数が減っていると述べていることから，右肩下がりになっているグラフを選ぶ。

4　＜長文読解＞

エイミーはオーストラリアの小さな町に住む中学生だった。彼女の父親がオーストラリアで働き始めたので，彼女は先月アメリカからやって来た。彼女は新しい学校に友達がいなかったのでうれしくなかったが，すぐに①**彼女は庭の木にそれを見つけた**。それは野生の鳥のゴシキセイガイインコだった。彼は体に，青，黄色，緑，オレンジの美しい色があった。彼はしばしばバルコニーに来た。ある週末，彼女は彼のために何切れかのパンをバルコニーに置いた。彼はそれらを食べに来た。エイミーはうれしかった。

次の月曜日に学校で，エイミーは木に何羽かの同じ種類の鳥を見つけた。彼女が彼らを見ていたとき，彼女のクラスメートの一人が彼女に話しかけに来た。「あれらの鳥は美しいね。君は鳥に興味があるの？　やあ，僕の名前はケンだよ。はじめまして。」「こんにちは，私はエイミーよ。私は私の庭でも一羽見つけたわ。私は彼をリトル・ピーターと名付けたの。私は彼が大好きよ」とエイミーは言った。「おお，そうなの？　君はその鳥を年中このあたりで見ることができるよ。彼らは花のミツと花粉を食べるんだ。僕は彼らが何の植物が好きかを知っているから，それらを僕の庭で育てているんだよ。ゴシキセイガイインコはとても友好的なんだ。」「そうなのね」とエイミーは言った。彼女はその鳥についてたくさん学んでわくわくした。

エイミーとケンはしばしば学校で動物について話した。彼らは仲の良い友達になった。エイミーはケンに，彼女とリトル・ピーターも仲の良い友達であることを知ってほしかった。だから，ある午後，彼女はケンに「リトル・ピーターは私のことが大好きなのよ。彼は私の手に乗るわ」と言った。「おお，彼は君を怖がらないの？」「ええ，怖がらないわ。リトル・ピーターはかわいくて，私は彼に毎日パンをあげるの。」ケンは驚いて「パンだって？　野生の鳥にパンをあげるのはよくないよ」と言った。エイミーはなぜケンがそう言うのか理解できなかった。彼女は「でもリトル・ピーターは私が彼にあげるパンが大好きなのよ」と言った。彼は「聞いて。君は野生の鳥に食べ物をあげるべきではないよ」と言った。「どういう意味？」と彼女は言った。ケンは「ええと，二つの理由があるよ。一つ目は，もし人々が野生の鳥に食べ物をあげたら彼らは食べ物を探すことをやめてしまうだろう。二つ目は，僕たちが食べるいくらかの食べ物は彼らにとって良くないんだ」と続けた。エイミーは「でもリトル・ピーターは私の友達よ。彼は私の手からパンを食べるの」と言った。「もし君が野生の鳥の本当の友達になりたいなら，君は彼らが好きな植物を育てるべきだよ。それが唯一の方法なんだ！」ケンは怒って教室を去った。エイミーはショックを受けた。

その夜，エイミーはバルコニーに行った。彼女は「ケンは怒っていたわ。もし私がリトル・ピーターにパンをあげ続けたら彼は病気になってしまうかもしれない。私はケンとリトル・ピーターの両方の友達を失うかもしれないわ」と思った。彼女は②**不安に**なった。

翌朝学校で，エイミーはケンに会った。彼女は「ケンは野生の動物についてたくさん知っているわ。彼が正しいに違いない」と思った。彼女はケンのところに行き，勇気をふりしぼって「ごめんなさい，ケン。私が間違っていたわ。私は二度とリトル・ピーターに食べ物をあげないわ」と言った。ケンはほほえんで「いいんだ。君はただ知らなかっただけだよ」と言った。エイミーは「ゴシキセイガイインコは私たちのペットではないわ。今私は，③**私たちは彼らの好きな植物を育てること**だけをすべきだとわかるわ。そうしたら私たちは彼らと良い友達になれるわね」と言った。「その通りだよ。はいどうぞ。」ケンは彼女に野生動物についての本をあげた。「僕はこの本を毎日読んだけれど，今はもうそれは君のものだよ。もし君がこの本を読んだら，君は野生動物と友達になる方法を学ぶことができるよ。」「ありがとう，ケン」とエイミーはほほえんだ。

３　本文訳波線部参照。

６　ア　エイミーは野生動物が大好きだったのでオーストラリアに来た。

イ　エイミーはケンに，リトル・ピーターは彼女の友達であることを知ってほしかった。

ウ　ゴシキセイガイインコはときどき彼らの食べ物を見つけるために外国を旅する。

エ　ケンは，人々は野生動物と友達になることができると考えていた。

オ　リトル・ピーターはエイミーの庭から去って，エイミーは彼女の友達であるケンを失った。

７　A：私はあなたがくれた本を読んだわ。ありがとう。　K：どういたしまして。それはおもしろかった？　A：ええ。私たちの生活の中で私たちが野生動物のためにできることたくさんのことがあるわ。　K：おお，君は新しい考えを得たんだね。僕に例をくれる？　A：**私たちは新聞をリサイクルできるわ。もし私たちが木を切ることをやめたら，私たちは野生動物の家を守ることができるわ。**　K：それはいい考えだよ，エイミー！　僕たちは世界を野生動物にとってより良い場所にすべきだね。高校では，僕は動物保護について多くのことを勉強したいんだ。　A：私もよ！

令和３年度　鹿児島県公立高校入試問題　社　会

正答例

１ Ⅰ１　**大西洋**（漢字指定）　　２　**イ**

３　**フィヨルド**

４　**季節風（モンスーン）の影響を受けて，降水量が多くなるから。**

５　**エ**

６Y　**サトウキビ**

Z　**原料になる植物が大気中の二酸化炭素を吸収しているため，大気中の二酸化炭素は増えない**

Ⅱ１　**明石（市）**（漢字指定）

２　**対馬海流**（漢字指定）

３（果実）**みかん**　　（県）**A**　　４　**ア**

５　**64歳以下の世代の人たちを中心として，千里ニュータウンの人口が減っている**

Ⅲ

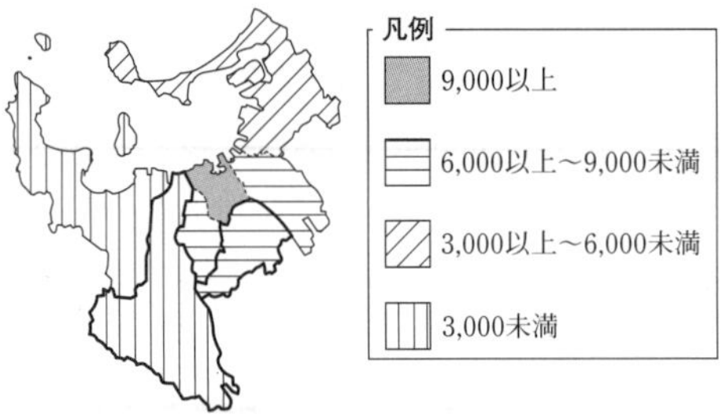

２ Ⅰ１　**院政**（漢字指定）　　２　**前方後円墳**

３　**エ→イ→ア→ウ**　　４　**ウ**

５　**千利休**　　６　**ア**

７　**一揆の中心人物がわからないようにする**

Ⅱ１　①　**八幡製鉄所**　　②　**サンフランシスコ**

２　**日米和親条約**（漢字指定）

３　**アヘンを生産して，清に輸出した**

４　**イ→ア→ウ**　　５　**ア**　　６　**イ**

Ⅲ　**第一次世界大戦の反省から，国際協調が重視され，ワシントン会議などで世界的に軍備の縮小を進める動きが強まったため。**

３ Ⅰ１　**最高法規**　　２　**ウ→ア→イ**

３（核兵器を）**持たず，つくらず，持ちこませず**

４（内閣総理大臣は）**国会議員のなかから国会によって指名されるのに対して，知事は住民から直接選挙によって選出される。**

５　**イ**

Ⅱ１　**預金**　　２　**製造物責任法（ＰＬ法）**

３　**エ**　　４　**ア**

５（失業した労働者に対して）**技能を身につけ，再就職ができるように職業訓練の機会を提供する。/社会保険や公的扶助などの社会保障制度を整備して生活を保障する。**

Ⅲ　**空いているレジがないため無駄がなく効率がよく，また，並んだ順番に会計が済むため公正である。**（45字）

配 点

1 Ⅱ5 Ⅲ	4点×2	他	2点×12	計32点
2 Ⅱ4 Ⅲ	3点×2	他	2点×13	計32点
3 Ⅰ4，5 Ⅱ5 Ⅲ	3点×4	他	2点×7	計26点

解 説

1 **＜地理総合＞**

Ⅰ **A**－ナイジェリア，**B**－インド，**C**－中国，**D**－オーストラリア。

1 世界の三大洋は，**太平洋**，**大西洋**，**インド洋**。

2 略地図は，緯線と経線が直角に交わるようにかかれた**メルカトル図法**であるので，赤道から離れるほど，実際の面積よりも大きく示され，長さも長く示される。略地図中の**イ**は，エクアドルを通ることから，赤道の一部とわかるので，答えは**イ**。

3 ⓧは**スカンディナビア半島**。もともと山地の谷であった部分に，海水が入りこんでできた**リアス海岸**と間違えないようにおさえておこう。

4 カンボジアは熱帯モンスーン気候に属し，**資料2**のように，大きく乾季と雨季のふたつの季節に分けられるため，**資料1**のように湖の面積が異なる。

5 **エ**－経済特区などの沿岸部の都市が成長する一方で，内陸部との格差が社会問題となっている。**ア**－**D**のオーストラリアは鉱産資源が豊富であり，鉄鉱石や石炭の輸出が多い。**イ**－**B**のインドには，アメリカなどの情報通信技術関係の企業が進出している。その理由として，英語が準公用語となっていることや，アメリカが夜のときインドは昼であるので，アメリカの企業が24時間対応可能なことが挙げられる。**ウ**－**A**のナイジェリアなどアフリカの多くの国々では，少ない種類の商品作物や鉱産資源を輸出して経済が成り立っている**モノカルチャー経済**である。モノカルチャー経済では，天候や景気によって商品の価格が大きく変動するため，輸出品の種類が少ないと，毎年安定した収入を得ることができないという課題がある。

6 バイオエタノールは，原料としてブラジルではさとうきび，アメリカではとうもろこしから主に作られている。植物は生長過程で二酸化炭素を吸収しており，燃やしても大気中の二酸化炭素の総量は増えないと考えられるため，地球温暖化対策になる燃料と考えられている。

Ⅱ 1 それぞれの国が定めている標準時子午線の経度が15度異なるごとに1時間の時差が生じる。

2 日本海側を流れる寒流は**リマン海流**，太平洋側を流れる暖流は**黒潮（日本海流）**，寒流は**親潮（千島海流）**。

3 和歌山県や**A**の愛媛県でみかんの生産が盛ん。**B**－高知県，**C**－香川県，**D**－徳島県。

4 **Z**の愛知県は，中京工業地帯があり，自動車などの輸送用機械の生産が盛んであることから，製造業の割合が最も高い**ア**が**Z**の愛知県。**Y**の京都府は，観光業が盛んであることから，宿泊・飲食サービス業の割合が高い**イ**が京都府，農林水産業の割合が高い**ウ**が**X**の島根県。

5 **資料3**から，千里ニュータウンの人口が減少していること，**資料4**から，0～14歳，15～64歳の人口の占める割合が減っていることが読み取れ，減少した人口の多くを0～64歳の人々が占めることがわかる。

Ⅲ 人口密度は，人口÷面積で求められる。南区の人口密度は，255,797÷31.0＝8251.5…。早良区の人口密度は，217,877÷95.9＝2271.9…。これをもとに凡例にしたがって地図を完成させる。

2 **＜歴史総合＞**

Ⅰ 1 白河上皇の院政は1086年に始まった。

2 **大和政権（ヤマト王権）**とは，3世紀後半に，奈良盆地を中心とする地域に，王を中心に，近畿地方の有力な豪族で構成された勢力のこと。古墳が盛んにつくられた時代を古墳時代といい，古墳の表面にはさまざまな形の**埴輪**がおかれた。

3 **A**が始まったのは645年，**B**は1392年。**A**の後，中大兄皇子は**天智天皇**として即位した。天智天皇の没後，あと継ぎをめぐる大海人皇子と大友皇子の争い（**壬申の乱**）がおき，勝った大海人皇子が**天武天皇**として即位した（**エ**－飛鳥時代）→都の東大寺には，金銅の大仏が造られた（**イ**－奈良時代）→797年に坂上田村麻呂は征夷大将軍に任命された（**ア**－平安時代）→「平家物語」は源平の争乱での武士の活躍をえがいたもの（**ウ**－鎌倉時代）。

4 **ア**－江戸幕府の仕組み。**イ**－鎌倉幕府で行われた執権政治。**エ**－奈良時代における律令制の仕組み。

5 千利休は，禅宗の影響を受け，名誉や富よりも内面の精神性を重視し，質素なわび茶の作法を完成させた。

6 **B**は1392年。**C**は1590年。**B**と**C**の間には，鉄砲やキリスト教など，ヨーロッパの文化が伝来していることをおさえる。ルターが宗教改革を始めたのは1517年。彼らはカトリック教会ではなく聖書に信仰のよりどころを置き，**プロテスタント**と呼ばれた。カトリック教会もプロテスタントに対抗して改革を始め，その中心になった**イエズス会**は，**ザビエル**などの宣教師を派遣してアジアへの布教を行った。**イ**－1775年，**ウ**－610年ごろ，**エ**－936年。

7 18世紀になると，農村では，不正をはたらく役人の解任や年貢の引き下げのほか，商品作物の自由な売買などを，**百姓一揆**をおこして訴えた。特にききんのときには一揆が増えた。また，江戸や大阪では都市の貧しい人々が，米の売りおしみをする商人などをおそう**打ちこわし**を行った。

Ⅱ 1① 八幡製鉄所は，日清戦争で得た賠償金を基に建設され，1901年に操業を開始し，国内での鉄鋼生産の大部分を占め，後の重化学工業発展の基礎となった。

② **吉田茂**内閣によって結ばれた。サンフランシスコ平和条約と同時に，吉田内閣はアメリカと**日米安全保障条約**を結び，これによって，日本の安全と東アジアの平和を守るという理由から，占領終結後もアメリカ軍基地が日本に残された。

2　日米和親条約で下田と函館の２港が開港したことにより，鎖国政策はくずれ，開国した。1858年には，大老の**井伊直弼**によって**日米修好通商条約**が結ばれ，函館，神奈川（横浜），長崎，新潟，兵庫（神戸）の５港を開港した。この条約は，アメリカに**領事裁判権**を認め，日本の**関税自主権**がないなど，日本にとって不利な内容をふくむ不平等条約であった。領事裁判権は後に，陸奥宗光によって撤廃され，日本で罪を犯した外国人を日本の法律で裁くことができるようになった。関税自主権は1911年に**小村寿太郎**によって完全回復し，輸出入品に対して自由に関税を決めることができるようになった。

3　**資料**は1840年におきた**アヘン戦争**のようす。イギリスは，綿織物をインドに輸出し，インドでアヘン（麻薬）を栽培させて清に持ちこんで売り，茶などを買う**三角貿易**を行っていた。

4　明治時代は1868年～1912年。1873年→1890年→1905年。**エ**は大正時代。第一次世界大戦（1914年～1918年）で欧米列強のアジアへの影響が弱まると，1915年に日本は中国に対して二十一か条の要求を示し，大部分を強引に認めさせた。

5　日ソ共同宣言により，ソ連と国交が回復し，同年，日本はソ連の支持を受けて，国際連合に加盟し，国際社会に復帰した。北方領土は，北海道の東にある，歯舞群島，色丹島，国後島，択捉島のことで，ロシアによって不法に占拠されている。1972年に田中角栄内閣が日中共同声明によって中国と国交を正常化した。小笠原諸島は1968年に日本に復帰した。

6　日本の高度経済成長は1955年から1973年までの間。中国，ソ連の支援を受ける北ベトナムや南ベトナム解放民族戦線と，アメリカが，1965年から戦ったベトナム戦争では，世界各地で反戦運動が高まり，アメリカが中国との関係を改善し，1973年にベトナムから撤退した。**ア**－1945年10月，二度の世界大戦への反省から，国際連合が設立された。**ウ**－1989年にドイツで冷戦の象徴であったベルリンの壁が取り壊され，翌年，東西ドイツが統一し，1991年にはソ連が解体された。**エ**－湾岸戦争は，1991年に，石油資源をねらうイラクが，クウェートに侵攻したのをきっかけにおこった戦争。

Ⅲ　1914年から1918年にかけておきた第一次世界大戦の反省から軍備の縮小を目指す動きが強まり，1921年～1922年，アメリカの提案でワシントン会議が開かれた。日本は，海軍の主力艦の保有を制限する条約をはじめ，太平洋地域の現状維持や，中国の主権尊重・領土保全などを取り決めた条約に調印した。

3　＜公民総合＞

Ⅰ 1　政治権力から人権を守り，保障していくために，憲法によって政治権力を制限するという考えを**立憲主義**という。

2　1789年。自由権や平等権が確立された。（**ウ**）→20世紀に入ると，人々の人間らしい生活を保障しようとする**社会権**が認められるようになり，1919年のドイツの**ワイマール憲法**は，社会権を取り入れた最初の憲法である。（**ア**）→第二次世界大戦後，人権は1948年の国際連合の世界人権宣言などによって国際的に保障されてきている。（**イ**）

3　日本は，1945年，広島と長崎に原子爆弾を投下された唯一の被爆国である。

4　地方公共団体の首長は，住民から直接選挙によって選ばれ，住民が首長と地方議員の２種類の代表を選ぶ**二元代表制**となっている。

5　Ⅰ区の有権者数が最も多い1000人，Ⅲ区の有権者数が最も少ない500人であることから，一票の格差の最大は２倍であることがわかる。**ア**－一つの選挙区で一人の代表を選ぶ**小選挙区制**であるので，○○党が３人当選することから，過半数の議席を獲得する。**ウ**－□□党は議席を獲得できない。**エ**－すべての選挙区をあわせた投票率は2400（得票数の合計）÷4000（有権者数）＝0.6となるので60％。

Ⅱ 1　クレジットカード代金の支払いや企業からの給料の支払いなどは，多くの場合，銀行の預金で行われる。預金で支払いを行うことができるのは，預金そのものが貨幣（通貨）であるからで，現代の社会では銀行預金などの**預金通貨**も，紙幣や硬貨などの**現金通貨**と同様に，貨幣としての役割を果たしている。

3　逆に好景気のときには，公共投資を減らして民間企業の仕事を減らしたり，増税をして消費を減少させたりすることで，景気をおさえようとする。

4　現代では，企業は教育や文化，環境保全などで積極的に社会貢献を行う，企業の社会的責任（ＣＳＲ）を果たすべきだと考えられている。

5　日本の労働者の多くは非正規労働者であり，非正規労働者は正規労働者と同じ仕事をしても賃金は低く，経済が悪化すると雇用調整の対象になりやすいため，非正規労働者が正規労働者になれるように専門技能の習得を促すとともに，失業しても困らないように，社会全体で，生活保護や職業訓練などのセーフティーネットを整備していくことが必要である。

Ⅲ　無駄なく効率的に利用できているかという「効率」の考え方と，一部の人の不利益になることがないかという「公正」の考え方で解答をつくればよい。

令和3年度　鹿児島県公立高校入試問題　数学

正答例

[1] 1(1)　27　　(2)　$\frac{8}{15}$　　(3)　$\sqrt{3}$

(4)　(時速)12(km)　　(5)　6(本)

2　($a=$)3　　3　42(cm^3)

4　($n=$)7　　5　ウ

[2] 1　64(度)　　2　$\frac{11}{12}$

3　$(x-3)(x+7)$

4　(証明)

△AGLと△BIHにおいて,

△ABCは正三角形だから,

∠LAG＝∠HBI＝60°　　…①

∠ALG＋∠AGL＝120°　　…②

△DEFは正三角形だから，∠GDH＝60°

∠DGH＋∠DHG＝120°　　…③

対頂角は等しいから,

∠AGL＝∠DGH　　…④

②，③，④より,

∠ALG＝∠DHG　　…⑤

また，対頂角は等しいから,

∠DHG＝∠BHI　　…⑥

⑤，⑥より,

∠ALG＝∠BHI　　…⑦

①，⑦より，2組の角がそれぞれ等しいから,

△AGL∽△BIH

5　(式と計算)

$$\begin{cases} 5x+8y=70 & \cdots① \\ 3x+5y=43 & \cdots② \end{cases}$$

①×3　　$15x+24y=210$

②×5　$-)\ 15x+25y=215$

$-y=-5$

$y=5$

$y=5$を①に代入して,

$5x+40=70$

$5x=30$

$x=6$

答　(Mサイズのレジ袋)　6(枚)
　　(Lサイズのレジ袋)　5(枚)

[3] 1　a　6　　b　9(完答)

2　35.5(冊)

3(1)　0.35　　(2)　ア，ウ(順不同・完答)

[4] 1　18

2イ　(1，2)　　ウ　$\left(\frac{3}{2},\ \frac{9}{2}\right)$

3(1)　$2(t+2)^2$

(2)　(求め方や計算)

A$(t,\ 2t^2)$，B$(t+1,\ 2(t+1)^2)$,

C$(t+2,\ 2(t+2)^2)$である。

L$(t,\ 0)$，M$(t+1,\ 0)$，N$(t+2,\ 0)$

とおくと,

台形ALNCの面積は,

$\frac{1}{2}\times\{2t^2+2(t+2)^2\}\times 2$　…①

台形ALMBの面積は,

$\frac{1}{2}\times\{2t^2+2(t+1)^2\}\times 1$　…②

台形BMNCの面積は,

$\frac{1}{2}\times\{2(t+1)^2+2(t+2)^2\}\times 1$　…③

△ABCの面積は，①－(②＋③) より,

$\frac{1}{2}\times\{2t^2+2(t+2)^2\}\times 2$

$-\frac{1}{2}\times\{2t^2+2(t+1)^2+2(t+1)^2+$

$2(t+2)^2\}\times 1$

$=t^2+(t+2)^2-2(t+1)^2$

$=2$

答　2

(同じ面積になる)・　同じ面積にならない

[5] 1　⑤

2

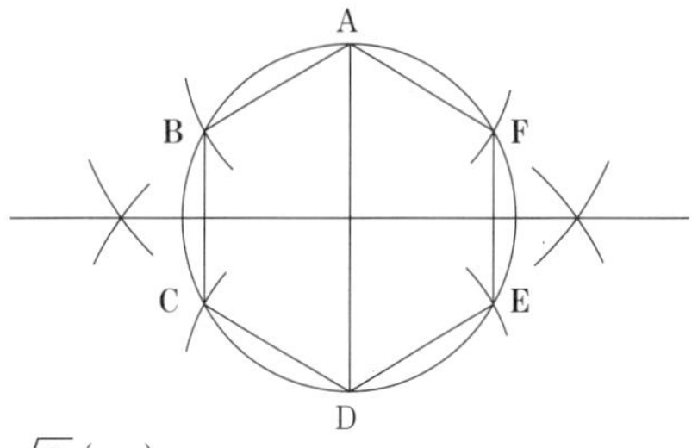

3(1)　$\sqrt{3}$(cm)

(2)　$10\sqrt{3}$(cm^2)

(3)　(式と計算)

AP＝t(cm)である。

点Mが辺CD上にあるから，$6\leqq t\leqq 8$

△MDPにおいて,

DP＝$8-t$(cm)，DP：MP＝1：$\sqrt{3}$より,

MN＝2MP＝$2\sqrt{3}(8-t)$(cm)

△AMNの面積が$8\sqrt{3}$cm^{2}であるから,

$\frac{1}{2}\times 2\sqrt{3}(8-t)\times t=8\sqrt{3}$

$t^2-8t+8=0$

解の公式より，　$t=\frac{8\pm 4\sqrt{2}}{2}$

$t=4\pm 2\sqrt{2}$

$6\leqq t\leqq 8$より，　$t=4+2\sqrt{2}$

答　$4+2\sqrt{2}$(秒後)

配　点

[1]	3点×9	計27点
[2]	1，2，3　3点×3　　4，5　4点×2	計17点
[3]	3点×4	計12点
[4]	1，2イ，2ウ，3(1)　3点×4　　3(2)　5点	計17点
[5]	1，3(1)，3(2)　3点×3　　2，3(3)　4点×2	計17点

解　説

[1] ＜計算問題・小問集合＞

1(1)　×と÷の計算を，＋と－の計算より先にする。

$5\times 4+7=20+7=27$

(2)　×と÷の計算を，＋と－の計算より先にする。

$\frac{2}{3}-\frac{3}{5}\div\frac{9}{2}=\frac{2}{3}-\frac{3}{5}\times\frac{2}{9}$

$=\frac{2}{3}-\frac{2}{15}=\frac{10}{15}-\frac{2}{15}=\frac{8}{15}$

(3)　根号の中を最も簡単な数にしていく。また，分母に根号がある場合は分母を有理化する。

$\sqrt{6}\times\sqrt{8}-\frac{9}{\sqrt{3}}$

$=\sqrt{48}-\dfrac{9\times\sqrt{3}}{\sqrt{3}\times\sqrt{3}}$

$=\sqrt{4^2\times3}-\dfrac{9\sqrt{3}}{3}$

$=4\sqrt{3}-3\sqrt{3}=\sqrt{3}$

(4) 20分は$20\div60=\dfrac{1}{3}$より，$\dfrac{1}{3}$時間

(速さ)＝(道のり)÷(時間)より，

$4\div\dfrac{1}{3}=4\times3=12$より，時速12km

(5) 正四面体は右図より，すべての面は正三角形で面の数は４つ，頂点の数は４つ，辺の数は６本である。

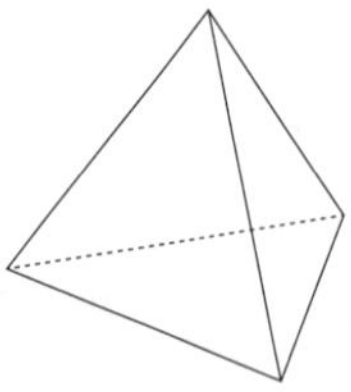

2　$7x-3a=4x+2a$に$x=5$を代入し，

$7\times5-3a=4\times5+2a$

$35-3a=20+2a$，$5a=15$，$a=3$

3　図の立体は三角柱である。この三角柱を三角柱ＡＢＣ－ＤＥＦとすると，△ＡＢＣにおいて，**三平方の定理**より，

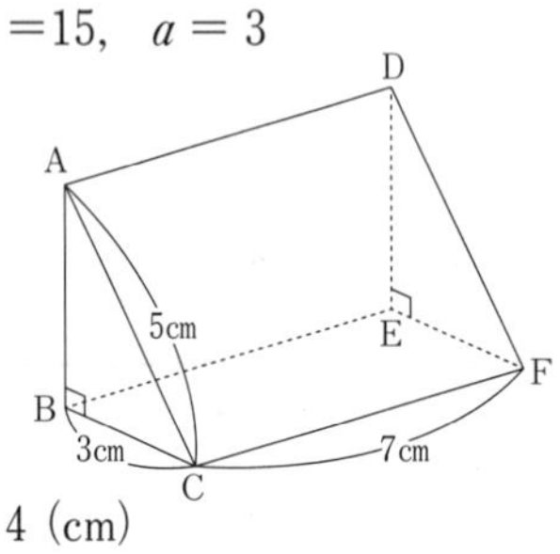

$AB=\sqrt{5^2-3^2}=\sqrt{16}=4\ (\text{cm})$

(角柱の体積)＝(底面積)×(高さ)より，

$\dfrac{1}{2}\times3\times4\times7=42\ (\text{cm}^3)$

4　ある自然数の２乗になる数は，素因数分解したとき，２乗の積で表すことができる。

28を素因数分解すると，$28=2^2\times7$

よって，できるだけ小さい自然数は，$n=7$

5　［　　］にあてはまる年の桜島降灰量をx g/m^{2}とすると，$x\times1.47=1193$が成り立つ。

$x=1193\div1.47=811\cdots$より，答えはウ

[2] ＜円・確率・因数分解・証明・連立方程式＞

1　**半円の弧に対する円周角は90°**だから，

∠ＣＤＡ＝90°

∠ＡＣＤ

＝180°－90°－26°

＝64°

1つの弧に対する円周角はすべて等しいから，

$\angle x=\angle ACD=64^\circ$

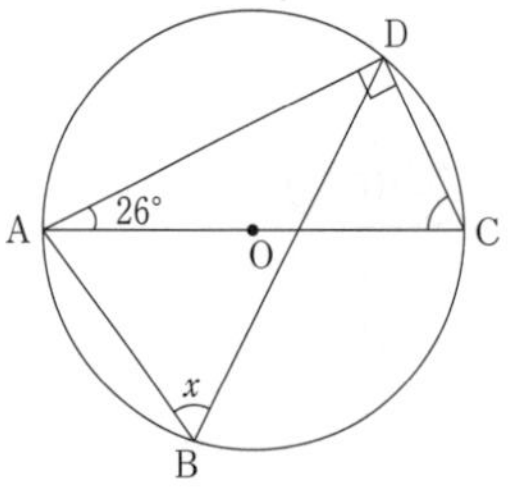

2　右図より，大小２つのさいころを投げるとき，すべての場合は全部で36通りあり，出た目の数の和が10以下となるのは○をつけた33通りあるから，

求める確率は，$\dfrac{33}{36}=\dfrac{11}{12}$

小＼大	1	2	3	4	5	6
1	②	③	④	⑤	⑥	⑦
2	③	④	⑤	⑥	⑦	⑧
3	④	⑤	⑥	⑦	⑧	⑨
4	⑤	⑥	⑦	⑧	⑨	⑩
5	⑥	⑦	⑧	⑨	⑩	11
6	⑦	⑧	⑨	⑩	11	12

※あることがらＡの起こる確率がpであるとき，Ａの起こらない確率は$1-p$である。

出た目の数の和が10より大きくなる確率は，

$\dfrac{3}{36}=\dfrac{1}{12}$より，求める確率は，$1-\dfrac{1}{12}=\dfrac{11}{12}$

3　$x+3$を１つの文字におきかえて考える。

$x+3=M$とおくと，

$(x+3)^2-2(x+3)-24$

$=M^2-2M-24$

$=(M-6)(M+4)$

$=(x+3-6)(x+3+4)$

$=(x-3)(x+7)$

4　正三角形の１つの角は60°であることや対頂角は等しいことを用いて，２組の角がそれぞれ等しいことを証明する。

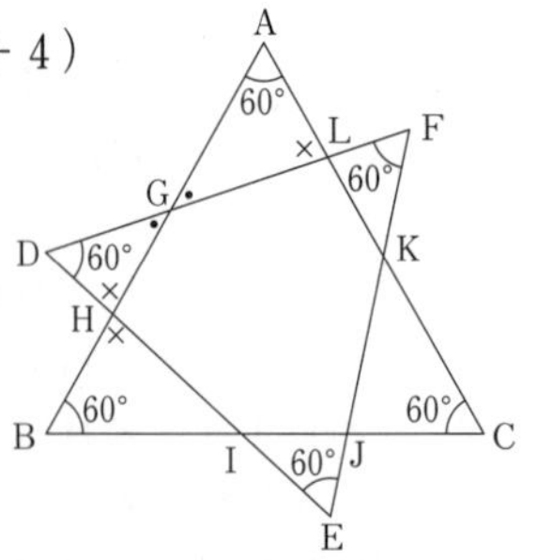

5　本数の合計が70本の場合と代金の合計が43円の場合の２通りの式をつくり，連立方程式を解く。

[3] ＜資料の整理＞

1　借りた本の冊数が20冊以上40冊未満の人数は16人，**表**より，借りた本の冊数が30冊以上40冊未満の人数は10人だから，20冊以上30冊未満の人数は，16－10＝６(人)より，［ａ］＝６

また，**表**の総度数から，40－(３＋５＋６＋10＋７)＝40－31＝９より，［ｂ］＝９

2　**中央値**…調べようとする資料の値を大きさの順に並べたときの中央の値で，資料の総数が偶数のときは，中央に並ぶ２つの値の合計を２でわった値を中央値とする。

総度数は40人(偶数)，**表**から20冊未満の人数が８人おり，これと20冊以上40冊未満の16人の本の冊数より，小さい方から20番目の冊数は35冊，21番目の冊数は36冊だから，中央値は，$\dfrac{35+36}{2}=35.5$(冊)

3(1)　**(ある階級の相対度数)＝$\dfrac{\text{(その階級の度数)}}{\text{(総度数)}}$**

図より，Ａグループ20人について，40冊以上50冊未満の度数は７人だから，相対度数は，$\dfrac{7}{20}=0.35$

(2)　**表**や**図**をもとにＡグループとＢグループについて，各階級における度数と度数の差を表にまとめると右図の通り。

階級(冊)	度数(人)			
	合計	A	B	AとBの差
以上　未満 0 ～ 10	3	1	2	1
10 ～ 20	5	2	3	1
20 ～ 30	6	2	4	2
30 ～ 40	10	6	4	2
40 ～ 50	9	7	2	5
50 ～ 60	7	2	5	3
計	40	20	20	

ア…０冊以上30冊未満の人数は，Ａグループは１＋２＋２＝５(人)，Ｂグループは２＋３＋４＝９(人)より，正しい。

イ…どちらのグループも総度数は20人(偶数)だから，小さい方から10番目，11番目の冊数が含まれる階級を考える。Ａグループは１＋２＋２＝５，５＋６＝11より，中央値が含まれるのは30冊以上40冊未満の階級，Ｂグループは

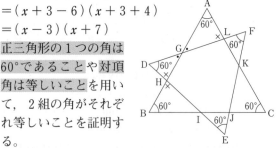

$2+3+4=9$，$9+4=13$より，中央値が含まれるのは30冊以上40冊未満の階級だから，必ずしもいえない。

ウ…**最頻値**…資料の中で最も多く出てくる値で，度数分布表では，度数の最も多い階級の階級値を最頻値とする。最頻値はそれぞれ，Aグループが $\dfrac{40+50}{2}=45$(冊)，
Bグループが $\dfrac{50+60}{2}=55$(冊)より，正しい。

エ…度数の差が最も大きい階級は，40冊以上50冊未満の階級だから，正しくない。

4 **＜関数＞**

1　$y=2x^2$に$x=3$を代入し，$y=2\times3^2=18$

2　3点A，B，Cの座標の関係をもとに考える。

イ…点Aのx座標が-1のとき，点Bのx座標は$-1+1=0$，点Cのx座標は$0+1=1$だから，$y=2x^2$に$x=1$を代入し，
$y=2\times1^2=2$より，C（1，2）

ウ…直線ABがx軸と平行となるとき，2点A，Bのy座標は等しく，y軸について対称な点どうしである。右図より，点Bのx座標は$1\div2=\dfrac{1}{2}$だから，点Cのx座標は
$\dfrac{1}{2}+1=\dfrac{3}{2}$
$y=2x^2$に$x=\dfrac{3}{2}$を代入し，
$y=2\times\left(\dfrac{3}{2}\right)^2=\dfrac{9}{2}$より，
$\mathrm{C}\left(\dfrac{3}{2},\ \dfrac{9}{2}\right)$

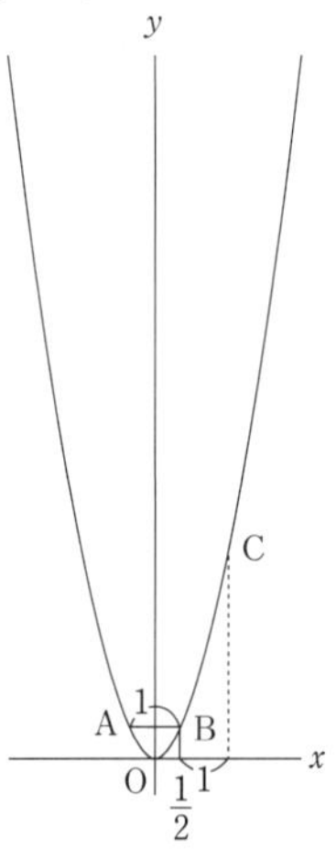

3(1)　点Aのx座標がtのとき，点Bのx座標は$t+1$，点Cのx座標は$t+2$である。
$y=2x^2$に$x=t+2$を代入し，
$y=2\times(t+2)^2=2(t+2)^2$
よって，点Cのy座標は$2(t+2)^2$

(2)　下図のように3点A，B，Cからそれぞれx軸に下ろした垂線とx軸との交点をL，M，Nとする。

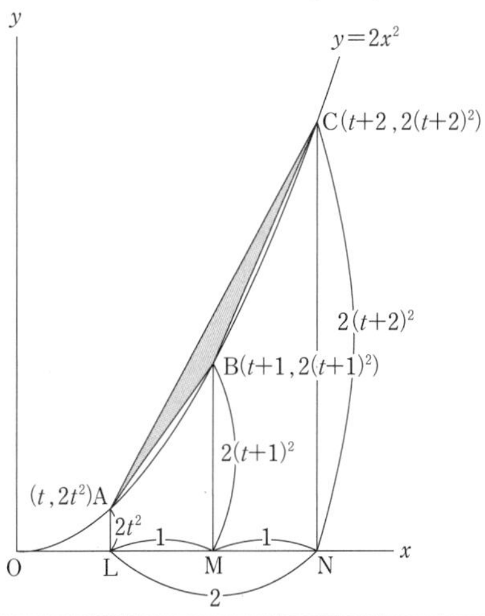

△ABCの面積は台形ALNCの面積から台形ALMBの面積と台形BMNCの面積との和をひけばよい。あとは，台形ALNC，台形ALMB，台形BMNCの面積をそれぞれtを用いて表し，△ABCの面積を求めればよい。このとき，求めた面積は2で，tの値に関係なく，変わらないことがわかる。

5 **＜平面図形＞**

1　**回転移動**…図形を，1つの点を中心として一定の角度だけ回転させる移動。
対称移動…図形を，1つの直線を折り目として折り返す移動。
図形①を，点Oを回転の中心として180°だけ回転移動させると，図形④に重なり，図形④の位置から直線CFを対称の軸（折り目となる直線）として対称移動させると図形⑤に重なる。

2　**図1**において，点Oを中心とし，半径がOAの円をかくと6点A，B，C，D，E，Fは円Oの円周上の点であり，正六角形ABCDEFの1辺の長さは円Oの半径と等しい。よって，**図2**において，
①　線分ADの垂直二等分線をひき，線分ADと垂直二等分線の交点（点O）を中心とし，半径がOAの円をかく。
②　点Aを中心とし，半径がOAの円をかき，円Oとの交点をB，F，点Dを中心とし，半径がODの円をかき，円Oとの交点をC，Eとする。
③　6点A～Fを順に線分で結び，六角形ABCDEFをかく。

3(1)　右図より，△OABは正三角形だから，
∠OAB＝60°
△AMPは30°，60°，90°の三角形より，
$\mathrm{PM}=\sqrt{3}\,\mathrm{AP}=\sqrt{3}$ (cm)

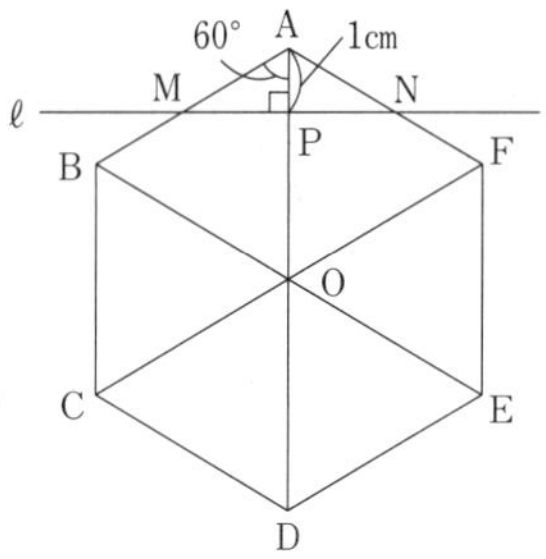

(2)　右図より，△AMNは二等辺三角形で，
PM＝PN
PMの長さは，正三角形OABの高さと等しいから，
$\mathrm{PM}=\dfrac{\sqrt{3}}{2}\mathrm{AB}$
$=\dfrac{\sqrt{3}}{2}\times4=2\sqrt{3}$ (cm)
$\mathrm{MN}=2\,\mathrm{PM}=4\sqrt{3}$ (cm)
よって，$\triangle\mathrm{AMN}=\dfrac{1}{2}\times4\sqrt{3}\times5=10\sqrt{3}$ (cm²)

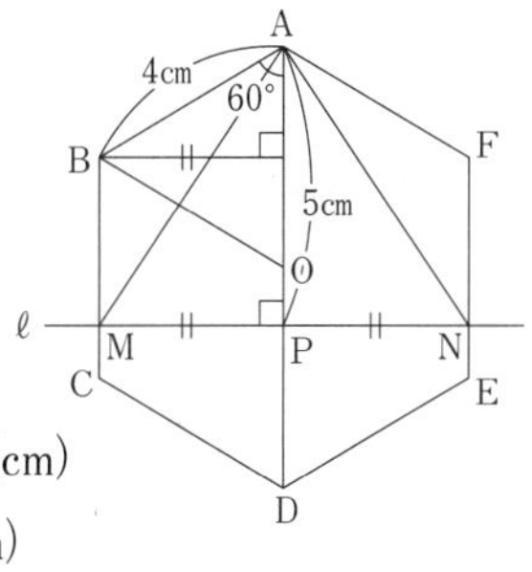

(3)　右図より，点Cから対角線ADに下ろした垂線と対角線ADとの交点をC′とすると，
△CDC′は30°，60°，90°の三角形だから，
$\mathrm{C'D}=\dfrac{1}{2}\mathrm{CD}$
$=2$ (cm)
$\mathrm{AC'}=8-2=6$ (cm)より，$6\leqq t\leqq8$
あとは，△AMNの面積をtを用いて表し，方程式を立式して解けばよい。

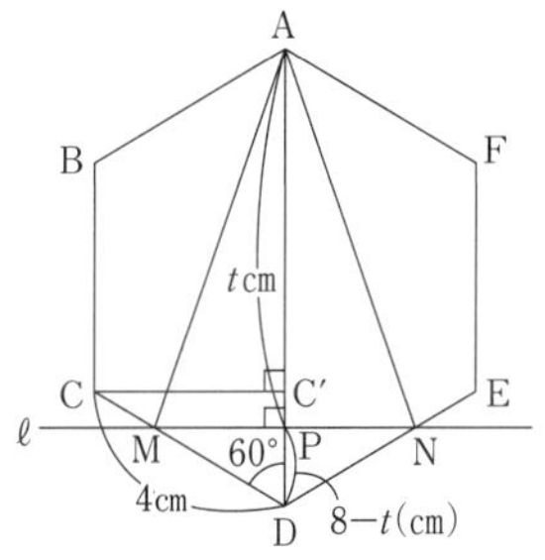

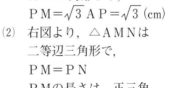

令和二年度　鹿児島県公立高校入試問題　国　語

正答例

1
1 ①　**勇**（ましい）　②　**かんしゅう**
③　**いの**（って）　④　**幕**
⑤　**冷静**　⑥　**ちか**（った）
2 **十一**（画）

2
1 **イ**　2 **ア**
3 **他者と相互的にやりとりをする中で把握され表現された自らのオリジナリティが，さまざまな人との間で共通了解されたと実感できたとき。**
4 Ⅰ　**個人と社会との関係を自覚**
Ⅱ　**生きる目的としてのテーマ**
5 **ウ**

3
1 **おおいに**　2 **エ**　3 **ウ**
4 Ⅰ　**病さまざま癒ゆること**
Ⅱ　**さらに大切に祭った**
Ⅲ　**信仰心をなくした**

4
1 **ア**
2 Ⅰ　**つまらなそうだった**
Ⅱ　**悔しそうに話しかけてきた**
3 **ウ**　4 **エ**
5 **山沢君との対戦をとおして，これからもライバルたちと競い合って実力を高め，絶対にプロ棋士になると決意し，気持ちが高ぶっている。**

5
二点目は古典の言葉を学習できないことです。確かにマンガはあらすじをおさえやすいですが、それだけで古典を読みきった気になってしまい、原典に当たらない人が多くなると思います。それでは古典の言葉の意味や文法を学ぶことはできません。このことは、古典の言葉を学習する機会を奪い、伝統的な文化の伝承が途絶えてしまう恐れがあります。

配　点

1	1　2点×6　2　2点	計14点
2	1　2点　2　3点　3　8点	
	4　4点×2　5　5点	計26点
3	1　2点　2　3点　3　3点	
	4　Ⅰ，Ⅲ　3点×2　Ⅱ　4点	計18点
4	1　3点　2　Ⅰ　3点　Ⅱ　4点	
	3　3点　4　3点　5　7点	計23点
5	9点	

解　説

1　＜漢字＞
2　点画の連続があるが，「率」という漢字である。

2　＜論説文＞
1　［a］は，空欄前で「相手にわかるように話すことと，自分のオリジナリティを追求すること」は「反対のこと」だと感じる人もいるかもしれないと述べており，空欄後では「この二つ（相手にわかるように話すことと，自分のオリジナリティを追求すること）は，それぞれバラバラに存在するものではない」と空欄前の事柄を否定しているので，**逆接**の接続詞が適当。よって，**ア**か**イ**に絞られる。［b］は，空欄前の「あなたの語る～最終的な課題となります」の理由が，空欄後で述べられているので「なぜなら」が適当。「～共通了解の実感だからです」とあるのにも着目する。よって組み合わせとして適当なのは**イ**である。
2　――線部①と**ア**は**連体詞**。**イ**は**名詞**（代名詞），**エ**は**副詞**。**ウ**は「説得力」が「ある」という述語になるので**動詞**であるが，「ある日」のように体言を修飾する場合は**連体詞**となるので注意する。
3　「この実感」が「個人としての存在意義をもたらす」とあり，「この実感」とは前の「『わかった，わかってもらった』という実感」を指すが，抽象的すぎるので言い換える必要がある。「『私』と問題とのかかわりが～相互の『個』が理解に至」るということは，第五，第六段落に具体的に述べられているので，この内容をまとめる。また，「『わかった，わかってもらった』という実感」を，同じことを述べている「**共通了解の実感**」と言い換え，指定字数以内にまとめる。
4　「対話をデザインする」ことの効果が，第十三段落以降に述べられている。そこから空欄前後の文章を手掛かりに抜き出す箇所を探すとよい。
Ⅰ　本文に，「その問いは，市民としての社会参加という意識につなが」るとある。「その問い（＝「社会とは何か」という問い）」は，「個人と社会との関係を自覚」することで生まれるので，「個人と社会との関係を自覚」することは市民としての社会参加という意識をもつことにつながるのである。
Ⅱ　空欄後の「**発見**」という言葉をヒントにする。
5　**ウ**は第五段落の内容と一致する。**ア**は第一段落で「相手にわかるように話すことと，自分のオリジナリティを追求すること」は，「それぞれバラバラに存在するものではない」と述べているので，「矛盾した課題」以降が誤り。**イ**は「対話の前後で～」以降の内容は本文では述べられていないので誤り。**エ**は第十一段落にある一般的な「対話」の内容。筆者は「ここでは，対話というものを～」と否定しているので，誤りとなる。

3　＜古文＞
（**口語訳**）昔，汝南にいる人が，田んぼの中に網を張って，麞を捕ろうとした。そのうち麞が網にかかったけれど，その網の持ち主がまだ来ていなかったので，①通りすがりの人が麞を盗んでしまった。そうであっても人が取り得ただろうものを理由もなく取ってしまうのも罪深いと思って，その麞の代わりに，②手に持っていた鮑魚一つを網の中に入れて立ち去ったころに，ア例の網の持ち主が来て，鮑魚が網の中にあるのを見て，これ（鮑魚）はここにあるはずのものだとは思えない，どう考えても現神様が現れなさいましたのであろうと③たいそう不思議に思った。村の者たちが皆寄り集まって，そのうち祠を建てて入れなさって，イ鮑君と名づけなさった。村の者たちは病気などが癒えることがあると，このウ神様（鮑君）のお恵みによるものであるとさらに大切に祭り，お社をたくさん作り，賽の神楽の音が絶えることがなかった。本当にすばらしい神様であったことだ。七，八年ほどが過ぎ，エ例の鮑魚の持ち主がこのお社の辺りを通り過ぎて,「どのような神様がこのようにこの世にあらわれなさったのだろうか」と言って（見てみると）, 自分が置いていった鮑魚だった。「ああ驚きあきれたことだ, それは私が置いていったものなのになあ」と言ったので, 例のご利益がたちまち止んでしまった。

1　語頭以外の**ハ行**は**ワ行**に直す。

2　主語の判別は, 登場人物と話のおおまかな内容の整理が必要である。最初に登場する「汝南の人」は網を張って麞を捕ろうとしたので, **ア**「かの網の主」と同一人物。次に登場する「道行く人」は麞を盗んだ代わりに持っていた鮑魚を網に入れているので, **エ**「かの鮑魚の主」と同一人物であることがわかる。その鮑魚が人々の勘違いを経て, **イ**「鮑君」と名づけられ, **ウ**「御神」として祭られるようになったのである。

3　その理由は, ――線部②の直前の「さりとも～罪深しと思ひて」で述べられている。だから, 自分が盗んだ麞の代わりに鮑魚を入れたのである。

4 Ⅰ　人々が感じた「御利益」の内容が入る。

Ⅱ　お社をたくさん作り, 賽の神楽の音が絶えないということは, それほど「鮑君」が大切にされていたということである。

Ⅲ　先生が最初に, 御利益を生んだものは何かという, この話のテーマを説明しているので,「**信仰心**」という言葉を用いるのが適当。

4　<小説文>

1　――線部①直後に「**(よし。目にもの見せてやる)**」と意気込んでいることから, 山沢君に勝つことへの意欲が読み取れる。冒頭のリード文に, 山沢君との将棋の対戦に負けて悔しかったこと, そして研究を重ねていたことが書かれていることにも着目する。

2 Ⅰ　山沢君の対局前の様子が入る。対局に積極的だった「ぼく」に対して, 山沢君は「つまらなそうだった」とある。

Ⅱ　「うまく返事ができなかった」のは,「まさか山沢君が話しかけてくるとは思わなかった」から。さらに, 対局前は「つまらなそうだった」にもかかわらず,「悔しそうに」話しかけてきたのが「意外だった」のである。

3　時間切れで引き分けになった後「詰み筋を懸命に探し続け」ていた「ぼく」に対し, 山沢君は「ぼく」が分からなかった詰み筋を理解している。「**メガネをかけた小学２年生の実力に感心していた**」とあるように, 山沢君の実力を素直に認めていることが読み取れるので, **ア**「納得できないまましぶしぶ受け入れている」, **エ**「悔しさをこらえている」がそれぞれ不適。また,「山沢君にはかなわないとあきらめて」はいないので**イ**も不適。

4　「一緒に強くなっていけばいい」という言葉に着目する。

切磋琢磨＝学問や人徳をよりいっそう磨き上げること。また, 友人同士が互いに励まし合い競争し合って共に向上すること。

大器晩成＝大きな器は完成するまでに時間がかかることから, 真に偉大な人物も大成するのが遅いということ。大人物は遅れて頭角を現すということ。

呉越同舟＝仲の悪い者同士や敵味方が, 同じ場所や境遇にいること。本来は仲の悪い者同士でも同じ災難や利害が一致すれば, 協力したり助け合ったりするたとえ。

試行錯誤＝新しい物事をするとき, 試みと失敗を繰り返しながら次第に見通しを立てて, 解決策や適切な方法を見いだしていくこと。

5　「ぼく」は山沢君と対戦する前は,「自分以外はみんな敵だ」と思っていた。しかし山沢君との対戦ややりとりを通して, ライバルたちと「**勝ったり負けたりをくりかえしながら, 一緒に強くなっていけばいい**」と気持ちが変化している。そしてそのことに「**ぼくの心ははずんでい**」るのである。またその後, プロになることが「**どれほど苦しい道でも, 絶対にやりぬいてみせる**」と決意している。その気持ちが「かけ足で図書館にむかった」という行動にあらわれている。

5　<作文>

「古典をマンガで読むこと」を題に, 資料を踏まえて山田さんの立場に立って考えを書く問題である。山田さんは「古典をマンガで読むこと」に反対の立場であり, そう考える理由の一点目に, **資料１**の「イメージの固定」を挙げていることをおさえる。つまり, **資料１**の「古典の言葉を学習できない」ことを二点目の理由として挙げ, その結果, □後にあるように,「伝統的な文化を伝えていくこと」についてどのような影響があるかを自分で考えて書けばよい。書き出しの指定があることや, 敬体（です・ます調）で書くことに注意する。

［**採点基準の例**］

⑴　**理由**…４点

二点目の理由として「古典の言葉を学習できない」ことが明確に書けているかを４点（良い）, ２点（不明瞭）, ０点（書けていない）の３段階に評価する。

⑵　**考え**…５点

「古典の言葉を学習できない」ことでどのような影響があるかということを明確に書けているかを５点（優れている）, ４点（良い）, ２点（不明瞭）, ０点（書けていない）の４段階に評価する。

⑶　**一段落ではないもの**…減点１点

⑷　**行数を満たしていないもの**…減点３点

⑸　**表記**…最大減点３点（一か所ごとに減点１点）

①　原稿用紙の使い方の誤り。

②　誤字脱字, 符号の用法の誤り。

③　用語や文の照応の不適切なもの。

④　文体が敬体でないもの。

⑹　**書き出しの条件を守れていないもの**…減点２点

令和２年度　鹿児島県公立高校入試問題　理科

正答例

1　1　菌(類)　　2　偏西風
3　ア，エ，オ(順不同・完答)
4　①　ア　　②　ウ(完答)
5　イ，ウ(順不同・完答)
6(1)　交流　　(2)　①　イ　　②　ア(完答)
7　ウ

2　Ⅰ　1　しゅう曲
2　東側の川岸に川原の堆積物があることから，東側が川の曲がっているところの内側となっているQである。
3　イ→ウ→ア→エ
Ⅱ　1　イ　　2　日周運動
3(1)　右図
(2)　81.8°

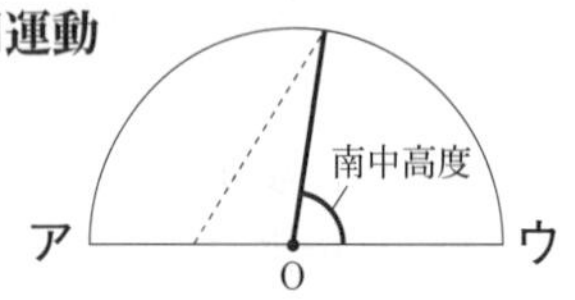

3　Ⅰ　1　イ
2　a　ミョウバン　　b　ホウ酸(完答)
3　(Cは，水溶液の温度を下げると，)溶解度が小さくなり，とけきれない分が結晶として出てきたから。
4　$\frac{30}{S}-10$〔g〕
Ⅱ　1　$NaOH \rightarrow Na^{+}+OH^{-}$　　2　エ
3(1)　燃料(電池)
(2)　化学式　　O_2
分子の個数　4〔個〕(完答)

4　Ⅰ　1　酢酸オルセイン
2　(ア)→オ→ウ→エ→イ
3　根は，先端に近い部分で細胞の数がふえ，それぞれの細胞が大きくなることで成長する。
4　染色体が複製されるから。
Ⅱ　1　対照実験
2　ヒトの体温に近づけるため。
3(1)　だ液のはたらきによってデンプンがなくなった。
(2)　だ液のはたらきによって麦芽糖などができた。
4　③

5　Ⅰ　1　30〔°〕
2　エ
3　右図

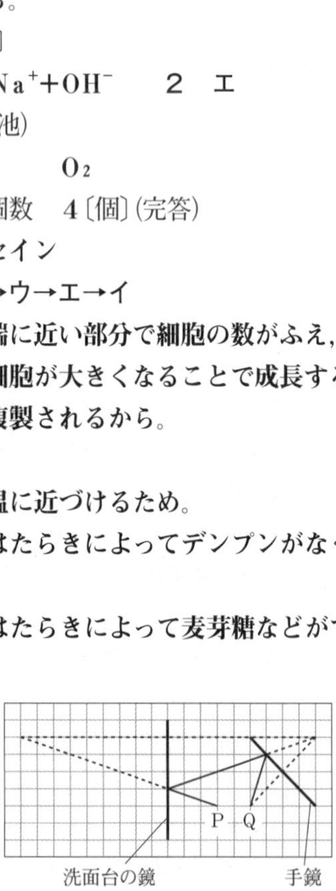

Ⅱ　1　0.02〔J〕
2　ウ　　3　作用・反作用　　4　12〔cm〕
5　小球の位置エネルギーの大きさは変わらないので，木片の移動距離は変わらない。

配　点

1	3，7	3点×2	他	2点×6	計18点
2	Ⅰ1，Ⅱ1，2	2点×3	他	3点×4	計18点
3	Ⅰ4，Ⅱ3(2)	3点×2	他	2点×6	計18点
4	2点×9				計18点
5	Ⅰ3，Ⅱ5	3点×2	他	2点×6	計18点

解　説

1　＜4分野総合＞

1　分解者の役割を担っているのは，ミミズなどの土壌動物や，菌類，細菌類などの微生物である。カビやキノコなどの菌類のなかまは，からだが菌糸とよばれる糸状のものからできており，胞子でふえるものが多い。また，乳酸菌や大腸菌などの細菌類は，単細胞生物で分裂によってふえる。

2　偏西風は，北半球と南半球の中緯度帯(緯度が30°～60°)の上空を西から東へ向かってふく西風で，地球を一周している。

3　ア：ハチュウ類，イ：鳥類，ウ：ホニュウ類，エ：魚類，オ：両生類である。変温動物は，環境の変化にともなって体温も変動する動物である。鳥類やホニュウ類は体温を一定に保つしくみをもち，環境の温度が変化しても体温はほとんど変化しない恒温動物である。

4　ＢＴＢ溶液は，酸性(ｐＨが７より小さい水溶液)では黄色，中性(ｐＨが７の水溶液や水)では緑色，アルカリ性(ｐＨが７より大きい水溶液)では青色になる。

5　融点は，固体の物質がとけて液体に変化するときの温度，沸点は，液体が沸騰して気体に変化するときの温度である。物質の状態は，温度が融点以下では固体，融点以上沸点以下では液体，沸点以上では気体である。アの物質の沸点は－183℃なので，50℃では気体，エの物質の融点は63℃なので，50度では固体である。

6(1)　交流の電圧は絶えず変化するため，オシロスコープで調べると波のような形を見ることができる。１秒あたりの波のくり返しの数を周波数といい，東日本では50Hz，西日本では60Hzである。また，乾電池による電流のように，一定の向きに流れる電流を直流という。

(2)　乾電池２個を直列につなぐと，豆電球の明るさは明るくなり，点灯する時間は短くなる。

7　台風は，熱帯地方で発生した熱帯低気圧が発達したものであり，北半球では右図のように，周辺部から中心部に向かって反時計回りに風がふく。問題文より，観測地点では，台風が近づいてくるときに東寄りの風が，最も近づいたときに南寄りの風が，台風が離れていくときに西寄りの風がふいているので，台風の進路は観測地点の西側を通過しているウと考えることができる。

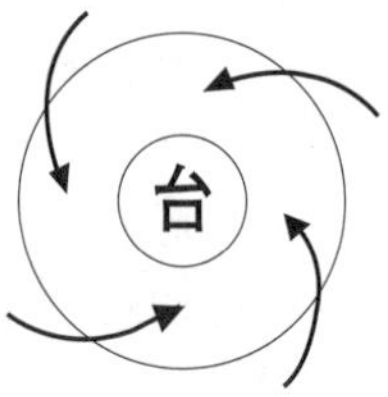

2　＜大地の変化・地球と宇宙＞

Ⅰ１　地層が堆積した後に，プレート運動によってその地層に大きな力がはたらくとしゅう曲ができる。

2　流れる水のはたらきには，侵食，運搬，堆積の３つがあり，水の流れが速いところでは運搬や侵食のはたらきが大きくなり，流れがゆるやかなところでは堆積のはたらきが大きくなる。川の曲がっている部分の外側は水の流れが速く，川岸や川底が侵食され，内側は水の流れが遅く，土砂が川原に堆積する。**図1**より，観察された場所では東側に堆積物が見られるので，東側が川の曲がっている部分の内側だと考えられる。よって，観察された場所は**図2**の**Q**である。

3　地層は，下から順に堆積していくので，浅い海で地層ができた後に火山灰が堆積して，海水と淡水が混ざる河口で地層ができたことがわかる。また，西側と東側の両方で同じ環境に生息する生物の化石が見つかっているので，これらの地層が堆積したときには断層はできておらず，地層が堆積した後に断層ができたことが読みとれる。

Ⅱ **1**　北半球では，太陽は東からのぼり，南の空を通って西にしずむので，**図**の**ウ**が南と読みとれる。

3(1)　天体が真南を通過することを南中という。このときの高さを南中高度といい，観測地点Oを中心に太陽の位置から南の地平線までの角度で表される。

(2)　**南中高度の求め方**

春分・秋分　90°－その地点の緯度

夏至　90°－(その地点の緯度－23.4°)

冬至　90°－(その地点の緯度＋23.4°)

北緯31.6°の地点での夏至の日の南中高度は

90－(31.6－23.4)＝81.8〔°〕　地球は公転面に対して垂直な方向から，地軸を23.4度傾けたまま公転をしている。そのため，北半球では，夏至のころは太陽の南中高度が高く，冬至のころは，太陽の南中高度は低い。また，日の出と日の入りの位置は，夏至のころには北寄りになり，冬至のころには南寄りになる。春分，秋分の日には，太陽は真東からのぼり，真西にしずむ。

3　**＜身のまわりの物質・化学変化とイオン＞**

Ⅰ **1**　溶解度は溶媒の質量に比例しているので，10 gの水にとける物質の質量は，100 gの水にとける物質の質量の$\frac{1}{10}$と考えることがきる。**図1**より，塩化ナトリウムは，30℃の水10 gに約3.6 gとけるので，加えた塩化ナトリウム3.0 gはすべてとける。また，塩化ナトリウムは電解質なので，水にとけると陽イオンと陰イオンに分かれる。

2　**図1**より，30℃の水10 gにはミョウバンが約1.6 g，ホウ酸が約0.6 gとけるので，どちらも3.0 g加えるととけきれないことがわかる。また，とけ残った質量はDの方がBよりも大きかったので，Bがミョウバン，Dがホウ酸とわかる。

3　温度による溶解度の差を利用して，溶液から溶質を結晶として取り出すことを再結晶という。

4　30℃の水10 gにDがS gとけるので，Dを3.0 gとかすために必要な30℃の水の質量をx gとすると，10：S＝x：3.0　$x=\frac{30}{S}$　水ははじめに10 g入れてあるので，加える水の質量は$\frac{30}{S}-10$〔g〕

Ⅱ　水の電気分解では，陽極で酸素(気体B)が，陰極で水素(気体A)がそれぞれ発生している。

1　純粋な水は電気を流しにくいので，電気分解を行う際には水酸化ナトリウムなどの電解質を加えて電流を流しやすくする。

2　**ア**：酸化銅が炭素によって還元されて二酸化炭素が発生する。**イ**：酸化銀が熱分解して酸素が発生する。**ウ**：うすい塩酸を電気分解すると，陽極で塩素が，陰極で水素が発生する。**エ**：亜鉛板と銅板をうすい塩酸に入れてつくった電池では＋極で水素が発生し，－極では亜鉛がとけて亜鉛イオンになる。

3(2)　燃料電池の化学反応式は以下のようになる。

$2H_2+O_2 \rightarrow 2H_2O$

この化学反応式から，水素分子2個と酸素分子1個が反応して水分子2個ができることがわかる。水素(気体A)の分子が4個すべて反応するために必要な酸素(気体B)の分子をx個とすると，

2：1＝4：x　$x=2$　酸素分子が2個必要なので，酸素分子は6－2＝4〔個〕残る。

4　**＜生命の連続性・動物の生活と生物の変遷＞**

Ⅰ **1**　酢酸オルセインの他にも酢酸カーミンや酢酸ダーリアなどでも核と染色体を染めることができる。

2　細胞が分裂の準備に入ると，それぞれの染色体が複製されて同じものが2本ずつできる。細胞分裂が開始されると，染色体は2本ずつがくっついたまま太く短くなり，これが2等分されて，それぞれが分裂後の細胞へと受け渡される。このため，新しくできた2個の細胞の核には，元の細胞と全く同じ数と内容の染色体がふくまれることになる。

Ⅱ **1**　対照実験を行うことによって，2種類の実験結果の違いが，その1つの条件によるものであることが明らかになる。

2　だ液はおもにヒトの体内ではたらくので，体温に近い約40℃の湯で試験管をあたためる。

4　①　すべての試験管に水が入っているので確認できない。

②　この実験では，それぞれの水溶液が何性であるかを調べていないので確認できない。

③　試験管の中，つまり体外で消化酵素がはたらいていることが確認できる。

5　**＜身のまわりの現象・運動とエネルギー＞**

Ⅰ **1**　鏡の面に垂直な線と入射した光がつくる角を入射角といい，反射した光がつくる角を反射角という。**図1**で反射角は90－60＝30〔°〕　入射角と反射角は等しいので，入射角は30°である。

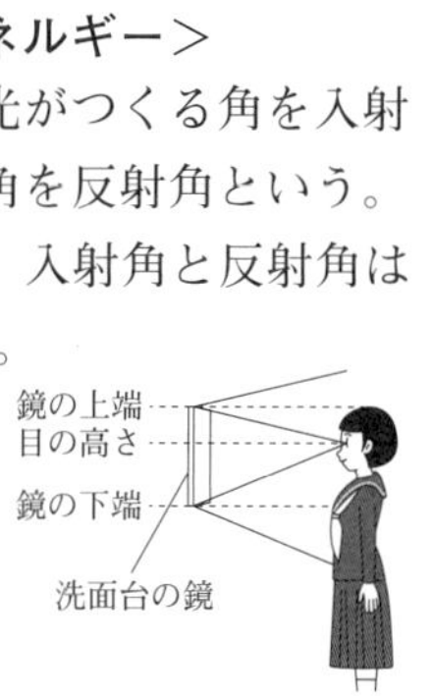

2　右図のように，**図2**の状態で鏡にうつる範囲は，目の高さから，鏡の上端と下端に引いた補助線と鏡をはさんで対

称な点までである。

3　鏡で反射する光を作図するときには，次の(1)～(3)の手順で作図をする。

(1)　鏡を軸として線対称の位置に物体の像をかく。

(2)　像と目を補助線で結ぶ。

(3)　物体から出た光が，補助線と鏡が交わる点で反射するように実線を引く。

ひろみさんが鏡で見ている像は，手鏡にうつったQなので，下図の①～⑤のようにQと手鏡について作図をした後に，手鏡にうつったQ′と洗面台の鏡について作図をする必要がある。

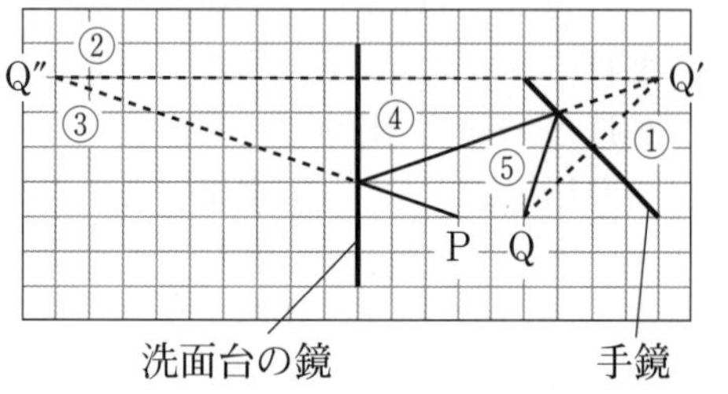

①　手鏡を軸として線対称の位置にQ′をかく。

②　洗面台の鏡を軸としてQ′と線対称の位置にQ″をかく。

③　Q″とPを補助線で結ぶ。

④　③の線が洗面台の鏡と交わる点とQ′を補助線で結ぶ。

⑤　Qから出た光が，④で交わった点で反射した後③で交わった点で反射し，Pに届くように実線を引く。

Ⅱ 1　**仕事〔J〕＝物体に加えた力〔N〕×力の向きに移動させた距離〔m〕**

質量20 gの小球を10cm持ち上げるので，

0.2 × 0.1 ＝0.02〔J〕

2　点Xを通過した後の小球は，木片に衝突するまで等速直線運動をする。等速直線運動をしている物体には，重力と垂直抗力だけがはたらいている。

4　**表**より，木片の移動距離は小球の質量と小球を離す高さにそれぞれ比例することがわかる。質量25 gの小球を使ったときの木片の移動距離は，質量20 gの小球を使ったときの$\frac{25}{20}=\frac{5}{4}$〔倍〕になるので，小球を高さ5 cmから離したとき，木片は

$2.0\times\frac{5}{4}=2.5$〔cm〕移動する。木片の移動距離が6 cmになるときの小球を離す高さをx cmとすると，

$5:2.5=x:6$　$x=12$　よって，12cm

5　同じ質量の物体であれば，位置エネルギーの大きさはその物体の高さによって決まる。小球とレールとの間の摩擦や空気抵抗を考えなければ，力学的エネルギー保存の法則より，点Xでの運動エネルギーの大きさは，小球を離したときの位置エネルギーと等しいので，**図2**のようにレールの傾きが変わっても，高さが同じであれば木片の移動距離は変わらない。

令和２年度　鹿児島県公立高校入試問題　英語

正答例

[1]　1　ア　　2　ウ　　3　ウ → ア → イ　(完答)

4　①　learn　　②　Thursday

5　(1)　エ　　(2)　イ

(3)　study English harder

6　We can give her some flowers.

[2]　1　①　ウ　　②　ア

2　①　stopped　　②　long

③　you can take a bus

④　twenty

3　Whose notebook is it ?

4 (例１)　I want to live near a hospital. When my family and I get sick, we can go to the hospital quickly.

(例２)　I want to live near a convenience store. There are many kinds of things in a convenience store. Also, I can go there early in the morning.

(例３) I want to live near a park. It is fun to play with my family in the park. I can enjoy walking there.

[3]　I　①　エ　　②　ウ　　③　イ

Ⅱ　1(1)　Because they came from different high schools.

(2)　She felt very happy.

2　Sharing our ideas

Ⅲ　1　ウ　　2　エ

[4]　1　イ → ウ → ア　(完答)

2　**自分がチームメートほど上手にサッカーをすることができなかったこと。**

3　Why don't you come with me

4　ウ　　5　エ　　6　ア，イ　(順不同)

7　After I met John, I remembered it was important to enjoy soccer.

配　点

[1]	1，5(1)，(2)　2点×3　　6　4点　　他　3点×5	計25点
[2]	2③，3　3点×2　　4　7点　　他　2点×5	計23点
[3]	Ⅱ2　3点　　他　2点×7	計17点
[4]	2　4点　　4，5　2点×2　　7　5点 他　3点×4	計25点

解　説

[1]　<聞き取りテスト台本・訳>

<チャイムの音四つ>

これから，英語の聞き取りテストを行います。問題用紙の２ページを開けなさい。

英語は１番と２番は１回だけ放送します。３番以降は２回ずつ放送します。メモをとってもかまいません。

(約３秒間休止)

では，１番を始めます。まず，問題の指示を読みなさい。

(約13秒間休止)

それでは放送します。

Taro : Mary, I want you to help me with my homework tomorrow.

Mary : Sure. Let's study together in the library.

Taro : Great ! Shall we meet in front of the library at ten o'clock ?

Mary : OK. See you tomorrow. (約10秒間休止)

訳 T：メアリー，僕は君に明日宿題を手伝ってほしいんだ。 M：いいわよ。図書館で一緒に勉強しましょう。 T：よかった！ 10時に図書館の前で会おうか？ M：わかったわ。明日ね。

次に，**2**番の問題です。まず，問題の指示を読みなさい。 (約13秒間休止)

それでは放送します。

George : Hi, Tomoko. Look at this picture !

Tomoko : Wow, it's Sakurajima ! It's very beautiful.

George : I drew it.

Tomoko : Oh, did you ?

George : Yes. I like Sakurajima, so I often draw it. This is my best picture, I think.

Tomoko : You did a good job ! (約10秒間休止)

訳 G：やあ，ともこ。この絵を見て！ T：わあ，それは桜島ね！ とても美しいわ。 G：僕がそれを描いたんだ。 T：まあ，あなたが？ G：うん。僕は桜島が好きだから，しばしばそれを描くんだ。これは僕の最高の絵だと思うよ。 T：あなたは上手に描いたわね！

次に，**3**番の問題です。まず，問題の指示を読みなさい。 (約25秒間休止)

それでは放送します。

Today I'm talking about jobs we do at home. I asked two questions. The first question was "Do you help your family at home ?" Thirty of us answered "yes" and ten of us said "no." Then I asked, "What jobs do you do at home ?" Cleaning the house is the most popular. Washing the dishes is as popular as taking care of pets. Two classmates cook dinner. I sometimes walk my dog. Look at this picture ! This is my dog, Jack. Now I know many of us help our families and I'll try to take care of Jack more.

(約3秒おいて，繰り返す。) (約7秒間休止)

訳 今日，私は私たちが家でする仕事について話します。私は2つの質問をしました。一つ目の質問は「あなたは家で家族の手伝いをしますか？」でした。私たちのうちの30人が「はい」と答え，私たちのうちの10人が「いいえ」と言いました。そこで私は「あなたは家で何の仕事をしますか？」とたずねました。家を掃除することが最も人気があります。食器を洗うことはペットの世話をすることと同じくらい人気です。2人のクラスメートは夕食を作ります。私はときどき私の犬を散歩させます。この写真を見てください！ これは私の犬のジャックです。今，私は私たちの多くが家族を手伝うことがわかり，もっとジャックの世話をしようと思います。

次に，**4**番の問題です。まず，問題の指示を読みなさい。 (約15秒間休止)

それでは放送します。

Peter : Thank you for coming to our concert today, Aki. How was it ?

Aki : Wonderful ! Everyone was great. You especially played the violin very well. I really enjoyed the concert.

Peter : I'm glad to hear that.

Aki : I want to play the violin, too. Can you teach me how to play it ?

Peter : Sure. I'm free every Thursday. Please come to my house and we can practice together.

Aki : That's nice ! Can I visit you next Thursday ?

Peter : Of course.

(約10秒おいて，繰り返す。) (約15秒間休止)

訳 P：僕たちのコンサートに来てくれてありがとう，亜紀。それはどうだった？ A：すばらしかったわ！ 全員がすばらしかった。あなたは特にバイオリンをとても上手に演奏したわ。私は本当にコンサートを楽しんだわ。 P：それを聞いてうれしいよ。 A：私もバイオリンを演奏したいわ。私にそれの演奏の仕方を教えてくれる？ P：いいよ。僕は毎週木曜日が暇だよ。僕の家に来てよ，そうしたら僕たちは一緒に練習できるよ。 A：それはいいわ！ 次の木曜日にあなたを訪ねてもいい？ P：もちろんだよ。

メールの訳

こんにちは，ピーター。私は今日コンサートを楽しんだわ。私はあなたからバイオリンの演奏の仕方を①**学ぶ**ことができるからうれしいわ。私はあなたの家で②**木曜日**に会うわね。

次に，**5**番の問題です。まず，問題の指示を読みなさい。 (約20秒間休止)

それでは放送します。

I went to Kyoto with my family last summer. We visited some famous temples like Kinkakuji. When we were walking around Kyoto, I saw many foreign people. They were talking with some Japanese volunteers. The volunteers were telling the foreign people about Kyoto in English. The foreign people looked very happy. I'm sure that they learned a lot about Kyoto.

After I came back to Kagoshima, I began to study English harder. I think Kagoshima also has a lot of places to visit. I want to tell people from foreign countries about these places in English.

Question (1) : Where did Shota go in Kyoto ?

（約７秒間休止）

Question (2) : What did the Japanese volunteers do for foreign people ?　（約７秒間休止）

Question (3) : What did Shota begin after he came back from Kyoto ?　（約７秒間休止）

では，２回目の放送をします。

（最初から質問(3)までを繰り返す。）（約15秒間休止）

訳　私は昨年の夏に家族と京都に行きました。私たちは金閣寺のようないくつかの有名な寺を訪れました。私たちが京都を散策していたとき，私は多くの外国人を見ました。彼らは何人かの日本人のボランティアと話をしていました。そのボランティアの人たちはその外国人たちに京都について英語で伝えていました。外国人たちはとてもうれしそうに見えました。きっと彼らは京都についてたくさん学んだと思います。

鹿児島に帰ってきた後，私は英語をより一生懸命に勉強し始めました。私は鹿児島にも多くの訪れるべき場所があると思います。私は外国からの人々にこれらの場所について英語で伝えたいです。

(1)　翔太は京都のどこに行ったか？

ア　有名な図書館に。　　イ　歴史博物館に。

ウ　良いレストランに。　**エ　いくつかの寺に。**

(2)　日本人のボランティアは外国人のために何をしたか？

ア　彼らは寿司を作った。

イ　彼らは京都について話した。

ウ　彼らはおもしろい本を見つけた。

エ　彼らはいくつかのプレゼントを買った。

(3)　翔太が京都から帰ってきた後，彼は何を始めたか？

（正答例の訳）彼は**より一生懸命に英語を勉強し**始めた。

次に，６番の問題です。まず，問題の指示を読みなさい。　（約15秒間休止）

それでは放送します。

Naomi : Our classmate Miyuki will leave Kagoshima and live in Fukuoka from next month. We have to say goodbye to her soon.

Sam : Really ? I didn't know that. I'm very sad.

Naomi : Me, too. Well, let's do something for Miyuki. What can we do ?

Sam : (　　　　　　　　　　)

（約３秒おいて，繰り返す。）（約１分間休止）

訳　N：私たちのクラスメートの美由紀が鹿児島を去って来月から福岡に住む予定なのよ。私たちはすぐに彼女にさようならを言わなくてはいけないわ。　S：本当に？　僕はそれを知らなかったよ。僕はとても悲しいよ。　N：私もよ。ええと，美由紀のために何かしましょう。私たちは何ができるかしら？　S：**（正答例の訳）僕たちは彼女に花をあげることができるよ。**

＜チャイムの音四つ＞

これで，聞き取りテストを終わります。次の問題に進みなさい。

2　＜英文表現＞

1　L：もしもし。リンダです。かおりと話してもいいですか？　A：すみません。②**彼女は今家にいません**。L：彼女は何時に帰って来る予定ですか？　A：ええと，わかりません。あなたは彼女にあとで電話してほしいですか？　L：いいえ，大丈夫です。①**でも彼女にメッセージを残していいですか？**　A：いいですよ。　L：私たちは今夜６時に会う予定でしたが，私は時間を変えたいのです。彼女に７時に来るように伝えてもらえますか？　A：わかりました。彼女に伝えます。

2　H：こんにちは，ボブ。あなたは心配そうだわ。どうしたの？　B：やあ，ひかり。今日はここにたくさんの人がいるよ。何が起こっているんだ？　これはおそらく花山行きの電車についてのお知らせだけど，僕は日本語が読めないんだ。それが何と言っているか僕に教えてくれない？　H：わかったわ。その電車は大雨のために①**止まって**いるわ。　B：本当に？　その電車はいつまた走るの？　H：お知らせは言っていないから，私はあなたが次の電車をどのくらい②**長く**待てばいいのかわからないわ。　B：なんてことだ！　僕は今日花山に行かなくてはいけないんだ。　H：それなら，③**あなたはバスに乗ることができるわよ**。それは５番乗り場から出るわ。今12時10分だから，あなたは次のバスが出るまで④**20**分あるわ。　B：僕を助けてくれてありがとう，ひかり。　H：どういたしまして。

3　①　このノートには名前がないです。**それは誰のものですか**？

②　まあ，それは私のものです。ありがとうございます。

※②で「mine（私のもの）」と答えていることから考える。

4　教師：あなたたちは将来どこに住みたいですか？黒板を見てください。一つの場所を選んで，私たちに理由を教えてください。始めてくれますか，春斗？

生徒：わかりました。

（正答例１の訳）私は病院の近くに住みたいです。私の家族と私が病気になったとき，私たちはすぐに病気に行くことができます。

（正答例２の訳）私はコンビニエンスストアの近くに住みたいです。コンビニエンスストアにはたくさんの種類のものがあります。また，私はそこに朝早く行くことができます。

（正答例３の訳）私は公園の近くに住みたいです。公園で家族と遊ぶことは楽しいです。私はそこを歩くのを楽しむことができます。

ありがとうございました。

教師：わかりました。ありがとう，春斗。

3 **＜英文読解・概容把握＞**

Ⅰ　A：君は冬休みの間何をしていたのかい？　T：僕は3月の試験のためにたくさん勉強しました。①**あなたはどうですか？**　A：私かい？　私は甑島に行ったよ。それはそこの伝統的な行事の「甑島のトシドン」で有名なんだ。君はそれについて今までに聞いたことはあるかい？　T：はい，でも僕はそれについて多くは知りません。②**あなたはそれについてどうやって知ったのですか？**　A：甑島にいる私の友人がそれについて私に教えてくれたんだよ。それはユネスコ無形文化遺産リストに登録されたよ。毎年12月31日に，「トシドン」が子どもの健全な成長を願うために人々の家に行くんだ。③**君はこの行事に興味があるかい？**　T：はい。僕は将来社会の先生になりたいので，それのような行事について知りたいです。　A：君の試験の後にそのような行事についての本を読んでね。　T：はい，そうします。

Ⅱ　今年の夏，私は全国高等学校総合体育大会にボランティアの一人として参加した。これはボランティアとしての私の初めての経験だった。私たちは開会式で踊り，鹿児島弁で何曲か歌を歌った。

ボランティアは異なる高校から来ていたので，私たちは土曜日と日曜日だけ一緒に練習した。初めは，私たちはあまりにも緊張していておたがいに話すことができなかった。開会式の一か月前，私たちの先生が「君たち一人一人は一生懸命励んでいるけれど，チームとしては，君たちはおたがいにコミュニケーションをとるべきだ」と言った。その日に練習した後，すべてのボランティアは残って私たちの問題について初めて話をした。そして，私たちは毎回の練習の後に話し合いをすることに決めた。私たちの考えを分かち合うことで，私たちの演技はより良くなった。

開会式で，私たちは最善を尽くし，私たちの演技を見た多くの人々が盛大な拍手をした。それは私をとても幸せにした。私たちの先生は「君たちはよくがんばった！　君たちの演技はすばらしかった！」と言った。

この経験から，私は大切なことを学んだ。私たちが一緒に取り組むときに，**私たちの考えを分かち合うこと**は大切だ。もし私たちがそうしたら，私たちは何かをより良くすることができる。この経験は私の人生で役に立つだろう。

1(1)　ボランティアは週末だけ一緒に練習した。なぜか？

（正答例の訳）彼らが異なる高校から来ていたから。

(2)　開会式での演技の後，理子はどのように感じたか？

（正答例の訳）彼女はとても幸せに感じた。

Ⅲ　1　ケンは「僕は鶏肉と何か冷たいものが食べたいです」と言った。

ア　ハンバーガーとリンゴジュース

イ　スペシャルバーガーとグリーンサラダ

ウ　ライスバーガーとアイスクリーム

エ　チキンバーガーとフライドポテト(M)

※選択肢の中で鶏肉が使われているのは「ライスバーガー」と「チキンバーガー」。「アイスクリーム」が冷たい食べ物であるので，答えは**ウ**になる。

2　アンは「私は何か食べるものと飲むものがほしいけれど，牛肉は食べたくありません。私は6ドル50セントだけ持っています」と言った。

ア　ビッグバーガーとオレンジジュース

イ　チキンバーガーとリンゴジュース

ウ　チーズバーガーとコーヒー

エ　フィッシュバーガーと紅茶

※選択肢の中で牛肉が使われていないのは「チキンバーガー」と「フィッシュバーガー」。「チキンバーガー」4ドル50セント，「リンゴジュース」2ドル25セントで合計6ドル75セントとなり，アンの所持金を超えてしまう。「フィッシュバーガー」は4ドル，「紅茶」は1ドル50セントで合計5ドル50セントとなり，6ドル50セント以内で買うことができるので，答えは**エ**になる。

4 **＜長文読解＞**

マイクは6歳のときにサッカーをし始めた。彼は彼の友達とサッカーをすることを楽しんだ。彼が中学校に入ったとき，彼は彼のチームで最もすばらしい選手の一人になった。彼と彼のチームメンバーが活躍して試合に勝ったとき，彼はとても幸せに感じた。3年目に，彼は最後のトーナメントのために一生懸命に練習した。しかしながら，4月のある日，彼がサッカーの練習のために自転車に乗っていた間，彼は転んで右脚の骨を折った。彼は動けなかった。そのため，彼は病院に運ばれた。医者はマイクに「君は2，3か月の間右脚を使えないよ」と言った。彼はそれを聞いてとても失望した。

3か月後，彼の脚は良くなり，彼はチームと一緒に再びサッカーの練習を始めた。しかし，マイクは彼のチームメンバーほど上手にサッカーができなかった。①**彼はこれについてとても悲しく感じ**，サッカーへのやる気を失い始めた。彼はときどき練習に行かなかった。そしてある日，コーチは彼に「マイク，お前は最後のトーナメントには選手として参加できない」と言った。彼はとてもショックを受けて，その日から練習に行かなかった。

一週間後，彼の父親はマイクに「今日，私は公園で小さな子どもたちによってプレーされるサッカーの試合を見に行くつもりなんだ。私は友人の息子を応援したいんだ。②**私と一緒に来ないかい？**」と言った。初め，マイクは「僕は行きたくない」と言ったが，彼の父親が何度も彼を誘ったので，ついに彼は応じた。

彼らは試合を見るために公園に行った。いくらかの子どもたちはとても良い選手で，その試合はとてもわくわくした。試合終了の5分ほど前，一人の少年が試合に加わった。マイクはその少年が何か違うことにすぐに気づいた。彼は素早く走ることができず，ときどき転んだ。マイクの父親はマイクに「あの少年が私の友人の息子のジョンだ。彼は右脚に問題を持って生まれたんだ。彼はうまく歩くことさえできない」と言った。マイクはとても驚いて「なぜ彼はサッカーをすることを選んだの？僕は，彼がもっと容易にできる多くの他のことがあると思うよ」と言った。彼の父親は「彼を見なさい。彼は彼のチームメンバーの中で一番一生懸命にボールの後を走っている。私は，③**サッカーは彼にとって何か特別なものなんだ**と思うよ」と答えた。

試合の後，マイクはジョンに話しかけた。マイクは「こんにちは，ジョン。僕はマイクだよ。君はサッカーをすることが好き？」と言った。ジョンは「うん，好きだよ。僕は素早く走れないけれど，ボールで遊ぶことはできる。僕はサッカーが大好きだよ。僕は友達とサッカーをするときはとても幸せなんだ」と答えた。マイクは彼の言葉を聞いてショックを受け，④**「僕は何をしているんだ？」と彼自身に問いかけた**。

その日はマイクにとって特別な日になった。彼は9年前に幸せだったことを思い出した。彼はその時にサッカーをし始めた。彼は小さかった時，本当にサッカーを楽しんだ。彼はこれはとても大切だと思い，彼のチームメンバーと再びサッカーを練習し始めた。彼は自分が最後のトーナメントでプレーできないであろうことはわかっていたが，彼の友達と走ってプレーすることを楽しんだ。

トーナメントで，彼はチームメンバーを手伝い，応援することに最善を尽くした。彼のチームメンバーといることは楽しかった。中学校での最後の試合の後，彼は充実感を覚えた。彼は高校でサッカーをすることを決めた。

6　ア　**マイクは自転車でサッカーの練習に行っているときに転んで，病院に運ばれた。**

イ　**マイクは，最後のトーナメントでサッカーができないと聞いてとてもショックを受けた。**

ウ　マイクは，彼の父親が小さな子どもたちによってプレーされるサッカーの試合について彼に伝えたときにわくわくした。

エ　ジョンが試合終了前に彼のチームメンバーに話しかけたので，マイクは驚いた。

オ　マイクは彼が幼かった日々を思い出し，再びサッカーを練習したかったができなかった。

7　F：トーナメントはどうだったかい？　M：僕はプレーできなかったけれど，充実感を覚えたよ。お父さん，僕たちは小さな子どもたちによってプレーされるサッカーの試合を見たよ。それを覚えている？　あの日は僕にとって特別な日だったんだ。　F：どういう意味だい？　M：僕が脚を骨折する前は，活躍して試合に勝つためだけにサッカーをしていたんだ。**僕がジョンに会った後，僕はサッカーを楽しむことが大切だと思い出したよ。**　F：お前は彼から大切なことを学んだんだね？　M：うん。ジョンは僕の小さな先生だよ。

令和２年度　鹿児島県公立高校入試問題　社会

正答例

1　Ⅰ　1　ヒマラヤ山脈

2　本初子午線（漢字５字）

3　ウ　　4　焼畑農業　　5　イ

6(1)　低い賃金で労働者を雇うことができ，費用を安くおさえた製品を生産できるから。

(2)　主な輸出品目が農産物や工業の原料から工業製品に変わり，輸出総額が増加した。

Ⅱ　1　シラス台地　　2　岐阜県　　3　い

4　大消費地に短い時間で輸送する

5　日本のエネルギー自給率を高めることができると考えられるから。

6　イがさいたま市である。理由は，昼間は通勤や通学で東京などへ人が移動していて，夜間人口に比べ昼間人口が少なくなると考えられるからである。

Ⅲ　X　経路あ　　経路い

Y　経路いは浸水予想地域の外に出るまでの距離が短く，河川の近くを通らずに避難することができる（完答）

2　Ⅰ　1　万葉集　　2　イ　　3　ア

4　イスラム商人が仲介していたために価格が高かったアジアの特産物を直接手に入れるため。

5　ウ　　6　B→A→C→D

Ⅱ　1　①　西南（漢字指定）　　②　沖縄

2　王政復古の大号令　　3　ウ→ア→エ

4　イ

5　労働者の賃金は上昇したが，それ以上に物価も上昇したため。

6　エ

Ⅲ　失業率を減らすために，ダムを建設するなどの公共事業を行った（29字）

3　Ⅰ　1　条例　　2　ウ

3　衆議院のほうが任期が短く解散もあるため，国民の意思をより反映すると考えられるから。

4　エ　　5　国際司法裁判所

6　これまで二酸化炭素を多く排出して地球温暖化の原因を作ったのは先進国だから，まず先進国が排出削減を行うべきである。

Ⅱ　1　ＡＰＥＣ（アルファベット指定）

2　イ　　3　ウ　　4　株式や債券を発行

5(1)　財政　　(2)　累進課税

Ⅲ　X　消費者庁

Y　不正な取引や製品等の事故といった消費

者トラブルが減少し，消費者が主役となる

（37字）（完答）

配　点

1	Ⅱ6　Ⅲ　3点×2　　他　2点×12	計30点
2	Ⅰ4，5　Ⅲ　3点×3　　他　2点×11	計31点
3	Ⅲ　4点　Ⅰ6　3点　　他　2点×11	計29点

解　説

1 ＜地理総合＞

Ⅰ　A－イギリス，B－中国，C－ニュージーランド，D－メキシコ。

1　ヒマラヤ山脈は，ヨーロッパのアルプス山脈からインドネシア東部までのびる**アルプス・ヒマラヤ造山帯**に属している。もう一つの造山帯は，太平洋を取り囲むように山脈や島々が連なる**環太平洋造山帯**。

2　本初子午線はイギリスのロンドンを通る０度の経線で，本初子午線より東を**東経**，西を**西経**という。

3　ウ－C国のニュージーランドのマオリと同じように，オーストラリアの先住民である**アボリジニ**の文化も尊重されてきており，オーストラリアではそれぞれの民族を尊重する**多文化社会**（**多文化主義**）を築こうとしている。ア－A国のイギリスは**西岸海洋性気候**であり，**暖流の北大西洋海流**と**偏西風**のため，緯度が高くても比較的温暖であり，降水量は年間を通して少ない，イ－B国の中国では南部を中心に，同じ作物を１年に２回栽培する二期作が盛んである，エ－D国のメキシコでは，フランス語ではなく，スペイン語を使用する人々の数が最も多い。

4　ブラジルのアマゾン川流域では，開発や牧場，畑などのために，森林を大規模に伐採して切り開いている。これが進行すると，自然が持つ生物多様性が失われるなどの環境破壊にもつながってくるので，経済の発展と環境の保護を両立し，**持続可能な開発**を進めていくことが課題である。

5　一般的に気候帯は，赤道付近から南北に，熱帯→乾燥帯→温帯→冷帯→寒帯と分布している。ウ－冷帯や寒帯などが含まれていることから，高緯度まで大陸が広がっている北アメリカ大陸。ア－熱帯の割合がイよりも低く，乾燥帯の割合が高いことから，大陸の大部分が乾燥帯であるオーストラリア大陸。イ－熱帯の割合がア・ウよりも高く，乾燥帯の割合も高いことから，世界最大の**サハラ砂漠**があり，大陸を赤道が通過するアフリカ大陸。

6(1)　**資料２**から，タイとマレーシアの月額平均賃金が安いので，製品生産のコストが安くなることを考えることが必要である。

(2)　**資料３**から，2013年の両国の輸出品目に機械類や石油製品などの工業製品が見られ，輸出総額も1982年から大幅に増加していることが分かる。

Ⅱ　㋐－仙台市，㋑－金沢市，㋒－高知市。

1　シラス台地は土地がやせていて水はけがいいため，稲作に適さず，畑作や畜産などが盛んである。

2　白川郷では，冬の積雪が多く，屋根から雪が落ちやすい三角屋根の合掌造りの集落が見られる。

3　X－冬の降水量が多いことから，北西の季節風による積雪が多い㋑の金沢市，Y－夏の降水量が多いことから，太平洋に面する㋒の高知市，Z－冬の気温が他の都市よりも低いことから，㋐の仙台市。

4　略地図中の　で示された４県は，群馬県・栃木県・茨城県・千葉県であり，東京都周辺に位置していることに着目する。これらの県では，大都市近郊に位置するので，新鮮な野菜や果物を出荷することができる**近郊農業**が行われている。

5　**資料１**から，日本のエネルギー自給率は他国に比べてとても低く，メタンハイドレートの実用化によって，エネルギー自給率が上がることが考えられる。

6　さいたま市のある埼玉県が東京都に隣接していることから，昼間は東京都などへ人口が流出していると考えられる。よって，**資料２のイ**がさいたま市。アは九州の中心都市である福岡市。

Ⅲ　資料は**防災マップ**（**ハザードマップ**）である。資料中の２つの避難経路について，この場合，浸水予想地域を通る距離が短く，水位が増し，氾濫が予想される河川のそばを通るリスクを避ける**経路㋑**が適切。

2 ＜歴史総合＞

Ⅰ1　「万葉集」がまとめられた奈良時代には，神話や伝承，記録などを基にした歴史書の「**古事記**」と「**日本書紀**」，地方の国ごとに，自然，産物，伝説などを記した「**風土記**」もまとめられた。

2　イ－710年であり，唐の法律にならった**大宝律令**をもとに，全国を支配する仕組みが定められた。ア－文永の役は1274年，弘安の役は1281年（13世紀）であり，この二度にわたる元軍の襲来を**元寇**という，ウ－1404年（15世紀）であり，勘合貿易（日明貿易）は，正式な貿易船に，明から与えられた勘合という証明書を持たせ，朝貢の形で始められた，エ－239年（３世紀）であり，卑弥呼は魏の皇帝から「親魏倭王」という称号と金印を授けられたとされている。

3　ア－平等院鳳凰堂であり，藤原頼通によって建てられた。また，摂関政治は藤原道長とその子の頼通のころに最も安定して行われた。イ－弥勒菩薩像であり，日本で最初の仏教文化である**飛鳥文化**を代表するものの一つ，ウ－**足利義満**が京都の北山の別荘に建てた金閣であり，**北山文化**を代表するものの一つ，エ－**運慶**によって制作された金剛力士像であり，鎌倉文化を代表するものの一つ。

4　15世紀後半に**大航海時代**が始まり，ヨーロッパ人の目的は，キリスト教を世界に広めることと，アジアの特産，特に香辛料を直接手に入れること。

5X　御成敗式目は，鎌倉時代に執権の北条泰時が武士の裁判の基準を定めた制度。

Ｙ　徳川綱吉は，極端な動物愛護政策である生類憐みの令を出した。８代将軍徳川吉宗は**享保の改革**を行い，武士に質素・倹約を命じ，上げ米の制や**公事方御定書**という裁判の基準になる法律などを定め，庶民の意見を聞く目安箱を設置した。

６　Ｂ－奈良時代であり，鑑真は奈良に唐招提寺を建てた→Ａ－平安時代であり，最澄は805年に中国から帰国し，比叡山の延暦寺で天台宗を開いた→Ｃ－平安時代であり，菅原道真は唐のおとろえと往復の危険を理由に遣唐使の派遣の停止を進言し，894年に遣唐使の派遣が停止された→Ｄ－足利尊氏は1338年に征夷大将軍に任命されて室町幕府を開いた。

Ⅱ１①　**西郷隆盛**を中心として鹿児島の士族などがおこした西南戦争は，士族の反乱の中で最も大規模なものだった。

②　沖縄が日本に復帰した後も，今なお，沖縄島の面積の約19％がアメリカ軍施設であり，それに起因する事故，公害，犯罪などが問題となっている。

２　**大政奉還**は，幕府から朝廷に政権を返すことであり，このことにより，江戸幕府は滅びた。

３　1868年→1874年→1889年。普通選挙法の成立は1925年。

４　1858年の日米修好通商条約によって結ばれた不平等条約のうち，領事裁判権（治外法権）は1894年に**陸奥宗光**によって撤廃され，日本で罪を犯した外国人を日本の法律で裁くことができるようになった。関税自主権は1911年に**小村寿太郎**によって完全回復し，輸出入品に対して自由に関税を決めることができるようになった。

５　**資料２**中の物価を示すグラフと賃金を示すグラフの開きが年々大きくなっている点に着目する。

６　**エ**－1989年であり，アメリカのブッシュ大統領とソ連のゴルバチョフ書記長が地中海のマルタ島で会談し，冷戦の終結を宣言した。年表中に，翌年の1990年に東西ドイツが統一したことにも着目する。**ア**－1955年，**イ**－1993年，**ウ**－1949年。

Ⅲ　世界恐慌に対して，イギリスやフランスなどは植民地との関係を密接にし，それ以外の国の商品の関税を高くする**ブロック経済**という政策を採った。一方でソ連は五か年計画をたてるなど，独自の経済政策を採っていたため，世界恐慌の影響を受けなかった。

３　＜公民総合＞

Ⅰ２　**ア**－国会の仕事であり，憲法改正原案が，衆議院と参議院の総議員の３分の２以上の賛成で可決されると，国会は国民に対して憲法改正の発議をする，**イ**－国会の仕事であり，参議院が，衆議院と異なった議決をし，両院協議会でも意見が一致しないときは，**衆議院の優越**によって，衆議院の議決が国会の議決となる，**エ**－国会の仕事であり，裁判官としてふさわしくない行為をしたりした裁判官をやめさせるかどうかを判断するための裁判所。

３　国会は，参議院と衆議院の**二院制**であり，参議院が置かれているのは，国民のさまざまな意見を広く国会に反映させることができ，衆議院の行きすぎをおさえることができるからである。

４　**エ**－国や地方では**情報公開制度**が設けられ，人々の請求に応じて持っている情報を開示している。新しい人権は，**ウ**のプライバシーの権利以外にも，**環境権**や**自己決定権**などがある。**ア**－人間らしい豊かな生活を保障する権利であり，生存権・教育を受ける権利・勤労の権利・労働基本権などが含まれる，**イ**－国民が政治に参加する権利であり，選挙権や被選挙権，憲法改正の国民投票権や最高裁判所裁判官の国民審査権なども含まれる。

５　オランダのハーグに本部がある国連の機関。

６　**資料４**から，約150年もの間，二酸化炭素の累積排出量の割合をほぼ占めているのは先進国であるにもかかわらず，**資料３**の先進国も発展途上国もすべての国が排出削減を行うべきという意見は，発展途上国の立場から見れば公正さに欠けており，対立が生じたと考えられる。

Ⅱ１　国家間の経済協力について，1967年に**東南アジア諸国連合（ＡＳＥＡＮ）**，1993年に**ヨーロッパ連合（ＥＵ）**，1994年に北米自由貿易協定（ＮＡＦＴＡ）が発足し，特定の地域で協調や協力を強めようとする動きである地域主義が世界各国で強くなっている。

２　**ア**－社会保険ではなく公的扶助，**ウ**－公衆衛生ではなく社会保険，**エ**－公的扶助ではなく公衆衛生。

３Ｘ　**資料１**から，低下していることが分かる。

Ｙ　経済成長率は国内総生産の増加率なので，**資料１**から０％よりもマイナスになっておらず，増加傾向にあるといえる。

４　間接金融は，銀行などを通じて資金を集めること。資金を集める借り手は銀行に対して，借り入れた金額（元金）を期限内に返済するだけでなく，一定期間ごとに**利子**（利息）を支払わなければならない。元金に対する利子の比率を**金利**（利子率，利率）という。銀行は貸し出し先から利子を取り（貸し出し金利），預金者には利子を支払う（預金金利）。貸し出し金利は預金金利を上回り，その差が銀行の収入となる。

５(2)　所得税に対して，消費税などの間接税は，その人の所得に関係なく，同じ金額の商品を購入したら同じ金額の税金を負担しなければならない。この場合，所得の低い人ほど所得にしめる税負担の割合が高くなる傾向（逆進性）がある。

Ⅲ　**資料２**から，消費者が行動をおこさなかった結果，消費者トラブルが続いているので，それをなくすためにも，**資料１**から，**自立した消費者**としての行動が必要であるということが読み取れる。

令和２年度　鹿児島県公立高校入試問題　数学

正答例

1 1(1)　8　　(2)　2　　(3)　$4\sqrt{3}$

(4)　エ　　(5)　ア

2　$(y=)-\dfrac{6}{x}$　　3　3，4，5

4　4　　5　イ，ウ，キ

2 1　22(度)

2　$\dfrac{3}{8}$

3　$(x=)\ 2\pm\sqrt{3}$

4

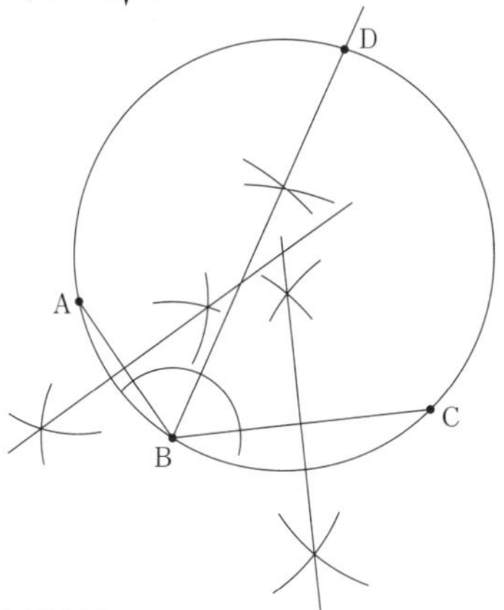

5　(式と計算)

$$\begin{cases} x+y=50 & \cdots① \\ \dfrac{x}{2}+\dfrac{y}{3}=23 & \cdots② \end{cases}$$

①×２　　$2x+2y=100$

②×６　−）$3x+2y=138$

$-x\quad=-38$

$x=38$　…③

③を①に代入すると

$38+y=50$

$y=12$

答　(Aさんが最初に持っていた鉛筆)　38(本)

(Bさんが最初に持っていた鉛筆)　12(本)

3 1　60.6(点)

2(1)ア　③　　イ　①

(2)　59.3(点)

3　51(点)

4 1　ア　10　　イ　$30\sqrt{3}$

2　(証明)

$\angle ACB=\angle a$とする。

△ＯＡＣは二等辺三角形であるから，

$\angle OCA=\angle OAC=\angle a$

∠ＡＯＢは△ＯＡＣの外角であるから，

$\angle AOB=\angle OCA+\angle OAC=2\angle a$

したがって，$\angle AOB=2\angle ACB$

すなわち，$\angle ACB=\dfrac{1}{2}\angle AOB$

3(1)　120(度)，$(t=)\ 5$

(2)　$675\sqrt{3}\ (\mathrm{m}^2)$

5 1　Q(２，２)

2　$(t=)\dfrac{3}{2}$

3(1)　R(１，−１)

(2)　(求め方や計算)

(1)より，$t=1$であるから，$\mathrm{Q}\left(1,\ \dfrac{1}{2}\right)$，

R(１，−１)である。よって，$\mathrm{QR}=\dfrac{3}{2}$

直線ＴＲの方程式は，$y=-x$であるから，

直線ＴＲと関数①のグラフとの交点のx座標は，

$\dfrac{1}{2}x^2=-x$，$x(x+2)=0$より，

$x=0$，$x=-2$

Ｔのx座標は　$x=-2$

よって，Ｔ(−２，２)

これより　$\mathrm{TR}=\sqrt{3^2+3^2}=3\sqrt{2}$

点Ｑから辺ＴＲへ垂線ＱＨをひくと

△ＱＨＲは∠ＨＲＱ＝45°の直角二等辺三角形となるので，

$\mathrm{QH}:\mathrm{QR}=1:\sqrt{2}$

$\mathrm{QH}:\dfrac{3}{2}=1:\sqrt{2}$

これより　$\mathrm{QH}=\dfrac{3}{2\sqrt{2}}$

求める体積は

$\dfrac{1}{3}\times\mathrm{QH}^2\times\pi\times\mathrm{TH}+\dfrac{1}{3}\times\mathrm{QH}^2\times\pi\times\mathrm{HR}$

$=\dfrac{1}{3}\times\mathrm{QH}^2\times\pi\times(\mathrm{TH}+\mathrm{HR})$

$=\dfrac{1}{3}\times\mathrm{QH}^2\times\pi\times\mathrm{TR}$

$=\dfrac{1}{3}\times\dfrac{9}{8}\pi\times3\sqrt{2}=\dfrac{9\sqrt{2}}{8}\pi$

答　$\dfrac{9\sqrt{2}}{8}\pi$

配　点

1	3点×9		計27点
2	1，2，3　3点×3	4，5　4点×2	計17点
3	1，2(2)，3　3点×3	2(1)　4点	計13点
4	1，3(1)　3点×3	2，3(2)　4点×2	計17点
5	1，2　3点×2	3(1)　4点　　3(2)　6点	計16点

解　説

1 ＜計算問題・小問集合＞

1(1)　×と÷の計算を，＋と−の計算より先にする。

$8\div4+6=2+6=8$

(2)　×と÷の計算を，＋と−の計算より先にする。
また，約分を忘れない。

$\dfrac{1}{2}+\dfrac{9}{10}\times\dfrac{5}{3}=\dfrac{1}{2}+\dfrac{3}{2}=\dfrac{4}{2}=2$

(3)　根号の中を最も簡単な数にしていく。また，分母に根号がある場合は整理する。

$2\sqrt{3}+\sqrt{27}-\dfrac{3}{\sqrt{3}}$

$=2\sqrt{3}+3\sqrt{3}-\dfrac{3\times\sqrt{3}}{\sqrt{3}\times\sqrt{3}}$

$=5\sqrt{3}-\dfrac{3\sqrt{3}}{3}$

$=5\sqrt{3}-\sqrt{3}=4\sqrt{3}$

(4)　２数の積について，符号が同じ場合は正の数，異なる場合は負の数になる。$ab<0$より，aとbの符号は異なるから，イかエのいずれか。また，$abc>0$より，abとcの符号は同じ。abは負の数だから，cは負の数。つまり，エが正しい。

(5)　投影図において，正面から見た図を**立面図**，真上から見た図を**平面図**という。ア，イにおいて見えない線は破線で示すから，アが正しい。

2　**反比例だから，ｘｙ＝一定**が成り立つ。
$x=2$，$y=-3$を代入すると，
$xy=2\times(-3)=-6$
$xy=-6$，$y=-\dfrac{6}{x}$

3　$2^2=\sqrt{4}$，$3^2=\sqrt{9}$より，$2<\sqrt{7}<3$
また，$5^2=\sqrt{25}$，$6^2=\sqrt{36}$より，$5<\sqrt{31}<6$
$\sqrt{7}$より大きい数の中で最も小さい整数は3
$\sqrt{31}$より小さい数の中で最も大きい整数は5
よって，この範囲にある数は3，4，5

4　1から6までの6つの数を1つのグループと考えると，100÷6＝16あまり4より，100番目の数は，17番目のグループの4つ目の数，つまり4である。

5　それぞれを1.5倍すると，次の表の通り。

	山名〈山頂名〉	標高	1.5倍
ア	紫尾山	1067	1600.5
イ	霧島山〈韓国岳〉	1700	2550
ウ	霧島山〈新燃岳〉	1421	2131.5
エ	御岳	1117	1675.5
オ	高隈山〈大篦柄岳〉	1236	1854
カ	高隈山〈御岳〉	1182	1773
キ	永田岳	1886	2829

※宮之浦岳の標高を1.5で割った値とそれぞれの標高を比較してもよい。1936÷1.5＝1290.6…
この値を標高が上回るのは，**イ**，**ウ**，**キ**の3つ。

[2] ＜関数・確率・作図・証明・方程式＞

1　ＡＢ＝ＡＣより，
$\angle ACB=(180^\circ-42^\circ)\div 2=138^\circ\div 2=69^\circ$
下図において，$\angle y=180^\circ-47^\circ-69^\circ=64^\circ$
平行線の錯角は等しいから，
$\angle y=\angle x+42^\circ$，$64^\circ=\angle x+42^\circ$，$\angle x=22^\circ$

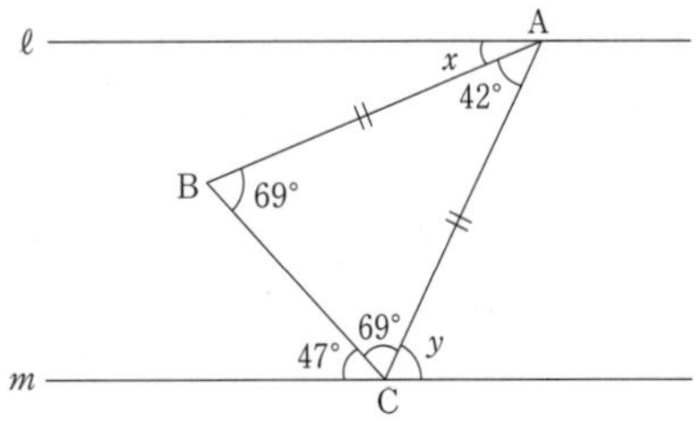

2　右の図のような樹形図をかいて考えると，すべての場合は8通りあり，そのうち，200ポイントになる場合は3通りある。
よって，ちょうど200ポイントもらえる確率は$\dfrac{3}{8}$

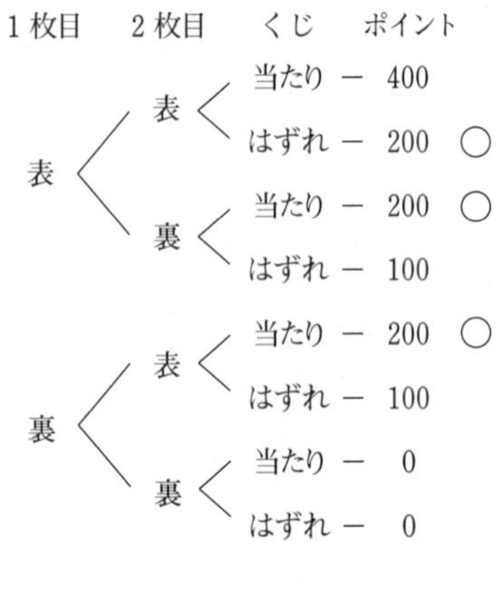

3　**比例式の内側の項の積と外側の項の積は等しい**ので，
$x^2=4x-1$，$x^2-4x+1=0$
解の公式$\left(x=\dfrac{-b\pm\sqrt{b^2-4ac}}{2a}\right)$より，

$x=\dfrac{4\pm\sqrt{(-4)^2-4\times1\times1}}{2}$
$=\dfrac{4\pm\sqrt{12}}{2}$
$=\dfrac{4\pm2\sqrt{3}}{2}$
$=2\pm\sqrt{3}$

4　①3点Ａ，Ｂ，Ｃを通る円を作図する。
線分ＡＢ，ＢＣ，ＡＣのいずれか2本の線分の垂直二等分線の交点を中心とする，点Ａ，Ｂ，Ｃを通る円を作図する。
②∠ＡＢＤ＝∠ＣＢＤ，つまり，∠ＡＢＣの二等分線を作図する。
③①と②の交点をＤとする。

5　本数の合計が50本の場合と23本の場合の2通りの式をつくり，連立方程式を解く。

[3] ＜資料の整理＞

1　**平均値＝$\dfrac{\text{(各階級の階級値×度数)の和}}{\text{総度数}}$**
Ｂ組，Ｃ組それぞれに，(各階級の階級値×度数)の和を求めると，
Ｂ組は，54.0×20＝1080　Ｃ組は，65.0×30＝1950
Ｂ組とＣ組の人数の合計は，20＋30＝50(人)
平均値は，$\dfrac{1080+1950}{50}=\dfrac{3030}{50}=60.6$(人)
※ＢとＣの平均値の真ん中の値(59.5)を平均値としないこと。(ＢとＣは度数が異なる)

2(1)　**ア**…総度数が30となるのはＡ組とＣ組で，ヒストグラムの総度数が30となるのは③のみ。
イ…**中央値(メジアン)**…調べようとする資料の値を大きさの順に並べたときの中央の値で，資料の総数が偶数のときは，中央にある2つの数の平均値を中央値とする。
総数が20で偶数なので，小さい方から10番目と11番目の値をみると，①では，60点以70点未満の階級に含まれ，また，**表**の中央値とも対応しているから，①が正しい。
②は，10番目が40点以上50点未満，11番目が50点以上60点未満に含まれるので，Ｂ組を表している。

(2)　階級値を用いて平均値を求める。
$\dfrac{35\times4+45\times6+55\times5+65\times6+75\times6+85\times3}{30}$
$=\dfrac{140+270+275+390+450+255}{30}$
$=\dfrac{1780}{30}=59.33\cdots$より，59.3点

3　Ｂ組の10番目の生徒の点数をx点とすると，11番目の生徒の点数は，$x-4$(点)
Ｂ組の中央値は，この2人の点数の平均値だから，
$\dfrac{x+(x-4)}{2}=49.0$が成り立つ。
これを解くと，$2x-4=98$，$2x=102$，$x=51$
また，51－4＝47
よって，10番目は51点，11番目は47点
ここに欠席した生徒を加えて11番目の値がＢ組のテ

ストの点数の中央値となる。欠席した生徒の得点は76点で，欠席した生徒を加える以前の10番目，11番目の得点よりも高いので，欠席した生徒を加える前の10番目の得点が，欠席した生徒を加えた21人の中央値となる。よって，このときの中央値は51点

4 ＜平面図形＞

1 **ア**…円の中心と36個の点をそれぞれ結ぶと，円の中心角は36等分される。

よって，

$\angle XOY = \frac{360}{36}$

$= 10$(度)

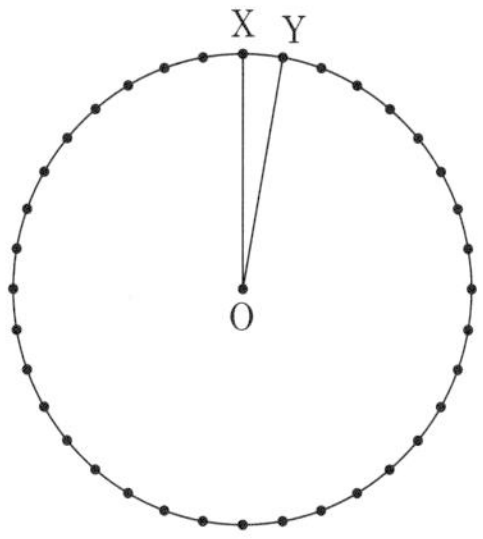

イ…1周が15分。

$\frac{5}{15} = \frac{1}{3}$ より，

5分では円周の $\frac{1}{3}$ だけ，つまり，

$360^\circ \times \frac{1}{3} = 120^\circ$

移動することになる。このことから，

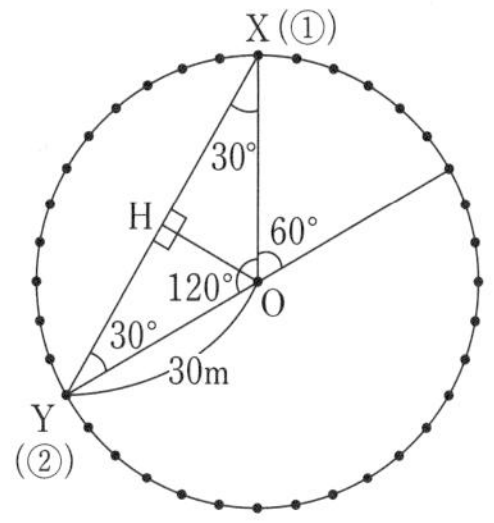

ゴンドラ①，ゴンドラ②の位置関係を見ると，上の図のようになる。

図より，2点間の距離は，頂角が120°の二等辺三角形の底辺にあたり，頂角から底辺に対して頂角の二等分線をひくと，角の大きさが30°，60°，90°の2つの合同な三角形に分けられる。

直径が60mだから，この三角形の斜辺は30m

30°，60°，90°の三角形の辺の関係より，

$XH = \frac{\sqrt{3}}{2} \times 30 = 15\sqrt{3}$ (m)

2点間の距離は，$15\sqrt{3} \times 2 = 30\sqrt{3}$ (m)

2 図形の性質としてわかっていることを図の中にかきこんでいくことで手がかりを探っていく。

△OACに着目すると，△OACは二等辺三角形で，OA＝OC，∠OAC＝∠OCAであることと，∠AOBが△OACの外角であることがわかる。

3(1) **1のイ**より，∠QOP＝120°

また，QRは円Oの直径となるから，

∠POR＝180°−∠QOP＝60°

さらに，OP＝OR

より，**△ORPは正三角形**。ここで，QRとP′R′が平行になるには，錯角である∠R′OQと∠P′R′Oが等しくなればよい。

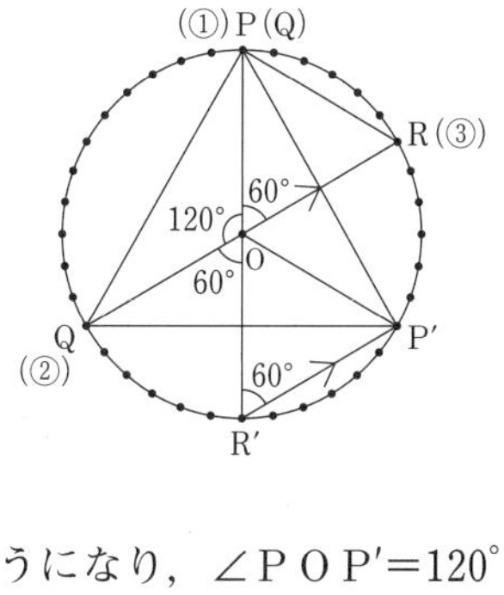

このとき，図は上のようになり，∠POP′＝120°

また，120°移動するのにかかる時間は5分だから，

$t = 5$

(2) (1)の図のように，円周角の性質から，

∠PP′Q＝∠PQP′＝∠P′PQ

$= \frac{1}{2} \times 120^\circ = 60^\circ$ より，**△PP′Qは正三角形**になり，

1のイより，1辺は $30\sqrt{3}$ m，また，高さは45m

$\triangle PP'Q = \frac{1}{2} \times 30\sqrt{3} \times 45 = 675\sqrt{3}$ (m^2)

5 ＜関数＞

1 点Qは，点Pを通り x 軸に垂直な直線上にあるから，点Pと x 座標が等しい。つまり，点Qの x 座標は t である。また，Qは関数①のグラフ上の点だから，

y 座標は，$\frac{1}{2}t^2$ となる。Q$\left(t,\ \frac{1}{2}t^2\right)$

これに $t = 2$ を代入すると，

x 座標は2，y 座標は，$\frac{1}{2} \times 2^2 = 2$

よって，Qの座標は，(2，2)

2 **1**と同様に，点Rの座標を t を用いて表すと，

R$(t,\ -t^2)$

QR＝QP＋PR

$= \frac{1}{2}t^2 + t^2$

$= \frac{3}{2}t^2$

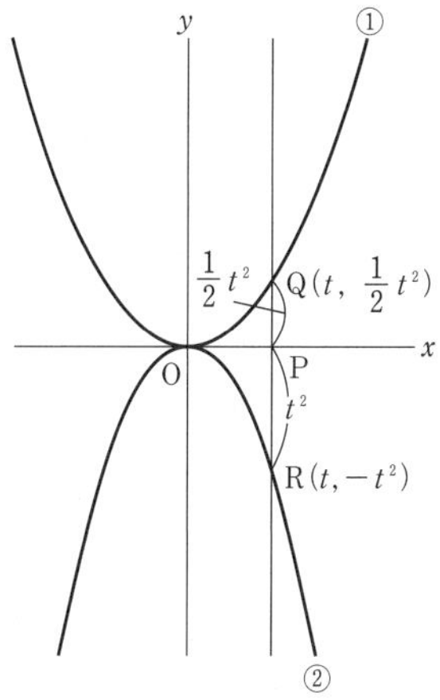

これが $\frac{27}{8}$ となるから，

$\frac{3}{2}t^2 = \frac{27}{8}$

$t^2 = \frac{9}{4}$

$t = \pm\frac{3}{2}$

$t > 0$ より，$t = \frac{3}{2}$

3(1) x 軸と平行な直線上にあることから，この直線は y 軸に対して垂直で，点Sは，点Rと y 軸について対称な点となる。

y 軸と直線SRが垂直であること，△OSRが直角二等辺三角形であることから，下図において，△AROも直角二等辺三角形となり，AR＝AO

つまり，点Rは関数②のグラフ上の点であるから，

$t = t^2$ が成り立つ。これを解くと，

$t^2 - t = 0$，$t(t-1) = 0$，$t = 0$，1

$t > 0$ より，$t = 1$　また，$-t^2$ に $t = 1$ を代入し，−1　R(1，−1)

(2) 下の図より，△QTRにおいて，線分TRを底辺とするときの高さQHを求めると，回転体を，QHを底面の半径とする2つの円すいに分けることができる。

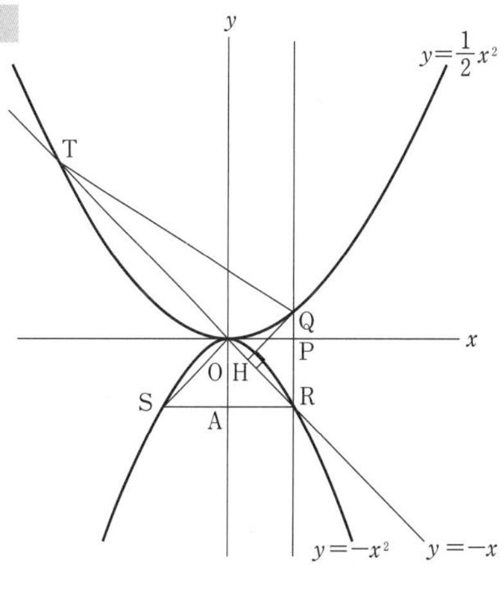

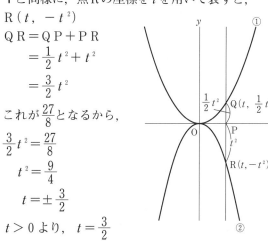

令和五年度　公立高校入試実戦問題第一回　国語

正答例

1
1 (1) 順序　(2) 肥　(3) 干潮
　(4) きんこう　(5) まど
　(6) せつじょく
2 エ

2
1 イ　2 ア
3 大家族が伝承し育んできた規範
4 地球規模の問題に直面する中で，共同体として連帯すること。
5 個人個人が自由に考えて責任を持ってプレーし，それがつながってチーム全体が一つの有機体のように機能する
6 イ

3
1 あたえしゆえなり
2 帝はなはだよく治む
3 Ⅰ 以前，隣国を打ち破ったとき，その国を帝の弟に与えずに，息子に与えた
　Ⅱ 賢帝ならず
4 ア　5 イ

4
1 ウ　2 エ
3 Ⅰ 早く家に帰りたい　Ⅱ 母親に会えた
4 本当は大福餅を食べたいが，家に持ち帰り，待っている弟や妹たちにも食べさせたいという気持ち。
5 イ

5
　Xの文を残す場合、何事にも挑戦したことが最新の技術を取り入れる制作の姿勢に生きていることが伝わり、Yの文を残す場合、美術の能力を磨いたことが得意なことを仕事にする上で生きていることが伝わると思う。
　私は、Xの文を残したほうがいいと思う。部活や生徒会、行事での姿勢が仕事にどのように生きるか意識して聞けると思うからだ。

配点

1	2点×7				計14点
2	1　2点	2　3点	3　4点	4　5点	
	5　7点	6　5点			計26点
3	1　2点	2　3点	3Ⅰ　4点	Ⅱ　2点	
	4　3点	5　3点			計17点
4	1　3点	2　4点	3Ⅰ　3点	Ⅱ　3点	
	4　7点	5　4点			計24点
5	9点				

解説

1 ＜漢字・書写＞
2 「はひふへほ」は「波・比・不・部・保」が由来。

2 ＜論説文＞
1 **イは下一段活用**，他は**五段活用**。打ち消しの助動詞「ない」をつけた時，「ない」の直前がア段の形になるのが五段活用，イ段になるのが上一段活用，エ段になるのが下一段活用である。
2 「受け継がれてゆくものがありました」「伝承の機会が著しく減少しました」と，前後の文が逆接の関係になっている。
3 「家庭は細分化され」たことにより，かつては残せていたが現在は次世代に残すことができなくなったものが入る。字数より確定する。
4 第二段落，第三段落から，筆者の意見をまとめる。第三段落の「私の意見です」に着目する。同じ文に指定語の「共同体」も含まれている。
5 ——線部③のあとの内容をまとめる。筆者はサッカーの例を出して自分の意見を述べている。「一流のチームであれば～できています。」という部分から，個人の自由な行動も，それがつながって一つのまとまりとして機能することも必要なことであるという意見が読み取れる。また，「自由と規範は矛盾する概念ではない」ことから，どちらか一方を選ぶというような考えは幼いと筆者は考えている。
6 「生きる力」は「リベラルアーツ」と表現されているから，その内容を読み取る。本文最後に「リベラルアーツとは～政治的素養なのです。」とあり，「共同体への責任を担った自由人」とは，第十段落の最後の「精神の自立と～知的市民」のことである。

3 ＜古文＞
（**口語訳**）昔，帝がいた。国を治めた後，家来の者たちに「私は国を治めることができている。賢王だろうかどうか。」と尋ねた。（すると）多くの家来がみな，帝に申し上げた。「帝は非常によく国を治めておられます。」と。（ところが）一人の家来がいて，「帝は，賢王ではありません。」と言った。帝が，「なぜなのか。」と尋ねると，（家来は）「以前に隣国を打ち破ったとき，その国を帝の弟に与えずに，息子に与えたからです。」と言った。その家来は，帝の心にそわなかったために，追い出された。
　その後，（帝は）また一人の家来に「私は，いつくしみや，思いやり深く立派であるか。」と尋ねると，家来は「非常に情け深くご立派です。」と言った。帝が，「なぜなのか。」と尋ねると，（家来は）「仁帝には忠臣がいるからです。忠臣は素直に自分の意見を言います。先ほどの家来は，全く遠慮せずに自分の信じる意見を述べたのです。これは忠臣です。仁帝でなければ（そのような家来は）得られないでしょう。」と言った。すると，帝は，この言葉に感心して，先ほどの家来を呼び戻しなさった。
1 語頭以外の**ハ行**は**ワ行**に直す。「**ゐ・ゑ・を**」は「**い・え・お**」に直す。
2 会話の部分を見つけるときは，「～と言ふ」などの表現を手がかりにする。
3Ⅰ 古文中の「その臣」の言葉，「さきに隣国を～子息にあたへしゆゑなり。」の部分をまとめる。
　Ⅱ ——線部②の前の，「一人の臣（＝その臣）」が「帝」に言った言葉があてはまる。
4 帝に遠慮せず，「帝，賢帝ならず」と批判したことを「直言」と表現している。「直言」とは，「相手に遠慮せず自分の思ったことを言うこと」。最高権力者である帝に対しても，物おじすることなく率直に自分の

意見を言ったということである。

5　結末の「さきの臣を召し返されぬ」を正しく訳すこと。「先ほどの家来を呼び戻しなさった」となる。したがって，**ウ**，**エ**は誤り。**ア**は，「直言する家来を自ら見つけ出す」の部分が誤りである。

4　＜小説文＞

1　「不安がつのり，寂しさが増して」きたが，それを「口にするのがこわかった」とある。母親の帰りが遅く，二人は「弱気」になっている。

2　——線部①に続く（　　）内の少年の気持ちを手がかりにする。**イ**，**ウ**の内容は書かれていない。

3 Ⅰ　初めの場面の「もう，帰ろう」「ほんとに，百だよ」などに，弟の早く帰りたい気持ちが表れている。

Ⅱ　数を数えた結果，母親に会うことができ，弟はすっかり気をよくして「はずんだ声」になっている。

4　——線部③の前の段落の内容に着目する。少年も本当は大福餅を食べたかったが，弟の行動とは対照的に家で待っている弟妹のために，大福餅をとっておくことにしたのである。

5　——線部④は，前の方の「先刻まで気に止まらなかった川音が，少年の耳を高く衝いた」と対照的な表現になっている。「快く」や，その後の農家の灯りを「美しかった」といっているところから読み取れることを考える。やっと母親に会え，親子で楽しく会話するうちに，少年は温かい気持ちになっている。**ア**はこの場面とは合わない。**ウ**は，「かつての自分の姿を重ね」が，**エ**は「投げやりになっていた」が不適。

5　＜作文＞

X，Yそれぞれが，「今の職業にどのように生きているか」を考える。Xは「自分から挑戦する」，Yは「美術を得意」「構図や色彩に工夫」がポイントになる。これを踏まえて，どちらの文を残すべきか意見を書くこと。Yを残す場合には，「得意なことや好きなことを仕事にする上での視点」に触れて理由を書くことができる。

［採点基準の例］

(1)　**伝わる内容の違い**…５点

X，Yの一方を残した場合の，伝わり方の違いが書けているかどうかを，５点（良い），３点（不明瞭），０点（書けていない）の３段階に評価する。

(2)　**考え**…４点

X，Yのどちらを残したほうがよいと書けているかどうかを，４点（良い），２点（不明瞭），０点（書けていない）の３段階に評価する。

(3)　**段落指定を守っていないもの**…減点２点

(4)　**行数を満たしていないもの**…減点３点

(5)　**表記**…最大減点４点（一か所ごとに減点１点）

①　原稿用紙の使い方の誤り。

②　誤字脱字，符号の用法の誤り。

③　用語や文の照応の不適切なもの。

④　文体が統一されていないもの。

令和５年度　公立高校入試実戦問題第１回　理科

正答例

1　1　①　イ　　②　ア(完答)　　2　**摩擦力**

3　**硫化鉄**

4　(午前) **9**時が**1.87**(g多い)　(完答)

5　アとウ(順不同・完答)　　6　**0.45**(W)

7　エ

8

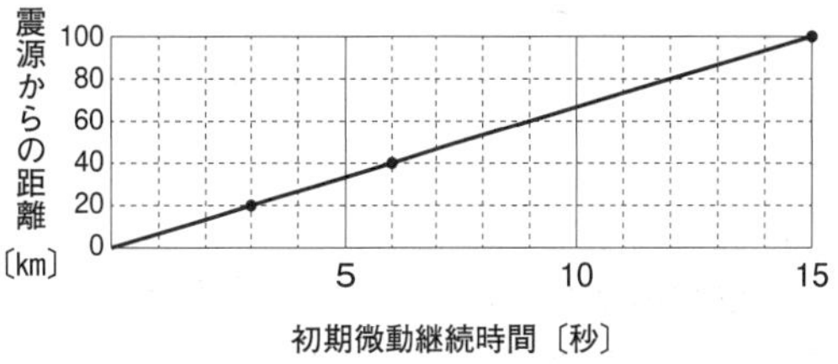

2　Ⅰ　1　名称　**道管**　　記号　ア

2　**蒸散**　　3　**光合成の原料になる。**

Ⅱ　1　**動脈**　　2　イ　　3　イ

3　Ⅰ　1　**電磁誘導**

2　**コイルの中の<u>磁界</u>が変化していないから。**

3　①　イ　　②　イ(完答)　　4　ウ

Ⅱ　1　右図　　2　**90**(度)

3　**全反射**

4　イ

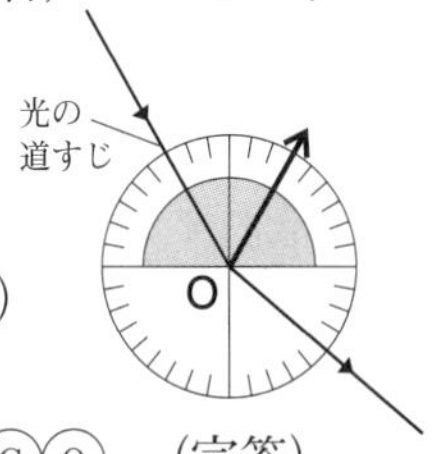

4　Ⅰ　1　アとウ(順不同・完答)

2　a 

　b 

　(完答)

3　**ガラス管を石灰水から引き抜く。**

4　**3.28**(g)

Ⅱ　1　**1**(g)

2　**気体を大量に吸わないようにするため。**

3　ウ　　4　イ　　5　**結晶**

5　Ⅰ　1　**れき岩，砂岩，泥岩**

2(1)　**示準化石**　　(2)　ウ

3　エ　　4　**5**(m)

Ⅱ　1　**太陽**　　2　**偏西風**　　3　イ

4　①　ア　　②　ア(完答)

配点

1	6，8　3点×2	他　2点×6	計18点
2	Ⅰ 1記号，Ⅱ 2，3　2点×3	他　3点×4	計18点
3	Ⅰ 2，Ⅱ 1　3点×2	他　2点×6	計18点
4	2点×9		計18点
5	2点×9		計18点

解説

1　＜４分野総合＞

2　力のはたらきには，①物体の形を変える。②物体の運動のようすを変える。③物体を持ち上げたり支えたりする。の３つがある。摩擦力は物体の運動をさまたげているので，②のはたらきをしているといえる。

4　$湿度〔\%〕=\dfrac{1\,m^3の空気にふくまれる水蒸気の質量〔g/m^3〕}{その空気と同じ気温での飽和水蒸気量〔g/m^3〕}\times 100$

表1より，空気$1\,m^3$中にふくまれていた水蒸気の質量は，午前７時が$5.6\times\dfrac{100}{100}=5.6$〔g〕

午前9時が$8.3\times\frac{90}{100}=7.47$〔g〕

よって，7.47−5.6=1.87〔g〕

したがって，午前9時の方が1.87g多い。

5 酸素は単体のため**イ**は不適，塩化ナトリウムは純粋な物質のため**エ**は不適。

6 **電力〔W〕＝電圧〔V〕×電流〔A〕**

300〔mA〕＝0.3〔A〕

よって， 1.5×0.3＝0.45〔W〕

8 P波が到着してからS波が到着するまでの時間を初期微動継続時間といい，初期微動継続時間は震源からの距離に比例する。

2 **＜生物のからだのつくりとはたらき＞**

Ⅰ1 ホウセンカは，双子葉類のなかまなので，茎の維管束は輪の形に並んでいる。道管は茎の内側を，師管は茎の外側を通る。

3 植物に光が当たると，葉の細胞の中にある葉緑体で光合成が行われ，二酸化炭素と水から，デンプンなどがつくられ，そのときに酸素ができる。このとき，植物は光のエネルギーを利用する。

Ⅱ2 酸素を多くふくむ血液のことを動脈血といい，肺を通った後の血管と各器官を通る前の血管に動脈血は流れている。

3 消化されてできた養分のうち，ブドウ糖とアミノ酸は毛細血管に，脂肪酸とモノグリセリドは，再び脂肪になり，リンパ管に入る。また，細胞の活動でできたアンモニアなどの有害な物質は，肝臓で無害な物質に分解されたあと，じん臓でこしとられて，尿として体外に排出される。

3 **＜電気の世界・身のまわりの現象＞**

Ⅰ4 コイルの下から棒磁石のS極を近づけると，コイルの中の下向きの磁界が強くなる。よって，**図**のxと同じように検流計の針は－側にふれる。

Ⅱ2 屈折した光が空気とガラスの境界面に達したとき，境界面を通りぬける光はなくなる。

4 空気中から透明な物体に光が入射すると，屈折角は入射角より小さくなる。逆に，透明な物体から空気中に光が出ていくときは，屈折角は入射角より大きくなる。

4 **＜化学変化と原子・分子・身のまわりの物質＞**

Ⅰ1 金属の酸化物から酸素をとって金属をとり出すには，その金属よりも酸素に結びつきやすい物質と反応させればよい。この他に，デンプン，砂糖，ブドウ糖などでも可能である。

2 化学反応式では，$2CuO+C\rightarrow 2Cu+CO_2$と表される。

3 先に加熱を止めてしまうと，試験管内部の気体が急激に収縮し，石灰水が逆流し，試験管が急に冷やされて割れるおそれがある。

4 問題より，結びつく銅の質量と酸素の質量との比は4：1なので，酸化銅の質量と酸化銅にふくまれる銅の質量との比は（4＋1）：4＝5：4　4.10gの酸化銅にふくまれる銅の質量をx gとおくと，

5：4＝4.10：x　x＝3.28

よって，得られる銅の質量は3.28g

Ⅱ 水溶液A～Eはそれぞれ，A：うすい塩酸，B：炭酸水，C：うすい水酸化ナトリウム水溶液，D：アンモニア水，E：食塩水である。

1 **質量パーセント濃度〔%〕＝**$\frac{\textbf{溶質の質量〔g〕}}{\textbf{溶液の質量〔g〕}}$**×100**

溶質の質量をx gとおくと，$1=\frac{x}{100}\times100$

x＝1　よって，1g

5 食塩（塩化ナトリウム）の結晶は立方体の形，ミョウバンの結晶は正八面体の形と，結晶の形は，物質によって決まっている。

5 **＜大地の変化・天気とその変化＞**

Ⅰ2 限られた環境にしかすめない生物の化石は示相化石とよばれ，地層が堆積した当時の環境を推測する手がかりになる。おもな示相化石とその環境には，サンゴ：あたたかく浅い海，ブナの葉：やや寒冷なところなどがある。

3，4 かぎ層となる凝灰岩の層が現れる標高を考える。**図2**より，A地点では20m，B地点では5m，C地点では15m掘ると凝灰岩の層が現れることがわかる。それぞれの地点で凝灰岩の層が現れる標高は，

A地点は，100－20＝80〔m〕

B地点は，85－5＝80〔m〕

C地点は，100－15＝85〔m〕

A地点とB地点で凝灰岩の層が現れる標高は等しく，C地点はそれより高いことから，この地域の地層は，南から北の方に低くなっていると考えられる。また，A地点，B地点より東西方向には傾いていないので，D地点では，C地点と同じ85mの高さで凝灰岩の層が現れると考えられる。D地点の地表の高さは90mなので，地表から5m掘ればよい。

Ⅱ1 大気は，地球が太陽から受けとるエネルギーが大きい赤道付近ではあたたかく，受けとるエネルギーが赤道付近と比べて小さい北極や南極付近では冷たい。この温度差によって大気は循環する。

3 **ア**は低気圧の周辺の空気の動き，**エ**は季節風によるものである。偏西風は，北半球と南半球の中緯度帯の上空を西から東に向かってふく西風で，地球を一周している。偏西風の影響を受けるため，日本列島周辺の天気は，西から東へ移り変わることが多い。

4 低気圧の中心付近では上昇気流が発生し，周辺から中心部に向けて反時計回りに風がふく。また，空気は気圧の高いところから低いところへ移動する。その空気の流れが風となるため，気圧の高いところから低いところへ向かって風がふく。よって，**図2**では，太平洋からユーラシア大陸へ向かって風がふいていると考えられる。

令和５年度　公立高校入試実戦問題第１回　英語

正答例

1　1　ウ　　2　イ
　3　**walking**
　4　イ→ウ→ア（完答）　　5　エ
　6　(1)　**He went there two days ago.**
　　(2)　ウ
　7（例）**Because I can see beautiful flowers in spring.**

2　1　①　ウ　　②　イ
　2　①　エ　　②　ア　　③　ウ　　④　イ
　3　①　**Can（May）I talk**　　②　**want to leave**
　　③　**will call him**
　4　（例１）　**Yes, I do. I always enjoy reading books at home. I can learn many things from them.**
　　（例２）　**No, I don't. I usually play tennis when I have free time. I like to play tennis.**

3　Ⅰ　1　ウ　　2　イ
　Ⅱ　1　**Tuesday**　　2　イ
　Ⅲ　エ

4　1　イ　　2　ア
　3　・日本の学校では**生徒が学校をそうじの時間があるが，アメリカの学校ではないこと。**
　　・日本の学校では**昼食を教室で食べるが，アメリカの学校では食堂で食べること。**
　4　**There are many clubs in our school. We can play sports in our clubs.**
　5　イ，オ（順不同）

配　点

1	7　4点　　他　3点×7	計25点
2	4　7点　　他　2点×9	計25点
3	Ⅰ　3点×2　　他　4点×3	計18点
4	1　3点　　4　5点　　6　6点 他　4点×2	計22点

解　説

1　＜聞き取りテスト＞
＜チャイムの音四つ＞

これから，英語の聞き取りテストを行います。問題用紙の２ページを開けなさい。

英語は１番から４番は１回だけ放送します。５番以降は２回ずつ放送します。メモをとってもかまいません。（約３秒間休止）

では，１番を始めます。まず，問題の指示を読みなさい。

（約13秒間休止）

それでは放送します。

Mike : Did you enjoy your birthday, Sayuri ?
Sayuri : Yes, Mike. I had a good time. My mom and dad gave me a book about animals.
Mike : That's nice.　（約10秒間休止）

M：君の誕生日を楽しんだ，小百合？　S：ええ，マイク。私は良い時間を過ごしたわ。私のお母さんとお父さんが私に動物についての本をくれたの。　M：それはすてきだね。

次に，２番の問題です。まず，問題の指示を読みなさい。

（約13秒間休止）

それでは放送します。

Mother : John, how was your math test today ?
John : It was very difficult, Mom. I'll study math tomorrow because I'll have time tomorrow. So... can I play video games now ?
Mother : No. You should clean your desk now. There are too many books on your desk.
John : OK. I will.　（約10秒間休止）

M：ジョン，今日の数学のテストはどうだったの？　J：それはとても難しかったよ，お母さん。僕は明日時間があるから，数学を勉強するよ。だから…今はテレビゲームをしてもいいかな？　M：だめよ。あなたは今机を片づけるべきよ。あなたの机にあまりに多くの本があるわ。　J：わかったよ。するよ。

次に，３番の問題です。まず，問題の指示を読みなさい。

（約20秒間休止）

それでは放送します。

Rika : Hi, Mr. Hill. I went to Hikari Park with my family last Sunday.
Mr.Hill : Hi, Rika. What did you do there ?
Rika : We enjoyed walking there.
Mr.Hill : That sounds good. How was the weather ?
Rika : It was cloudy in the morning, but it became sunny in the afternoon. I also enjoyed taking pictures of some birds.
Mr.Hill : That's great.　（約15秒間休止）

R：こんにちは，ヒル先生。私はこの前の日曜日に家族と光公園に行きました。　H：こんにちは，梨香。あなたたちはそこで何をしたのですか？　R：私たちはそこで散歩を楽しみました。　H：それは良いですね。天気はどうでしたか？　R：午前中はくもりでしたが，午後には晴れました。私は数羽の鳥の写真を撮ることも楽しみました。　H：それはすばらしいですね。

次に，４番の問題です。まず，問題の指示を読みなさい。

（約15秒間休止）

それでは放送します。

I came back to Japan from Australia yesterday. I stayed with a host family for a week. I enjoyed talking with them at dinner. Their food was great. Daniel is my host brother. He loves the sea, so we often enjoyed swimming in the sea. I could swim with fish ! The last day of my stay, I took a picture with my host family in front of their house. I really want to see them again. Thank you.

（約10秒間休止）

僕は昨日オーストラリアから日本に帰って来ました。僕は一週間，ホストファミリーのもとに滞在しました。僕は夕食で彼らと話すのを楽しみました。彼らの食事はおいしかったです。ダニエルは私のホストブラザーです。彼は海が大好きなので，僕たちはよく海で泳ぐのを楽しみました。僕は魚と一緒に泳ぐことができました！　僕の滞在最後の日に，僕はホストファミリーの家の前で彼らと写真を撮りました。僕は本当にまた彼らに会いたいです。ありがとうございました。

次に，５番の問題です。まず，問題の指示を読みなさい。

（約 18 秒間休止）

それでは放送します。

Hello, everyone. I'm Betty. I came to Japan with my family three years ago. Before coming to Japan, I lived in Canada. When I came to Japan, I couldn't speak Japanese. My teacher Ms. Tanaka was very kind to me. I studied with her after school every day. Now, I want to be a teacher like her. And I want to teach my students many things, too. Thank you.

（約３秒おいて，繰り返す。）（約 10 秒間休止）

こんにちは，みなさん。私はベティです。ウ私は３年前に家族と一緒に日本に来ました。日本に来る前は，アカナダに住んでいました。私は日本に来たとき，日本語を話すことができませんでした。私の先生の田中先生はとても私に親切でした。私は毎日放課後に彼女と勉強しました。今，イ私は彼女のような先生になりたいです。そして私は，私の生徒に多くのことを教えたいです。ありがとうございました。

※各記号の該当箇所は波線部参照。

次に，**６**番の問題です。まず，問題の指示を読みなさい。

（約 20 秒間休止）

それでは放送します。

Do you know the Animal Welfare Center ? We can play with many animals there. We can also get an animal after learning about it.

Two days ago, I visited the center with my friend. There were a lot of dogs there. I enjoyed playing with them. I wanted one of them. Then, a man told me about the animals there. I heard a very sad story from him. About a thousand dogs are brought to the center every year. I wanted to do something for them when I heard the story.

That night I used the internet and learned that having a dog is not easy. Now I understand that. I will go to the center again next Sunday to learn more about dogs.

(1) When did Shota go to the Animal Welfare Center ?

（約７秒間休止）

(2) What is Shota's message ? （約７秒間休止）

では，２回目の放送をします。

（最初から質問(2)までを繰り返す。）（約 15 秒間休止）

あなたは動物愛護センターを知っていますか？ 私たちはそこでたくさんの動物と遊ぶことができます。私たちは動物について学んだあと動物をもらうこともできます。

２日前，私は友人と一緒にそのセンターを訪ねました。そこにはたくさんの犬がいました。私は犬たちと遊ぶことを楽しみました。私はそれらのうちの一匹がほしかったです。すると，ある男性がそこの動物について話してくれました。私は彼からとても悲しい話を聞きました。約 1000 匹の犬が毎年そのセンターに連れてこられます。私はその話を聞いたとき，犬たちのために何かしたいと思いました。

その夜，私はインターネットを使って犬を飼うことは簡単ではないということを学びました。今私はそれを理解しています。私は犬についてもっと学ぶために，今度の日曜日にそのセンターに再び行くつもりです。

(1) 翔太は動物愛護センターにいつ行きましたか？

（正答例の訳） **彼は２日前にそこへ行きました。**

(2) 翔太のメッセージは何ですか？

ア 私たちはいくらか犬がほしいときに動物愛護センターに行くことができます。

イ 私たちは毎日私たちの犬と遊び，散歩する必要があります。

ウ 私たちは動物を飼う前にもっと動物を飼うことについて考えるべきです。

次に，**７**番の問題です。まず，問題の指示を読みなさい。

（約 15 秒間休止）

それでは放送します。

Shinji : Which season do you like the best, Lucy ?

Lucy : I like spring the best.

Shinji : Why ?

Lucy : (　　　　　　　　　　　　　　)

（約３秒おいて，繰り返す。）（約１分間休止）

S：君はどの季節が一番好きなの，ルーシー？ L：私は春が一番好きよ。 S：どうして？ L：（正答例の訳）**私は春に美しい花を見ることができるからよ。**

＜チャイムの音四つ＞

これで，聞き取りテストを終わります。次の問題に進みなさい。

2 **＜英文表現＞**

1 E：あなたは忙しそうね。 M：うん。②**僕はたくさんのやるべき仕事があるんだ**。 E：ええと，私はあなたを手伝えるわ。あなたは今何をしているの？ M：僕は理科の宿題をしているよ。それはとても難しいんだ。 E：①**わかっているわ**。私はそれを昨夜したわ。それはとても難しかったわ。あなたは教科書を使うべきよ。 M:僕は今それを持っていないんだ。E：大丈夫。あなたは私のものを使えるわ。

2 **ア** 多くの人々に好かれる

イ あなたが眠りたかったり休息をとりたかったりする気持ち

ウ あなたが他人を気にかけていることを示す言動

エ あなたが何かを食べたいという気持ち

3 T：もしもし？ C：もしもし。キャシーです。雅紀と①**話せますか**？ T：すみません。彼は今ここにいないのです。C：あなたはメッセージ②**を残したい**ですか？ T：いいえ，結構です。また私は③**彼に電話します**。

4 S：やあ！ 僕は今日図書館に行っておもしろい本を読んだんだ。君は自由な時間があるときによく本を読むのかい？

3 **＜英文・資料読解＞**

I かつては，日本から外国に行くのに長い時間がかかった。1860 年に，日本人が船でアメリカに行ったとき，そこに着くまでに１か月以上かかった。現在，そこに行くために飛行機でたった９時間ほどしかかからない。他国を訪れることが簡単になってきている。このグラフを見なさい。それは旅行者数を表している。2017 年，約 28,690,000 人の外国人が日本に来た。そして，約 17,889,000 人の日本人が他の国に行った。

昔はテレビやインターネットや SNS はなかったため，短時間で他の国についてのニュースを得ることは難しかった。しかし現在では，私たちは世界に関する多くのことをテレビやインターネットやSNSで見聞きすることができる。そのため私たちは，**世界はより小さくなってきている**と言うことができる。私たちは簡単に外国について知ることができるのだ。私たちは外国の人々を理解し，彼らからも理解される必要がある。

Ⅱ　H：わあ，この博物館はとても大きいね！　N：ええ。毎日多くの人がここにやって来るわ。　H：僕たちは何が見られるの？　N：私たちはたくさんのものを見ることができるわよ。ええと，この博物館はフランスの絵画で有名なのよ。　H：本当に？　僕は海外の絵画が大好きだよ。　N：そうなのね。最初にそれらを見に4階へ行くのはどう？　今9時40分だから，私たちは最初のツアーに参加できるわ。　H：それは良い考えだね。僕たちはその後何ができるかな？　N：私たちはアメリカの鳥についてのツアーにも参加できるわ。　H：いいね。僕はアメリカの歴史と文化にも興味があるんだ。この博物館にはそれらについてのツアーがあるかい？　N：ええと，この博物館にはそれらについてのツアーが何もないけれど，私たちはきっと2階で何かおもしろいものを見つけることができると思うわ。　H：わかった。アメリカの鳥のツアーに参加する前にそこに行かない？　N：いいわよ。まあ，今は9時50分よ。行きましょう！

① 空欄の下に「No tours on Monday（月曜日はツアーなし）」とあるので，ツアーは火曜日から日曜日までであることがわかり，空欄には「Tuesday」が入る。

Ⅲ　私は花について学びたいです。それらは小さいですが，人々にとって大切なものです。例えば，私たちはしばしば花をプレゼントとして贈ります。花を通して，私たちは人々に私たちの愛を示すことができます。

私が小さな子どもだったとき，私の父と母はしばしば私を山に連れて行きました。私の父はいつも多くは話しませんでしたが，山にいるときは違いました。彼が私と歩いているとき，彼は私に花についての多くのことを教えてくれました。それらについての彼の話はとてもおもしろくて，私は彼にそれらについてたくさんの質問をしました。私たちは話すことを楽しみました。そのとき私の母はとてもうれしそうでした。

私の父はときどき私たちの庭の小さな花々を摘んで，押し花を作りました。のちに，彼はそれらを私にくれました。ある日，母が私に「あなたのお父さんが若かったとき，彼はよく私に押し花をくれたのよ。彼はあまり話さないけれど，私はその花を通して彼の気持ちを理解したわ。私はとても幸せに感じたわ」と言いました。私が子どものときから，花はずっと私にとってとても特別なものです。

ア　直子の父が花を好きである理由。

イ　直子の友達からの最も良い贈り物。

ウ　直子の家族は花について学ぶことが好きである。

エ　直子にとって花は特別である。

4　＜長文読解＞

志穂は彼女の学校の英語クラブの一員である。ある日，志穂の中学校の先生である木村先生が来て「来月，2人のアメリカの生徒が私たちの学校を訪れます。彼らは日本語がわからないから，彼らに学校を英語で案内してください」と言った。「わかりました。私は①**それ**について友達と話します」と志穂は言った。

数日後，志穂は木村先生に「私はやってみます。由美が手伝ってくれます。私たちは学校の英語の地図を作って，それを使いながら英語で彼らを案内します」と言った。「それはいいですね。もし君たちがそうしたら彼らはうれしいでしょう。君たちは簡単な英語を使えますよ」と木村先生と言ってほほえんだ。

アメリカの生徒の訪問の日，志穂と由美は彼らに学校周辺を案内し始めた。志穂は生徒に「そうじ時間です。私たちは学校を毎日そうじします」と言った。アメリカの生徒たちの一人であるメアリーが「あなたたちが（学校を毎日そうじ）するのですか？」とたずねた。「はい。私たちは学校のたくさんの場所をそうじします」と志穂は答えた。「そうなんですね。あなたの学校はとてもきれいです」とメアリーが言った。志穂は「ありがとう。あなたの学校もそうじ時間がありますか？」と言った。「いいえ，私たちはそうじ時間はありません」とメアリーは答えた。志穂はそれを聞いて驚いた。そして，志穂と由美は，彼らを図書室とパソコン室に連れて行った。

最後に，彼らは給食室に行った。志穂は「私たちの給食はここで作られます」と言った。もう一人のアメリカの生徒であるトムが志穂に「あなたたちはどこで給食を食べるのですか？」とたずねた。「私たちは給食を自分たちの教室で食べますよ」と志穂は答えた。トムは「本当に？　僕たちはたいてい食堂で昼食を食べます」と言った。志穂はそれを聞いて再び驚いた。トムは「あなたは給食が好きですか？」とたずねた。「はい，私たちは給食を一緒に食べることを楽しみます」と志穂は答えた。②**志穂は，日本の学校とアメリカの学校には違いがあるのだと思った。**

アメリカの生徒たちが学校を去るとき，トムは志穂に「僕たちを案内してくれてどうもありがとうございます。僕たちはあなたたちの学校を訪れるのを楽しみました。僕は日本の学校生活に興味がわきました。あなたはメールアドレスを持っていますか？　あなたが僕にメールを送ってくれたらうれしいです。これが僕のメールアドレスです」と言った。

志穂は彼のメールアドレスをもらったとき，とてもうれしかった。彼女は③**最初のメール**で彼女の学校について多くのことを彼に伝えたかった。彼女は，彼女が最初のメールを彼に送った後，すぐに彼のメールが来ることを願った。

1　ア　本文11～15行目。　　ウ　本文5～9行目。

3　本文訳波線部参照。

4（正答例の訳）**私たちの学校には多くの部活があります。私たちは部活でスポーツをすることができます。**

5　ア　木村先生はアメリカの生徒と一緒に志穂の学校に来た。

イ　志穂と由美はアメリカの生徒のために彼らの学校の英語の地図を作った。

ウ　メアリーは志穂の学校がきれいでないのを見たとき，とても驚いた。

エ　志穂は給食室に行った後に図書室に行った。

オ　志穂はトムに，彼女は友達と給食を食べるのが好きだと話した。

令和５年度　公立高校入試実戦問題第１回　社会

正答例

1　Ⅰ　1　B　　2　ヒンドゥー教
3(1)　ポルトガル語
(2)　バイオエタノール / バイオ燃料
4(1)　ア・エ（完答・順不同）
(2)　凍土がとけて建物が傾く
5　エ
Ⅱ　1　X　イ　　Y　エ（完答）
2　近郊（漢字２字）
3(1)　南西　　(2)　750 m
(3)　①　自動車で国道を利用する人が立ち寄りやすくする / 周辺の工場に勤める人や住民が自動車で立ち寄りやすいようにする
②　駅前にあり，人通りが多いと考えられる / 建物が密集しており，人通りが多いと考えられる
Ⅲ　住民に予測される災害や避難所の情報を伝え，災害による被害を最小限にとどめるため。（40字）

2　Ⅰ　1　刀狩
2(1)　イ→エ→ア→ウ　　(2)　イ　　3　ウ
4　一つのことだけやればよく，実践しやすい内容であったから。
5　ルネサンス（カタカナ指定）
6　キリスト教の信者を見つけ出す目的。
Ⅱ　1　①　文明開化（漢字４字）　　②　朝鮮
2　イ　　3　蒸気機関
4　ロシアの南下に対抗するため。
5　X　エ　　Y　生糸（完答）
6　A　エ　　B　ウ　　C　イ（完答）
Ⅲ　工業が発展し，当時の最大需要電力に供給能力が追いついていなかったこと。

3　Ⅰ　1　エ　　2　オホーツク海
3　ア→エ→イ→ウ　　4　あ
5　過疎地域
6　人を工場に集め，製品を分業してつくる
Ⅱ　1　大日本帝国憲法　　2　エ
3　インカ帝国
4　一年中高温で，降水量が多いという特徴。
5　ワシントン
6　C→B→A→E→D
Ⅲ

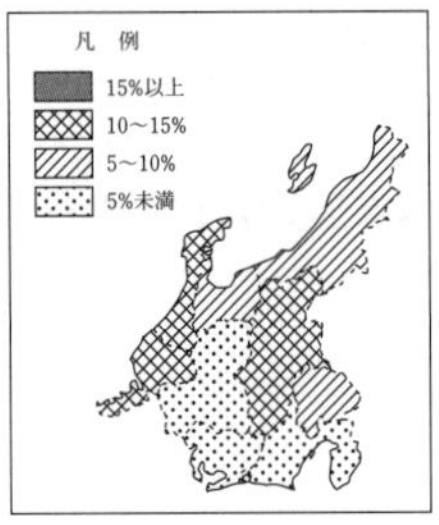

配　点

1	Ⅲ　4点　他　2点×13	計30点
2	Ⅱ6　Ⅲ　3点×2　他　2点×13	計32点
3	Ⅰ6　Ⅲ　3点×2　他　2点×11	計28点

解　説

1　＜地理総合＞
Ⅰ1　南アメリカ大陸にあるブラジル。インド（A），ロシア（C），中国（D）はユーラシア大陸。
3(1)　ブラジルはポルトガルの植民地だった。そのため，キリスト教を信仰する人が多い。
(2)　ブラジルでは，バイオエタノールを使って走る自動車も普及しており，二酸化炭素の排出量を抑える取り組みとして注目されている。しかし，燃料の原材料を育てる土地を確保するために熱帯雨林の伐採が進むなど，環境破壊が懸念されている。
4(1)　農地面積＝面積×国土に占める農地の割合。C国の農地面積は1,710 × 0.127 ＝ 217.17（万㎢），日本の農地面積は38 × 0.118 ＝ 4.484（万㎢）となり，C国の農地は日本の約48倍とわかる。
5　スパイスを使った料理とはカレーのこと。アーロシア，イー中国，ウーブラジル。
Ⅱ1　日本海側に流れる寒流は**リマン海流**，暖流は**対馬海流**。寒流と暖流がぶつかる場所を**潮境**という。
3(1)　市役所の地形図記号は，◎である。
(2)　3 cm × 25,000 ＝ 75,000cm。よって 750 m。
(3)　あ地点は，人家が少ないが，国道に面しているので，遠くから車で来る人を呼び込む必要がある。い地点は駅近くで，通行人や人家が多いため，歩いて来店する人が多い。
Ⅲ　他にも，**防災マップ（ハザードマップ）**などによって，災害時にとるべき行動などを予測するなど，防災，減災への取り組みが進められている。

2　＜歴史総合＞
Ⅰ1　**刀狩**や**太閤検地**を行い，一揆を防ぎ，耕作に専念させた。また，武士は大名の城下町に集められるなどして百姓と武士の身分の区別が進んだ（**兵農分離**）。
2(1)　57年→239年→607年→663年。
(2)　全国を統一して支配する中央集権の国家が生まれた。**多賀城**は現在の宮城県に置かれた，東北地方に住む蝦夷たちを従わせるための拠点。
3　京都の宇治に建てられた，**浄土信仰**を象徴する阿弥陀堂。
4　他に，**浄土真宗**（一向宗），**日蓮宗**（**法華宗**），**時宗**などがある。
Ⅱ1②　アメリカを中心とする西側とソ連を中心とする東側の対立を**冷戦**（**冷たい戦争**）という。ソ連の支援を受けた北朝鮮が武力統一をめざし，北緯38度線を南下したことをきっかけに始まった。
2　ア，ウは大正時代，エは江戸時代。

3　蒸気機関は石炭を燃料とする新しい動力で，工場や炭鉱などで盛んに使われた。19 世紀のイギリスは産業革命によって「**世界の工場**」と呼ばれた。

4　ロシアが東アジアで勢力を拡大することを警戒していたイギリスと，韓国を勢力下におこうとしていた日本は，ロシアの南下に対抗するため 1902 年に日英同盟を結ぶ。

5　世界恐慌はニューヨーク株式市場の大暴落から始まった経済の混乱のこと。文中に養蚕業とあるので，輸出品は生糸だとわかる。

6　C－第一次世界大戦中は輸出が好調だった日本も，大戦が終わると輸入が上回るようになり，景気が悪化した。さらに，関東大震災による打撃も受け，不景気は一層深刻化。B－**国家総動員法**が 1938 年に制定。軍部が大きく力を持つようになり，日本の戦時体制が強まった。A－戦争が長期化するにつれて，国民生活が悪化。**勤労動員**や**学徒出陣**も行われた。

Ⅲ　**資料2**の事業所数の増加，**資料3**の電力供給量が需要を上回ったこと，さらに 1955 年は高度経済成長の始まりでもあることをふまえて考える。

3　**＜地歴総合＞**

Ⅰ1　**ア**－平安時代に奥州の藤原氏が，浄土へのあこがれから中尊寺金色堂を建てた。**イ**－奈良時代に**鑑真**によって建てられた，**ウ**－平安時代に**真言宗**を伝えた**空海**が高野山（和歌山県）に建てた寺院。

3　平安時代前期→平安時代後期→室町時代→江戸時代。

4　(い)－京都，(う)－奈良，(え)－広島。

5　過疎地域の中には，高齢化が極端に進み，65 歳以上の人口が過半数を占める集落もあり，これらの集落は**限界集落**とも呼ばれる。

Ⅱ2　**エ**－総生産量が約 28 分の 1 で，割合は約 13 倍なので少ない。**ア**－ドイツのじゃがいもの生産量は上位 5 位に入っていない，**イ**－ロシアと中国の 2 か国である，**ウ**－じゃがいもは，上位 3 か国で生産の 50％に満たない。

3　インカ帝国は，16 世紀前半にスペイン人によって征服され，南アメリカ大陸は，ヨーロッパ人の植民地となった。

4　アマゾン川流域の近くには**赤道**が通っており，一年中気温が高く，降水量の多い熱帯の中の**熱帯雨林気候**に属している。

6　C（オーストラリア大陸）→B（ユーラシア大陸）→A（アフリカ大陸）→E（南アメリカ大陸）→D（北アメリカ大陸）。

Ⅲ　Aは石川県で製造品出荷額の総計に占める電子部品・デバイス・電子回路の出荷額の割合は 3,724 ÷ 28,807 × 100 ＝約 12.9％。Bは山梨県で同様に割合は 2,066 ÷ 22,762 × 100 ＝約 9.1％。

令和５年度　公立高校入試実戦問題第１回　数学

正答例

1　1(1)　**84**　(2)　$\frac{4}{3}$　(3)　$-x+8$

(4)　-36　(5)　$x=-4$

2　**770**(円)　3　①　**6**　②　$\frac{7}{2}$ (完答)

4　**73**(度)　5　**8** (cm)

2　1　$\sqrt{5}$，$-\sqrt{5}$

2　**4** (個)

3　式の説明　**直方体の表面積**

単位　**cm^2**　(完答)

4　$\begin{cases} 2x+y=2100 & \cdots\cdots① \\ x+3y=2300 & \cdots\cdots② \end{cases}$

②×2　$2x+6y=4600$

①　$-)\ 2x+\ \ y=2100$

$5y=2500$

$y=500$　…③

③を②に代入し，$x+3\times500=2300$

$x=2300-1500$

$x=800$

答　大人　**800 円**，子ども　**500 円**

5

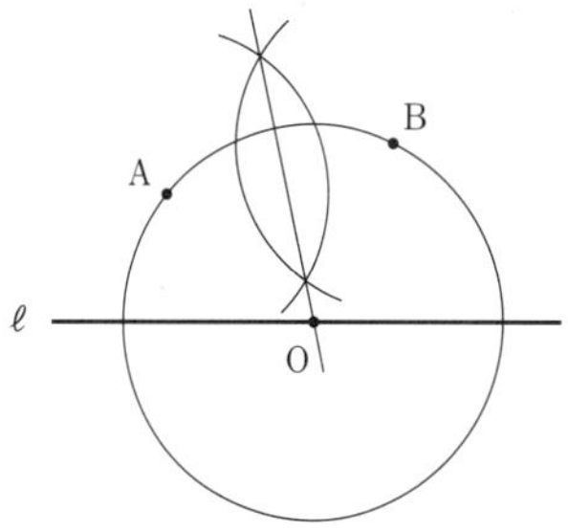

3　Ⅰ1　$a=2$，$b=3$　2　$\frac{9}{16}$

Ⅱ1　**イ**

2　**1組**

(理由)　**遅い方の2人はどちらの組も平均 8.7 秒だが，3年1組の速い方の2人は 6.6 秒未満で，3年2組の速い方の2人は 6.6 秒以上だから。**(同内容可)

4　1　△ＡＰＤと△ＣＰＤにおいて

ＰＤ＝ＰＤ　………①

(ＰＤは共通)

仮定より，四角形ＡＢＣＤは正方形だから，

ＡＤ＝ＣＤ　………②

正方形の対角線は，角を二等分するから，

∠ＡＤＰ＝∠ＣＤＰ　………③

①，②，③より，２組の辺とその間《(はさむ)》の角がそれぞれ等しいから，

△ＡＰＤ≡△ＣＰＤ

2　**65**(度)　3　**ＢＰ：ＰＤ＝２：１**

4　$\frac{9}{10}$ (cm^2)

5　1　**3**　2　**3**

3(1)　$y=2x+6$

(2)　**四角形ＰＡＣＱ**

＝△ＣＱＯ＋△ＣＯＡ＋△ＡＯＰ

$=\frac{1}{2}\times6\times2+\frac{1}{2}\times3\times6+3$

$=6+9+3=18$

点Rのx座標をtとすると，R(t，$2t-6$)と表される。
四角形ＰＲＣＱ＝四角形ＰＡＣＱ×２
四角形ＰＲＣＱ
＝四角形ＰＡＣＱ＋△ＡＲＣ
四角形ＰＡＣＱ＝△ＡＲＣ＝18
△ＡＲＣ
＝△ＢＲＣ－△ＢＡＣ
$=\frac{1}{2}\times12\times t-\frac{1}{2}\times12\times3=6t-18$
$6t-18=18$，$6t=36$，$t=6$
$3<t$より，この解は問題に適している。

答　6

配　点

[1]　3点×9　　計27点	[2]　4点×5	計20点
[3]Ⅱ2　4点　他　3点×3		計13点
[4]2　3点　他　4点×3		計15点
[5]1　3点　他　4点×3		計15点

解　説

[1]　＜計算問題・小問集合＞

1 (1)　かっこの中から先に計算する。
$12\times(10-3)=12\times7=84$

(2)　わり算から先にする。約分を忘れない。
$\frac{7}{9}+\frac{1}{3}\div\frac{3}{5}=\frac{7}{9}+\frac{1}{3}\times\frac{5}{3}$
$=\frac{7}{9}+\frac{5}{9}=\frac{12}{9}=\frac{4}{3}$

(3)　分配法則を利用する。
$2(x+1)-3(x-2)$
$=2x+2-3x+6=-x+8$

(4)　$-3a^2b=-3\times(-2)^2\times3$
$=-3\times4\times3=-36$

(5)　$3x+2(x+6)=-8$，
$3x+2x+12=-8$，$5x=-8-12$
$5x=-20$，$x=-4$

2　1000円の商品の３割引きの価格は，
1000×(1－0.3)＝1000×0.7＝700(円)
これに消費税10％を加えると，
700＋700×0.1＝700＋70＝770(円)

3　**比例だから，ｙ＝ａｘ(ａは比例定数)**
$x=-2$のとき$y=4$だから，これを$y=ax$に代入し，$4=-2a$，$a=-2$　$y=-2x$
$x=-3$を代入すると，$y=-2\times(-3)=6$
$y=-7$を代入すると，$-7=-2x$，$x=\frac{7}{2}$

4　$\ell \parallel m$より，**平行線の錯角は等しいから**，$\angle b=42^\circ$
三角形の外角は，それと隣り合わない２つの内角の和と等しいから，
$\angle x+\angle b=115^\circ$
$\angle x+\angle 42^\circ=115^\circ$
$\angle x=115^\circ-42^\circ$
$=73^\circ$

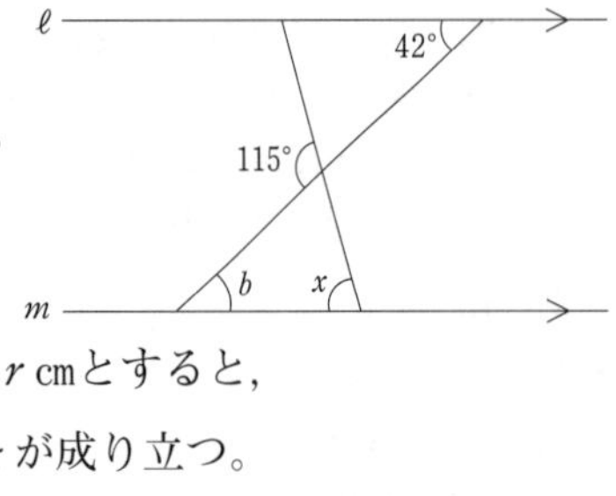

5　おうぎ形の半径を$r$cmとすると，
$2\pi r\times\frac{135}{360}=6\pi$が成り立つ。
等式の両辺を2πでわると，
$r\times\frac{135}{360}=3$，$\frac{3}{8}r=3$，$r=3\times\frac{8}{3}=8$
よって，おうぎ形の半径は８cm

[2]　＜平方根・公倍数・空間図形・連立方程式・作図＞

1　２乗すると５になるのは，$\sqrt{5}$と$-\sqrt{5}$の２つ。

2　６と８の最小公倍数は24
以降，48，72，96，120と，５個目で100を超えるので，全部で４個。

3　ab，bc，acはそれぞれ，面の面積を表している。それぞれの面は２つずつあり，式はその和を示しているから，式が表しているのはこの直方体の表面積である。

4　２通りの入館料の合計から立式する。

5　円の中心から，円周上の点までの距離はいずれも等しくなる。よって，線分ＡＢの垂直二等分線を作図し，その垂直二等分線と直線ℓとの交点がＯとなる。その点Ｏを中心としてＡ，Ｂを通る円をかけばよい。

[3]　＜確率・データの活用＞

Ⅰ1　方程式に$x=4$を代入すると，$4a-b=5$
$4a=5+b$
$a=1$のとき，$4=5+b$，$b=-1$
$a=2$のとき，$8=5+b$，$b=3$
$a=3$のとき，$12=5+b$，$b=7$
$a=4$のとき，$16=5+b$，$b=11$
a，bともに，１から４までの自然数なので，
a，bの組み合わせとして正しいものは，
$a=2$，$b=3$

2　(a，b)とするとき，棒の取り出し方は，
(1，1)(1，2)(1，3)(1，4)
(2，1)(2，2)(2，3)(2，4)
(3，1)(3，2)(3，3)(3，4)
(4，1)(4，2)(4，3)(4，4)
の16通り。
また，$ax-b=5$，$x=\frac{b+5}{a}$
このうち，$x=\frac{b+5}{a}$が自然数となる場合は，
下線をひいた９通りだから，求める確率は，$\frac{9}{16}$

Ⅱ1　全員の記録の総和が少ない方が速いと判断できる。
平均値＝$\frac{\text{データの値の合計}}{\text{データの総数}}$なので，平均値を用いるのが適当。

2　速い方の２人については，**図１，図２**をもとに比較する。

[4]　＜平面図形＞

1　共通の辺があることと，正方形の性質を利用して，三角形の合同証明に必要な条件を示していく。

2　１より，△ＡＰＤ≡△ＣＰＤだから，
∠ＤＣＰ＝∠ＤＡＰ＝20°
三角形の外角は，それと隣り合わない２つの内角の和と等しいから，
∠ＣＰＢ＝∠ＣＤＰ＋∠ＰＣＤ＝45°＋20°＝65°

3　高さが等しい三角形の面積比は，底辺の長さの比に等しいことを利用する。
点Ｑは辺ＡＢの中点だから，ＡＱ＝ＱＢより，
△ＡＱＰ＝△ＢＱＰ
△ＡＢＰ＝２△ＡＱＰ
△ＡＰＤ＝△ＡＱＰ
より，

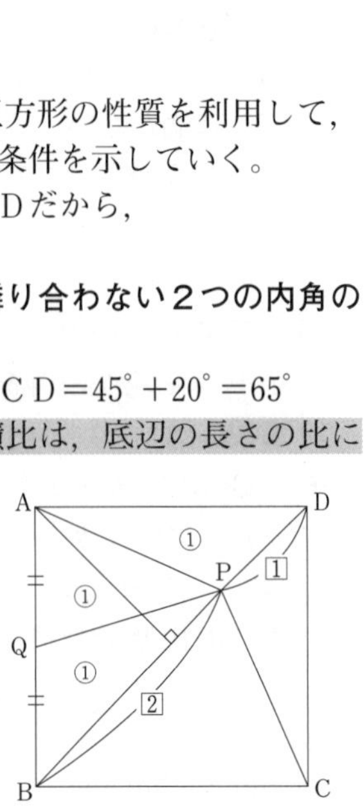

△ＡＢＰ：△ＡＰＤ＝２：１
よって，ＢＰ：ＰＤ＝△ＡＢＰ：△ＡＰＤ＝２：１

4 正方形ＡＢＣＤの面積は，$6\times6=36\mathrm{cm}^2$
△ＡＢＤ＝$\frac{1}{2}$正方形ＡＢＣＤ＝18(cm^2)
ＢＰ：ＰＤ＝３：２より，
△ＡＢＰ＝$\frac{3}{5}$△ＡＢＤ＝$\frac{3}{5}\times18=\frac{54}{5}$($\mathrm{cm}^2$)
また，ＡＱ：ＱＢ＝１：１より，
△ＰＱＢ＝$\frac{1}{2}$△ＡＢＰ＝$\frac{1}{2}\times\frac{54}{5}=\frac{27}{5}$($\mathrm{cm}^2$)
同様に，
△ＲＱＢ
＝$\frac{1}{2}$△ＲＡＢ
＝$\frac{1}{2}\times\frac{1}{4}$正方形ＡＢＣＤ
＝$\frac{1}{2}\times\frac{1}{4}\times36$
＝$\frac{9}{2}$(cm^2)
△ＰＱＲ
＝△ＰＱＢ－△ＲＱＢ
＝$\frac{27}{5}-\frac{9}{2}=\frac{54}{10}-\frac{45}{10}=\frac{9}{10}$($\mathrm{cm}^2$)

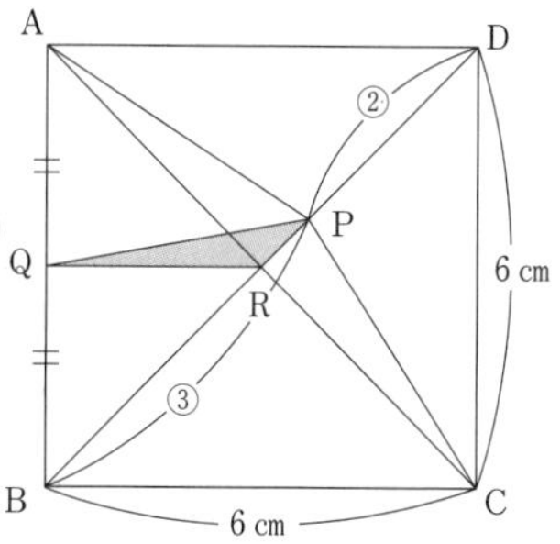

5 ＜関数＞

1 点Ａはx軸上の点だから，直線ℓの式$y=2x-6$に$y=0$を代入して，$0=2x-6$，$x=3$
よって，点Ａのx座標は３

2 点Ｐのx座標は２だから，$x=2$を直線ℓの式に代入して，$y=2x-6=2\times2-6=-2$
△ＡＯＰの面積は底辺をＯＡとすると，
△ＡＯＰ＝$\frac{1}{2}\times3\times2=3$

3(1) 点Ｑは，Ｐ(２，－２)と原点Ｏについて対称な点だから，Ｑ(－２，２)である。直線ℓと直線mは平行だから，傾きは等しい。直線mの式を$y=2x+b$とおき，点Ｑの座標を代入して，
$2=2\times(-2)+b$，$2=-4+b$，$b=6$
よって，直線mの式は$y=2x+6$

(2) 四角形ＰＲＣＱの面積が四角形ＰＡＣＱの面積の２倍より，四角形ＰＡＣＱと△ＡＲＣの面積は等しくなることを利用する。

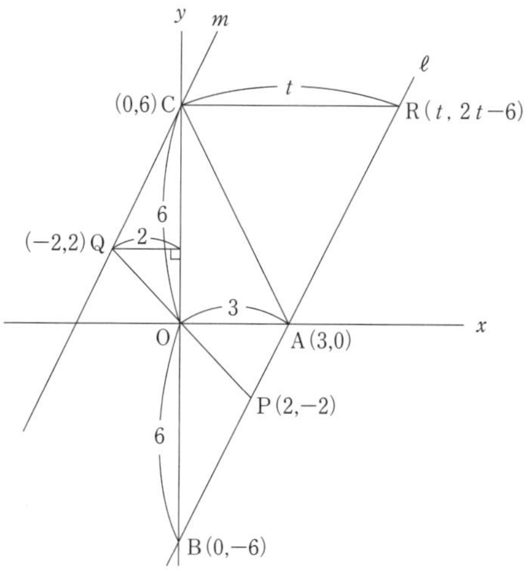

令和五年度　公立高校入試実戦問題第二回　国語

正答例

1
1 (1) 快晴　(2) 破　(3) 根幹
(4) じょうぞう　(5) すた　(6) ほんろう
2 イ

2
1 エ　2 イ
3 Ⅰ ほかには成り替われない一生
Ⅱ 今後の可能性は，各人の選択や決断と意志的な努力によってかわりうる
4 ウ
5 現実のなかで積極的に考え，充実感をもって生きていくための確実な基礎を求め，社会の価値観や価値基準を問いなおし，疑うようになる。

3
1 おしえていう
2 徳行のおよばざる故（なり）
3 ア
4 兄よりも上に立つ方法を聞いたから。
5 Ⅰ 昼も夜も言動を慎みました
Ⅱ 兄の悪口を言わなくなっただけではなく，兄を敬って仕える

4
1 ウ　2 エ
3 耕うん機を起こせれば兼三さんは助かると，かってに決めつけていたから。
4 耕うん機なら，トラクターでは入れない山の小さい田んぼを耕作できて，田んぼを荒らさずにすみ，村を守ることにつながるから。
5 敬二郎さは，暗闇の田
6 ウ

5
私はＢさんの意見に共感します。いやしやリラックスは食事の重要な要素だからです。私はつらいときや悲しいときでも、自分の最も好きなものを食べると元気が出てきます。また、集中して宿題をしているときにリフレッシュする上で、おいしい食べ物ほど効果的なものはありません。食事は体だけでなく、精神のエネルギーでもあると思います。

配点

1	２点×７	計14点
2	1　３点　2　２点　3　Ⅰ　３点　Ⅱ　５点 4　５点　5　７点	計25点
3	1　２点　2　３点　3　２点 4　４点　5Ⅰ　３点　Ⅱ　４点	計18点
4	1　２点　2　３点　3　５点　4　７点 5　３点　6　４点	計24点
5	９点	

解説

1 ＜漢字・書写＞

2 Ｂは「あめかんむり」の，Ｃは「きへん」の点画が省略されている。

2 ＜論説文＞

1 ══線部とエは打ち消しの助動詞。「ぬ」に置き換えることができる。アは形容詞，イは補助形容詞，ウは

形容詞「少ない」の一部である。

2　「過去を背負っている」ことと，「その延長上におのおの自分の歩いてきた道がある」ことを並べて書いているので**並立の接続詞**が入る。

3 Ⅰ　**（三）**段落の第一文と同じ内容にあたる。

Ⅱ　直前の「さらにいえば」は，**(三)**段落の最後の「さらに」にあたるので，それ以降の内容をまとめる。

4　**（四）**段落は「自覚的な生き方には選択や決断が伴う。選択や決断は思い，考えることなしにはありえない。」という内容，**（五）**段落の冒頭は，「生きることと思い，考えることは切り離すことができない」という内容である。**（四）**段落で述べた「生き方」と「思い，考えること」について，**（五）**段落では切り離せないものとし，実際の生活でどれくらい意識されているのか論を展開しているのである。

5　――線部は，**（六）**段落の一文目「これまで不動なものと～見出しえなくなったりするとき」にあたる。これ以降の内容を字数に合うようまとめる。また，指定語「充実感」は，**（六）**段落の最後の一文で「あくまでそれは～充実感をもって生きていくためのものである」で用いられているので，この部分も踏まえること。

3 ＜古文＞

（口語訳）ある所に弟がいて，その兄と同じように学問をしていたが，名声と人望のある兄に及ばないことを恥じて，ともすれば人に対して兄の欠点を言っていた。ある人がこの人に教えて言うことには，「あなたと兄上とは，学問に詳しいことは同じで，詩と文章の能力も同じで，巧みに字を書くことまで，何一つ兄上に劣っていることはなく，名声や人望が兄に及ばないのは，徳行が及ばないからだ。もしあなたが，兄上に勝とうと思うならば，今から改心して徳行を修めたなら，すぐに兄上よりも上に立つことは必至である。」と言った。弟は大いに喜び，昼も夜も言動を慎み，二年ほど経って，優劣をつけがたい兄弟という名声があるところまで至ったので，弟のおごり高ぶって自慢げな態度はいつのまにかやんで，兄をそしることもないだけではなく，兄を敬い仕えて，世間の人を驚かせたということであった。

1　語頭以外の**ハ行**は**ワ行**に直す。

2　「或人」の言葉に，「名望令兄にしかざるは，徳行のおよばざる故なり」とある。「故なり」は「理由である」という意味である。

3　この「短」は「短所」の意味である。

4　「或人」の最後の言葉に着目する。この弟は兄にかなわないことを恥じていたが，或人に「今より心を改めて徳行を修めなば，やがて令兄よりも上に立ちなんこと必せり」と言われ，兄より上に立てる方法がわかったからよろこんだのである。

5　「或人」の言葉を聞いてからの弟の行動を踏まえて空欄を補充する。兄の上に立つことが目標であったのに，兄と並んでからも態度が元に戻ることなく，兄を敬うようにまでなったことが驚きなのである。

4 ＜小説文＞

1　「目くばせ」は人に見つからないようにするもの。舌を出してきまり悪そうにしていることからもわかる。

2　ぶっきらぼうな言葉ではあるが，「健さんの声が泣いているよう」とある。内心は兼三さんのことが心配でたまらない。それが同じ気持ちでいる自分にも痛いほど伝わってきたから，聞きかえすこともできなかったのである。「泣くところを見たこともない」という記述はないので，**イ**は不適。

3　前に「これを起こせれば，兼三さんは助かる。かってにそう決めつけて」とある。今自分にできることは，この耕うん機を起こすことしかない。兼三さんのことを思いながら，願掛けのように，必死になって自分に言い聞かせているのである。

4　今はトラクターが主流なのに，作業能力の低い耕うん機を使い続けるのには理由がある。狭い田んぼを耕すのに使いやすいということのほかに，敬二郎の言葉の中にもっと深い思いが語られている。指示通り二つの言葉を入れてまとめること。

5　敬二郎は，兼三や大志郎の村を守る気持ちを認めている。これからもそうであってほしいと願い，同じように愛情をもって耕うん機を見つめているのである。

「目を細めて」という表情に着目する。

目を細める＝うれしそうにほほえみをうかべる。

6　健さんの言葉に共感しているのがわかる。敬二郎の話を聞いて，先祖が必死に守ってきた村を大事に受け継いできた人たちに対して尊敬の念を抱くようになったのである。

5 ＜作文＞

三人の生徒の意見を読んだ上で，共感できる意見を一つ選ぶ。理由を述べる上では，先生の発言にある「朝ごはんの大切さ」「食事と運動との関わり」「食事の時間の過ごし方」について，これまで体験したことと関連させて書いてもよい。

［採点基準の例］

⑴　**共感できる意見**…２点

共感する意見を一つ選び，明確に書けているかを，２点（良い），１点（不明瞭），０点（書けていない）の３段階に評価する。

⑵　**理由**…７点

共感できる意見を選んだ理由が明確に書けているかを，７点（優れている），５点（良い），３点（不明瞭），０点（書けていない）の４段階に評価する。

⑶　**段落指定を守っていないもの**…減点２点

⑷　**行数を満たしていないもの**…減点３点

⑸　**表記**…最大減点４点（一か所ごとに減点１点）

①　原稿用紙の使い方の誤り。

②　誤字脱字，符号の用法の誤り。

③　用語や文の照応の不適切なもの。

④　文体が統一されていないもの。

令和５年度　公立高校入試実戦問題第２回　理科

正答例

1　１　ウ　　２　エ　　３　1360（m）
　４　エ　　５　a　**海溝**　　b　**断層**（完答）
　６　$2HCl \rightarrow H_2 + Cl_2$
　７　**ハチュウ類と鳥類**（順不同・完答）
　８　a　60　　b　1.5（完答）

2　Ⅰ　１　ア　　２　イ　　３　４（倍）
　　４　・**多くの電気器具をつなぐと，電力が弱くなる。**
　　　・**１つの電気器具を切ると，すべての電気器具が使えない。**　　など
　Ⅱ　１　24（cm）
　　２

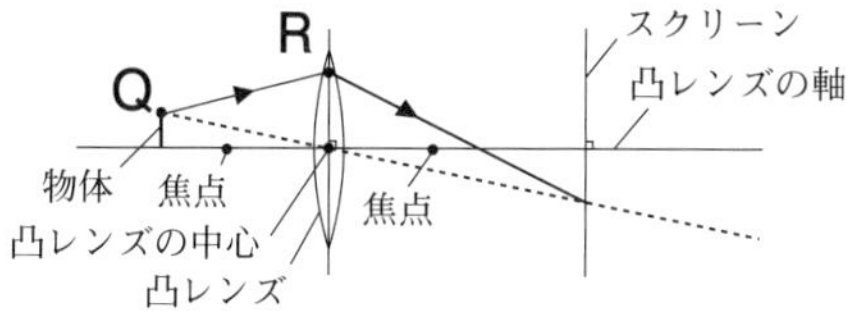

　　３　①　イ　　②　イ（完答）
　　４　エ

3　Ⅰ　１　ウ　　２　a　**花粉**　　b　**種子**（完答）
　　３　記号　イ
　　　説明　**自動車の交通量の多い地点では，よごれている気孔の数が多い。**（完答）
　Ⅱ　１　**試験管を軽く振りながら，加熱する。**
　　２　**消化酵素**
　　３　**デンプンが，だ液のはたらきによって糖に変化した。**
　　４　**肝臓**

4　Ⅰ　１　CO_2　　２　**質量保存の法則**
　　３　0.44（g）
　　４　3.5（g）
　Ⅱ　１　ア
　　２　ア
　　３　右図
　　４　0.52（g）

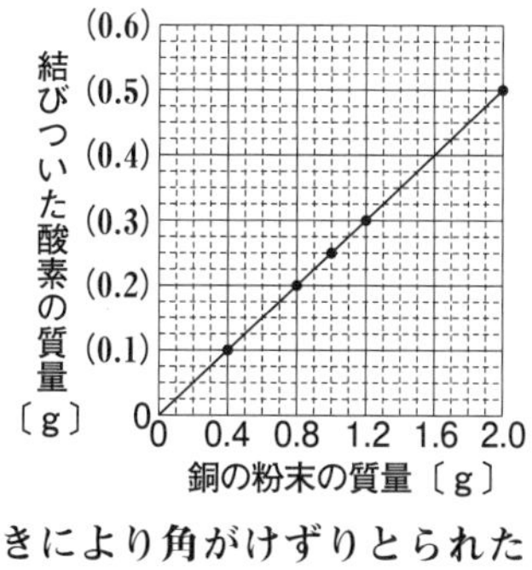

5　Ⅰ　１　イ
　　２　**斑晶**
　　３　**流水のはたらきにより角がけずりとられたから。**
　　４　アとイ（順不同・完答）
　Ⅱ　１　**金星は地球よりも内側を公転しているから。**
　　２　①　ア　　②　ア（完答）
　　３　時間帯　**夕方**
　　　見え方　右図（完答）
　　４　0.68（倍）

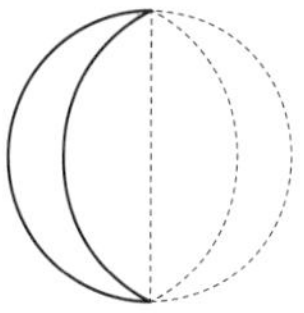

配点

1	2，8　3点×2	他　2点×6	計18点
2	Ⅰ4，Ⅱ2　3点×2	他　2点×6	計18点
3	Ⅱ1，2，4　2点×3	他　3点×4	計18点
4	Ⅰ4，Ⅱ3　3点×2	他　2点×6	計18点
5	Ⅰ4，Ⅱ3　3点×2	他　2点×6	計18点

解説

1　＜４分野総合＞

１　Ａ地点の天気は晴れなので，**ア**は不適。Ｂ地点の風力は１なので，**イ**は不適。本州東側の海上にあるのは高気圧なので，**エ**は不適。

２　こまごめピペットは，少量の液体を必要な量だけとるときに使われる。こまごめピペットを持つときは，右図のように持つのが正しい。

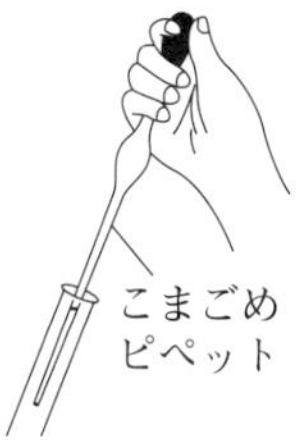

３　**道のり〔m〕＝速さ〔m/s〕×時間〔s〕**
　340 × 4.0 ＝1360〔m〕

４　発生の順は，**イ→エ→ア→ウ**となる。動物では，受精卵は細胞分裂によって胚になり，さらに細胞の数をふやし，組織や器官がつくられる。こうして，基本的なからだのつくりができていく。

７　始祖鳥は，前足が鳥のつばさのような形状で，羽毛の化石も残っており，現在の鳥類の特徴を示す。一方，つばさの中ほどに３本のつめがあり，口には歯があるなど，ハチュウ類の特徴も示す。

８　**仕事〔J〕＝物体に加えた力〔N〕×力の向きに移動させた距離〔m〕**
　動滑車を１つ使うと，必要な力の大きさは$\frac{1}{2}$になるかわりに，力を加える距離は２倍になる。よって，おもりを40－10＝30〔cm〕持ち上げるためには糸を
　30×２＝60〔cm〕引く必要があり，仕事の大きさは
　$5.0 \times \frac{1}{2} \times 0.6 = 1.5$〔J〕

2　＜電気の世界・身のまわりの現象＞

Ⅰ１　**図１**は，並列回路のため，ａは２つの電球に流れる電流の和なので，ａ＞ｂとなる。**図２**は，直列回路のため，回路を流れる電流の大きさはどこも同じなので，ｃ＝ｄとなる。また，電球Ｐ，Ｑには3.0Ｖの電圧が加わるが，電球Ｒ，Ｓには1.5Ｖの電圧しか加わらないので，ｂ＞ｃであることがわかる。

　３　**電力〔W〕＝電圧〔V〕×電流〔A〕**
　実験３で，電球Ｐに加わる電圧の大きさは電球Ｒに加わる電圧の大きさの２倍である。よって，電球Ｐに流れる電流の大きさも電球Ｒに流れる電流の大きさの２倍である。したがって，電球Ｐは電球Ｒの４倍の電力を消費している。

Ⅱ１　物体が凸レンズの焦点距離の２倍の位置にあるとき，スクリーンにうつる像の大きさは物体と同じ大きさになり，物体から凸レンズまでの距離と凸レンズからスクリーンまでの距離が等しくなる。

　２　スクリーンにうつる像は，物体から出た光が集まってできている。スクリーンにうつる像の位置は，物体から出て，凸レンズの中心を通って直進する光をもとに考えればよい。

3　＜生物のからだのつくりとはたらき＞

Ⅰ１　子房がなく，胚珠がむき出しになっているのは裸子植物である。**ア**は，トウモロコシが被子植物の単子葉類なので不適。**イ**は，被子植物の双子葉類，**エ**

は，シダ植物の組み合わせなので不適。

Ⅱ３，４　食物は消化管を通る間に分解され，デンプンはだ液・すい液などのはたらきでブドウ糖に，タンパク質は胃液・すい液などのはたらきでアミノ酸に，脂肪は胆汁・すい液などのはたらきで脂肪酸とモノグリセリドになる。分解されてできた養分は小腸で吸収され，肝臓に運ばれる。

4　＜化学変化と原子・分子＞

Ⅰ３　質量保存の法則より，反応の前後の質量の差が，発生した二酸化炭素の質量である。

よって，133.42－132.98＝0.44〔g〕

４　表の１回目～３回目の結果から，石灰石1.0 gが反応すると，0.44 gの二酸化炭素が発生するとわかる。４回目，５回目の結果から，この塩酸が完全に反応すると1.54 gの二酸化炭素が発生することがわかる。塩酸が完全に反応したときの石灰石の質量をx gとおくと，1.0 ：0.44＝x：1.54　x＝3.5

よって，反応する石灰石の最大の質量は3.5 g

Ⅱ１　熱は，加熱している部分を中心に広がっていくので，×印に最も近い**ウ**が最初に倒れる。**ア**と**エ**は×印から同じ距離にあるが，銅板を切ったところでは熱が伝わらないため，**ア**の方が熱が伝わるのがはやい。

３　実験前の銅とステンレス皿の質量の和と，実験後の全体の質量との差が，結びついた酸素の質量である。

銅の質量　〔g〕	0.40	0.80	1.00	1.20	2.00
酸素の質量〔g〕	0.10	0.20	0.25	0.30	0.50

４　３より，銅と酸素は４：１の質量の比で結びつくことがわかる。加熱後に増加した0.72 gは銅と結びついた酸素の質量なので，反応した銅の質量は，

0.72×４＝2.88〔g〕　よって，反応していない銅の質量は，3.40－2.88＝0.52〔g〕

5　＜大地の変化・地球と宇宙＞

Ⅰ２　安山岩などの火山岩は，鉱物の結晶の部分の斑晶と結晶になりきれなかった細かな粒の部分の石基がある，斑状組織をもつ。

４　**A**グループには，安山岩と花こう岩，**B**グループには，れき岩と砂岩がそれぞれ分類される。

Ⅱ２　木星型惑星には，木星，土星，天王星，海王星がふくまれる。

４　火星と金星がどちらも地球から最も離れた位置にあるのは，太陽をはさんで地球の反対側にあるときなので，地球から火星までの距離は

（１＋1.52）＝2.52　地球から金星までの距離は

（１＋0.72）＝1.72　よって，地球から金星までの距離は地球から火星までの距離の

1.72÷2.52＝0.682…　およそ0.68倍

令和５年度　公立高校入試実戦問題第２回　英語

正答例

1　１　エ　　２　イ

３　August　　４　イ→ア→ウ

５　エ

６　⑴　They walked there.

⑵　ア

７　（例）　Because I had to finish my homework.

2　１　①　ウ　　②　ア

２　①　member　　②　Thursday

③　invite

３　①　take you to　　②　how to make

③　I have learned

４　（例１）I think you should visit（Kyoto・Okinawa）. Kyoto has a lot of old buildings to visit like *Kinkakuji*. You can feel the history of Japan and take beautiful pictures there.

（例２）I think you should visit（Kyoto・Okinawa）. There are many beaches in Okinawa. You can enjoy swimming in the beautiful sea. Also the weather in Okinawa is really good. I'm sure you'll love it.

3　Ⅰ　１　イ

２　try not to use / shouldn't use

Ⅱ　１　①　エ　　②　イ　　③　ウ　　（完答）

２　イ

Ⅲ　エ

4　１　ア

２　祖母の誕生日にロブスター・キングは閉まっており，他の店を予約することもできない状況。

３　ウ

４　（例）　We will have a birthday party for you at Lobster King next Sunday. Can you come ?

５　two happy things will make people happier

６　エ，オ　（順不同）

配　点

1　７　４点　　他　３点×７　　計25点

2　４　７点　　他　２点×８　　計23点

3　Ⅱ１，Ⅲ　４点×２　　他　３点×３　　計17点

4　２，５　４点×２　　４　５点
他　３点×４　　計25点

解　説

1　＜聞き取りテスト＞

＜チャイムの音四つ＞

これから，英語の聞き取りテストを行います。問題用紙の２ページを開けなさい。

英語は１番から４番は１回だけ放送します。５番以降は２回ずつ放送します。メモをとってもかまいません。

（約３秒間休止）

では，１番を始めます。まず，問題の指示を読みなさい。

（約13秒間休止）

それでは放送します。

Mother : Where are you going, Ken ?

Ken : I'm going to watch a soccer game with my friends.

Mother : It will be cold this afternoon. You should take a coat with you.

Ken : OK, I will. Thank you, Mom.

(約 10 秒間休止)

M：あなたはどこに行くの，健？　K：僕は友達とサッカーの試合を見るつもりだよ。 M：今日の午後は寒くなるみたいよ。あなたはコートを持っていくべきだわ。　K：わかった，そうするよ。ありがとう，お母さん。

次に，**2**番の問題です。まず，問題の指示を読みなさい。

(約 13 秒間休止)

それでは放送します。

John : I must take this book to the library by six.

Naomi : It's open until six from Tuesday to Friday. It's Sunday today. It's only open until five.

John : Oh, no ! The library will be closed in fifteen minutes.

Naomi : You should go now !

(約 10 秒間休止)

J：僕はこの本を6時までに図書館に持って行かなきゃいけないんだ。　N：それは火曜日から金曜日までは6時まで開いているわ。今日は日曜日よ。それは5時までしか開いてないわ。 J：ああ，しまった！　図書館はあと 15 分で閉まってしまうよ。 N：あなたは今すぐ行くべきよ！

次に，**3**番の問題です。まず，問題の指示を読みなさい。

(約 20 秒間休止)

それでは放送します。

Kana : It's July 3rd today. Happy birthday, Tom !

Tom : Thanks, Kana. But my birthday is the 3rd of the next month.

Kana : Oh, I'm sorry. I'll never forget your birthday again.

(約 15 秒間休止)

K：今日は7月3日ね。お誕生日おめでとう，トム！　T：ありがとう，香奈。でも僕の誕生日は来月の3日だよ。　K：あら，ごめんなさい。私はもう二度とあなたの誕生日を忘れないわ。

次に，**4**番の問題です。まず，問題の指示を読みなさい。

(約 15 秒間休止)

それでは放送します。

Hello, everyone. Tomorrow, we're going to visit three nice places.

In the morning, we are going to go to the art museum. It was built just one year ago and it has been loved by many people. You can see many beautiful pictures there.

In the afternoon, we are going to go to the zoo. You can enjoy seeing many animals there. But before going to the zoo, we will have lunch at a restaurant. We will return to our school at around four o'clock.

Any questions ? OK. I hope you will have a lot of fun tomorrow. (約 10 秒間休止)

こんにちは，みなさん。明日，私たちは3つのすてきな場所を訪れます。

午前に，私たちは美術館に行く予定です。それはちょうど1年前に建てられ，多くの人々によって愛されています。あなたたちはそこで多くの美しい絵画を見ることができます。

午後には，私たちは動物園に行く予定です。あなたたちはそこで多くの動物を見るのを楽しむことができます。しかし動物園に行く前に，私たちはレストランで昼食を食べます。私たちは4時ごろに学校に帰ります。

何か質問はありますか？　よろしい。私は明日あなたたちがとても楽しむことを願っています。

次に，**5**番の問題です。まず，問題の指示を読みなさい。

(約 18 秒間休止)

それでは放送します。

Hi, Keiko. This is Lisa. I just got to Haneda Airport. I'm going to go to Kagoshima tomorrow morning. I said that I was going to get there at nine fifty, but the time was not right. I'll get to Fukuoka at nine fifty tomorrow. Then I'm going to go to Kagoshima Chuo Station by Shinkansen. I'll wait for you in front of the convenience store by the station. So can we meet there at eleven thirty ? I'll have a big yellow bag and it will be easy to find me. Oh, and do you know a good restaurant around the station ? Let's eat lunch together. See you tomorrow !

(3秒おいて，繰り返す。) (約 10 秒間休止)

こんにちは，恵子。リサよ。私はちょうど羽田空港に着いたわ。私は明日の朝鹿児島に向かう予定よ。私は9時 50 分にそこに着く予定と言ったけれど，その時刻は正しくなかったわ。私は明日の9時 50 分に福岡に着くわ。それから新幹線で鹿児島中央駅に向かう予定よ。私は駅のそばのコンビニの前であなたを待つわ。だから，私たちは 11 時 30 分にそこで会える？　私は大きな黄色いバッグを持っていて，私を見つけやすいはずよ。ああ，それとあなたは駅のあたりの良いレストランを知ってる？一緒に昼食を食べましょう。また明日！

次に，**6**番の問題です。まず，問題の指示を読みなさい。

(約 20 秒間休止)

それでは放送します。

Hello, everyone. I'm Ayako.

Last summer, an American girl, Mary, came to my house. She stayed with my family for two weeks.

On the morning of my town's summer festival, my mother gave Mary a *yukata*. Mary really liked her *yukata*, and it made her happy. After lunch, Mary and I walked to the festival. There, she became interested in Japanese festivals, and asked me many things about them. It wasn't easy to tell her about them in English, but I was happy she tried to understand my English. I had a good time with her at the festival.

Now, I want to tell people from other countries about Japanese festivals in English. So I'm studying English very hard.

(1) How did Mary and Ayako go to the festival ?

(約7秒間休止)

(2) Why is Ayako studying English very hard ?

(約7秒間休止)

では，２回目の放送をします。

（最初から質問⑵までを繰り返す。）（約15秒間休止）

こんにちは，みなさん。私は彩子です。

昨年の夏，メアリーというアメリカ人の少女が私の家に来ました。彼女は私の家族のところに２週間滞在しました。

私の町の夏祭りの日の朝，私の母はメアリーに浴衣をあげました。メアリーは彼女の浴衣を本当に気に入り，それは彼女を幸せにしました。昼食後，メアリーと私は祭りに歩いて行きました。そこで，彼女は日本の祭りに興味を持ち，それらについて私に多くのことをたずねました。それらについて英語で彼女に伝えることは簡単ではありませんでしたが，私は彼女が私の英語を理解しようとしてくれてうれしかったです。私は祭りで彼女と楽しみました。

今，私は日本の祭りについて他の国からの人々に英語で伝えたいと思っています。だから私はとても熱心に英語を勉強しています。

⑴　メアリーと彩子はどうやって祭りに行きましたか？

（正答例の訳）**彼女たちはそこまで歩きました。**

⑵　彩子はなぜ熱心に英語を勉強していますか？

ア　彼女は日本の祭りについて外国人に伝えたいから。

イ　彼女はメアリーともっと英語で話したいから。

ウ　彼女は世界中で多くの祭りを楽しみたいから。

次に，７番の問題です。まず，問題の指示を読みなさい。

（約15秒間休止）

それでは放送します。

Jenny：Hi, Satoshi.　Did you go to the soccer game yesterday?　I enjoyed it very much.

Satoshi：Hi, Jenny.　I wanted to go, but I couldn't.

Jenny：Really?　Why?

Satoshi：(　　　　　　　　　　　　　　　　)

（約３秒おいて，繰り返す。）（約１分間休止）

J：こんにちは，智。あなたは昨日サッカーの試合を行った？　私はそれをとても楽しんだわ。　S：やあ，ジェニー。僕は行きたかったけれど，行けなかったんだ。　J：本当に？　どうして？　S：（正答例の訳）**なぜなら僕は宿題を終わらせなければならなかったんだ。**

<チャイムの音四つ>

これで，聞き取りテストを終わります。次の問題に進みなさい。

2　<英文表現>

1　N：やあ，沙也加。今週の日曜日に映画を見に行かないかい？　S：②**もちろんよ**。あなたはどの映画を見たいの？　N：僕は「スターウォーズ」を見たいんだ。それでいい？　S：いいわよ。①**私たちはどうやって行くの？**　N：バスに乗るのはどう？　S：それはいいわね。その日の正午に私たちの学校のそばのバス停でバスに乗ろう。　N：わかった。またね。

2　M：こんにちは！　あなたは何か部活動に入っている？　B：うん。僕は学校で英語部の①**一員**だよ。君は？　M：私は部に入っていないの。でも私は英語を話すことに興味があるわ。　B：いいね！　僕たちの部は来週の②**木曜日**にパーティーをするんだ。だからもし僕が君を③**誘っ**たら，来てくれる？　M：もちろんよ。行くわ。

3　A：もしもし？　E：もしもし。エミリーよ。明子，私は来月あなたの町に行く予定よ。　A：わあ，本当に？　とてもうれしいわ。　E：あなたの町には美しい湖があるのよね？　私はそこに行きたいわ。　A：いいわね！　私がその湖①**にあなたを連れて行く**わ。　E：わあ，ありがとう。それと，もう一つ日本で私がやりたいことがあるわ。　A：それは何？　E：私はすしを作りたいわ。それは私の国で人気のある日本食の一つよ。　A：なるほど。私があなたにそれの②**作り方**を見せるわ。私は以前祖父からそれを③**習ったことがある**の。　E：ありがとう。待ちきれないわ。またね。　A：またね。

4　僕は来年日本を訪れたいんだ。僕は京都と沖縄に興味があるよ。僕はそれらの中の一つに行きたいんだ。僕はどちらの場所を訪れた方がいいかな？　君の考えを教えて。

（例１）**私はあなたは京都を訪れるべきだと思います。京都には金閣寺のような訪れるべき古い建物が多くあります。あなたは日本の歴史を感じ，そこで美しい写真を撮ることができます。**

（例２）**私はあなたは沖縄を訪れるべきだと思います。沖縄には多くの浜辺があります。あなたは美しい海で泳ぐのを楽しむことができます。また沖縄の天気はとても良いです。私はあなたがそこを大好きになると確信しています。**

3　<英文・資料読解>

Ⅰ　私は昨年の夏に友人のジムを訪ねるためにオーストラリアに行きました。私はオーストラリアに興味があり，初めて外国を訪れることにわくわくしていました。ジムは田舎の大きな家に住んでいて，彼のところに滞在するのはとてもおもしろかったです。私はオーストラリアでの生活について多くのことを学びました。例えば，ジムの両親は「オーストラリアのいくつかの地域では，ここ数か月の間，雨があまり降っていない。だから私たちは水を**使いすぎないようにしている**」と言いました。日本ではしばしば雨が降るので，私はそれを聞いて驚きました。

ジムの町では，５月から９月にかけてたいていあまり雨が降りません。だからそこの人々は本当に水を節約する必要があります。しかし１月には他の月よりはるかに多くの雨が降ります。私は彼らの問題を理解し，短時間でシャワーを浴びようと決心しました。

オーストラリアに行く以前，私は水を節約することについてあまり考えていませんでした。オーストラリアに住む人々は環境のことをとても気にしています。私は環境について勉強し始めたいです。

Ⅱ　J：お父さん，あなたはインターネットで何をしているの？　D：私は航空券を買っているところだよ。私はしばしばそれで必要なものを買うよ。インターネットを使う多くの人々がそれで何かを買ったことがあるんだ。　J：わあ，本当に？　僕はそれを一度もしたことがないよ。彼らはインターネットで何を買うの？　D：この新聞記事を見て。私はしばしばインターネットでＣＤを買うよ。それらは①**旅行券**と同じくらい人気だね。君のお母さんはしばしばインターネットで衣服を買うし，それらは②**本**に続いて２番目だね。③**ゲーム**を買う人の数は他の５つより少ないね。　J：なるほど。僕もインターネットで何か買いたいよ。でもまずは，僕はオンラインショッピングは便利なだけでなく危険でもあることを理解しないといけないね。　D：その通りだよ。

2　ア　ジョンはインターネットで何かを買うことは危険なので，買いたくない。
　イ　**インターネット上の画像と私たちが受け取るものは同じではないかもしれない。**
　ウ　ジョンの父親は初めてオンラインショッピングを使っている。
　エ　オンラインショッピングでは，衣服は食べ物ほど人気ではない。

Ⅲ　あなたはEメールを使いますか？　私たちはインターネットでEメールのメッセージを送ることができます。私は私の友達のボブにメッセージを送るためにしばしば家でEメールを使います。彼はアメリカに住んでいます。なぜそれはそんなに便利で，今日世界中で人気があるのでしょうか？

一つ目に，私たちはEメールのメッセージを手紙よりも速く受け取ることができます。だからボブは私のEメールのメッセージを私が彼に送ったすぐ後に受け取ることができます。二つ目に，私はEメールのメッセージを送ることは手紙を送るよりも高くないと思います。三つ目に，私たちがEメールを使うときは，日本とアメリカの時差は問題にはなりません。夜とても遅くに人に電話をかけることは良くないので，私たちは他の国に住んでいる人に電話をするちょうど良い時間について考える必要があります。もし私たちがEメールを使うなら，いつでもメッセージを送ることができます。

Eメールはとても便利ですが，いくつかの問題もあります。例えば，私たちはEメールでは人々に直接意思を伝えることができません。私たちが他人と話すときに，しばしば彼らの顔や声から彼らの感情を理解します。しかし，彼らのEメールのメッセージだけから彼らの本当の感情を理解することはときどき難しいです。

Eメールには良い点と悪い点があります。私はEメールを正しい方法で使うためにそれらをよく理解することが大切だと思います。

ア　インターネットを使うことの問題点
イ　人とコミュニケーションをとる最も簡単な方法
ウ　Eメールメッセージの送り方
エ　**Eメールを使うことの良い点と悪い点**

4　＜長文読解＞

ジェニー・ブラウンは8歳で，彼女の祖母のことが大好きだ。ジェニーの家は祖母の家から離れていて，彼女たちはひんぱんにおたがいに会うことができない。

ある日，ジェニーは「お父さん，来週の日曜日はおばあちゃんの誕生日よ。私は彼女のために誕生日パーティーをしたいわ。もし私たちがすてきなレストランでパーティーを開けば，彼女はうれしいと思うわ。どう思う？」と言った。「それはいい考えだね。駅のそばにすてきなレストランがあるよ。『ロブスター・キング』と呼ばれているんだ。私はその店主をよく知っているよ。彼はとてもいい料理人でもあるんだ。そこでパーティーをしよう。君のために予約をしておくよ。」「ありがとう，お父さん。」

彼女の父親はそのレストランに電話をかけて，接客係にパーティーについて話した。「申し訳ございませんが，ブラウン様，店主はただ今ここにおりません。娘さんの考えは承知いたしましたが，来週の日曜日は閉まっております。」ブラウンさんはそれを聞いて悲しくなり，「わかりました。ありがとうございます。店主によろしく伝えてください」と言った。

彼は他にもいくつかのレストランに電話をしたが，予約はできなかった。彼はジェニーに①**状況**について話した。ジェニーは泣き出した。「お父さん，私たちはどうしたらいいの？」「心配ないよ，ジェニー。私がレストランを見つけるよ。」

ジェニーの父親はインターネットでレストランを探していた。そのとき，電話が鳴った。それは「ロブスター・キング」の店主のスミスさんからだった。「こんにちは，ブラウンさん。あなたの娘さんが来週の日曜日にここでおばあさんの誕生日パーティーをしたがっているということを接客係から聞きましたよ。」②**「ええ…。しかしあなたのレストランは閉まっているのですね…」**「あなたのパーティーには何人来る予定ですか？」「4人です。」「わかりました。私たちはその日に私の父親の誕生日パーティーをここでします。2つの誕生日パーティーを一緒にするのはどうですか？　もし私たちがより多くの人を迎えたら，とても楽しいでしょう。」「本当ですか？　あなたはお父さんにたずねましたか？」「ええ。彼は，2つの幸せなことは人々をもっと幸せにすると言っています。だから，ぜひ私のレストランに来てください。ブュッフェ形式のパーティーです。」「どうもありがとうございます，スミスさん。」

「ジェニー，いい知らせだよ！　私たちは『ロブスター・キング』でパーティーができるんだ。それは大きなものになるよ。」「本当に？　どうやったの？」彼はジェニーに電話での会話を教えた。ジェニーはとてもうれしかった。③**彼女は彼女の祖母に手紙を書いた。**

2つの誕生日パーティーが始まり，そこにはたくさんの人がいた。ジェニーは彼女の祖母に誕生日プレセントをあげた。ブラウン氏は彼の娘に「ジェニー，店主のお父さんはすばらしい人だ。④**彼の親切な言葉**が，私たちが今日パーティーを開くことを助けたということを覚えておくんだよ」と言った。それから，彼女は店主の父親のところに歩いていった。「あなたの親切にとても感謝しています。私はおばあちゃんのためにすてきなパーティーを開くことができてうれしいです。お誕生日おめでとうございます！」そこにいた全員がほほえんで，幸せだった。

1　イ　本文27・28行目　　ウ　本文10・11行目
2　本文訳波線部参照
4　（正答例の訳）　**私たちは来週の日曜日にロブスター・キングであなたのために誕生日パーティーを開きます。来てくれますか？**
6　ア　ジェニーの父親は「ロブスター・キング」の接客係がとてもよい料理人でもあることを知っていた。
　イ　ブラウンさんは接客係に店主について話したかったので「ロブスター・キング」に電話した。
　ウ　ジェニーの父親は接客係が彼の質問に答えなかったので悲しかった。
　エ　**ブラウンさんはスミスさんからの電話が来るまでレストランを探し続けた。**
　オ　**2つの誕生日パーティーが一緒に開かれ，それはそこにいるみんなを幸せにした。**

令和５年度　公立高校入試実戦問題第２回　社会

正答例

1　Ⅰ　1　う　　2　氷河　　3　パイプライン

4　レアメタル（カタカナ５字）　　5　ア

6　気候や景気によって，作物のできや価格，売れる量が変動するので，国の経済が安定しない

Ⅱ　1　エ

2（記号）イ　　（地方名）近畿地方　（完答）

3　北西の季節風により湿った空気が運ばれ，雨や雪を多く降らせるため。

4　イ

5①　利根川　　②　関東ローム（層）

6　部品や製品の輸送を車で行うため，高速道路のインターチェンジ近くに建設されている

Ⅲ　横浜港を利用して海外からぶどうを輸入し，ワインを製造しているから。

2　Ⅰ　1　雪舟　　2　和（漢字１字）　　3　イ

4　エ　　5　エ→ア→イ　6　天守（閣）

7　商品作物を栽培し，それを売って貨幣を手に入れた

Ⅱ　1①　貴族院　　②　マッカーサー

2　名誉革命

3　中央集権国家をつくりあげるために，藩を廃止して県を置き，中央から県令などを派遣した政策。

4　エ

5(1)　イ

(2)（法律名）治安維持法

（記号）ア　　（完答）

Ⅲ　商工業者の力を利用して，財政の立て直しを行った。

3　Ⅰ　1　秘密選挙の原則　　2　ア

3　オンブズマン / オンブズパーソン / オンブズ

4　イ　　5　違憲審査権 / 違憲立法審査権

6　裁判を慎重に行い，人権を守るため。

Ⅱ　1　ODA（アルファベット指定）

2　循環型社会　　3　エ　　4　イ

5　消費者基本法（漢字６字）

6（記号）　X

（理由）　銀行は，預金に対する利子率よりも，貸し付けるときの利子率を高くすることで，利益を得ることになるから。　　（完答）

Ⅲ　日本の国民１人あたりの弁護士数は他の３か国と比較すると少ないが，弁護士の数は増加している。（45字）

配点

1　Ⅲ　4点	他　2点×13		計30点
2　Ⅱ3　Ⅲ　3点×2	他　2点×13		計32点
3　Ⅱ3　Ⅲ　3点×2	他　2点×11		計28点

解説

1　＜地理総合＞

Ⅰ1　うの都市だけ15,000 kmより外の範囲にある。

2　Xはスカンディナビア半島。**フィヨルド**とよばれる氷河地形。

4　**希少金属**ともいい，他にもガリウムやコバルトなどもある。携帯電話やコンピュータ，自動車などの生産に欠かせないものとなっている。

5　アフリカはアジアに次いで人口が多い地域であるが，経済的に発展していない地域が多いため，エネルギー消費割合が小さい。イ－北アメリカ，ウ－ヨーロッパ，エ－アジア。

6　特定の農産物や鉱産資源に経済を依存している状態を，**モノカルチャー経済**といい，発展途上国に見られる。このモノカルチャー経済から抜け出すために，輸出用産物の種類を増やしたり，工業化を進めたりするなどの努力が続けられている。

Ⅱ　A－新潟県，B－兵庫県，C－千葉県，D－三重県。

1　ア－石川県，イ－静岡県，ウ－鳥取県。

2　新潟県は中部地方，千葉県は関東地方。

3　季節風が日本海をわたって吹くので，湿った空気が運ばれる。

4　阪神・淡路大震災。

5　日本最長の河川は信濃川。関東ロームが広がる台地は，水に乏しく水田の開発が難しいため，多くが畑作地帯になっているが，近年開発が進み，住宅地や工業用地に利用されてきている。

2　＜歴史総合＞

Ⅰ2　推古天皇の摂政であった**聖徳太子**が制定した。

3　現在も，福岡県太宰府市として地名が残っている。大宰府は，九州の行政や外交を担当した。

4　**最澄**の**天台宗**や**空海**の**真言宗**など。ア－10世紀半ば，社会が乱れると，**浄土信仰**が盛んになった。イ－奈良時代，聖武天皇。ウ－鎌倉時代の新しい仏教。

5　1221年の承久の乱後→1232年，執権の**北条泰時**が制定→1281年。土一揆は15世紀に，農民が借金の帳消しを求めて土倉や酒屋などをおそうようになったできごとを指す。

6　安土桃山時代は，新たに出てきた権力者や豪商の活力を反映した桃山文化が発達した。

7　最初から商品として売ることを目的とした農産物を**商品作物**という。また，農村にも貨幣経済が広まると，小作や都市への出稼ぎ者も現れる一方，地主となり裕福になる農民も現れ，貧富の差が広がった。

Ⅱ1①　貴族院は皇族，華族のほか，天皇が任命した議

員もふくまれた。
2　このことにより，イギリスでは立憲君主制（政）がすすめられていった。
3　それ以前の藩の政治は，もとの藩主がそのまま担当しており，政府が直接支配できていなかった。
4　ア－第二次世界大戦終戦後の GHQ による民主化政策による。イ－太平洋戦争が開戦して以降。ウ－1907 年。
5(1)　満州事変によって建国された満州国を国連が認めず，満州からの軍の撤退を求めたため，日本は国連を脱退。日本の国際的な孤立が深まる中，日中戦争勃発。満州国の承認に反対した**犬養毅**が暗殺された**五・一五事件**により政党政治は終わった。
(2)　1925 年に制定された。ウ－国家総動員法（1938 年），エ－徴兵令（1873 年）。

Ⅲ　**資料**から，松平定信や水野忠邦の改革は，倹約や農民からの年貢の収入により財政改革を図ろうとしているのに対し，田沼意次の政治は，株仲間を認め，長崎貿易を活発にするなどして商工業を活性化し，積極的に商工業者から税を徴収することによって，財政の立て直しを図ろうとしていることがわかる。

3　＜公民総合＞

Ⅰ 1　現在の選挙は，**普通選挙**，**平等選挙**，**直接選挙**，**秘密選挙**の四原則のもとで行われている。
2　**社会保険**は，毎月保険料を支払い，病気になったり，高齢になったりしたときに給付を受ける制度。イ－生活に困っている人々に生活費や教育費などを支給する。ウ－自立が困難な人たちの生活を保障し，福祉を向上させる。エ－感染症の予防などを行う。
4　東京都の金額の大きさから，X は地方税だとわかる。また，東京都の Y の項目が 0 であることから，税収入の地域間の格差を減らすために，国から配分される地方交付税交付金だとわかる。
5　特に最高裁判所の判断が最終的な決定となることから，最高裁判所は「**憲法の番人**」とよばれる。

Ⅱ 2　循環型社会形成推進基本法によって，さまざまなものについてリサイクル法が制定された。「持続可能な社会」をつくることがめざされている。
3　生活や産業を支える基盤となり，だれもが共同で利用できる公共施設のことを**社会資本**，サービスのことを**公共サービス**という。
4　所得税には，所得が多くなればなるほど税率が高くなる**累進課税**の方法がとられている。消費税は，すべての人に同じ税率で税金をかけるため，低所得者は所得全体に占める税負担の割合が増える。
5　1968 年に消費者保護基本法として施行され，2004 年に消費者基本法に改正された。消費者を守る制度として，他に，**製造物責任法**（PL 法），**クーリング・オフ制度**，**消費者契約法**，**消費者庁**の設置などもおさえておこう。

令和５年度　公立高校入試実戦問題第２回　数学

正答例

1　1(1)　28　(2)　$\frac{5}{6}$　(3)　$-2\sqrt{3}$
(4)　$n=3,\ 8,\ 11$（順不同・完答）　(5)　ウ
2　40（分）
3　(2，5)
4　38（度）
5　1.2（倍）

2　1　$y=\frac{90}{x}$
2(1)　25（回）
(2)　4（回）
3　右図

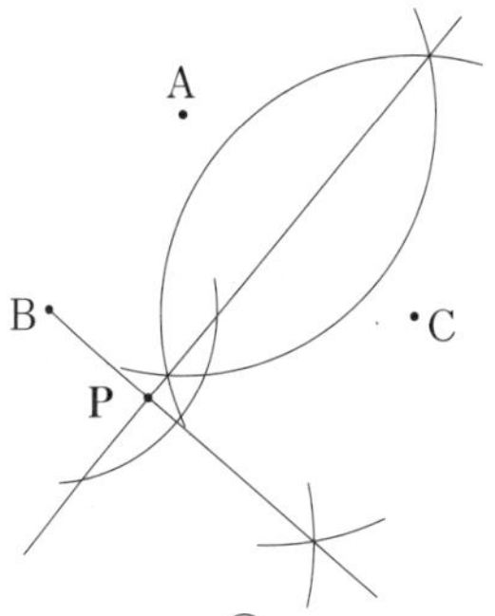

4　$\begin{cases} x+y+60=460 & \cdots① \\ 13x+11y+15\times60=5800 & \cdots② \end{cases}$
①，②をそれぞれ整理して，
$\begin{cases} x+y=400 & \cdots①' \\ 13x+11y=4900 & \cdots②' \end{cases}$
①′×13　　$13x+13y=5200$
②′　　$-)\ 13x+11y=4900$
$2y=300$
$y=150$　…③
③を①′に代入し，　$x+150=400$
$x=250$
答　新聞紙　250 kg，雑誌　150 kg

3　1　$a=\frac{1}{4}$　　2　$y=x+3$　　3　12（個）
4　点P，Q，R，Sの座標はそれぞれ，
P$(t,\ \frac{1}{4}t^2)$，Q$(t,\ t+3)$
R$(-t,\ \frac{1}{4}t^2)$，S$(-t,\ 0)$と表される。
四角形RSPQが平行四辺形となるとき，
PQ＝SRだから，
$PQ=(t+3)-\frac{1}{4}t^2=t+3-\frac{1}{4}t^2$
$SR=\frac{1}{4}t^2$
$t+3-\frac{1}{4}t^2=\frac{1}{4}t^2$
$\frac{1}{2}t^2-t-3=0$
$t^2-2t-6=0$
$t=\frac{2\pm\sqrt{(-2)^2-4\times1\times(-6)}}{2}$
$t=\frac{2\pm2\sqrt{7}}{2}$
$t=1\pm\sqrt{7}$
$0<t<6$ より，$t=1+\sqrt{7}$
答　$t=1+\sqrt{7}$

4　1　$a=72$　　2　7（通り）
3(1)　ア　70　　イ　120　　ウ　（例）36の約数
(2)　$\frac{4}{9}$

5　1　△FDGと△FBCにおいて，
対頂角は等しいから，
∠GFD＝∠CFB　……①
AD∥BCより，平行線の錯角は等しいから，
∠FDG＝∠FBC　……②
①，②より，２組の角がそれぞれ等しいから，
△FDG∽△FBC

入試実戦問題　第二回

※「ＡＤ//ＢＣより，平行線の錯角は等しいから，
∠ＤＧＦ＝∠ＢＣＦ」を用いても可。

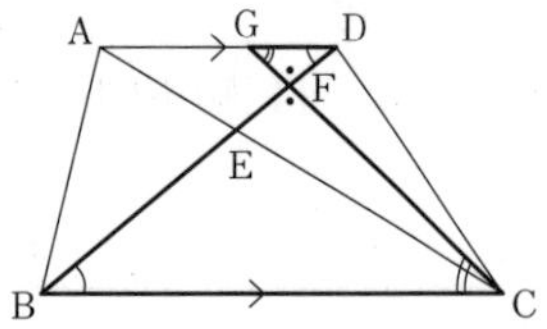

2(1)　**30**(度)

(2)　$\mathbf{2\sqrt{3}}$(cm)

3　**ＡＤ//ＢＣより，平行線と面積の関係から，**

△ＡＢＣ＝△ＤＢＣ

△ＡＢＣ＝△ＡＢＥ＋△ＥＢＣ

△ＤＢＣ＝△ＤＥＣ＋△ＥＢＣより，

△ＡＢＥ＝△ＤＥＣ

仮定より，ＢＨ：ＨＥ＝２：３だから，

△ＡＨＥ＝$\frac{3}{5}$△ＡＢＥ

また，点Ｆは線分ＤＥの中点だから，

△ＣＦＥ＝$\frac{1}{2}$△ＤＥＣ

△ＡＨＥ：△ＣＦＥ

＝$\frac{3}{5}$△ＡＢＥ：$\frac{1}{2}$△ＤＥＣ

＝$\frac{3}{5}$△ＡＢＥ：$\frac{1}{2}$△ＡＢＥ

＝$\frac{3}{5}$：$\frac{1}{2}$

＝６：５

答　△ＡＨＥ：△ＣＦＥ＝**６：５**

配　点

1	3点×9			計27点
2 1，2	3点×3	3，4	4点×2	計17点
3 1，2	3点×2	3，4	4点×2	計14点
4 3(1)ア，イ	2点×2	他	3点×4	計16点
5	4点×4			計16点

解　説

1　＜計算問題・小問集合＞

1(1)　(　)の中から先に計算する。

$4\times(5+2)=4\times7=28$

(2)　わり算から先にする。約分を忘れない。

$\frac{1}{12}+\frac{2}{3}\div\frac{8}{9}=\frac{1}{12}+\frac{2}{3}\times\frac{9}{8}=\frac{1}{12}+\frac{3}{4}$

$=\frac{1}{12}+\frac{9}{12}=\frac{10}{12}=\frac{5}{6}$

(3)　$\frac{6}{\sqrt{3}}-4\sqrt{3}=\frac{6\times\sqrt{3}}{\sqrt{3}\times\sqrt{3}}-4\sqrt{3}=\frac{6\sqrt{3}}{3}-4\sqrt{3}$

$=2\sqrt{3}-4\sqrt{3}=-2\sqrt{3}$

(4)　$\sqrt{a}$が自然数になる。→aが２乗の数となる。

$12-n=1\ (=1^2)$のとき，$n=11$

$12-n=4\ (=2^2)$のとき，$n=8$

$12-n=9\ (=3^2)$のとき，$n=3$

$12-n=16\ (=4^2)$のとき，$n=-4$となり不適。

よって，$n=3,\ 8,\ 11$

(5)　切られていない辺に着目すると，正方形ＡＢＣＤと辺ＢＣ，ＣＤで△ＯＢＣ，△ＯＣＤはそれぞれつながっている。また，△ＯＢＣ，△ＯＣＤに対して，辺ＯＢ，ＯＤで△ＯＢＡ，△ＯＤＡがそれぞれつながっているから**ウ**が正しい。

2　**(速さ)＝(道のり)÷(時間)**より，$3\div10=0.3$

速さは毎分0.3km

$12\div0.3=40$より，かかる時間は40分

※かかる時間をx分として，

$x:10=12:3$，$3x=120$，$x=40$

よって，かかる時間は40分。

3　$y=2x+1$…①　$y=-x+7$…②

①，②より，$2x+1=-x+7$

$3x=6$

$x=2$…③

③を①に代入し，$y=2\times2+1=5$

よって，交点の座標は，(２，５)

4　ＡＢ//ＣＤより，**平行線の錯角が等しい**から，

∠ＤＣＢ＝∠ＡＢＣ＝19°

中心角は同じ弧に対する円周角の２倍だから，

∠ＤＯＢ＝２∠ＤＣＢ＝38°

ＡＢ//ＣＤより，**平行線の錯角が等しい**から，

∠x＝∠ＤＯＢ＝38°

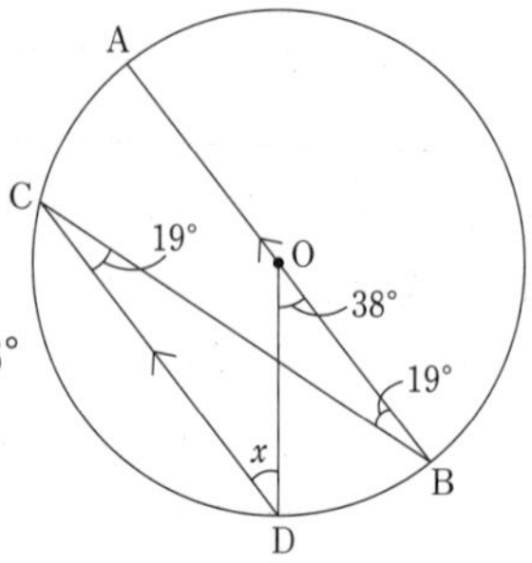

5　最も利用者数が多い曜日は月曜日，最も利用者数が少ない曜日は火曜日である。

月曜日の利用者数は，120＋18＝138(人)

火曜日の利用者数は，120－９＝111(人)

よって，138÷111＝1.24…より1.2倍

2　＜反比例・データの活用・作図・連立方程式＞

1　この容器には，６×15＝90(Ｌ)入る。

$xy=90$，$y=\frac{90}{x}$

2(1)　**(範囲)＝(最大値)－(最小値)**

最大値は28回，最小値は３回だから，

28－３＝25(回)

(2)　記録を低いほうから並べると，

３，３，３，４，５，５，　６，６，７，８，24，28

(四分位範囲)

＝(第３四分位数)－(第１四分位数)

第１四分位数はデータの前半の中央値，第３四分位数はデータの後半の中央値だから，

下線部より，第１四分位数は，$\frac{3+4}{2}=3.5$(回)

下線部より，第３四分位数は，$\frac{7+8}{2}=7.5$(回)

よって，四分位範囲は，7.5－3.5＝４(回)

3　①　２点から等しい距離にある点は，２点を結ぶ線分の垂直二等分線上にあるから，線分ＡＣの垂直二等分線を作図する。

②　距離が最短となるのは，垂直に交わるときだから，点Ｂから①でひいた垂直二等分線に対する垂線を作図し，①との交点をＰとする。

4　集めた古紙の重さの合計と交換金額の合計についてそれぞれ立式する。

3　＜関数＞

1　$y=ax^2$に，Ａ(６，９)の座標を代入して，

$9=a\times6^2$，$36a=9$，$a=\frac{1}{4}$

2　点Bのx座標は−2で，関数①上の点だから，
$y=\frac{1}{4}x^2=\frac{1}{4}\times(-2)^2=1$
直線ℓの式を$y=cx+d$とおき，A(6，9)，B(−2，1)の座標をそれぞれ代入して，
$9=6c+d$…①　$1=-2c+d$…②
①−②より，$8=8c$，$c=1$…③
③を①に代入し，$9=6+d$，$d=3$
よって，直線ℓの式は$y=x+3$

3　辺ＯＡ，辺ＡＢ，辺ＢＯのそれぞれの辺にわけて考える。点O，A，Bの３個はx座標，y座標ともに整数である。
直線ＯＡの式を$y=mx$とおき，A(6，9)の座標を代入し，$9=6m$，$m=\frac{3}{2}$
直線ＯＡの式は$y=\frac{3}{2}x$
直線ＯＡ上において，点O，A以外でx座標，y座標がともに整数となるのは，
(2，3)，(4，6)の２個。
直線ＡＢ($y=x+3$)上において，点A，B以外でx座標，y座標がともに整数となるのは，
(−1，2)，(0，3)，(1，4)，(2，5)
(3，6)，(4，7)，(5，8)の７個。
直線ＯＢの式を$y=nx$とおき，B(−2，1)の座標を代入し，$1=-2n$，$n=-\frac{1}{2}$
直線ＯＢの式は$y=-\frac{1}{2}x$
直線ＯＢ上において，点O，B以外でx座標，y座標がともに整数となる点はない。
よって，求める点の個数は$3+2+7=12$(個)

4　図に表すと次のようになる。四角形ＲＳＰＱが平行四辺形となることから，ＰＱ＝ＳＲである。ＰＱ，ＳＲの長さをtを用いて表し，立式する。

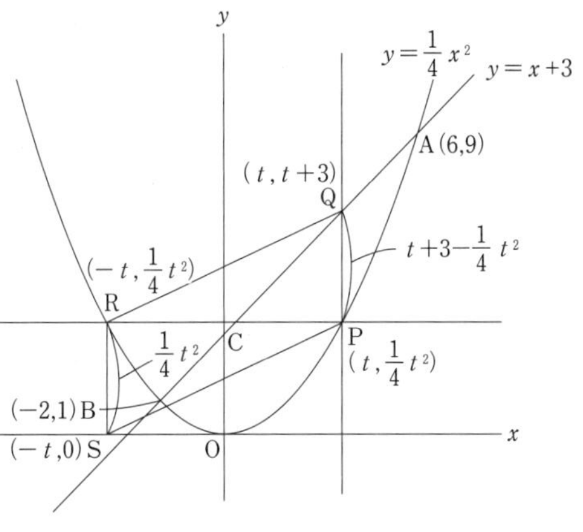

4 ＜文字式・平面図形・確率＞

1　**多角形の外角の和は360°**だから，正五角形の１つの外角の大きさは，$360\div5=72°$

2　**多角形の外角の和は360°**，また，１つの外角の大きさは$\frac{360}{a}$(度)と表されるから，aは360の約数で，かつ，$10\leqq a\leqq30$の範囲にある数。360の約数のうちあてはまるのは，10，12，15，18，20，24，30の７通り。

3(1)　ア　$(5+2)\times10=70$
イ　最も大きくなるのはどちらのさいころも６の目が出たときだから，
$(6+6)\times10=120$
ウ　正多角形ができるのは，aが360の約数になるときだから，大小２つのさいころの目の数の和が36の約数になるときである。

(2)　大小２つのさいころの目の数の和で，36の約数になるのは，和が2，3，4，6，9，12のときである。大小２つのさいころの目の数の和が，
・2になるのは，１と１
・3になるのは，１と２，２と１
・4になるのは，１と３，２と２，３と１
・6になるのは，１と５，２と４，３と３，４と２，５と１
・9になるのは，３と６，４と５，５と４，６と３
・12になるのは，６と６
よって，全部で16通りある。全体では36通りあるから，求める確率は，$\frac{16}{36}=\frac{4}{9}$

5 ＜平面図形＞

2(1)　∠ＣＤＢ＝90°　ＡＤ//ＢＣより，**平行線の錯角は等しい**から，∠ＤＢＣ＝∠ＡＤＢ＝30°
三角形の内角の和から，∠ＢＣＤ＝60°より，
△ＢＣＤは，**30°，60°，90°の三角形**。
よって，$\mathrm{CD}=\frac{1}{2}\mathrm{BC}=6$(cm)
ＡＤ＝ＣＤ＝６cmより，△ＤＡＣは二等辺三角形。
∠ＤＡＣ＝{180°−(90°＋30°)}÷２＝30°

(2)　(1)より，$\mathrm{BD}=\sqrt{3}\,\mathrm{CD}=6\sqrt{3}$ (cm)
また，△ＥＡＤ∽△ＥＣＢが成り立ち，相似比は
ＡＤ：ＣＢ＝１：２だから，
$\mathrm{ED}=\frac{1}{3}\mathrm{BD}=2\sqrt{3}$ (cm)

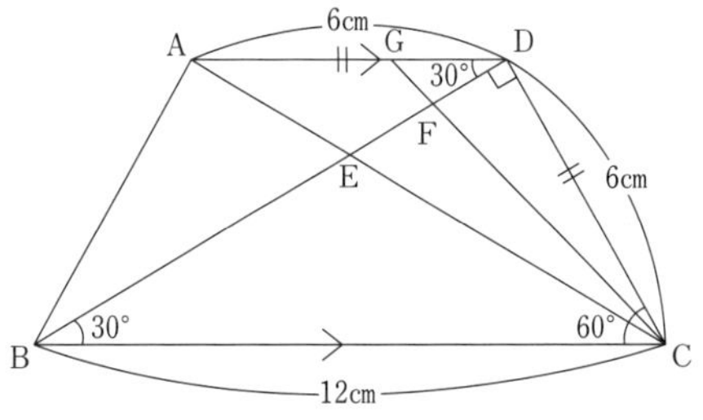

3　△ＡＢＣと△ＤＢＣは，辺ＢＣを共通の底辺とし，ＡＤ//ＢＣであるから，△ＡＢＣ＝△ＤＢＣが成り立つ。また，共通部分である△ＥＢＣを除いた２つの三角形△ＡＢＥ，△ＤＥＣにおいて，△ＡＢＥ＝△ＤＥＣが成り立つ。

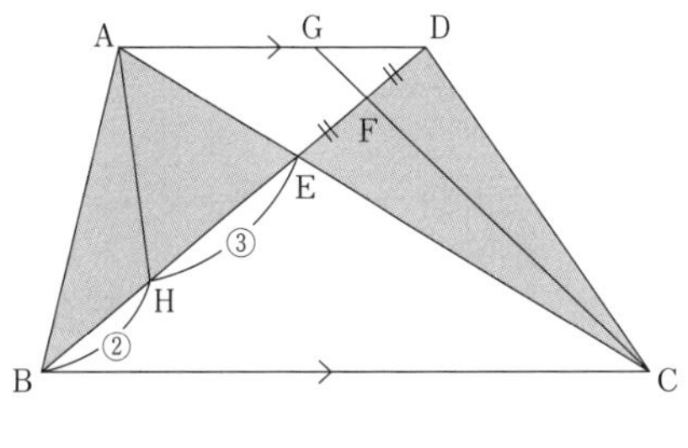